“十四五”高等职业教育规划教材
国家示范性高职院校建设项目规划教材
国家精品资源共享课配套教材

保险实务

BAOXIAN SHIWU

(第4版)

郑华丽　主编

中国财经出版传媒集团
中国财政经济出版社

图书在版编目（CIP）数据

保险实务 / 邓华丽主编. --4 版. --北京：中国财政经济出版社，2022. 11（2025.1重印）

“十四五”高等职业教育规划教材　国家示范性高职院校建设项目规划教材　国家精品资源共享课配套教材

ISBN 978 -7 -5223 -1695 -6

Ⅰ. ①保…　Ⅱ. ①邓…　Ⅲ. ①保险业务 - 高等职业教育 - 教材　Ⅳ. ①F840. 4

中国版本图书馆 CIP 数据核字（2022）第 182552 号

责任编辑：李　媛　　　　责任校对：胡永立

封面设计：陈宇琰

中国财政经济出版社 出版

URL：http：//www. cfeph. cn

E - mail：cfeph@ cfeph. cn

社址：北京市海淀区阜成路甲 28 号　邮政编码：100142

营销中心电话：010 - 88191522　责任编辑电话：010 - 88190653

天猫网店：中国财政经济出版社旗舰店

网址：https：//zgczjjcbs. tmall. com

北京密兴印刷有限公司印刷　各地新华书店经销

成品尺寸：185mm×260mm　16 开　20 印张　395 000 字

2022 年 12 月第 4 版　2025 年 1 月北京第 2 次印刷

定价：49. 00 元

ISBN 978 - 7 - 5223 - 1695 - 6

（图书出现印装问题，本社负责调换，电话：010 - 88190548）

本社质量投诉电话：010 - 88190744

打击盗版举报热线：010 - 88191661　QQ：2242791300

前 言

本书是国家精品资源共享课程“保险实务”的配套教材，于 2009 年 5 月首次出版，2013 年修订出版，2020 年 9 月出版第 3 版。随着大数据、人工智能等先进科技在金融行业的广泛应用，保险业无纸化投保、智能核保、微回访等新的业务模式运用愈加频繁，加之 2020 年 9 月后新的商业车险费率改革又一次全面推行，再次修订本书已是势在必行。本次借主编所在院校大力进行中国特色高水平学校建设以及国际金融专业教学资源库省级建设项目的东风，在保险实务课程教学团队全体成员的行业调研和项目研讨的基础上，根据近两年保险业务发展变化和金融类专业毕业生保险业务岗位的定位，重新整理了教材架构，充实了教材内容，配备了教学资源，全面融合了行业改革的新成果。

课程介绍

课程介绍（视频）

本书编写依据是在广州番禺各保险公司、商业银行行业专家以及高职教育专家的指导下完成的保险实务课程项目设计。教材在内容的选择和编排上以工作项目中心，以业务流程为主线，全面系统地介绍了保险从业准备、保险合同业务处理、人身保险规划、人寿保险经营、健康保险和人身意外伤害保险经营、企业财产保险经营、家庭财产保险经营、机动车辆保险经营、其他财产损失保险经营、责任保险和信用保证保险经营等工作项目的相关知识和实务。

课程标准

教材既可作为高职高专和成人高校有关课程的教学用书，又可作为社会相关专业人员的培训和自学参考用书，其主要特点是“实”“新”“全”。“实”主要指以实务为主，对相关适当理论的介绍主要贯穿在各类保险业务的操作实务中，使学生能够在项目任务的完成中吸收简单必要的相关理论知识，体现了操作性和实用性的特点；“新”主要指内容上反映了保险行业最新的法规、条款和改革动向，具鲜明的科学性和时代性；同时利用知识准备、相关知识、相关链接、拓展阅读、案例分析、工作实例等栏目与形式保证了内容的全面性和趣味性。

授课计划

本书每一项目结尾均配有项目小结、问题讨论、推荐阅读、习题与实训等内容，同时与本书配套的在线开放课程包含课程标准、授课计划、教学设计、电子课件（PPT）、学习指南、课程实训、习题作业、教学案例、模拟试卷、微课、动画和视频等教学资源，有利于“教学做”一体化的实施。本书采用一书一码形式，读者扫描封底二维码激活增值服务，再扫描书侧二维码即可查看相关资源。

本书由邓华丽主编，邹韵、王心如、彭静、林秀兰参编。具体分工如下：广州番禺职业技术学院王心如老师负责修订导言和项目一；彭静老师负责修订项目二和项目三；明亚保险经纪公司高级经纪人林秀兰女士负责修订项目四；邹韵老师负责修订项目五和项目六；邓华丽老师负责修订项目七、项目八和项目九。在本书编写过程中，参考了中国银行保险监督委员会和各保险公司网站以及书后所载的参考文献，并得到了中华联合财产保险股份有限公司广州市番禺支公司以及明亚保险经纪公司的协助，在此一并致谢！

编者

2022 年 9 月

目 录

导 言
保险从业准备

学习目标

知识学习目标：

了解个人、家庭、企业及单位面临的主要风险；掌握风险管理的技术；理解商业保险的要素及职能；明确保险市场的要素及其影响因素；了解保险公司基本职能部门的主要职责；认知保险中介业务岗位和保险公司基本业务岗位；熟悉保险从业资格证书的考核事宜。

技能训练目标：

能够准确识别个人及企业面临的风险并提出解决建议。

工作任务

应完成的工作任务：

对保险市场进行调研，分析其构成要素及影响因素；对保险公司进行调研，了解其职能部门及相关岗位。

完成工作任务应提交的标志性成果：

保险市场调研报告、保险公司调研报告。

模块一 识别和管理风险

任务描述

识别可能给人的财富和生命健康造成一定程度损失或损害的各类风险，列出个人、家庭及单位所面临的风险清单，分析发生风险事故的原因，熟悉针对不同风险进行有效管理的策略。

一、识别风险

PPT：识别和管理风险

微课：识别和管理风险

“天有不测风云，人有旦夕祸福”，人类生活在这个世界上，就要面临可能发生的会导致财富和生命健康遭受一定程度损失或损害的自然现象、生理现象和社会现象，当这些现象有可能发生而尚未发生时，就被称为风险。从山洪、海啸、台风、地震等自然现象到流感、心脏病、癌症等各种疾病，以及暴乱、交通事故、恐怖活动等社会现象，可以说各类风险无时不有，无处不在。

（一）了解风险的特征

1. 风险的客观性

风险是一种独立于人的意识之外的客观存在。无论是自然界的物质运动，还是社会发展的规律都是由事物的内部因素所决定，不以人的意志为转移。人们只能在一定的时间和空间内改变风险存在和发生的条件，降低风险发生的频率和损失程度，但是，从总体上说，风险是不可能被彻底消除的。

2. 风险的普遍性

自从人类出现后，就面临着各种各样的风险，在当今社会，个人、家庭、企业、国家和政府机关都面临着各种风险。可以说，人类历史就是与各种风险相伴的历史。

3. 风险的不确定性

就个体而言，风险具有不确定性的特征。其不确定性主要表现在以下三方面：①空间上的不确定性。虽然从统计学的大数法则上讲风险是必定要发生的，但风险发生的具体地点是不确定的。如交通事故每天必然发生，但具体是哪一辆车或在什么地点发生是无法预先确定的。②时间上的不确定性。即便确定某种风险肯定要发生，但发生的确切时间往往是无法确定的。例如地震，就目前的科学技术而言，虽然有时能够确定地震将要发生，但其所发生的时间却往往无法精确。③损失程度上的不确定性。例如，我们可以预测暴雨的大致范围和时间，但无法预测暴雨来临时所造成的损失情况。再如交通事故，我们能够确定每天将有若干起交通事故发生，但我们无法预知这些交通事故将会造成损失的程度。

4. 风险的可测定性

就风险总体而言，风险事故的发生往往呈现出明显的规律性，我们利用概率论和数理统计的方法可测算风险事故发生的概率及其损失程度，并可构造出损失分布的模型，成为风险估测的基础。例如，在人寿保险中，根据精算原理，可以测算某地区各年龄段人口的死亡率，进而通过生命周期表计算人寿保险的保险费率。

5. 风险的发展性

人类社会自身进步和发展的同时，也创造和发展了风险。尤其是当代高新科学技术的发展和应用，使风险的发展性更为突出。表现在：风险的性质会发生变化；风险发生概率的大小可以随着人们对风险认识的提高和管理措施的完善而发生变化；风险的种类会发生变化。

文本：应急管理部发布2021年全国十大自然灾害

拓展阅读

我国平均每年因自然灾害造成的直接经济损失超过3 000亿元

我国是世界上自然灾害最严重的国家之一。我国自然灾害有五个特点：灾害种类多、分布地域广、发生频率高、灾害损失重、灾害风险高。除了现代火山活动外，地球上几乎所有的自然灾害类型在我国都发生过。我国34个省级行政区均不同程度受到自然灾害的影响，70%以上的城市、50%以上的人口分布在气象、地震、地质、海洋等灾害的高风险区。21世纪以来，我国平均每年因自然灾害造成的直接经济损失超过3 000亿元。因自然灾害每年大约有3亿人次受灾。随着经济全球化、城镇化快速发展，社会财富的聚集、人口密度的增加，各种灾害风险相互交织，相互叠加，所以我国自然灾害面临更加复杂的严峻形势和挑战。

资料来源：郑国光．新闻发言节选［EB/OL］．每日经济新闻官方账号，2019－9－18.

（二）掌握风险的要素

一般认为，风险由风险因素、风险事故和损失三个要素构成。

1. 风险因素

风险因素是指促使某一特定风险事故发生或增加其发生的可能性或扩大其损失程度的原因或条件。风险因素是风险事故发生的潜在原因，是造成损失的间接原因。例如，对于建筑物而言，风险因素是指其所使用的建筑材料的质量、建筑结构的稳定性等；对于人而言，则是指健康状况和年龄等。

（1）实质风险因素。实质风险因素是指某一标的本身所具有的足以引起风险事故发生或增加损失机会或加重损失程度的因素。如一个人的身体健康状况；某一建筑物所处的地理位置、所使用的建筑材料的性质等；某一类汽车的刹车系统的可靠性；地壳的异常变化、恶劣的气候、疾病传染等都属于实质风险因素。

（2）道德风险因素。道德风险因素是指与人的品德修养有关的无形因素，即由于人们不诚实、不正直或有不轨企图，故意促使风险事故发生，以致引起财产损失和人身伤亡的因素。如投保人或被保险人的欺诈、纵火行为等都属于道德风险因素。在保险业务中，保险人对因投保人或被保险人的道德风险因素所引起的经济损失，不承担赔偿或给付责任。

（3）心理风险因素。心理风险因素是与人的心理状态有关的无形因素，即由于人们疏忽或过失以及主观上不注意、不关心、心存侥幸，以致增加风险事故发生的机会和加大损失的严重性的因素。例如，企业或个人投保财产保险后产生了放松对财物安全管理的思想，如产生物品乱堆乱放，吸烟后随意抛弃烟蒂等的心理或行为，都属于心理风险因素。

想一想

以下行为或现象属于何种风险因素：包工头偷工减料；刹车失灵；过马路闯红灯；离开家忘记锁门；酒后驾车；为获得意外伤害赔付金而自残；大气污染。

2. 风险事故

风险事故也称“风险事件”，是指造成人身伤害或财产损失的偶发事件，是造成损失的直接的或外在的原因，是损失的媒介物。即风险只有通过风险事故的发生，才能导致损失。例如，汽车刹车失灵酿成车祸而导致车毁人亡，其中刹车失灵是风险因素，车祸是风险事故。如果仅有刹车失灵而无车祸，就不会造成人员伤亡。

3. 损失

在风险管理中，损失的含义是指非故意的、非预期的、非计划的经济价值的减少，即经济损失，一般以丧失所有权、预期利益、支出费用和承担责任等形式表现。在保险实务中，通常将损失分为两种形态，即直接损失和间接损失。直接损失是指风险事故导致的财产本身损失和人身伤害；间接损失则是指由直接损失引起的其他损失，包括额外费用损失、收入损失和责任损失等。

从风险因素、风险事故与损失三者之间的关系来看，风险因素引发风险事故，而风险事故导致损失。也就是说，风险因素只是风险事故产生并造成损失的可能性或使这种可能性增加的条件，它并不直接导致损失，只有通过风险事故这个媒介才产生损失。如因下冰雹后路滑而发生车祸，造成人员伤亡，这时冰雹是风险因素，车祸是风险事故。若冰雹直接击伤行人，则属于风险事故。

二、管理风险

管理风险是风险的主体为了减少风险的负面影响，以较低的成本取得最大的安全保障而进行风险识别、估测、评价、控制等的决策与行动过程。管理风险可采用控制型和财务型两种管理技术。

（一）控制型风险管理技术

控制型风险管理技术的重点在于改变引起自然灾害、意外事故和扩大损失的各种条件。主要表现为：在事故发生前，降低事故发生的频率；在事故发生时，将损失减少到最低限度。控制型风险管理技术主要包括下列方法：

1. 避免

避免是指设法回避损失发生的可能性，它是一种最彻底、最简单的方法，但也是一种消极的方法。如因害怕出车祸就拒绝乘车，车祸这类风险虽可由此而完全避免，但将给日常生活带来极大的不便，实际上是不可行的。此外，采取避免方法有时在经济上是不适当的，或者避免了某一种风险，却有可能产生新的风险。如因害怕空难的风险而改乘其他交通工具，却不能避免其他交通事故发生的可能。

避免风险的方法一般在某特定风险所致损失频率和损失程度相当高或处理风险的成本大于其产生的效益时采用。

2. 预防

损失预防是指在风险事故发生前，为了消除或减少可能引起损失的各种因素而采取的处理风险的具体措施，即所谓“防患于未然”，是降低风险事故发生概率的方法。如兴修水利、建造防护林就是典型的例子。预防风险涉及一个现时成本与潜在损失比较的问题：若潜在损失远大于采取预防措施所支出的成本，就应采用预防风险手段。

3. 抑制

损失抑制是指在损失发生时或损失发生之后为降低损失程度而采取的各项措施，它是以降低损失程度来减少风险的有效技术。如安装自动喷淋设备以抑制火灾事故、佩戴安全帽进入施工现场以控制受伤程度等。

（二）财务型风险管理技术

由于受种种因素的制约，人们对风险的预测不可能绝对准确，而防范风险的各项措施都具有一定的局限性，所以某些风险事故的损失后果是不可避免的。财务型风险管理技术通过事故发生前的财务安排，来解除事故发生后给人们造成的经济困难和精神忧虑，为恢复企业生产，维持家庭正常生活等提供财务支持。其主要包括以下方法：

1. 自留风险

自留风险是指企业或单位自我承受风险损害后果的方法，是一种非常重要的财务型风险管理技术，有主动自留和被动自留之分。主动自留特点在于风险的性质及其后果已经得到确认，在分析了经济可行性之后，确定自留风险方式的最优性，筹划相应的财务准备。被动自留指在未能识别和衡量风险及损失后果的情况下，被迫采取由自身承担后果的风险处置方式。

通常在风险所致损失频率和程度低、损失在短期内可以预测以及最大损失不影响企业或单位财务稳定时适合采用自留风险的方法。

2. 转移风险

转移风险是指一些单位或个人为避免承担损失，而有意识地将损失或与损失有关的财务后果转嫁给另一些单位或个人去承担的一种风险管理方式。转移风险又有财务型非保险转移和财务型保险转移两种方法。

（1）财务型非保险转移风险。财务型非保险转移风险是指单位或个人通过经济合同，将损失或与损失有关的财务后果，转移给另一些单位或个人去承担，如保证互助、基金制度等；或人们可以利用合同的方式，将可能发生的、不定事件的任何损失责任，从合同一方当事人转移给另一方，如销售、建筑、运输合同和其他类似合同的免责规定和赔偿条款等。

（2）财务型保险转移风险。财务型保险转移风险是指单位或个人通过订立保险合同，将其面临的财产风险、人身风险和责任风险等转嫁给保险人的一种风险管理技术。投保人交纳保费，将风险转嫁给保险人，保险人则在合同规定的责任范围内承担补偿或给付责任。保险作为风险转移方式之一，有很多优越之处，是进行风险管理最有效的方法之一。

文本：可保风险应具备的条件

想一想

为什么企业生产过程中的市场风险、财务风险等经营风险一般都不能被保险公司承保？

PPT：初识保险

微课：初识保险

模块二 了解保险和保险市场

任务描述

分析各类商业保险的要素和职能；对当地保险市场进行调研，了解市场供求者、中介人、监管者、保险产品等相关情况，分析影响保险供求的要素。

一、了解保险的含义

从风险管理角度看，保险是一种风险管理的方法，或是一种风险转移的机制；从经济角度看，保险是分摊意外事故损失和提供经济保障的一种非常有效的财务安排；从法律角度看，保险是一种合同行为，是投保人和保险人双方在法律地位平等的基础上，经过要约与承诺的过程，达成一致意见并签订合同，确立双方民事权利义务关系的行为。

根据《中华人民共和国保险法》（以下简称《保险法》）第二条规定："本法所称保险，是指投保人根据合同约定，向保险人支付保险费，保险人对于合同约定的可能发生的事故因其发生所造成的财产损失承担赔偿保险金责任，或者当被保险人死亡、伤残、疾病或者达到合同约定的年龄、期限时承担给付保险金责任的商业保险行为。"

动画：保险的起源

文本：《中华人民共和国保险法》

二、明确商业保险的要素

商业保险的要素是指从事保险活动应具备的因素。主要包括以下几个方面：

（一）可保风险的存在

可保风险是指符合保险人承保条件的特定风险。

（二）大量同质风险的集合与分散

大量的在种类、品质、性能、价值等方面大体相近的风险单位（同质风险）损失发生的概率也基本相同，保险人通过保险将众多投保人所面临的分散性风险集合起来，当发生保险责任范围内的损失时，又将少数人发生的损失分摊给全部投保人，也就是通过保险的补偿或给付行为分摊损失，将集合的风险予以分散。

（三）保险费率的厘定

保险费率即保险商品的价格，保险费率的厘定要公平，要充分考虑投保人和保险人双方权利和义务关系的对等性。为防止各保险公司间保险费率的恶性竞争，我国《保险法》第一百三十五条规定："关系社会公众利益的保险险种、依法实行强制保险的险种和新开发的人寿保险险种等的保险条款和保险费率，应当报国务院保险监督管理机构批准。""其他保险险种的保险条款和保险费率，应当报保险监督管理机构备案。"

（四）保险基金的建立

保险基金即保险准备金，是指保险人为保证其如约履行保险赔偿或给付义务，根据政府有关法律规定或业务特定需要，从保费收入或盈余中提取的与其所承担的保险责任相对应的一定数量的基金。我国《保险法》第九十八条规定："保险公司应当根据保障被保险人利益、保证偿付能力的原则，提取各项责任准备金。保险公司提取和结转责任准备金的具体办法，由国务院保险监督管理机构制定。"

（五）保险合同的订立

保险合同是保险双方当事人履行各自权利与义务的依据。保险双方当事人的权利与义务是相互对应的。为了获得保险赔偿或给付，投保人要承担交纳保险费的义务；保险人收取保险费的权利就是以承担赔偿或给付被保险人的经济损失的义务为前提的。而风险是否发生，何时发生，损失程度如何，均具有不确定性，这就要求保险人与投保人在确定的法律或契约关系约束下履行各自的权利与义务。倘若不具备在法律或契约上约定的各自的权利与义务，保险经济关系便难以成立。

三、熟悉保险的类别

（一）按保险的经营性质分类

1. 商业保险

商业保险是以营利为目的的保险形式，是投保人根据合同约定，向保险人支付保险费，保险人对于合同约定的可能发生的事故因其发生所造成的财产损失承担赔偿保险金责任，或者当被保险人死亡、伤残、疾病或者达到合同约定的年龄、期限时承担给付保险金责任的保险行为。

文本：保险与相似制度的比较

2. 社会保险

社会保险以确保劳动者基本生活、维护社会稳定为目的，是国家通过立法对社会劳动者暂时或永久丧失劳动能力，或失业时提供一定的物质帮助以保障其基本生活的一种社会保障制度，它是国家通过立法对劳动者遭受生育、年老、疾病、死亡、伤残、失业等风险时提供的基本生活保障，是由法律规定的将某些社会风险转移到政府或某一社会组织的一种风险管理措施。

（二）按照保险标的分类

1. 财产保险

财产保险是以财产及其有关利益为保险标的的一种保险，包括财产损失保险、责任保险、信用保险等保险业务。

2. 人身保险

人身保险是以人的寿命和身体为保险标的的保险，包括人寿保险、健康保险、意外伤害保险等保险业务。

（三）按照保障主体分类

1. 团体保险

团体保险是投保人以集体名义与保险人签订一份总保险合同，由保险人向团体内的成员提供保障的保险。例如，企业、机关、社会团体、事业单位采取集体投保方式，为其员工个人向保险人集体办理投保手续所建立的保险关系。常见的团体保险是人身保险。随着保险业的发展，团体保险也在向责任保险或其他保险拓展。

2. 个人保险

个人保险是以个人名义向保险人购买的保险。

(四) 按照实施方式分类

1. 自愿保险

自愿保险是指投保人和保险公司在平等互利、等价有偿的原则基础上，通过协商一致，双方完全自愿订立保险合同，建立保险关系。

2. 强制保险

强制保险又称法定保险，是指根据国家有关法律法规，某些特殊的群体或行业，不管当事人愿意与否，都必须参加规定的保险。我国《保险法》第十一条规定："除法律、行政法规规定必须保险的以外，保险合同自愿订立。"

(五) 按照承保方式分类

1. 原保险

原保险是保险人与投保人之间直接签订保险合同而建立保险关系的一种保险。在原保险关系中，保险需求者将其风险转嫁给保险人，当保险标的遭受保险责任范围内的损失时，保险人直接对被保险人承担赔偿责任。

文本：石油钻井平台再保险案

2. 再保险

再保险也称"分保"。我国《保险法》第二十八条指出："保险人将其承担的保险业务，以承保形式，部分转嫁给其他保险人的，为再保险。"国际上，再保险被称为"保险的保险"，是保险人将其所承保的风险和责任的一部分或全部转移给其他保险人的一种保险。这种风险转嫁方式是保险人对原始风险的纵向转嫁，即第二次风险转嫁。

3. 共同保险

共同保险也称"共保"，是由几个保险人联合直接承保同一保险标的、同一风险、同一保险利益的保险。共同保险的各保险人承保金额的总和不超过保险标的的保险价值。在保险实务中，可能是多个保险人以某一保险人的名义签发一份保险合同，然后每一保险公司对保险事故损失按比例分担责任。与再保险不同，这种风险转嫁方式是保险人对原始风险的横向转嫁，它仍属于风险的第一次转嫁。

4. 重复保险

重复保险是指投保人以同一保险标的、同一保险利益、同一保险事故分别与两个或两个以上保险人订立保险合同，各保险合同的保险金额加起来超过保险价值的一种保险。与共同保险相同，重复保险也是投保人对原始风险的横向转嫁，也属于风险的第一次转嫁。

想一想

重复保险与共同保险的区别是什么?

四、掌握保险的职能

（一）基本职能——经济保障

保险人把集中起来的保险费用于补偿被保险人合同约定的保险责任所致经济损失或经济给付的职能。

1. 经济补偿职能

经济补偿职能指在特定风险损害发生时，在保险的有效期和保险合同约定的责任范围以及保险金额内，按其实际损失数额给予赔付。这种补偿既包括财产损失的补偿，也包括责任损害的赔偿。

2. 经济给付职能

人身保险与财产保险是两种性质完全不同的保险。由于人的价值不能用货币来计量，所以人身保险是经过保险人和投保人双方约定进行给付的保险，人身保险的职能不是损失补偿，而是经济给付。

（二）派生职能

1. 分散风险

分散风险职能即转移风险、分摊损失的职能，就是通过保险活动将遭受风险事故损失的被保险人所需要的补偿金由众多的投保人分摊的职能，是一种“一人为众，众为一人”的互助行为。分散风险包括从时间上分散和从空间上分散：在时间上分散包括在投保者与后投保者之间分散以及某一投保人自己在分期缴保险费的情况下将风险分摊在各期；在空间上分散包括将各个投保人所投保的风险在广大投保人之间分散，在不同险种但属于同类风险中分散，在不同地域但属于同一保险总公司的投保人之间分散，通过再保险业务将风险在保险人之间进行分散。

2. 资金融通

资金融通的职能就是保险公司以收取保险费的形式预提经济保障分摊金将之积蓄下来，将其中闲置部分投入社会再生产过程中所发挥的金融中介的职能。保险费之所以能够积蓄起来进行融通，是因为保费收入与支出之间存在时间滞差、数量滞差，前面说过保险具有将风险在空间上和时间上分散的职能，这必然产生保险费预提后尚未赔偿或给付出去的情况。从这个意义上说，资金融通是由分散风险派生的职能。

3. 监督危险

保险的监督危险的职能是从保险的经济保障职能派生的。保险人为了减少损失赔偿，就必然要对被保险人的危险进行监督，以降低保险事故的发生频率。从相互保险来看，会员之间为了减少损失和减轻负担，必然会相互进行危险监督，以尽量消除导致危险发生的不利因素。保险公司开展的防灾防损工作就是保险的监督危险职能的体现。其最大特点就是积极主动地参与、配合其他防灾防损主管部门和单位开展防灾防损工作。

拓展阅读

火灾保险与消防技术

火灾保险在客观上推动了消防技术的发展。从火灾保险的开山祖师尼古拉斯·巴蓬自己创办消防队，到灭火器的发明者查理士·波维创立太阳火灾保险公司，再到美国保险商实验所（成立于1894年）制定的标准中有五分之三为美国国家标准采用，这些都可以证明消防技术的发展与火灾保险的发展如影随形。如今大规模的保险公司都设有自己的火灾实验检测中心，在维护自己利益的同时，客观上也推动了消防技术的发展。

资料来源：白凤领等．发展火灾保险利国利民［EB/OL］．新东方 消防安全，2007-09.

五、了解保险市场要素

保险市场是保险商品交换关系的总和或是保险商品供给与需求关系的总和。在保险市场上，交易的对象是保险人为保险消费者所面临的风险提供的各种保险保障及其他保险服务。一个完善意义上的保险市场包括主体、客体及监督管理者三要素。

微课：了解保险市场

PPT：了解保险市场

（一）了解保险市场的主体

1. 保险商品供给方

保险商品的供给方是指在保险市场上，提供各类保险商品，承担、分散和转移他人风险的各类保险人。它们以各类组织形式出现在保险市场上，如国有保险人、私营保险人、合营保险人、合作保险人等。我国《保险法》第六条规定："保险业务由依照本法设立的保险公司以及法律、行政法规规定的其他保险组织经营，其他单位和个人不得经营保险业务。"

2. 保险商品的需求方

保险商品的需求方是指保险市场上所有现实的和潜在的保险商品的购买者，即各类投保人。他们有各自独特的保险保障需求，也有各自特有的消费行为。

3. 保险市场的中介方

保险市场的中介方既包括活动于保险人与投保人之间，充当保险供需双方的媒介，把保险人和投保人联系起来并建立保险合同关系的人，也包括独立于保险人与投保人之外，以第三者身份处理保险合同当事人委托办理的有关保险业务的公证、鉴定、理算、精算等事项的人。具体来讲，保险市场中介方包括保险代理人或保险代理公司、保险经纪人或保险经纪公司、保险公证人（行）或保险公估人（行）、保险律师、保险理算师、保险精算师等。

（二）了解保险市场的客体

保险市场的客体是指保险市场上供求双方具体交易的对象，即保险公司提供的保险产品。与一般商品不同，保险商品是一种无形商品，其属于典型的非渴求商品。一般来说，消费者不会去想主动去购买保险，除非法律上有强制性的规定。

（三）了解保险监督管理者

由于保险经营涉及众多被保险人和社会公众的利益，而且保险经营中的交易方式是一种特殊的交易方式，所以，在完善的保险市场中，应设立保险监管部门，并作为保险市场的要素之一。在我国，保险监管部门是指中国银行保险监督管理委员会（简称银保监会）。保险监管部门监管的主要目的是维护保险市场的秩序，保护被保险人和社会公众的利益。

拓展阅读

中国银行保险监督管理委员会正式挂牌

2018 年 3 月 13 日，《国务院机构改革方案》公布，将中国银行业监督管理委员会和中国保险监督管理委员会的职责整合，组建中国银行保险监督管理委员会，作为国务院直属事业单位。同时，将银监会、保监会拟定银行业、保险业重要法律法规草案和审慎监管基本制度的职责，划入中国人民银行。2018 年 4 月 8 日，中国银行保险监督管理委员会在京揭牌，标志着新组建的中国银行保险监督管理委员会正式挂牌运行，意味着中国金融的统筹协调监管将进入一个全新的阶段。

中国保险监督管理委员会成立于 1998 年 11 月，银行监督管理委员会成立于 2003 年 4 月。如今，“15 岁”的银监会和“20 岁”的保监会正式告别历史舞台。至此，包括中国人民银行、银监会、证监会和保监会在内的“一行三会”的金融监管格局变为“一行两会”。

资料来源：中国经济时报．王小霞．2018. 04. 10.

六、分析保险市场供求

（一）分析保险市场供给

保险市场供给是指在一定时期内及一定的费率水平上，保险市场上各家保险企业愿意并且能够提供的保险商品和劳务的总和。在保险市场中，制约保险供给量的最基本的因素是保险需求，但在有保险需求的前提下，保险市场供给的数量和质量受多种因素制约。

1. 偿付能力

由于保险经营的特殊性，各国法律对保险公司都有最低偿付能力标准的规定，因而保险供给会受到偿付能力的制约。保险供给与偿付能力呈正比例关系。

2. 保险价格

保险价格一方面受保险供给和需求的影响，另一方面也影响保险供给。保险供给量与保险价格成正相关关系。

3. 经营管理水平

保险业的经营管理是一项技术性、专业性很强的业务活动，如果保险经营者在风险管理、人事管理、条款设计、险种设计、费率厘定、业务监管等方面具有较高的水平，就可借此优势不断开发新险种、不断拓展业务规模，满足社会出现的新的保险需求，扩大保险供给量。保险供给量与保险人的经营管理水平呈正相关关系。

4. 保险人才的数量和质量

通常，保险人才的数量越多，意味着保险供给量越大。保险人才素质越高，许多新险种就越容易被开发出来，推广出去，从而扩大保险供给。

5. 保险利润率

一般来说，需求的动力是消费，供给的动力是利润。因此，平均利润率是制约保险供给的基本因素，保险供给与保险平均利润率呈正相关关系。

6. 政策监管程度

保险业作为一个特殊的行业，各国政府都对其加以监管，政府的有关政策对保险供给的扩张和收缩将会形成有效的制约。监管越松散，保险的供给越充分，保险产品和服务种类越繁多。

此外，保险互补品与替代品的价格、保险技术水平等对保险供给也会产生影响。

（二）分析保险市场供给方组织形式

保险市场供给的主体是保险人。由于财产所有制关系不同，保险人有不同的组织形式。

1. 国营保险公司

国营保险公司是指由国家或政府投资设立的保险经营组织。它们可以由政府机构直接经营，也可以通过国家法令规定某个团体来经营，后者称为间接国营保险组织。

2. 私营保险公司

私营保险公司是由私人投资设立的保险经营组织，是国际保险市场上主要的、普遍的组织形式。私营保险公司多以股份有限公司的形式出现。保险股份有限公司是现代保险制度下最典型的一种组织形式。

3. 合营保险公司

合营保险公司包括两种形式：一种是政府与私人共同投资设立的保险经营组织，属于公私合营保险组织形式；另一种是本国政府或组织与外商共同投资设立的合营保险组织，我国称之为中外合资保险经营组织形式。

4. 合作保险组织

合作保险组织是指由社会上具有共同风险的个人或经济单位，共同集资设立的保险组织形式。参加合作保险的经济单位或个人，既是保险人，又是被保险人，按其所保财产的数量交纳一定比例的保险费，以建立保险基金，盈亏共担。这类保险组织属于非营利性保险组织。

5. 个人保险组织

文本：劳合社

个人保险组织是以个人名义承保保险业务的一种组织形式。迄今为止，这种组织形式只有英国的劳合社。它是世界上最大的，也是唯一的一家个人保险组织。劳合社本身并不是承保风险的保险公司，它仅是个人承保商的集合体，是一个社团组织。“分则为保险商，合则为劳合社”，这就是该组织在结构上的特点。劳合社的成员全部是个人，自负盈亏，进行单独承保，并以个人的全部财力对其承保的风险承担无限责任。他们是以自然人的身份进行承保的。

6. 行业自保组织

行业自保组织也称专属保险公司，是指一些非保险业的大型工商企业投资设立的专营本公司及子公司保险业务的保险机构。欧美国家的许多大企业集团，都有自己的自保公司。近 20 年来，专属保险公司数量有大幅度增加。大型企业集团设立自保公司的原因有：一是承保其他保险公司不予承保的风险；二是节省保险费，主要是节省附加费支出；三是补偿迅速，经营灵活，且能够避免道德风险的发生；四是能享受税收上的优惠。

拓展阅读

2003 年 4 月，我国第一家民营保险公司民生人寿保险公司开业；2004 年年底，国务院批准在黑龙江垦区设立第一家相互制保险公司阳光农业相互保险公司；2006 年 6 月，由原中华联合财产保险公司整体改制设立的“中华联合保险控股股份有限公司”在乌鲁木齐成立，标志着除中国人保、中国人寿、中国再保险外，我国最后一家国有独资商业保险公司的股份制改造已告完成；2012 年 10 月，保监会同意中国石油天然气集团公司、中国石油天然气股份有限公司共同在克拉玛依市发起筹建国内首家自保公司中石油专属财产保险股份有限公司。2017 年 2 月，我国第一家相互保险社——众惠财产相互保险社成立。

资料来源：根据网络内容整理。

（三）分析保险市场需求

保险市场需求是指在一定的时期内和一定的费率水平上，社会经济组织及个人对保险经济保障需要量的总和。

保险市场需求包括三个要素：有保险需求的人、为满足保险需求的购买能力、购买意愿。保险市场需求的这三个要素是相互制约、缺一不可的，只有三者结合起来才能形成现实的保险需求，才能决定需求的规模和容量。影响保险需求的主要因素有以下几个。

1. 风险因素

保险服务的具体内容是各种客观风险，因此，风险的客观存在是保险需求产生的前提。保险需求总量与风险因素存在的程度呈正相关关系。风险程度越高、范围越广，保险需求总量也就越大。

2. 经济发展因素

经济发展是刺激保险需求产生的因素，也是促成保险需求总量扩充的因素。保险需求总量与国内生产总值的增长呈正相关关系。

3. 保险商品的价格因素

保险需求总量取决于可支付保险费的货币金额总量。保险需求与保险价格一般呈负相关关系。保险费率上升，则保险需求量下降；保险费率下降，则保险需求上升。

4. 经济制度因素

现代保险属于商品经济范畴。保险发展的历史表明：现代保险是随着商品经济的产生而产生，随着商品经济的发展而发展的。保险需求总量与商品经济制度的发展与完善程度呈正相关关系。

5. 科学技术因素

科学技术是第一生产力。科学技术的不断进步及在经济生活中的应用，会不断开拓出新的生产领域，从而产生新的保险需求。保险需求总量与科学技术进步之间呈正相关关系。

6. 利率因素

现代保险中有相当大的一部分是投资型保险，特别是长期性人寿保险。投资人将其闲置的资金选择投向保险公司还是投向商业银行，取决于投资收益率的高低。保险需求总量与银行利率高低呈负相关关系。

7. 风险管理因素

风险管理状况对保险需求量的增减有直接影响。一般说来，风险管理好，出险频率低，保险需求量减少；反之，保险需求量增加。保险需求总量与风险管理优劣呈负相关关系。

8. 政策因素

一个国家的收入分配、金融、财政以及社会保障政策等都会对保险需求产生影响，以税收政策为例，在其他因素不变的情况下，如果税收政策对人们购买保险具有鼓励的作用，保险需求就会增大。例如，在许多西方国家，人们购买人身保险的动力之一，就是购买保险的收入可以免税或者延迟交税等。

此外，人口总量、人口结构和文化水平、民族文化习俗、宗教信仰等对保险需求的规模和变化也会产生不同的影响。在上述诸多影响因素中，起最主要作用的两个因素是个人收入和保险价格。

七、分析保险中介市场

保险市场中介是指介于保险经营机构之间或保险经营机构与投保人之间，专门从事保险业务咨询与招揽、风险管理与安排、价值衡量与评估、损失鉴定与理算等中介服务活动并从中依法获取佣金或手续费的单位或个人。

（一）保险代理人

保险代理人是指根据保险公司的委托，向保险公司收取佣金，在保险公司授权的范围内代为办理保险业务的机构或者个人，包括保险专业代理机构、保险兼业代理机构及个人保险代理人。保险专业代理机构是指依法设立的专门从事保险代理业务的保险代理公司及其分支机构。保险兼业代理机构是指利用自身主业与保险的相关便利性，依法兼营保险代理业务的企业，包括保险兼业代理法人机构及其分支机构。保险专业代理公司、保险兼业代理法人机构在中华人民共和国境内经营保险代理业务，应当符合国务院保险监督管理机构规定的条件，取得相关经营保险代理业务的许可证。

动画：“一分钟”快速了解保险代理人

文本：保险经纪人与保险代理人的区别

（二）保险经纪人

保险经纪人是指基于投保人的利益，为投保人与保险人订立保险合同提供中介服务，并且依法收取佣金的机构，包括保险经纪公司及其分支机构。经营保险经纪业务，必须按照《保险经纪人监管规定》设立保险经纪公司。因保险经纪公司的过错，给投保人、被保险人造成损失的，由保险经纪公司承担赔偿责任。

（三）保险公估人

保险公估人是指专门从事保险标的或保险事故的评估、勘验、鉴定、估损、理算及相关风险评估等业务，并且据此向当事人委托方收取合理费用的机构和个人。公估人在保险市场当中承担着专业技术服务功能、保险信息沟通功能、和风险管理咨询功能，其出具的公估报告书一般是作为理赔的参考依据，本身不具有法律权威。保险公估人因为职业疏忽引起委托人遭受损失，公估人要承担法律赔偿责任。因此公估人一般会投保职业责任险。

保险中介机构和个人都要依法开展经营活动，诚实守信，共同培育、建设保险业的诚信文化，促进保险业健康、快速地发展。

模块三
认知保险业务岗位

任务描述

了解保险公司基本职能部门的主要职责；认知保险中介业务岗位；认知保险公司基本业务岗位。

一、了解保险公司的主要职能部门

（一）市场营销部

市场营销部的主要职责是从事市场调研，协同公司其他部门开发新险种和修改现有险种，以满足客户的需要。市场营销部通常还开展业务宣传，建立公司的业务推销制度，如代理人制度、经纪人制度等。

微课：认知保险业务岗位

PPT：认知保险业务岗位

文本：《保险公司管理规定（2015年修订）》

（二）承保部

承保部是负责选择风险并办理承保业务的部门。其主要职责是：接受投保，进行风险选择以及投保调查，登记卡片，发放保单。承保部还参与公司再保险计划的制订和管理。

（三）理赔部

理赔部是负责有关保险赔付的部门。其主要职责是：在保险事故发生后进行现场查勘定损，进行赔案处理。理赔部还参与因保险金给付争议而引起的诉讼，负责为公司提供有效证据。

（四）客户服务部

客户服务部专门为公司的被保险人、受益人提供售后服务，如解释保险条款、按寿险被保险人的要求提供保全服务、财险公司的到期续保通知等。

（五）精算与统计部

该部门是保险公司的保费计算、风险测定和资料汇总部门。在人寿保险公司里，该部门负责计算保险费率、责任准备金等。在财产保险公司中，其主要对保险经营的有关情况进行分析，为决策者提供可资利用的信息和分析背景资料。

（六）投资部

投资部的主要职能是调查和研究金融市场的行情，为公司的投资委员会提供信息，并对公司的资本金、责任准备金等进行投资项目管理。投资部在保险公司尤其是人寿保险公司占有重要的地位。

（七）法律部（合规部）

法律部的主要职能是研究现行法律对公司业务经营的影响，确保公司的经营活动符合法律和保险监管部门的要求。

（八）人事部

人事部负责处理员工有关事务，包括制定公司员工的聘用、调动、考核、晋升、培训、解雇等方面的规章制度，制定员工的工资标准、福利计划等。

（九）财务部

财务部负责公司的全部财务记录，编制财务报表、控制公司的收支差额、监督公司预算的执行等。

（十）信息部

信息部从事公司计算机系统的开发和维护工作，帮助公司其他部门购买、使用、开发计算机系统和软件，储存公司信息和数据，以备统计之用。

（十一）再保险部

再保险部负责研究再保险市场和相关政策，为公司制订再保险相关制度和再保险计划，负责再保险业务安排等。

二、认知保险基本业务岗位

（一）保险代理从业人员

保险代理从业人员包括个人保险代理人和保险代理机构从业人员。个人保险代理人是指与保险公司签订委托代理合同，从事保险代理业务的人员。保险代理机构从业人员是指在保险专业代理机构、保险兼业代理机构中，从事销售保险产品或者进行相关损失勘查、理赔等业务的人员。

文本：《保险代理人监管规定》

2021年1月实施的《保险代理人监管规定》指出，保险公司应当委托品行良好的个人保险代理人，保险专业代理机构、保险兼业代理机构应当聘任品行良好的保险代理机构从业人员。保险公司、保险专业代理机构、保险兼业代理机构应当加强对个人保险代理人、保险代理机构从业人员招录工作的管理，制定规范统一的招录政策、标准和流程，并应当加强对个人保险代理人、保险代理机构从业人员的岗前培训和后续教育，培训内容至少应当包括业务知识、法律知识及职业道德，培训可以委托保险中介行业自律组织或者其他机构组织，应当建立完整的个人保险代理人、保险代理机构从业人员培训档案。此外，保险公司、保险专业代理机构、保险兼业代理机构应当按照规定为其个人保险代理人、保险代理机构从业人员进行执业登记。个人保险代理人、保险代理机构从业人员变更所属机构的，新所属机构应当为其进行执业登记，原所属机构应当在规定的时限内及时注销执业登记。

（二）保险经纪从业人员

保险经纪从业人员是指在保险经纪人中，为投保人或者被保险人拟订投保方案、办理投保手续、协助索赔的人员，或者为委托人提供防灾防损、风险评估、风险管理咨询服务、从事再保险经纪等业务的人员。

文本：《保险经纪人监管规定》

2018 年 5 月实施的《保险经纪人监管规定》指出，保险经纪人应当聘任品行良好的保险经纪从业人员，保险经纪从业人员应当具有从事保险经纪业务所需的专业能力。保险经纪人应当加强对保险经纪从业人员的岗前培训和后续教育，培训内容至少应包括业务知识、法律知识及职业道德，培训可以委托保险中介行业自律组织或者其他机构组织。保险经纪人应当建立完整的保险经纪从业人员培训档案，并应按规定为其保险经纪从业人员进行执业登记。保险经纪从业人员只限于通过一家保险经纪人进行执业登记，如若变更所属保险经纪人的，新所属保险经纪人应当为其进行执业登记，原所属保险经纪人应当及时注销执业登记。

（三）保险公估从业人员

保险公估从业人员是指在保险公估人中，为委托人办理保险标的承保前和承保后的检验、估价及风险评估。保险标的出险后的查勘、检验、估损理算及出险保险标的残值处理，风险管理咨询等业务的人员，包括公估师和其他具有公估专业知识及实践经验的评估从业人员。公估师是指通过公估师资格考试的保险公估从业人员，具有高等院校专科以上学历的公民，可以参加公估师资格全国统一考试。

文本：《保险公估人监管规定》

2018 年 5 月实施的《保险公估人监管规定》指出，保险公估人应当聘用品行良好的保险公估从业人员，保险公估从业人员应当具有从事保险公估业务所需的专业能力；保险公估人应当加强对保险公估从业人员的岗前培训和后续教育，培训内容至少应包括业务知识、法律知识及职业道德，培训可以委托保险中介行业自律组织或者其他机构组织，应当建立完整的保险公估从业人员培训档案；保险公估从业人员从事保险公估业务，应加入保险公估人，保险公估人应当按照规定为其保险公估从业人员进行执业登记；保险公估从业人员只能在一家保险公估人从事业务，只限于通过一家保险公估人进行执业登记，如若变更所属保险公估人的，新所属保险公估人应当为其进行执业登记，原所属保险公估人应当及时注销执业登记。

视频：优加保
——保险从业道德

（四）保险公司内勤岗

1. 核保人员

保险核保员是对核保风险控制的监督和检验的专业人员。其主要职能是根据风险查勘和风险评估的结果审核确定承保条件及价格，保证风险控制的合理性，定价的准确性；对承保业务进行核保，或提出核保意见，报上级核保人员核保，对超本级核保权限的业务经审核后报上级公司核保；参与对拟承保的重大业务和特殊风险业务进行风险评估，确保此类保险业务的风险得到合理控制；分析承保业务状况，提出相关工作的改进建议。

核保是保险公司降低逆选择和道德风险的第一道关，也是公司控制业务风险的最后关口。核保是专业性极强的工作，一名合格的核保师必须具有保险、法律、医学、金融财务，甚至心理学、社会学等方面的知识，还必须具有保险核保师资格证书，能熟练使用办公自动化软件，具备良好的英文水平，具有较强人际交往能力和耐心细致的性格特征。

2. 出单人员

（1）录单人员。负责对客户、业务人员提交的拟承保业务进行初步审核，对不符合产品线承保政策要求的业务及时向客户及业务人员进行反馈；负责投保单填写完整性、规范性审核，根据中心相关规定收集、整理并审核拟承保业务必要的客户资料和手续；为业务人员及客户提供保费测算、业务咨询等相关服务；负责自己使用承保单证的领用与保管，并按业务规定进行单证的清分；负责打印保险单并确保保险单证符合要求。

（2）复核人员。负责审核出单员录入投保资料的完整、准确性；负责审核保险费厘定无误，保费计算及大小书写正确；负责审核打印后保险单与投保单各项内容、数字相符。

（3）出单业务管理岗。负责落实产品线有关核保政策，并制定承保信息录入的管理规定；负责对出单人员进行业务指导和培训，不断提高出单人员的业务技能和素质；负责向办公室单证管理岗申报承保业务单证需求，审核支公司上报的承保单证申领需求，领用本中心使用的承保业务单证；配合主任岗对全辖已使用承保业务单证、出单质量、数据质量进行检查监督工作；负责接受出单人员及业务人员有关出单业务方面的咨询，并及时给予答复；负责各类业务出单信息的统计和整理工作，并定期向各相关部门和支公司反馈出单统计信息。

3. 理赔人员

（1）查勘、定损人员。负责同城范围内出险案件的查勘定损；负责辖区内出险案件的代查勘工作；负责现场施救和其他服务项目的实施，具体执行理赔差异化服务举措，处理客户反馈的有关查勘定损意见；提出聘请公估人员或其他技术人员协助定损的建议，报批准后组织实施；接到查勘定损通知后，服从调度，负责组织客户和其他有关人员，按公司规定和业务流程进行现场查勘，确保准确、合理、快速地核定保险事故的损失；负责查勘定损环节的客户信息收集与维护。

查勘定损岗工作人员要求掌握较全面的保险专业知识，熟悉保险相关政策、法律、规章。

（2）核损、理算、核赔人员。保险理赔员是指帮助客户办理各种保险理赔手续的专职人员，主要职责包括：核损人员要根据有关制度和实务流程，利用核损技术工具，对案件进行核损；归纳、总结、分析核损资料，收集典型案例，提出定损技术改进意见；参与疑难、重大案件的会商和调查工作。理算人员要审核赔案案卷资料，对有疑问的赔案提请复审；对资料齐全的赔案进行理算，并保证数据的准确性和完整性。核赔人员要对同城范围内的赔案和支公司超权限的赔案根据权限进行核赔，确保赔付的准确性。

保险理赔是一项专业性极强的工作，不仅保险标的涉及面广，而且标的风险的成因十分复杂。这就要求保险理赔人员，特别是估损、定损、索赔单证审核、赔款计算等方面的人员，应具有相应的专业知识、丰富的理赔工作经验和较强的辨伪能力，有较强的沟通能力、执行能力和服务意识和团队精神。

4. 客服人员

客服人员的主要职责有：按照规定准确办理各项保全操作；统筹公司客户服务资源，维护客户关系，以有效提高客户服务质量，培养客户忠诚；负责客户服务项目的开发和组织实施；负责各种渠道客户投诉的受理和协调、监督工作；监测公司整体客户服务水平，为服务改进和人员考核提供依据。

客户服务在保险公司经营中有着举足轻重的地位，客服人员需要熟悉保险、管理专业知识，通晓保全操作流程，有较强的沟通能力、执行能力、服务意识和团队协作精神。

此外，保险公司还有一些岗位，如组训人员、部门经理、培训讲师等基本岗位也适于专科以上的学历、熟知保险和管理专业知识，有良好的沟通能力，综合素质较强的有志人士。

项目小结

个人、家庭和企业、单位时时刻刻面临着自然界客观存在的风险的威胁，我们要学会识别和分析不同种类的风险，选择有效的风险管理技术。保险具有经济保障、分散风险、资金融通、监督危险的职能。保险商品供求关系的实现要借助保险市场，我们要学会分析保险市场的构成要素及其影响因素，熟悉保险公司的主要职能部门及相关岗位。

使命担当：保险抗御风险助力安全生产

使命担当：保险行业的使命与担当

问题讨论

1. 日常生活中，个人、家庭、企业、国家和机关可能面临哪些风险？
2. 风险管理方法与风险事故发生的概率及损失程度之间的关系。

推荐阅读

1. 中国银行保险监督管理委员会网站。
2. 各保险公司网站。各保险中介机构网站。
3. 学生所在省保险行业协会网站。
4. 《保险销售从业人员监管办法》
5. 《保险经纪从业人员监管办法》《保险公估从业人员监管办法》

习题与实训

1. 思考题

(1) 风险的特征有哪些?

(2) 思考风险因素、风险事故和损失之间的关系。

(3) 什么是保险? 商业保险应具备哪些要素?

(4) 简述保险的种类和职能。

(5) 保险市场包括哪些要素? 影响保险市场供求的因素有哪些?

(6) 目前我国保险公司的组织形式有哪些?

(7) 比较保险代理人、经纪人和公估人的区别。

2. 综合训练题

调查保险公司和保险中介机构,了解清楚作为一名基层保险从业人员应掌握哪些知识、具备哪些素质?

3. 案例分析题

脑洞大开!这些“千奇百怪”的险种你都买得到

2018 年电影《西虹市首富》上映,不少网友都被片尾的“脂肪险”逗乐了。一时间,各种“千奇百怪”的保险种类成了南京人茶余饭后的话题。

紫金山记者了解到,除了普通常规的寿险、健康险等,南京人投保的险种也是非常脑洞大开了。如果说电影里的“脂肪险”还买不到,这些险你都买得到!

人物一:薛女士

薛女士在买机票时顺便买了拒签险。

薛女士前不久休年假去英国游玩,出发前,她先办理了签证,但在签证还没到手的时候她就想买机票。“当时买机票的时候,我看到了一个拒签险的项目,就顺便买了,400 多,买个放心。这样就算我被拒签了,也能全额退机票钱。”

让薛女士很满意的是,在拿到签证后,她还能顺利申请退回拒签险的费用。她表示下次出去玩还会买,不管能不能退回费用。

人物二:程女士

程女士给宝宝买了重疾险,给自己买了支付宝账户安全险。

程女士给女儿购买了重疾险和教育险。“宝宝6个月大的时候我就给她买了，一年保费为6 000元，投保20年。”程女士表示，现在家长普遍会给宝宝买保险，也相当于存钱了。

而她自己则在支付宝的保险项目里发现了一款叫“支付宝账户安全险”的险种，“一年才不到一块钱，只要支付宝被盗，造成财产损失，就能获赔了。”

人物三：曾先生

曾先生不爱用手机壳，因此给自己购买个碎屏险。

曾先生用手机有一个习惯，就是不用手机壳，也不贴膜。“我很喜欢苹果手机的外观，而且我觉得不贴膜对眼睛比较好，屏幕触感也更好。所以我不用手机壳，也不贴膜。”

因此，曾先生给自己买了一款“手机碎屏险”，按照苹果系列不同，保险费用为80元至300元不等。“这样万一手机不小心被摔碎屏幕，保险公司就会提供一次手机屏幕维修或者更换服务，但不会赔付现金。”

人物四：左先生

左先生购买了电瓶车意外险和上门服务意外险。

左先生是一家公司的外卖员，每天要面对的就是骑电瓶车“飞驰”以及送货上门。为了安全起见，他给自己买了“电瓶车畅行意外险”和“上门服务人员意外险”。这样如果在骑电瓶车时发生意外就有机会获得赔付。“送货上门，也存在着一定的意外风险，所以我也给自己买了个保险，这样万一遇到危险，也能获赔。一年也就不到一百元，买个安心吧。”

紫金山记者发现，大部分市民购买的比较特别的保险，都因其保险费用较低，且和日常生活很贴近。程序员赵先生说，因为缺乏运动又长期加班，他给自己买了健康险、重疾险，但他还希望购买单身险等有趣的保险，他打趣说：“比如在35岁之前，如果我还是单身，就能获赔，我觉得这个险种很适合我们。”

资料来源：脑洞大开！这些“千奇百怪”的险种你都买得到［N］. 紫金山/金陵晚报，2018－08－05.

阅读以上案例，试分析为什么会出现这些千奇百怪的险种？影响保险供给的因素主要有哪些？

1 项目一 保险合同业务处理

学习目标

知识学习目标：

了解保险合同的签订流程、生效条件、合同各方的权利和义务、合同的变更方式、合同的终止条件等；理解保险利益原则、最大诚信原则和近因原则；掌握保险合同纠纷的处理原则和解决方法。

技能训练目标：

能熟练操作保险合同的签订、生效、履行、变更、复效、终止等相关业务；能正确处理保险合同业务纠纷。

工作任务

应完成的工作任务：

对一份保险合同从签订、生效、履行、变更、复效、终止的全程业务处理过程进行追踪分析，了解其详细流程和内容。

完成工作任务应提交的标志性成果：

同一份保险合同全程业务处理环节的明细资料，如投保单、保单、变更申请书、批单等。

模块一
保险合同订立与履行

任务描述

分析各类形式的保险合同，研究其条款，以掌握合同订立和履行等业务。

知识准备

一、保险合同的含义

保险合同也称为保险契约，是投保人与保险人约定权利义务关系的协议。保险投保人按照保险合同约定向保险人交纳保险费，当发生保险事故，保险对象的财产及其有关利益遭受损失或者被保险人因意外事故、疾病、衰老等原因导致死亡或丧失劳动能力，或年老退休，或在保险期限届满生存，保险人应当按照合同约定向被保险人赔偿或给付保险金。

微课：了解保险合同的形式

PPT：了解保险合同的形式

二、保险合同的形式

保险合同一般采用书面形式，并载明当事人双方约定的合同内容。其主要表现形式有如下几种。

1. 投保单

投保单又称要保单，是投保人向保险人提出保险要求和订立保险合同的书面要约，是保险人出具保险单的依据。投保单是保险合同的重要组成部分。

投保单一般由保险人事先根据险种的需要设计，投保人投保时依投保单所列的内容逐一填写，保险人再据此核实情况，决定是否承保。

2. 保险单

保险单又称保单，是保险人和投保人之间订立保险合同的正式书面文件。它是投保人与保险人履行权利义务的依据，是最重要的书面形式。其主要结构包括保险项目、保险责任、责任免除及附注条件等。其格式为：正面采用表格方式，包括保险人、投保人、被保险人、保险标的详细说明等项目；背面是保险条款，包括保险人和被保险人的权利和义务、保险责任、保险期间、保费与退费、索赔与理赔、争议处理等条款。保险单是保险双方当事人确定权利义务和在保险事故发生后被保险人索赔、保险人理赔的主要依据。

3. 保险凭证

保险凭证也称为小保险，是一种简化的保险单，其法律效力与保险单相同。它是保险人向投保人签发的证明保险合同已经订立的书面文件。在保险凭证中不载明保险条款，而是指明以某种保险单所载明的条款为准。保险凭证主要在以下场合使用：一是在团体保险中用以证明其已投保，如某学校为在校生代办人身保险，保险人为每位学生出立保险凭证（见表1-1）；二是在汽车保险业务中，除了签发保险单以外，还必须出立保险凭证，以便于在运输途中发生保险事故时凭证处理及供有关部门查询之用；三是在货物运输保险中，如果订立预约保险合同，则每一笔货物均需以预约保单作为依据，由保险人在收到被保险人签发的货物起运通知书后向被保险人签发保险凭证。所谓预约保险合同，又称开口合同，是保险人和投保人双方事先约定保险责任范围的长期协议。

表1-1　　学生（幼儿）平安保险凭证

被保险人姓名		性别	出生时间	
学校（幼儿园）名称	学校（幼儿园）　年级　班			
家庭地址				
投保人姓名		联系电话		
投保时间	保险金额	保险费		保险公司签章
年　月　日				
年　月　日				
年　月　日				
年　月　日				
年　月　日				

说明：①被保险人指学生、幼儿；投保人泛指家长。

②学生、幼儿参加保险，需经保险公司同意并签章。

③此证由被保险人或投保人妥善保管，出险索赔时向保险公司提供。

4. 暂保单

暂保单又称临时保单，是保险公司在正式签发保险单之前出立给投保人的临时保险单证，内容较为简单，仅表明投保人已经办理了保险手续，并等待保险人出立正式保险单。暂保单与保险单的法律效力相同，但有效期较短，通常不超过30天。正式保单签发，暂保单自动失效。如果保险人最后考虑不出立保险单时，也可以终止暂保单的效力，但必须提前通知投保人。暂保单一般适用于财产保险，但有时人身保险中也可以使用。

暂保单并不是订立保险合同的必经程序，使用暂保单一般有以下四种情况：一是保险代理人在争取到业务时，还未向保险人办妥保险单手续之前，给被保险人的一种证明；二是保险公司的分支机构在接受投保后，还未获得总公司的批准之前，先出立的保障证明；三是在洽订或续订保险合同时，订约双方还有一些条件需商讨，在没有完全谈妥之前，先由保险人出具给被保险人的一种保障证明；四是正式保单需要由计算机处理，而投保人又急需保险凭证。

5. 批单

批单又称为背书。我国《保险法》第二十条规定："投保人和保险人可以协商变更合同内容。变更保险合同的，应当由保险人在保险单或者其他保险凭证上批注或者附贴批单，或者由投保人和保险人订立变更的书面协议。"可见，批单是保险人应投保人或被保险人的要求出立的修订或者更改保险单内容的证明文件。批单通常在以下情况下使用：一是对已经印制好的标准保险单作部分修正，如缩小或扩大保险责任范围；二是在保险合同订立后的有效期内更改和调整某些保险项目。投保人需要更改保险合同的内容时，要向保险人提出申请，保险人同意后出立批单。批单可以在原保险单或保险凭证上批注，也可以另外出立一张变更合同内容的附贴便条。批单是保险单的一个重要组成部分。表 1－2 是批单的格式之一。

表 1－2　　××保险公司批单

险种名称		保险合同号	
投保人		客户号	
被保险人		客户号	
兹根据　　　　提交的申请事项，经我公司同意， 现作如下批注： 日期：　年　月　日			

第一联　客户留存

经办：　　　　复核：　　　　审批：

▣ 业务处理

微课：保险合同的订立、生效和履行

PPT：保险合同的订立、生效和履行

一、保险合同订立

保险合同的订立是指投保人与保险人之间就保险合同的条款经过协商最终达成协议的法律行为。订立时应当遵循公平互利、协商一致、自愿订立的原则，不得损害社会公共利益。订立过程要经过要约和承诺两个步骤。

（一）要约

要约又称为订约提议，是指当事人一方以订立合同为目的向另一方提出订约建议的明确意思表示。一个有效的要约应具备三个条件：即明确表示订立意愿、具备合同的主要内容、要约在有效期内对要约人具有约束力。

投保单是投保人以书面方式要约的一般形式，但不是唯一形式，其他足以表明投保人投保意愿的行为或意思表示的形式均可构成投保人对保险人的要约。如上海市邮政局与中国太平洋保险公司联合发行一种附有人身意外伤害保险的明信片，我国现行的交通运输及民航部门代保险公司销售的人身意外伤害保险等，均以投保人或被保险人的某种行为或意思表示为要约。

（二）承诺

我国《保险法》第十三条规定："投保人提出保险要求，经保险人同意承保，保险合同成立。保险人应当及时向投保人签发保险单或者其他保险凭证。保险单或者其他保险凭证应当载明当事人双方约定的合同内容。当事人也可以约定采用其他书面形式载明合同内容。"可见，在我国，保险单和其他保险凭证被视为保险合同成立的书面证明，构成保险合同承诺的一般形式。

一般情况下，投保人的请求构成要约，保险人的核保批单构成承诺。但有时，要约与承诺两者地位倒置。如保险人所发保险单附上新的条件，或者以保险人新拟制的尚未公布的基本条款出立保险单，这时保险单的交付成为新的要约，须经投保人承诺才能生效。实务中对复杂的一揽子保险或其他没有格式保险单的保险，双方当事人往往要反复商谈，才能最终达成一致。

二、保险合同生效

投保人与保险人针对保险合同条款达成协议，即经过要约人和被要约人的承诺，保险合同即告成立，但保险合同的成立不一定标志着保险合同的生效。保险合同的生效是指保险合同对当事人双方发生约束力，即合同条款产生法律效力。一般而言，保险合同生效，就意味着保险人开始按照保险合同的规定承担保险责任。

我国《保险法》第十三条规定："依法成立的保险合同，自成立时生效。投保人和保险人可以对合同的效力约定附条件或者附期限。"保险合同往往是附条件、附期限生效的合同，只有当事人的行为符合所附条件或达到所附期限时，保险合同才生效。如保险合同订立时，约定保险费缴纳后保险合同才开始生效，那么虽然保险合同已经成立，但要等到投保人交纳保险费后才能生效。另外，如果保险合同当事人对合同生效时间做了约定，那么保险合同应从双方约定的日期开始生效。在我国保险实践中普遍推行的"零时起保制"，即保险合同生效时间是在合同成立的次日零时或约定的未来某一日的零时。

想一想

1998年4月，某乡政府为该乡农户向当地保险公司投保了家庭财产保险。保险费为每户7.5元，保额为每户2 500元，并且保险双方特别约定：保费分两次交付，当年11月份交清。保险公司遂向乡政府签发了保单并加盖了公章。

后来，保险公司曾多次向乡政府催讨保费未果。当年7月，一场历史罕见的特大洪灾冲垮了该乡的防洪大堤，淹没了全乡的农田和房屋，农户损失惨重。灾情发生后，乡政府迅速向保险公司索赔，而保险公司则以该乡未交保费为由予以拒赔。由于事关重大，乡政府上诉到法院。

请思考，法院最终该如何判决？交费是否是保险合同生效的前提条件？

三、保险合同履行

保险合同履行是指合同双方当事人按照约定全面履行自己的义务。

（一）投保人义务履行

1. 如实告知

如实告知义务要求投保人在合同订立之前、订立时及在合同有效期内，对已知或应知的与危险和标的有关的实质性重要事实向保险人作真实陈述。这个义务是投保人必须履行的基本义务，体现了保险的最大诚信原则。

2. 交纳保费

投保人应按照约定的时间、金额和方法交纳保险费。一般而言，保险费由投保人自己或其利害关系人交纳。投保人未交纳保险费的，保险人可以中止乃至终止保险合同，或者拒绝承担保险责任。

保费有趸交和分期交纳两种方式，财产险和人身意外伤害保险合同一般采用趸交保费的形式，即一次性交清，而人寿保险合同中通常采用分期交纳保险费的形式。

3. 通知

一是“危险程度增加”通知义务。危险增加是指当事人双方在订立保险合同时未曾估计到的危险事故危险程度的增加。保险人接到通知后，可以采取提高保险费率或解除保险合同的做法。如果投保人不同意提高保险费率，则保险合同自动终止。如果保险人接到“危险增加”的通知或未接到通知但已经知晓情况，在规定期限内未做任何表示，则以后不得再主张提高费率或解除保险合同。

二是保险事故发生的通知义务。我国《保险法》第二十一条规定：“投保人、被保险人或者受益人知道保险事故发生后，应当及时通知保险人。”

发生保险事故后及时通知保险人，有利于保险人及时采取措施防止损失的扩大，有利于迅速查明事实，确定损失，明确责任。如果发生保险事故后投保人不及时通知保险人，则保险人可能会免除保险责任，或者不解除合同但请求投保人或被保险人赔偿因此而遭受的损失。

4. 避免损失扩大

保险事故发生时，被保险人有责任尽力采取必要的措施，防止或者减少损失。保险事故发生后，被保险人为防止或者减少保险标的的损失所支付的必要的、合理的费用，由保险人承担。

5. 提供单证

我国《保险法》第二十二条规定：“保险事故发生后，依照保险合同请求保险人赔偿或者给付保险金时，投保人、被保险人或者受益人应当向保险人提供其所能提供的与确认保险事故的性质、原因、损失程度等有关的证明和资料。”

（二）保险人义务履行

1. 承担赔偿或给付保险金责任

这是保险人履行的基本义务，也是最重要的义务。

2. 向投保人说明保险条款

保险人的说明义务是法定义务，不论在何种情况下，保险人均有义务在订立保险合同时主动、详细地说明保险合同的各项条款，并且对投保人提出的有关问题做出直接、真实的回答。对于免责条款，保险人不仅要履行说明义务，而且还要明确说明或者作出特别提示，否则该条款无效。

3. 退还保险费或者保单的现金价值

一般来说，发生下列的情况要求退还保险费用或者保险单的现金价值。

（1）投保人因过失不履行如实告知的义务，退还保险费。

（2）投保人申报的年龄不真实，并真实年龄不符合合同约定的年龄限制的，保险人可以解除合同，在扣除手续费之后，退还保险费，但是自合同成立之日起超过两年的，保险人不能解除合同。

（3）谎称发生保险事故或者故意制造保险事故的，并且投保人已经交纳两年以上保费的，应该向其他享有权利的受益人退还保费或者保单的现金价值。

（4）合同效力中止两年以上没有达成复效协议的，保险人有权解除合同，投保人交纳保险费两年以上的，应该按照合同约定退还保费或者保单现金价值，不足两年的，可以在扣除了手续费之后退还保险费。

（5）被保险人故意犯罪而导致其自身伤残或死亡的，保险人不承担给付责任，缴费超过两年的应该退还保费或者保单现金价值。

（6）投保人要求解除合同的，交费超过两年的应该退还保费或保单现金价值，不到两年的可以扣除手续费之后退还保险费。

（7）被保险人在保险合同成立两年内自杀的，保险人不承担保险金给付义务，但是，应该按照保险单扣除手续费后退还保险费。

4. 及时签发保单

保险合同成立后，保险人应及时向投保人签发保险单或其他保险凭证，作为书面合同的证明，为被保险人能够及时得到保险保障创造条件。

5. 为投保人、被保险人、再保险人等保险合同的主体保密

保险人对在办理保险业务中知道的投保人和被保险人的业务、财务等情况负有保密义务，这是对保险人的基本道德要求。

相关知识

最大诚信原则

一、最大诚信原则的含义

最大诚信原则是保险合同当事人在订立保险合同时以及在合同有效期内，应向对方提供影响对方作出订约与履约决定的全部重要事实。所谓重要事实是指足以影响当事人判断风险大小、决定保险费率和确定是否接受风险转移的各种情况。

二、规定最大诚信原则的原因

（一）信息不对称

所谓信息不对称，是指保险合同双方当事人与保险合同有关的信息了解程度不一致。保险的最大诚信原则的形成正是基于此原因。一般认为，在保险合同双方当事人中，投保人更应遵守最大诚信原则，因为就保险标的来说，投保人比保险人更了解保险标的的风险状况；就保险事故来说，投保人、被保险人、受益人比保险人更清楚事故的真相。当然，保险人的诚信问题也不能忽视，因为就保险合同条款而言，保险人比投保人掌握更多的信息；就赔款而言，保险人有更多的自主权。

（二）保险合同具有射幸性

保险合同是一种射幸合同，这是由保险事故的发生具有偶然性的特点决定的，即保险人承保的危险或者保险合同约定的给付保险金的条件的发生与否，均为不确定。从个体保障角度看，保险人的保险责任远远大于所收取的保险费。因此，如果投保人不诚实和有欺骗行为，保险人就会出现在总体上赔款总支出大于保险费总收入从而无法持续经营的情况。所以，在保险中必须实行最大诚信的原则。

（三）保险合同具有附和性

保险合同的附和性是因为保险合同的具体条款是由保险人单方拟定的，且内容专业性很强，一般的投保人或被保险人很难充分阅读和理解，这就要求保险人必须尽到最大诚信义务，以保障投保人或被保险人的利益。

三、最大诚信原则的内容

（一）告知

在保险合同订立之前、订立之时及在合同有效期内，投保人对于

微课：最大诚信原则

PPT：最大诚信原则

已知或应知的与危险和标的有关的重要事实向保险人作口头或书面的申报；保险人则应将与投保人利害相关的重要事实通告投保人。

关于投保人在投保时的告知有无限告知与询问回答告知之分。无限告知即法律不具体规定告知的内容，凡是与保险标的的危险状况有关的重要事实，投保人都有义务告知保险人。法国、比利时、英美法系的国家均采用无限告知的形式。包括我国在内的大多数国家都采用询问回答告知的形式。我国《保险法》第十六条规定："订立保险合同，保险人就保险标的或者被保险人的有关情况提出询问的，投保人应当如实告知。"在实际中，投保人在投保时履行告知义务一般采取书面的询问回答方式，即由保险人在投保单中附加询问表，由投保人逐项据实填写说明。

在财产保险合同的有效期内，保险标的危险程度增加的，被保险人按照合同约定应当及时通知保险人，保险人有权要求增加保险费或者解除合同。投保人、被保险人或者受益人知道保险事故发生后，应当及时通知保险人。

［**案例分析**］

2019 年，刘某为其丈夫王某投保了终身寿险。2019 年王某因"帕金森综合征"死亡，刘某携带保险单、被保险人死亡证明等相关材料向保险公司提出索赔申请。保险公司对被保险人王某的死亡原因进行了调查，发现其在投保前 3 年内，曾 5 次因帕金森综合征等多种疾病住院治疗，但在投保时，在投保单关于"最近健康状况及过去 10 年是否患有重大疾病"的询问栏中全部填否，没有如实告知被保险人患病住院的事实。保险公司以投保人故意未履行告知义务为由，做出解除保险合同、不承担给付保险金责任的决定。

分析：根据我国《保险法》的规定，投保人故意不履行告知义务的，保险人对于合同解除前发生的保险事故，不承担赔偿或者给付保险金的责任，并不退还保险费。因此，保险公司的做法是正确的。

（二）保证

保证是指投保人或被保险人向保险人作出的对某种特定事项作为或不作为、某种事态存在或不存在的许诺。

根据保证事项是否已存在，保证分为确认保证与承诺保证。

确认保证又称为认定事项保证，是投保人或被保险人对过去或现在某一特定事实是否存在所作的保证。例如，关于被保险人过去和投保时健康状况的保证就是确认保证。

承诺保证又叫约定事项保证，是指投保人对将来某一特定事项的作为或不作为的保证。例如，投保人投保健康险时承诺今后不再吸烟。

根据保证存在的形式，保证分为明示保证和默示保证。

（1）明示保证是在保险单中以条款形式载明的保证。

（2）默示保证是指在保险单中未用文字明确列出，但根据有关的法律、惯例及行业、保险界的习惯，公认为应该由被保险人遵守，而且在当事人订约时都已清楚的事项。默示保证实际上是法庭判例影响的结果，也是某行业习惯的合法化，因此对被保险人具有约束力。例如，在海上保险中，默示保证一般有：船主在投保时，要保证船舶的构造、设备、驾驶管理员等都符合安全标准，并有适航的能力；被保险人要保证其船舶航行于正常航道中，除非因躲避暴风雨或救助他人而改变航道；被保险人保证其船舶不从事非法经营或运输违禁品等活动。

［**案例分析**］

某银行向保险公司投保火险附加盗窃险，在投保单上写明 24 小时有警卫值班，保险公司予以承保并以此作为减费的条件。后银行被窃，经调查某日 24 小时内有半小时警卫不在岗。问保险公司是否承担赔偿责任？

分析：因为违反保证的后果是严格的，只要违反保证条款，无论这种违反行为是否给保险人造成损害，也不管是否与保险事故的发生有因果关系，保险人均可解除合同，并不承担赔偿或给付保险金责任。

在本案例中，银行在投保时保证 24 小时都有警卫值班，但某日有半小时警卫不在岗。无论警卫不在岗与银行被窃是否有因果关系，保险公司都不承担赔偿责任

（三）弃权与禁止反言

弃权是指保险合同一方当事人，通常是保险人放弃它在保险合同中可以主张的某项权利。例如，保险人放弃因投保人或被保险人违反告知或保证义务而产生的保险合同解除权。

文本：弃权与禁止反言规则在保险合同中的应用

禁止反言是指放弃权利的一方，主要是指保险人弃权后不得重新主张权利。

弃权与禁止反言是用来约束保险人的重要原则。保险代理人出于增加保费收入以获得更多佣金的需要，可能会不认真审核标的的情况就以保险人的名义对投保人作出承诺并收取保险费。一旦保险合同生效，即使发现投保人违背了保险条款，也不得解除合同，因为代理人已经放弃了本可以拒保或附加条件承保的权利。从保险代理关系看，保险代理人是以保险人的名义从事保险活动的，其在授权范围内的行为所产生的一切后果应由保险人来承担。因此，代理人的弃权行为即视为保险人的弃权行为，保险人不得为此拒绝承担责任。弃权与禁止反言的限定约束保险人行为的同时，维护了被保险人的权益，有利于保险双方当事人权利、义务关系的平衡。

四、违反最大诚信原则的法律后果

（一）违反告知义务的法律后果

违反告知义务的行为有四种：漏告、误告、隐瞒、欺诈。投保人故意隐瞒事实，不履行如实告知义务的，或者因过失不履行实告知义务，足以影响保险人决定是否同意承保或者提高保险费率的，保险人有权解除保险合同（自合同成立之日起超过两年的除外）。投保人故意不履行实告知义务的，保险人对于保险合同解除前发生的保险事故，不承担赔偿或者给付保险金的责任，并不退还保险费。投保人因过失未履行如实告知义务，对保险事故的发生有严重影响的，保险人对于保险合同解除前发生的保险事故，不承担赔偿或者给付保险金的责任，但可以退还保险费。

保险合同中规定有关于保险人责任免除条款的，保险人在订立保险合同时应当向投保人明确说明，未明确说明的，该条款不产生效力。

被保险人或者受益人在未发生保险事故的情况下，谎称发生了保险事故，向保险人提出赔偿或者给付保险金的请求的，保险人有权解除保险合同，并不退还保险费。

保险事故发生后，投保人、被保险人或者受益人以伪造、变造的有关证明、资料或者其他证据，编造虚假的事故原因或者夸大损失程度的，保险人对其虚报的部分不承担赔偿或者给付保险金的责任。

在合同有效期内，保险标的危险程度增加，被保险人未履行通知义务的，因保险标的危险程度增加而发生的保险事故，保险人不承担赔偿责任。

在人身保险中，投保人申报的被保险人年龄不真实，并且其真实年龄不符合合同约定的年龄限制的，保险人可以解除合同，并按合同约定退还保单的现金价值（自合同成立之日起逾两年的除外）。投保人申报的被保险人年龄不真实，致使投保人支付的保险费少于应付保险费的，保险人有权更正并要求投保人补交保险费，或者在给付保险金时按照实付保险费与应付保险的比例支付。投保人申报的被保险人年龄不真实，致使投保人实付保险费多于应付保险费的，保险人应当将多收的保险费退还投保人。

另外，我国《保险法》还有追究刑事责任和行政责任的规定。

（二）违反保证义务的法律后果

违反保证义务的法律后果一般有两种，一是保险人不承担赔偿或给付保险金的保险责任，二是保险人解除保险合同。

模块二 保险合同变更与终止

任务描述

解读保险合同，分析其条款，并指出其中可以变更的要素和内容，掌握其变更业务。

知识准备

一、保险合同的要素

保险合同的要素由保险合同的主体、客体和内容三方面构成。

（一）保险合同的主体

保险合同的主体是指与保险合同发生直接、间接关系的人（含法人与自然人），包括当事人、关系人和辅助人。

1. 保险合同的当事人

保险合同的当事人是指直接参与建立保险法律关系、确定合同的权利与义务的行为人，即参与订立保险合同的主体，包括投保人和保险人。

（1）投保人，又称要保人，是向保险人申请订立保险合同，并负有缴付保险费义务的保险合同的一方当事人。投保人作为保险合同的当事人，可以是法人，也可以是自然人，要求具有以下条件：

①完全的民事权利能力和行为能力。一般说来，没有法人资格的组织及无行为能力和限制行为能力的自然人均不能成为投保人。

微课：保险合同主体的变更

PPT：保险合同主体的变更

文本：《中华人民共和国民法典》

拓展阅读

关于民事权利能力和民事行为能力

根据《中华人民共和国民法典》相关规定："自然人从出生时起到死亡时止，具有民事权利能力，依法享有民事权利，承担民事义务。""法人的民事权利能力和民事行为能力，从法人成立时产生，到法人终止时消灭。"

成年人为完全民事行为能力人，可以独立实施民事法律行为。十六周岁以上的未成年人，以自己的劳动收入为主要生活来源的，视为完全民事行为能力人。

八周岁以上的未成年人和不能完全辨认自己行为的成年人为限制民事行为能力人，实施民事法律行为由其法定代理人代理或者经其法定代理人同意、追认；但是，可以独立实施纯获利益的民事法律行为或者与其年龄、智力、精神健康状况相适应的民事法律行为。

不满八周岁的未成年人、八周岁以上但不能辨认自己行为的未成年人以及不能辨认自己行为的成年人为无民事行为能力人，由其法定代理人代理实施民事法律行为。

②投保人须对保险标的具有保险利益。否则，不能申请订立保险合同，已订立的合同为无效合同。

动画：投保人保险合同的当事人

③作为投保人必须与保险人订立保险合同，并按约定交付保险费。该条件包含两层含义：一是投保人须是以自己名义与保险人订立保险合同的当事人；二是投保人须依保险合同中的约定支付保险费，这也是保险合同是双务性和有偿性的体现。

（2）保险人，又称承保人，是与投保人订立保险合同，根据保险合同收取保险费，并承担赔偿或给付保险金责任的人，是保险合同的一方当事人。

作为保险合同的当事人，保险人要求具备下列条件：

①具备法定资格。保险人常以各种经营组织形态出现。因保险经营的特殊性，各国法律都对保险人从业的法律资格作出专门规定。我国《保险法》对保险公司的设立作了严格限定。

②保险公司须以自己的名义订立保险合同。作为一方当事人，保险人只有以自己的名义与投保人签订保险合同后，才能成为保险合同的保险人。

2. 保险合同的关系人

保险合同的关系人是指与保险合同有经济利益关系，而不一定直接参与保险合同订立的人，包括被保险人和受益人。

（1）被保险人。被保险人是指其人身受保险合同保障，享有保险金请求权的人。被保险人的生命、身体、财产等是保险合同的保险标的，是保险事故发生的主体对象。当投保人以他人为被保险人投保时，须征得被保险人的同意。我国《保险法》第三十四条规定：以死亡为给付保险金条件的合同，未经被保险人同意并认可保险金额的，合同无效。按照以死亡为给付保险金条件的合同所签发的保险单，未经被保险人书面同意，不得转让或者质押。父母为其未成年子女投保的人身保险，不受本条第一款规定限制。

人身保险的被保险人不可以是法人，而只能是满足合同约定的年龄、健康、职业等条件的自然人。

拓展阅读

我国未成年人人寿保险的现行有关规定

我国《保险法》第三十三条规定："投保人不得为无民事行为能力人投保以死亡为给付保险金条件的人身保险，保险人也不得承保。父母为其未成年子女投保的人身保险，不受前款规定限制，但是因被保险人死亡给付的保险金总和不得超过国务院保险监督管理机构规定的限额。"

《中国保监会关于父母为其未成年子女投保以死亡为给付保险金条件人身保险有关问题的通知》（保监发〔2015〕90号）规定：

一、对于父母为其未成年子女投保的人身保险，在被保险人成年之前，各保险合同约定的被保险人死亡给付的保险金额总和、被保险人死亡时各保险公司实际给付的保险金总和按以下限额执行：

（一）对于被保险人不满10周岁的，不得超过人民币20万元。

（二）对于被保险人已满10周岁但未满18周岁的，不得超过人民币50万元。

二、对于投保人为其未成年子女投保以死亡为给付保险金条件的每一份保险合同，以下三项可以不计算在前款规定限额之中：

（一）投保人已交保险费或被保险人死亡时合同的现金价值；对于投资联结保险合同、万能保险合同，该项为投保人已交保险费或被保险人死亡时合同的账户价值。

（二）合同约定的航空意外死亡保险金额。此处航空意外死亡保险金额是指航空意外伤害保险合同约定的死亡保险金额，或其他人身保险合同约定的航空意外身故责任对应的死亡保险金额。

（三）合同约定的重大自然灾害意外死亡保险金额。此处重大自然灾害意外死亡保险金额是指重大自然灾害意外伤害保险合同约定的死亡保险金额，或其他人身保险合同约定的重大自然灾害意外身故责任对应的死亡保险金额。

……

本通知自2016年1月1日起执行。

文本：《中国保监会关于父母为其未成年子女投保以死亡为给付保险金条件人身保险有关问题的通知》

（2）受益人。受益人又叫保险金受领人，即人身保险合同中约定的，在保险事故发生后享有保险赔偿与保险金请求权的人。人身保险的受益人由被保险人或者投保人指定。投保人指定受益人时须经被保险人同意。投保人为与其有劳动关系的劳动者投保人身保险，不得指定被保险人及其近亲属以外的人为受益人。被保险人为无民事行为能力人或者限制民事行为能力人的，可以由其监护人指定受益人。

被保险人或者投保人可以指定一人或者数人为受益人。受益人为数人的，被保险人或者投保人可以确定受益顺序和受益份额；未确定受益份额的，受益人按照相等份额享有受益权。

受益人的保险金请求权直接来自保险合同的规定，当被保险人死亡后，受益人获得的保险金是根据合同取得的，不属于被保险人的遗产，不得纳入遗产分配，也不用于清偿被保险人生前债务。但是，若保险金由继承人以继承方式取得，则在其继承遗产的范围内有为他人偿还债务的义务。我国《保险法》第四十二条规定："被保险人死亡后，有下列情形之一的，保险金作为被保险人的遗产，由保险人依照《中华人民共和国继承法》的规定履行给付保险金的义务：①没有指定受益人，或者受益人指定不明无法确定的；②受益人先于被保险人死亡，没有其他受益人的；③受益人依法丧失受益权或者放弃受益权，没有其他受益人的。受益人与被保险人在同一事件中死亡，且不能确定死亡先后顺序的，推定受益人死亡在先。"

想一想

王某因父母病故，妻子与其相处不和，带着儿子另住别处。后王某投保了意外伤害保险，并指定其妹妹为受益人。不久王某不幸煤气中毒死亡，王某妹妹也在此事故中中毒死亡。现王某的妻子与王某妹妹的儿子都向保险公司请求给付保险金。请问：保险公司应如何处理？

3. 保险合同的辅助人

保险合同的辅助人是指协助保险合同的当事人签署保险合同或履行保险合同，并办理有关保险事项的人，包括保险代理人、保险经纪人和保险公估人。

微课：保险合同的客体和内容的变更

PPT：保险合同的客体和内容变更

（二）保险合同的客体

保险合同的客体是保险合同的重要组成要素。按照民事法律关系规定，客体是指权利和义务所指向的对象。

保险合同的客体不是保险标的，而是投保人或被保险人对保险标的所具有的保险利益。这主要是因为保险合同保障的不是保险标的本身的安全，而是保险标的受损后投保人或被保险人、受益人的经济利益。危险是客观存在的，保险合同的订立并不能保证保险标的不发生危险，不会产生事故损失。当保险事故发生后，保险人依据合同，只能对保险标的的损失进行赔偿、给付，而不可能赔偿原有的保险标的。因此，保险合同中规定的权利义务所指的对象是投保人或被保险人对保险标的所具有的保险利益，即保险合同的客体是保险利益。

（三）保险合同的内容

保险合同一般包括下列事项：

1. 当事人和关系人的名称和住所

当事人的名称是某一主体区别于其他主体的符号。住所是法律确认的自然人的主要生活场所及法人的主要办事机构所在地。明确名称和住所对合同的履行，如保费的催缴、提出索赔、给付保险金均十分重要。

2. 保险标的

保险标的是指保险合同双方当事人的权利与义务所共同指向的对象，即作为保险对象的财产及其有关利益或者人的寿命和身体。财产保险合同的保险标的是各种财产及其有关利益；人身保险合同的保险标的是人的寿命及身体。保险标的是确定保险金额的重要依据。

3. 保险责任和责任免除

保险责任是指保险人承担赔偿或给付保险金责任的风险项目。保险责任因保险种类的不同而有所差异，通常由保险人确定保险责任的范围并作为合同的一部分内容载于合同中。责任免除又称除外责任，是保险人不承担赔偿或给付保险金责任的风险项目。在保险合同中载明保险责任和责任免除，目的在于明确保险人的赔付范围。

4. 保险期间和保险责任开始的时间

保险期间又称保险期限，是保险人承担保险责任的起讫期间，保险人仅对承保期间内发生的保险事故承担赔偿或者给付保险金的义务。确定保险期限通常有两种方式：自然时间期限和行为时间期限。前者是根据保险标的保障的自然时间所确定的保险期限，常以年为计算单位，如企财险等；后者是根据保险标的保障的运动时间所确定的保险期限，常以保险标的的运动过程为计算单位，如建筑工程保险、航空运输保险分别以工程时间和航程时间作为保险期限。

动画：五分钟看懂保险条款

保险责任开始的时间是保险人开始承担赔偿或给付保险金责任的时间，如我国企业财产险的保险责任开始的时间一般为起始日的零时。值得注意的是，保险责任开始的时间未必与保险期限的起始时间完全一致，当事人可以就保险责任开始的时间做出特别约定，但保险责任开始的时间必须在保险期限之内。

5. 保险价值

保险价值是投保人与保险人订立保险合同时作为约定保险金额基础的保险标的的价值。它是财产保险合同的基本条款之一。根据承保方式的不同，保险金额与保险价值的关系也不同。我国《保险法》第五十五条规定："投保人和保险人约定保险标的的保险价值并在合同中载明的，保险标的发生损失时，以约定的保险价值为赔偿计算标准。投保人和保险人未约定保险标的的保险价值的，保险标的发生损失时，以保险事故发生时保险标的的实际价值为赔偿计算标准。"业内人士把上述规定中的前者称为定值保险，后者称为不定值保险。在定值保险的情况下，保险金额等于保险价值。在不定值保险的情况下，当保险金额小于保险价值时，该保险为不足额保险；当保险金额大于保险价值时，该保险为超额保险。

6. 保险金额

保险金额简称“保额”，是指保险人承担赔偿或者给付保险金责任的最高限额。保险金额是计算保费的依据，是双方享有权利和承担义务的重要依据。财产保险的保险金额根据保险价值确定，人身保险的保险金额则由投保人和保险人双方约定。

7. 保险费

保险费简称保费，是保险金额与保险费率的乘积，即保险人为被保险人提供保险保障而向投保人收取的费用，作为保险人根据保险合同的内容承担给付责任的对价。保险费率通常用百分比或者千分比来表示。保费及保险费率由保险人预先计算并载明于合同中。

8. 保险金赔偿或者给付办法

在保险合同中，还应载明保险金赔偿或者给付的办法，包括赔偿或给付的标准和方式。原则上，保险人以现金方式进行支付，不负责以实物进行补偿或者负责恢复原状，但是合同当事人有约定的除外，如现金赔付、修复等方式。约定赔偿或给付时一般还规定免赔额（或免赔率），免赔分为相对免赔和绝对免赔，设置前者主要是为了减少小额赔付手续，设置后者主要是为了控制保险人的责任。

9. 违约责任和争议处理

违约责任是合同当事人未履行合同义务所应当承担的法律责任。有关违约责任的内容，当事人可以自行约定，也可以直接载明按照法律的有关规定处理。争议处理是发生保险合同争议时采用的处理方式。

10. 特约条款

此外，在合同的基本条款之外，当事人可以另外约定具有某些特定内容的条款，以使基本条款中具有弹性的条款所涉及的权利与义务更加明确。

二、保险利益原则

（一）保险利益的含义

保险利益，又称为可保利益，指投保人对保险标的具有的法律上承认的利益。投保人对保险标的的利益表现在：当保险标的遭受损毁或损害时，投保人必然蒙受经济损失；当保险标的处于安全状态时，投保人便可保有一定的利益。

微课：保险利益原则

（二）保险利益具备的条件

1. 必须是法律认可的利益

法律认可的利益又称为适法的利益，即得到法律认可并受到法律保护利益。这种利益可以产生于法律法规本身，也可以产生于法律所承认的有效合同。前者如父母对子女的身体有保险利益，后者如运输合同中的承运人对承运的货物具有保险利益。任何人对于违法所得的财产如以贪污、诈骗、盗窃、走私等手段所得的财产无保险利益。

PPT：保险利益原则

2. 必须是客观存在的利益

该条件要求保险利益必须是客观上或事实上的利益，包括现有利益预期利益。已经确定的利益或利害关系为现有利益，如投保人对已经拥有的财产的所有权、使用权等享有的利益；尚未确定但可以期待的利益或利害关系为预期利益，这种利益必须建立在客观物质基础上，而不是主观臆断、凭空想象的利益，如预期的营业利润、预期租金等。

3. 必须是经济利益

此条件实际有两个要求：一是保险利益必须是经济上的；二是投保人或被保险人对保险标的的利益价值能够用货币衡量。有的保险标的虽然难以估价，但可以约定一个金额来确定保险利益，即这种保险利益也可以用货币来计算。例如，长期以来人的生命被认为难以用货币来衡量其价值，但投保人可以与保险人约定保险金额，如约定 1 万元或 10 万元作为保险金额，以此作为计算保险费的基础。

(三) 保险利益原则的意义

1. 与赌博划清界限

赌博是一种用财物作注争输赢的行为，其结果是额外获利或血本无归。保险利益原则使被保险人只有在发生保险事故后才能在损失范围内获得补偿，这种补偿需要以自身遭受损失为代价，而且得到补偿也不意味着其额外获利。即使是生存保险，被保险人的收益也很有限。对于不发生保险事故的被保险人来说，其损失的保险费也不多，只不过是分摊获得赔款者的一小部分损失而已。

2. 防止道德危险事故的发生

道德危险在保险中的表现就是投保人为谋取保险赔款而投保，并在投保后故意促使事故发生。保险利益原则能够在一定程度上防止道德危险事故的发生，因为投保人与保险标的有利害关系，如果保险标的受损，则投保人也会蒙受损失，这就会使投保人一般不愿意为获保险赔偿款而故意制造保险事故。所以说，保险利益原则会防止道德危险事故的发生。

3. 规定保险补偿的最高限度

按照保险利益的原则，不但要确定投保人对保险标的有无保险利益，而且要确定投保人的保险利益有多大。保险赔偿不能超过保险利益，保险利益不能超过实际保险价值或保险金额。如果不以保险利益为限度，就会使投保人或被保险人获得额外利益，从而失去保险作为经济补偿制度的意义。

(四) 保险利益在保险实务中的应用

1. 保险利益在财产保险中的应用

(1) 财产保险的保险利益的确定。财产保险合同保障的是财产中所包含的保险利益，该保险利益是由投保人对保险标的具有某种利害关系而产生的，凡因财产发生风险事故而蒙受经济损失者，均有财产保险的保险利益。具体包括：财产所有人、经营管理人对其所有的或经营管理的财产具有保险利益；财产的抵押权人对抵押财产具有保险利益；财产的保管人、货物承运人、各种承租人、承包人等对其保管、占用、使用的财产具有保险利益；经营者对其合法的预期利益具有保险利益；投保人对其应付的民事损害赔偿责任具有保险利益；权利人和义务人对义务人的信用具有保险利益。

（2）财产保险的保险利益时效。财产保险的保险利益必须在保险合同订立时到损失发生时的全过程中存在，尤其强调在损失发生时必须存在保险利益。我国《保险法》第四十八条规定：“保险事故发生时，被保险人对保险标的不具有保险利益的，不得向保险人请求赔偿保险金。”

案例分析

魏某于2018年5月在广州某保险公司为其购置的大众小轿车投保车辆损失险和第三者责任险，保险期限为一年，缴纳保费7 000元。2018年年底，魏某经汽车交易市场将此汽车卖给江某，并未告知保险公司。2019年1月，江某驾车与王某驾驶的汽车相撞，交通事故认定江某负全责，江某支付王某修车费用5 800元。江某在向保险公司索赔时遭到拒赔。请问，保险公司为何拒绝江某的索赔要求？如果由魏某向保险公司索赔，能否得到赔偿？为什么？

分析：本案例中，魏某将车卖给江某时，未告知保险公司，保险合同并未随保险标的的转让而发生转移，因此，保险公司对江某不承担赔偿责任；财产保险中，一般要求投保人在投保时和整个合同存续期间都必须对保险标的具有保险利益，魏某在车损发生时，已经对该车没有了保险利益，保险公司亦不承担赔偿责任。

2. 保险利益在人身保险中的应用

（1）人身保险的保险利益的确定。人身保险的保险标的是人的寿命或身体，只有当投保人对被保险人的寿命或身体具有某种利害关系时，他才对被保险人具有保险利益。我国《保险法》第三十一条规定了投保人对下列人员具有保险利益：本人；配偶、子女、父母；与投保人有抚养、赡养或者扶养关系的家庭其他成员、近亲属；与投保人有劳动关系的劳动者；被保险人同意投保人为其订立合同的，视为投保人对被保险人具有保险利益。

（2）人身保险的保险利益时效。与财产保险不同，人身保险的保险利益必须在保险合同订立时存在，而保险事故发生时是否具有保险利益并不影响合同效力。订立合同时，投保人对被保险人不具有保险利益的，合同无效。

想一想

李某于2009年以妻子为被保险人投保人寿保险，每年按期交付保费。夫妻双方于2012年离婚。此后，李某继续交付保费。2019年，被保险人因保险事故死亡。请问，李某作为受益人能否向保险公司请求保险金给付？

业务处理

一、保险合同变更

已订立的人身合同在履行过程中，由于某些情况的变化而需对其进行补充或修改，包括保险合同主体、客体和内容变更。

（一）保险合同主体变更

1. 合同当事人变更。

（1）投保人变更。投保人变更实际是合同转让，保险合同的转让不改变合同的权利和义务及客体。在保险合同中，投保人变更须征得被保险人同意并通知保险人，保险人核准后方可变更。这样做是为了保证变更后的投保人仍对保险标的具有保险利益以防范道德危险，使投保人仍具有缴费能力，使合同继续有效。

视频：广东国寿——国寿益宝保单变更操作指引

（2）保险人变更。作为保险人的一方是不允许变更的。投保人只能选择退保来变更保险人。除非发生我国《保险法》第九十二条规定的情况："经营有人寿保险业务的保险公司被依法撤销的或者被依法宣告破产的，其持有的人寿保险合同及准备金，必须转移给其他经营有人寿保险业务的保险公司；不能同其他保险公司达成转让协议的，由国务院保险监督管理机构指定经营有人寿保险业务的保险公司接受转让。"这是一种法定的变更，因此无须经由合同相对方同意。

2. 合同关系人变更

（1）被保险人变更。被保险人的变更只能发生在财产保险合同中。在人身保险合同中，保险标的即被保险人的生命或身体，这是保险关系确立的基础，是不能变更的。

（2）受益人变更。我国《保险法》第四十一条规定："被保险人或者投保人可以变更受益人并书面通知保险人。保险人收到变更受益人的书面通知后，应当在保险单或者其他保险凭证上批注或者附贴批单。投保人变更受益人时须经被保险人同意。"

3. 合同辅助人变更

保险合同的辅助人为保险合同的订立和履行提供服务，它们对保险合同既不享有直接权利，也不承担直接义务，只对保险合同的订立起着保险人或保险客户的代理人的作用。由于保险合同的辅助人所担任的角色具有中介性质，因此，在保险合同的签订和履行过程中，这些作为中介人的辅助人是可以变更的。

（二）保险合同客体变更

保险合同的客体是保险利益，保险利益为投保人所有，其变更一定是投保人的变更所致。

人身保险合同客体变更是指投保人与被保险人之间的保险利益关系发生变化。例如，投保人与其配偶、子女、父母具有保险利益，如果投保人与这些人具有的婚姻关系或家庭关系发生变化，保险合同的客体随之变化。又例如，投保人与被其抚养、赡养或扶养关系的其他成员具有保险利益，如果投保人与这些人经济上的依存关系发生变化，保险合同的客体随之变化。

财产保险的保险利益变动包括转移和消灭两类：保险利益的转移是在保险合同有效期间，投保人将保险利益转移给受让人，经保险人同意并履行合同变更的相关手续后，原保险合同继续有效；保险利益的消灭是指投保人对保险标的的保险利益随保险标的的灭失而消失。我国《保险法》第四十九条规定："保险标的转让的，被保险人或者受让人应当及时通知保险人，但货物运输保险合同和另有约定的合同除外。"

（三）保险合同内容变更

保险合同中任何一方当事人都有变更合同内容的权利，同时也有与对方协商的义务。保险合同的内容变更通常要求经过下列主要程序：

（1）由投保人向保险人提出变更申请，告知有关保险合同变更的情况。

（2）保险人对变更申请进行审核，若需增加保险费，则投保人应按规定补交；若需减少保险费，则投保人可向保险人提出要求。无论保险费的增减或不变，均要求当事人取得一致意见。

（3）若保险人同意变更，则签发批单或附加条款；若拒绝变更，保险人也需通知投保人。

变更后的保险合同是确立保险当事人双方新的权利义务关系的依据。

二、保险合同中止与复效

保险合同中止，是指在保险合同存续期间内，由于某种原因的发生而使保险合同的效力暂时归于停止。我国《保险法》第三十六条规定："投保人自保险人催告之日起超过三十日未支付当期保险费的，或者超过约定的期限六十日未支付当期保险费的，合同效力中止，或者由保险人按照合同约定的条件减少保险金额。”在合同中止期间，发生的保险事故，保险人不承担赔付责任。

根据有关规定，被中止的保险合同可以在合同中止后的两年时间内申请复效，同时补交保费及其利息。复效后的合同与原保险合同具有同样的效力，可继续履行。被中止的保险合同也可能因投保人的不再申请复效，或保险人不能接受已发生变化的保险标的（如被保险人在合同中止期间患有保险人不能承保的疾病），或其他原因而被解除，不再有效。因此，被中止的保险合同是可撤销的保险合同，该合同可以继续履行，也可能被解除。

微课：保险合同中止、复效和终止

PPT：保险合同中止、复效和终止

三、保险合同终止

保险合同终止是指在保险期限内，由于某种法定或约定事由的出现，致使保险合同当事人双方的权利义务关系结束。保险合同终止的原因可分为两类：自然终止与提前终止。

（一）自然终止

自然终止是指发生下列情形时，无须当事人行使终止权的意思表示，保险合同的效力当然归于终止。①保险期限届满；②保险合同履行完毕，即保险人已经履行赔偿或给付全部保险金义务后，即使保险期限尚未届满，保险合同也告终止。

（二）提前终止

提前终止是由于当事人的意思表示而使合同效力终止，即合同的解除。合同的解除分为法定解除和协议解除。

1. 协议解除

协议解除是指当事人双方经协商同意解除保险合同的法律行为。由于保险合同的解除关系双方的重大利益，故其约定解除事项由应当以书面形式记载，解除协议时也应采取书面形式。保险合同的协议解除不得损害国家和社会公众利益。

2. 法定解除

法定解除是指当法律规定的事项出现时，保险合同当事人一方依法行使解除权，终止合同效力。法定解除是一种单方的法律行为，不需要征得对方的同意，但要向对方做出解除保险合同的意思表示。如我国《保险法》规定，在下列情形时，保险人可解除合同：

（1）投保人因未能如期缴纳保险费而被中止合同，在随后的两年内不申请复效的；

（2）危险增加时，投保人或被保险人未履行危险增加通知义务；

（3）投保人未履行维护标的安全的义务。

（4）投保人未能履行如实告知义务，足以影响保险人决定是否承保或以何种价格承保的。但自合同成立之日起逾两年的保险合同，保险人不能解除；

（5）投保人或被保险人、受益人谎称发生保险事故或故意制造保险事故。

3. 任意解除

在我国，除货物运输保险和运输工具航程险外，投保人因合同的附和性而依法享有解除合同的权利。我国《保险法》第十五条规定：“除本法另有规定或者保险合同另有约定外，保险合同成立后，投保人可以解除合同，保险人不得解除合同。”这表明任意解除权被赋予了投保人，解除权的产生和行使无须向保险人出示证据、说明理由，投保人通常通过提出退保申请作为意思，无论保险人是否承诺即发生解除效果。

想一想

为什么在货物运输保险合同和运输工具航程保险合同中，保险责任开始后，投保人不能提出终止合同的请求？

模块三
保险合同纠纷处理

任务描述

运用保险合同的基本原则及标准条款分析保险事故，处理保险合同纠纷。

知识准备

人身保险合同的标准条款

保险合同条款是保险合同中的核心。下面将介绍一些在人身保险合同中比较常见的、通行的重要条款。这些条款是对某些事项规定由于经常被使用而逐步固定下来，含义逐渐确定并统一，文字形成也日趋规范。在签约前和履约过程中，清楚地解读这些标准，可以避免误解和纠纷。

一、不可抗辩条款

不可抗辩条款又称为不可争议条款，其内容是：在被保险人生存期间，从保险合同订立之日起满两年后，除非投保人停止缴纳续期保险费，保险人将不得以投保人在投保时的误告、漏告和隐瞒事实等为由，主张合同无效或拒绝给付保险金。合同订立的前两年为可抗辩期。

在保险合同中列入不可抗辩条款，是保护被保险人的利益、限制保险人权利的一项措施。根据最大诚信的要求，投保人身保险要在投保时如实申报被保险人的职业、年龄、健康状况、持有有效保单的情况等，以便由保险人决定是否承保。如果投保人隐瞒真实情况，保险人查实后可主张合同无效，从而不承担保险责任。但在实践中，保险人有可能滥用解除权。保险合同多为长期性合同，如果合同生效多年后，被保险人年老、患病正是需要经济保障时，却会因保险人以误告、隐瞒或漏告为由解除合同而失去保障。在死亡保险中，如果被保险人有误告之责，合同被解除，受益人就失去了保障，实质上是受益人承担了误告之责。列入不可抗辩条款，使保险合同在两年后成为无可争议的文件，避免了保险人方面发生道德危险，即虽然早已查明被保险人的资料申报有误却仍收取保费，只是到应承担给付责任时才声明保险合同无效。

微课：解读人身保险合同的标准条款

PPT：解读人身保险合同的标准条款

可抗辩期的规定比较符合保险人对投保人申报真实性进行调查的实际，也符合民法对诉讼时效的一般原则，对保险人的经营不构成危害。

不可抗辩条款也适用于失效后重新复效的合同，即复效后满两年的合同也不能因告知不实而被解除。

我国《保险法》第十六条有规定："……投保人故意或者因重大过失未履行前款规定的如实告知义务，足以影响保险人决定是否同意承保或者提高保险费率的，保险人有权解除合同。前款规定的合同解除权，自保险人知道有解除事由之日起，超过三十日不行使而消灭。自合同成立之日起超过两年的，保险人不得解除合同；发生保险事故的，保险人应当承担赔偿或者给付保险金的责任。……保险人在合同订立时已经知道投保人未如实告知的情况的，保险人不得解除合同；发生保险事故的，保险人应当承担赔偿或者给付保险金的责任。……"这一规定同样适用于年龄误告的情况。

案例分析

2007 年 6 月，赵某投保某终身寿险（分红型），保险金额共计 25 万元，保险期限自 2007 年 6 月 1 日起至终身。2011 年 8 月 25 日，赵某因肾移植术后多功能脏器衰竭身故，其法定继承人于 2011 年 11 月 15 日向保险公司申请理赔。保险公司于 2011 年 12 月 26 日出具理赔通知书，以被保险人赵某在投保前已患糖尿病、高血压等疾病接受诊治但未如实告知为由，根据我国《保险法》第十六条和保险条款的相关约定，解除保险合同，拒绝理赔，所交保费不予退还。

由于我国2009年修订的《保险法》引入不可抗辩条款，被保险人的法定继承人不服，作为原告向法院起诉，要求保险公司承担赔付责任。后在开庭审理后，经法院组织双方调解，最终达成调解意见，由保险公司赔付原告20万元，诉讼费由保险公司承担，案件终结。

二、年龄误告条款

如果投保人在投保时错误地申报了被保险人的年龄，保险金额将根据真实年龄予以调整；如果实际年龄已超过可以承保的年龄限度，保险人可以解除合同，并按照合同约定退还保险单的现金价值，但需要在可抗辩期间之内完成。

我国《保险法》第三十二条对此也有所提及：“……投保人申报的被保险人年龄不真实，致使投保人支付的保险费少于应付保险费的，保险人有权更正并要求投保人补交保险费，或者在给付保险金时按照实付保险费与应付保险费的比例支付。投保人申报的被保险人年龄不真实，致使投保人实付保险费多于应付保险费的，保险人应当将多收的保险费退还投保人。”

案例分析

某人投保中国人寿保险公司的“祥和定期保险”，保险期为10年，保险费分10年交，保险金额为10万元，年交保费按50周岁投保计算为1 005元投保。第8年，被保险人死亡。保险人在理赔时发现此被保险人投保时的真实年龄为55周岁，而55周岁的人应交年保费为1 624元。保险人将实际保险金额作以下调整：

实付保险金＝约定的保险金×（实缴保险费÷应缴的保险费）

＝100 000×（1 005÷1 624）＝61 884（元）

即保险人给付受益人保险金61 884元，而不是100 000元。

如果理赔时发现被保险人投保时的真实年龄为48岁，48岁的被保险人年缴保费为828元。则应退还投保人保费为：

（1 005－828）×8＝1 416（元）

即保险人退还给投保人的保险费为1 416元。

三、自杀条款

我国《保险法》第四十四条规定：“以被保险人死亡为给付保险金条件的合同，自合同成立或者合同效力恢复之日起两年内，被保险人自杀的，保险人不承担给付保险金的责任，但被保险人自杀时为无民事行为能力人的除外。保险人依照前款规定不承担给付保险金责任的，应当按照合同约定退还保险单的现金价值。”

目前寿险保单中列入自杀条款已较普遍，此条款有利于维护受益人的利益。由于编制生命表时已考虑自杀因素，这就意味着投保人已经给自杀投了保，所以两年后自杀，应向受益人给付保险金。规定两年时间作为界限，可以排除蓄意自杀、骗取保险金的行为。因为研究发现，投保时如果有自杀念头，那么经过两年后，这个念头就很难继续保持，往往会因为各种原因而改变想法，所以规定在两年内自杀不给付保险金而在两年后自杀给付保险金是合理的。

四、保费自动垫缴条款

该条款通常规定，投保人按期交纳保费满一定时期以后，因故未能在宽限期内交付保险费时，保险人可以把保单的现金价值作为借款，自动垫交投保人所欠保费，使保单继续有效。其前提是，保单具有的现金价值足够交付所欠保费，而且，投保人没有反对的声明。如果第一次垫缴后，再次出现保费未在规定期间交付，垫交继续进行，直至累计的贷款本息达到保单的现金价值为止。此后，若投保人仍不交纳保费，保单将失效。此种失效可以申请复效，申请复效的规定与因欠交保费而中止效力的复效规定一样。在垫付保险费期间发生保险事故，保险人给付保险金时应从中扣除保险费的本息。

保费垫交的性质类似于保单借款，保险公司在用现金价值抵充保费的同时，也将按照一定的利率计算利息。消费者再次交纳保费时，除了补交抵充的那部分金额还要按照具体的时间支付利息。

五、宽限期条款

此条款规定，投保人在交纳续期保费时保险人给予一定的宽限期。我国人身保险条款规定的宽限期为自保险人催告之日起 30 天或约定交付日期次日起 60 天。在宽限期内发生保险事故，保险人仍负保险责任。除了合同有约定外，投保人逾宽限期仍未交付保险费的，保险合同自宽限期满的次日起中止效力或者由保险人按照合同约定的条件减少保险金额。

保险合同是长期性合同，在保险期间投保人极有可能因种种原因（如忘交费、出差、暂时经济困难等）而不能按时交保险费。规定一个宽限期既方便了投保人，也有利于保险人保持较高的续保率。

六、复效条款

此条款允许投保人在寿险合同因逾期缴费失效后两年内向保险人申请复效，经保险人审查同意，投保人补交失效期间的保险费及利息，保险合同即恢复效力。保险合同复效后，对失效期间发生的保险事故保险人不予负责。因申请复效往往掺杂逆选择因素，所以保险人要慎重对待，一般提出各种限制，如要求失效不超过两年，被保险人的身体健康状况符合投保条件以及补缴保险费本息等。

七、保单贷款条款

此条款允许投保人在寿险合同生效一年或两年后，以保单为抵押向保险人申请贷款，金额以低于该保单项下积累的责任准备金或退保金（现金价值）为限，投保人应按期归还贷款本息。如果此前发生了保险事故或退保，保险人从保险金或退保金中扣还贷款本息。

八、受益人条款

受益人条款一般包括两方面的内容：一是明确规定受益人；二是明确规定受益人是否可以更换。

投保人或被保险人在订立合同时约定的受益人为原始受益人，当被保险人死亡时，其有权领取保险金。当原始受益人先于被保险人死亡，投保人或被保险人再次确定的受益人为后继受益人。若投保人或被保险人没有指定受益人，或者受益人先于被保险人死亡而无其他受益人的，或者受益人依法丧失受益权或者放弃受益权而无其他受益人的，那么，当被保险人死亡后，保险金一般将作为遗产，由保险人向被保险人的继承人履行给付保险金的义务。除指定受益人外，保单所有人或被保险人有变更受益人的权利，但需要通过保险公司办理批改手续。

案例分析

遗嘱能否产生变更保险合同受益人的效力?

案情介绍：

2016 年 3 月 1 日，李某为自己投保了一份终身寿险，保险金额为 20 万元，保险期限为终身，受益人是李某的女儿李红。2018 年 6 月，李某因病身故。李某身故前留有一份经过公证的遗嘱，遗嘱内容为："我因重病缠身，自知时日无多，特立下此遗嘱：自我患病以来，女儿李红对我不闻不问，未尽到为人子女的孝道，反观我的外甥肖垠在工作之余给予我诸多照顾和关心，因此，我决定将 2016 年投保的保险的受益人李红变更为我的外甥肖垠。——李某于 2018 年 5 月 3 日。"李某身故后，李红与肖垠因为这份遗嘱发生了争执，保险公司却将 20 万元保险金付给了李红。

分析说明：

本案的关键在于，李某的遗嘱能否产生变更保险合同受益人的效力。根据我国《保险法》四十一条规定，变更受益人必须具备三个条件：①只有被保险人或经被保险人同意的投保人才有权变更受益人；②变更受益人的决定须书面通知保险公司；③保险公司接到投保人或被保险人变更受益人的通知后，须在保单上作变更批注或附贴批单。本案中，李某仅在遗嘱中有变更受益人的意思表达，却没有书面通知保险公司，因此保险公司也没有进行保单批注。所以，李某的遗嘱不能产生变更受益人的效力。保险公司向李红给付保险金是合理合法的。

九、不丧失价值选择权条款

不丧失价值选择权条款又称不没收条款，是指当投保人无力或不愿意继续交纳保费维持合同效力时，由其选择如何处理保单项下积存的责任准备金。可以作为退保金以现金返还，也可以作为趸交保险费将原保险单改为交清保险单或展期保险单等。显然这一条款也只适用于分期交费的保单。

（一）现金返还

现金返还即把保险单项下积存的责任准备金扣除退保手续费以后，作为退保金，以现金的形式返还给投保人。

（二）将原保险单改为交清保险单

这种处理方法实际上是以责任准备金作为趸交保险费，投保与原保险单责任相同的人寿保险，只是原来保险单的保险责任、保险期限均不变，依据已经积存的责任准备金的数额，相应降低保险金额，以后投保人不必再交纳保险费。

文本：交清保单和展期保单

（三）将原保险单改为展期保险单

这种处理方法实际上是以责任准备金作为趸交保险费，将保险单改为与原保险单的保险金额相同的死亡保险，保险期限相应缩短，此后投保人不必再交纳保险费。保险期限的长短取决于保险单上责任准备金的多少，但是，最长不能超过原保险合同的保险期限。

对保险人而言，寿险解约会使业务量降低，投资收益减少，解约费用开支增加，并且有可能激发逆选择，对经营不利；当然对投保人而言如果因为一时的困难就放弃了保险保障也有很大的不利，所以这一条款对双方都比较有利，特别是对投保人。

业务处理

微课：保险合同的解释和纠纷处理

一、分辨纠纷发生的原因

保险合同纠纷是指保险合同在履行过程中，合同当事人等有关主体之间常常会因为对合同的条款理解有分歧、对索赔、拒赔等处理不一致而发生争议。

保险合同的纠纷在保险实践当中有多种多样的表现形式，但是总的来说，主要有以下几种表现形式：

（1）因投保人不按照合同约定交纳保险费，发生保险事故而就保险人是否承担保险责任发生争议。

PPT：保险合同的解释和纠纷处理

（2）因投保人、被保险人违反如实告知义务、通知义务等致使在保险索赔、理赔中发生的争议。

（3）因危险事故是否属于保险责任事故范围，导致保险人是否承担保险责任而发生争议。

（4）有关保险期限的起止时间的认定、保险期限是否届满或是否失效、复效的争议。

（5）有关被保险人或受益人是否按索赔时效规定来索赔、索赔单证是否齐全，引起保险人拒赔而发生的争议。

（6）因保险合同是否可以解除而发生的争议。

（7）因保险代理人的代理行为而发生的保险人与投保人、被保险人或受益人之间的争议。

二、正确解释保险合同

保险合同的解释是对保险合同条款的理解和说明。保险合同的条款内容一般来讲是明确和具体的，但由于合同当事人经济利益冲突、业务习惯差异以及情势变更、不可预见因素的发生等原因，常会导致对合同条款内容的解释不一致，从而影响保险合同的履行。因此，正确解释合同对解决合同纠纷具有十分重要的现实意义。

（一）按文义解释

文义解释即按照保险合同条款所使用文句的通常含义和保险法律、法规及保险习惯，并结合合同的整体内容对保险合同条款所做的解释。保险合同的双方当事人意思表示一致时，用合同书面形式记载双方的权利义务。因此，文义解释是对保险合同解释的最一般的原则，具体有如下几种：

1. 按一般文句解释

对保险合同条款使用的一般文句尽可能按文句公认的表面含义和其语法意义去解释。双方有争议的，按权威性工具书或专家的解释为准。如“空中运行物体坠落”责任按照条款文义，空中运行物体是指在空中的飞行器或者处于运行物体的状态的物体，如飞机、陨石以或吊车提升的吊物等，而非楼上掉下的花盆。

2. 按保险专业术语和法律专业术语解释

对于保险专业术语或其他法律术语，有立法解释的，以立法解释为准；没有立法解释的，以司法解释、行政解释为准；无上述正式解释的，也可按行业习惯或保险业公认的含义解释，如保险标的是指作为保险对象的财产及其有关利益或者人的寿命和身体。

文本：保险的名词解释

3. 按特定专业术语解释

按特定专业术语解释即按照其所属专业的特定含义进行解释。在保险合同中除了保险术语、法律术语之外，还会出现某些其他专业术语。对于这些具有特定含义的专业术语，应按其所属行业或学科的技术标准或公认的定义来解释。如寿险合同中，对疾病的解释，应按医学界公认的标准来解释；对暴雨的解释，应按照国家气象部门规定的技术标准来解释。

案例分析

对“暴雨”和“大雨”的理解分歧

2003 年 9 月 10 日晚，中山某制衣公司正在开工之际，突然电闪雷鸣，大雨倾盆。由于雨势凶猛，工厂外面围墙倒塌，大量夹杂泥浆的水源源不断地涌入车间，公司损失惨重。由于事先向保险公司投保了企业财产保险，保单上列明“由于火灾、爆炸、雷电、暴雨、洪水、台风、暴风……造成保险标的损失的，保险人负责赔偿”，所以险情发生后，制衣公司迅速拨打了报险电话，申请索赔。正当制衣公司以为赔偿十拿九稳之时，2004 年年初，保险公司发出了“拒赔通知书”，明确告知此次雨灾事故损失不属于保险责任赔偿范围。制衣公司遂向法院提起诉讼。

审理中，双方针对降雨等级的划分标准、事发当日大雨是否构成暴雨展开了激烈的争辩，保险公司认为：依据市气象局出具的气象证明，发生事故的两天全市 24 小时降雨量分别为 21.6 毫米和 36.0 毫米，而国家气象标准规定，暴雨等级的 24 小时降水总量为 50 毫米以上。换言之，当天的大雨未达到暴雨标准。制衣公司认为：在签订保险合同时，双方对“暴雨”等词并未解释和界定，保险公司也没有指出要按气象学上的标准进行衡量，因此应该按照通常的理解来解释暴雨。

法院判决：国家气象部门制定的《降水等级划分表》是一个关于降雨等级的通用标准，不仅符合一般常人的理性判断，而且带有普遍的合理性，应以该标准来界定实际发生的降雨等级。按照等级划分，当天的降水确实未达到暴雨标准。制衣公司主张暴雨致损，却无法举证证明，只能自负举证不能的后果，因此驳回制衣公司的诉讼请求。

（二）按意图解释

意图解释即按保险合同当事人订立保险合同的真实意思解释合同条款。保险合同是最大诚信合同，在对合同条款进行解释时还必须坚持意图解释的原则，充分考虑当事人订立合同时的真实意思。但是，当事人的真实意思只是对当事人订立合同时心理状态的一种推定。因此，在进行意图解释时，按以下做法进行：

文本：《中华人民共和国保险法》若干问题的解释

（1）双方既有书面约定又有口头约定的。当书面约定与口头约定不一致时，应当推定书面约定更能体现保险合同当事人的真实意图，即以书面约定为准。

（2）投保单与保险单或者其他保险凭证不一致的，以保险单为准。但不一致的情形是经保险人说明并经投保人同意的，以投保人签收的保险单或者其他保险凭证载明的内容为准。

（3）合同的特约条款与基本条款不一致时，以特约条款为准。基本条款是保险人根据我国《保险法》的规定拟订的、保险合同必不可少条款；而特约条款是保险合同当事人根据其特殊要求拟订的补充条款。因此，特约条款更能体现当事人的真实意图。

（4）有时保险人为了满足不同投保人的需要，在统一印制的保险单上加批注，或增加或修改条款，并注明批改日期。当前后条款的内容有矛盾时，按照批单优于正文，后批注优于先批注，手写批注优于打印批注，加贴批注优于正文批注的规则解释。即以更能反映当事人真实意图的手写的、后批注的文句为准。

（三）按有利于被保险人和受益人的原则解释

我国《保险法》第三十条规定："采用保险人提供的格式条款订立的保险合同，保险人与投保人、被保险人或者受益人对合同条款有争议的，应当按照通常理解予以解释。对合同条款有两种以上解释的，人民法院或者仲裁机构应当做出有利于被保险人和受益人的解释。"之所以如此，是因为保险合同是附和性为主的合同，是由保险人备制的，极少反映投保人、被保险人的意思。投保人在订立合同的时候，一般只能接受拟就的条款。另外，保险合同当中存在大量的专业术语，不利于投保人的理解，客观上有利于保险人的利益。为了保护投保人、被保险人和受益人的利益，各国在解释保险合同时，一般都采用的是有利于合同非起草人的原则，使保险合同真正起到保险保障的目的，维护被保险人或受益人合法权益。

当然，这一原则不能滥用，只能用于合同用语言文字不清或一词多义的地方。

三、选择合适方式处理纠纷

（一）和解

和解即是在争议发生后，双方当事人在平等、互谅、实事求是的基础上对争议事项进行协商，取得共识，自行解决纠纷。该方法是解决争议最常用、最基本的方法。该方法的优点是节约时间和费用，增进彼此了解，有利于合同的继续履行及发展保险关系。保险方应该更主动一些，求得与被保险方的和解。

（二）调解

调解即在协商无效的情况下，由双方接受的第三者出面斡旋，促使双方达成一致，使合同继续履行。根据第三者的身份不同，调解可分为行政调解、仲裁调解和法院调解。

行政调解一般是通过保险业协会组织的调解机构或由消费者协会和保险业协会共同组织的调解机构进行，一般不做调解书，仲裁调解和法院调解是指仲裁机构或法庭受理保险纠纷时，在做出仲裁决议或法庭判决前，由其出面充当调解的第三者，促使当事人双方互相谅解，消除隔阂，达成协议，自愿放弃仲裁或终结诉讼。仲裁调解与法院调解需要做调解书。

除行政调解外，后两者均具有法律强制执行效力，当事人不得就同一争议事项要求仲裁和诉讼。

（三）仲裁

仲裁即指当事人双方约定发生争议时，由双方认可的第三方来裁决，并在裁决后双方有义务执行的一种处理争议的方式。仲裁应当独立进行，不受行政机关、社会团体和个人的干涉，仲裁委员会之间也没有隶属的关系。仲裁不公开审理，也不采用开庭的制度，但当事人协议公开进行的可以公开进行。该方式的选择依据有关仲裁法律进行，具有一裁终局、与法院裁决等同效力等特点。

温馨提示

申请仲裁必须以双方在自愿基础上达成的仲裁协议为前提，没有达成仲裁协议或单方申请仲裁的，仲裁委员会将不予受理。订有仲裁协议的，一方向人民法院起诉，人民法院将不予受理。

（四）诉讼

诉讼即保险合同的一方当事人按有关法律程序，通过法院对另一方提出权益主张，并要求法院予以解决和保护的请求处理争议的方法。该方法实行二审终审制度。法院有权强制执行判决。

项目小结

保险合同经过要约与承诺等程序订立，其表现形式有投保单、保单、保险凭证、暂保单、批单等五种。合同生效是以达到合同当事人约定的条件为标准。在合同履行过程中，合同当事人可以提出对合同的主体、客体、内容进行变更，变更需遵循一定的流程和规则。合同存续期间，其效力可能因某种原因的发生而中止，也可以在一定的条件下复效。我们应了解合同自签订到终止的相关事项，并学会对合同纠纷进行分析和处理。

诚信法制：坚持最大诚信，避免保险纠纷

问题讨论

1. 保险合同成立就意味着生效吗？
2. 交费是否是保险合同生效的前提条件？

推荐阅读

1. http：//www. lawtime. cn/baoxian。
2. http：//insurance. hexun. com/。
3. http：//www. rmic. cn/。
4. 《中华人民共和国保险法》

习题与实训

1. 思考题

（1）什么是最大诚信原则，违反此原则有什么法律后果？

（2）什么是保险利益原则？谈谈保险利益原则的意义及其在人身保险中的应用。

（3）保险合同当事人各自的权利和义务。

（4）简述保险合同的解释原则。

（5）人身保险合同的标准条款有哪些？

2. 综合训练题

将全班同学分成若干小组，每组4—6人，追踪调查了解一份保险合同订立、生效、履行、变更、中止、复效和终止等全部业务流程。

3. 案例分析题

案例1：

谢母诉信诚300万元索赔案

2017年10月5日，谢某向信诚人寿保险有限公司申请投保人寿险100万元，附加长期意外伤害保险200万元，填写了投保书。次日，信诚人寿向谢某提交了盖有其总经理印章的“信诚运筹建议书”，并要求谢某缴纳了首期保险费共计11 944元。后信诚人寿审核谢某的投保资料时发现缺少相应的财务状况证明。故于10日发出照会通知书，要求谢某10天内补充提供有关财务状况的证明，并按核保程序要求进行体检，否则视为取消投保申请，将退回预交保费。17日，谢某到信诚人寿公司进行了体检，但仍未提交财务状况证明。18日凌晨谢某遇刺身亡。18日上午8时，信诚人寿接到医院的体检结果，因谢某身体问题，需增加保险费，才能承保。信诚人寿再次发出书面照会，通知谢某增加保费、提交财务证明，请谢某决定是否接受以新的保费条件投保。谢某家人称谢某已经出国，无法联络。11月13日谢母向信诚人寿方面告知保险事故并提出索赔申请。

2019年1月14日信诚人寿保险公司经调查后在理赔答复中称，根据主合同，同意赔付主合同保险金100万元；同时信诚人寿认为事故发生时其尚未同意承保（未开出保单），故拒绝赔付附加合同的保金200万元。

2019年1月15日谢母拿到信诚人寿声称按“通融赔付”支付的100万元。

2019年7月16日谢母将信诚人寿诉至广州市天河区法院，请求判决信诚人寿支付“信诚附加长期意外伤害保险”保险金200万元，以及延迟理赔上述金额所致的利息。2020年5月20日，广州市天河区法院对国内这一宗最大的寿险理赔案做出一审判决：一审法院认为，由于谢某与信诚人寿的保险代理人共同签署了投保书，投保人谢某和信诚人寿的权利义务在上面列得清清楚楚，双方对此也达成了一致意见；加上谢某翌日又缴付了首期保费，也就是说，作为投保人在保险合同成立后应负的主要义务，谢某已履行。因此，法院认为这份保险合同及其附加合同均已成立、有效，谢某、信诚人寿均应按约履行。

交付了首期保费的投保人谢某，在核保程序未完成的情况下被害，法院判决保险人信诚人寿应该在按主合同赔付100万元之后再追加赔付附加合同的200万元。

试以此案例分析保险合同的签订程序和生效要件。此保险合同纠纷产生的原因是什么，如何解决和防范？

案例2：

第三者责任险中“第三者”的含义

2019年11月，泉州协盛运输公司向泉州人保财险公司投保机动车辆保险，其中包括第三者责任险，保险期限为一年。当月，投保人雇用的驾驶员温某驾驶该投保车辆运输货物，下车询问货物运回后要如何处理，因未按照操作规范将发动机熄火、挂挡停车，致车辆往后溜，该车车厢尾部撞到走到车后的温某，并挤压温某于车厢与石墙之间，造成温某受伤、经抢救无效死亡的交通事故，交通部门认定温某承担事故的全部责任。泉州协盛运输公司在支付损害赔偿费后，以其投保的第三者责任险向保险公司索赔，遭到拒绝，遂诉至法院。

你认为法院应该如何判决？

2 项目二 人身保险规划

学习目标

知识学习目标：

了解传统型和创新型人寿保险产品；认知健康保险产品、意外伤害保险产品；掌握人身保险需求分析各要点及步骤；理解人身保险规划的原则和意义；掌握人身保险规划流程。

技能训练目标：

能进行各类人身保险产品说明；能为个人和家庭进行人身保险需求分析；能为个人和家庭设计合理的人身保险规划方案。

工作任务

应完成的工作任务：

保险产品说明；保险规划设计。

完成工作任务应提交的标志性成果：

为客户设计的保险规划书。

模块一
人身保险产品认知

任务描述

调研人身保险产品市场，比较和区分人寿险、健康险、意外伤害险产品的不同特点，了解产品发展趋势及创新方向，分析消费者的消费爱好。

知识准备

人身保险是以人的生命和身体为保险标的的一种保险。当人们遭受不幸事故或因疾病、年老以致丧失工作能力、伤残、死亡或年老退休时，根据保险合同条款的规定，保险人对被保险人或受益人给付预定的保险金或年金，以解决病、残、老、死所造成的经济困难。

按保障范围分类，人身保险可分为人寿保险、健康保险和人身意外伤害保险。人寿保险是人身保险中最基本、最主要的险种，它在人身保险中发展最早，也最为发达，几乎是人身保险的代名词。人寿保险又称生命保险，简称寿险，是人身保险的主要组成部分，是以被保险人的生命为保险标的，以生存和死亡为保险事故，投保人向保险人支付一定数量的保费，当被保险人在保险期内死亡或到了保险合同约定的年龄、期限时生存，由保险人向被保险人或受益人给付约定的保险金、提供经济保障的一种保险业务。一般给付率较高。健康保险是以人的身体为保险标的，对被保险人因遭受疾病而支出的医疗费及因疾病导致收入损失给予补偿的保险。人身意外伤害保险以被保险人遭受意外伤害或因伤害致残、致死为保险金给付条件的保险。

微课：认知人寿保险

业务处理

PPT：认知人寿保险

一、认知人寿保险产品

（一）了解传统型人寿保险

1. 了解生存保险

生存保险是指以被保险人在保险期满时生存为给付保险金条件的一种

人寿保险。只有当被保险人一直生存到保险期限届满时，保险人才按照合同规定支付生存保险金；如果被保险人在保险期限内死亡，保险人不承担保险责任，并且不退还保费。生存保险的主要目的是满足被保险人一定期限之后的特定需要，在实际业务中，生存保险除了一般的定期生存保险如子女教育金、婚嫁金保险外，其主要类型是年金保险。

生存保险分为两种情况：

一是由保险双方约定一个期限，若被保险人生存至该期限届满时则由保险人履行保险金给付责任，若被保险人在该约定期限以内身故，则只能放弃已经交纳的保险费，不能获得保险金给付。例如：双方可以约定一个年龄，如被保险人生存到60岁等，被保险人到了约定年龄就可以获得保险金；也可以约定一个生存区间，如生存满5年、10年等，被保险人只要生存满约定的年数，即可获得保险金。

二是从约定的一个日期起，只要被保险人生存就能一直领取约定的保险金额，直到被保险人身故为止。例如：双方约定的保险金起始领取日一般是被保险人生存至某一个年龄时，如50岁、60岁等。

想一想

通常情况下，单纯的生存保险不作为独立的保险险种销售，为什么？

2. 了解死亡保险

死亡保险是以被保险人在规定时间内死亡为给付条件的人寿保险，其主要目的是避免由于被保险人死亡而使其家属的生活陷入困境。死亡保险根据时间限制又分为定期死亡保险（又称为定期寿险）和终身死亡保险（又称为终身寿险）。

拓展阅读

宣告死亡相关规定

死亡分自然死亡和宣告死亡。根据《中华人民共和国民法典》的规定，自然人下落不明满四年或因意外事件下落不明满二年的，利害关系人可以向人民法院申请宣告该自然人死亡，因意外事件下落不明，经有关机关证明该自然人不可能生存的，申请宣告死亡不受二年时间的限制。被宣告死亡的人，人民法院宣告死亡的判决作出之日视为其死亡的日期，因意外事件下落不明宣告死亡的，意外事件发生之日视为其死亡的日期。自然人被宣告死亡但是并未死亡的，不影响该自然人在被宣告死亡期间实施的民事法律行为的效力。

（1）了解定期寿险。定期寿险是以被保险人在特定时间内死亡为保险金给付条件的保险，即要被保险人在特定的保险期间内死亡，保险人就要给付保险金；如果被保险人生存至保险期满，保险合同终止，保险人则不需要给付保险金。定期寿险最大特点是低投入、高保障，特别适合事业刚刚起步的年轻人或者家庭经济责任很重的人群。

文本：华贵大麦2021定期寿险条款

（2）了解终身寿险。终身寿险是指以死亡为给付保险金条件，且保险期限为终身的人寿保险，也就是保险人对被保险人要终身承担保险责任，无论被保险人何时死亡，保险人都有给付保险金的义务。终身寿险最大的优点是被保险人可以得到永久保障。如果投保人中途退保，可以得到一定数额的现金（或称“退保金”）。终身寿险适合高净值人群，能起到身价保障、财富传承、合理节税的作用。

文本：太平英好金生终身寿险

综上所述，死亡保险具有如下几个特点：

①保险费相对低廉。特别是定期寿险，投保人只要花费极少的钱就能获得较高的保障。死亡保险险种特别适合经济收入低，又需要较高保额的人士。

②保障他人的利益。死亡保险是以被保险人死亡为给付条件的，所以，被保险人本人不可能领到保险金，保险金只能由受益人领取，被保险人生存至生命表终极年龄105岁除外。

③定期死亡保险和终身死亡保险各有特点。定期死亡保险的保险期限是一定的，而且如果到期被保险人仍然生存，保险费不退还；终身死亡保险的保单具有现金价值，具有一定的储蓄成分。

3. 了解两全保险

两全保险是生存保险和死亡保险的结合，具有储蓄性和保障性功能，是指被保险人无论在保险期间内死亡或者是生存到期满，保险人均按照合同约定给付保险金的人寿保险。即当被保险人在保险期间内死亡，保险人按照合同规定将死亡保险金支付给受益人，保险合同终止；若被保险人生存至保险期限满，保险人将生存保险金支付给被保险人。两全保险的期满日既可以是特定的年龄，也可以是某一约定时期的结束日。两全保险对于那些既想在保险期间内获得保障，又想在年老退休后取得可观收入颐养天年的人具有较强的吸引力。

文本：国寿爱无忧两全保险投保示例

想一想

两全保险的保险费率比生存保险和死亡保险都高，为什么？

（二）了解创新型人寿保险

1. 了解分红保险

分红保险是指在人寿保险合同中载明，当保险人在经营中出现盈利时，被保险人享有红利分配权的一种保险。它是一种准投资型保险，与传统的不分红寿险相比，具有分红功能，投保人可以享受保险人的投资收益和经营效益。分红保险可以与各种类型的寿险险种，比如定期寿险、终身寿险、两全保险等结合形成多种分红保险，它在国际寿险市场上占据着重要地位。

拓展阅读

购买分红险常见八大误区，你知道几个？

1. 分红险有高回报，能赚钱

其实分红险首先是保险，其次才考虑投资功能。其保障的本质与传统的险种并没有差异，而红利的分配视保险公司的经营情况而定，具有不确定性。一些保险公司宣传承诺保底分红，且分红利率高于银行存款利率，把保本保息外加分红作为卖点，这是违背有关监管部门不允许保险公司承诺保底分红率的规定的。

2. 将分红利率和储蓄利率比较

有的保险公司在推销分红险的时候，将保单分红的回报率和银行储蓄利率相提并论。但专家指出，保险和银行储蓄根本是两码事，保险公司的分红标准并不是像银行利率那样计算出来的。银行存款利息的计算是以本金为基础，乘以利率。而保险公司计算分红金额不是以投保人的消费为基础来计算的，如 1 万元的分红险保费，要扣掉保险公司的开支、保险代理人的佣金等各项费用后，才用来计算分红收益。事实上，大多数分红险种真正的红利分配是根据每一保单的年度末现金价值进行计算再分配给投保人红利的，而现金价值则根据险种的不同都在保费的基础上打了一定折扣。有的保险公司的代理人故意混淆概念，让一般的投保人误以为分红险就好像钱存银行而回报率又比银行高。

3. 分红险一定有分红

分红险除一般的保障功能（生存领取、死亡和重疾给付等）外，还有分红收益，主要来源于该险种投资账户的可分配盈余，但红利作为附加的投资功能，既可能有投资回报，也可能存在投资风险。有的保险公司会在保单上写上分红率的大致范围，比如高分红是6%，中分红是5%，低分红是4%，这其实是一个容易让普通投保人产生错觉的宣传方法，误以为最低分红率就是4%。实际上，分红本身存在诸多不确定因素，分红率有可能低于4%，甚至红利为零的可能性也一样存在。

4. 将不同险种做片面对比

对于分红保险产品，购买者应了解该产品的保险责任、特征、红利及红利分配方式等事项。由于各种分红险的设计有一定差异，分红险所能提供的保障和收益程度各有不同，消费者应全面把握分红产品的保障和投资作用，不要将不同分红险的红利多少做简单、片面的比较。

5. 利用银行信誉，将保险当成储蓄卖

当前，保险公司纷纷和银行联手，通过代销的方式将保险产品通过银行卖出去，保险代理人在卖出这些分红产品时也动起了脑筋，他们借助银行的信誉，把分红保险打扮成储蓄品种来卖，这样很容易使那些认为银行是值得信赖的普通消费者上当。分红险和储蓄是两种完全不同的金融工具，使用这两种工具的人群，其投资需求、风险承受能力是不一样的。如果普通客户在不了解分红险的情况下，贸然买进此类产品，极易产生纠纷。

6. 以历史业绩暗示分红保障

在保险公司的误导宣传中，还有一种就是某些公司过度暗示其历史业绩，来显示高分红率，误导投保人。其实，一般分红险的红利大部分来源于投资收益，投资收益的高低与市场大环境的好坏有很大关系，而和历史业绩并没有直接的关系。

7. 购买分红险能“双重免税”

一些保险代理人在推销分红险时，用“双重免税”的说法来吸引客户投保。其实，分红险中根本没有所谓的“双重免税”。老百姓拿自己的钱去买保险，这些钱本身就是税后收入，不存在再次免税的问题。而且，分红险的红利所得不征税，和银行存款的利息税也不具可比性。

8. 保险公司最保险

不少顾客购买分红险时，对资金的安全性顾虑重重，担心保险公司可能不保险。对此，一些保险代理人为了打消投保人的这种顾虑，在向客户推销分红险时，不仅宣传自己公司的经营投资状况如何良好，还声称《中华人民共和国保险法》规定保险公司不能破产，保险公司是国家信誉，将钱交给保险公司客户完全可以放心。但实际情况是，假若保险公司经营不善，投资失败也一样有风险。我国《保险法》只是规定保险公司不能自行解散。保险专家提醒市民，分红险是市民投资的一个较好的渠道，但购买时同样不能忘了风险。

资料来源：https：//www. yuyid. com/financial/baoxian/10952. html。

2. 了解投资连结保险

投资连结保险是一种寿险与投资基金相结合的产品，是包含保险保障功能，并至少在一个投资账户中拥有一定资产价值的人寿保险。具体来讲，就是将投资与风险保障相结合，缴付的保费除少部分用于购买保险保障以外，其余部分用于投资以产生收益。

文本：平安聚富年年投资连结保险条款

投资连结保险一般分为“普通账户”与“独立账户”，客户交纳的保费按照一定比例进入这两个账户中形成资金。普通账户的资金按传统寿险方式运作，用来对客户进行保险保障；对独立账户的资金进行投资，如果产生了投资收益，则按照一定比例分配给客户，投资风险完全由客户自担。

投连险产品的透明度更高。投保人在任何时候，都可以通过公开渠道查询保单的保险成本、费用支出、独立账户的资产价值等情况。

3. 了解万能寿险

万能寿险又称作全能寿险，是一种保费、保险金额和现金价值都可调整的创新型人寿保险。①投保人决定一个初期的保险金额，然后每年可调整，并在适当范围内无须体检就可增加保额（通常要提供可保证明）。②投保人在缴付一个最低金额的期初保费之后，可在任何时间缴付任何数额的保费，通常保险公司有最低和最高的限额。可随时增加保费支付的次数或额度，以增加现金价值或储蓄要素。只要保单的现金价值足够支付保单相关的费用和死亡给付成本，被保险人还可以减少或不缴保费，无息提取现金价值。③万能寿险保单通常都规定一个最低的现金价值累积利率（即不低于即时两年期银行存款利率），这点与分红保险大致相同，保险公司承担利率风险。由于保险公司实际的当期货币报酬率或投资组合报酬率可能会超过保单中保证的最低利率，所以保单所有人能够积累比期望更大的现金价值，享有更多收益。所以说，万能寿险为保单所有人提供了更大的，根据需要随意、灵活选择的空间。

文本：中国人寿鑫掌宝终身寿险（万能型）（A 款）条款

4. 了解变额人寿保险

变额人寿保险简称变额寿险，是一种终身寿险。它是将死亡保险金和现金价值随投资账户资金的投资业绩上下波动变化的保险产品。变额寿险保费的缴纳与传统寿险产品相同，是固定的。保单的保险金额在保证一个最低限额（由投保人和保险人约定并在保单上注明）的条件下，但是可以变动。死亡给付的金额为保单项下保险金额与投资账户资产总值的较大者，变额寿险产品因此而得名。对投资账户上的资金，投保人有权选择以何种方式进行投资并承担投资风险。变额寿险保单的现金价值随所选择的投资组合中投资业绩状况而变动，某一时刻保单的现金价值决定于该时刻其投资组合中投资账户资产的市场价值。如果投资成功，账户的资产增加，现金价值增加，保险金额也随之增加；如果失败，保险金额减少，但不会低于最初设定的金额，保单的现金价值却可能因投资账户的收益不好而为零。

文本：步步稳赢年金保险（变额型）条款

二、认知健康保险产品

微课：认知健康保险

（一）认知按保险责任分类的健康险产品

1. 了解医疗保险

医疗保险又称医疗费用保险，指以约定的医疗费用为给付保险金条件的保险，即提供医疗费用保障的保险，它是健康保险的主要内容之一。常见的医疗保险主要有普通医疗保险、住院保险、手术保险和综合医疗保险。

PPT：认知健康保险

（1）普通医疗保险。承保被保险人治疗疾病的一般性医疗费用，主要包括门诊费用、医药费用、检查费用等。这种保险的保费成本较低，比较适用于一般社会公众。由于医药费用和检查费用的支出控制有一定的难度，这种保单一般也具有免赔额和比例给付规定（如 80%），保险费用则每年更新一次。每次疾病所发生的费用累计超过保险金额时，保险人不再负保险责任。

（2）住院保险。将住院费用作为一项单独的保险。费用项目主要包括每天住院房间的费用、住院期间医生治疗费用、利用医院设备的费用、手术费用、医药费等。因住院时间长短将直接影响其费用的高低，故这种保险的保险金额应根据病人平均住院费用情况而定，为了控制不必要的长时间住院，这种保单一般规定保险人只负责所有费用的一定百分比（如 90%）。

文本：人保人人安康家庭医疗保险条款

（3）手术保险。提供因病人需作必要的手术而发生的费用。这种保单一般是负担所有手术费用。

（4）综合医疗保险。保险人为被保险人提供的一种全面的医疗费用保险，其费用范围包括医疗、住院、手术等的一切费用。这种保单的保险费较高，一般确定一个较低的免赔额和适当的分担比例（如 85%）。

做一做

选取市场上主流的四款百万医疗险产品，对比其保障内容、保费、健康告知、责任免除条款等内容（表格呈现），并分析每个产品的优缺点。

2. 了解疾病保险

疾病保险指以疾病为给付保险金条件的保险。某些特殊的疾病如癌症等往往给病人带来的是灾难性的费用支付，因此，通常要求这种保单的保险金额比较大，以足够支付其产生的各种费用。疾病保险的给付方式一般是在确诊为特种疾病后，立即一次性支付保险金额，而不考虑被保险人实际支出的医疗费用。

重大疾病保险在国内比较流行，其具体分类如下：

文本：招商信诺臻享康健重大疾病保险条款

（1）按保险期间划分，重大疾病保险可分为定期和终身两类。定期重大疾病保险为被保险人在固定的期间内提供保障。固定期间可以按年数确定（如 10 年），也可以按被保险人年龄确定（如保障至 70 岁）；终身重大疾病保险为被保险人提供终身的保障。“终身保障”的形式有两种：一种是为被保险人终身提供重大疾病保障，直至被保险人身故；另一种是指一个“极限”年龄（如 100 周岁）。当被保险人健康生存至这个年龄时，保险人给付与重大疾病保险金额相等的保险金，保险合同终止。

（2）按保险金的给付形态划分，重大疾病保险主要有提前给付型、附加给付型、独立主险型。

①提前给付型重大疾病保险。其保险责任包含重大疾病、死亡和（或）高度残疾，保险总金额为死亡保额，但包括重大疾病和死亡保额两

部分。如果被保险人罹患保单所列重大疾病，保险人可以按照死亡保额一定比例提前给付重大疾病保险金，用于医疗或手术费用等开支，身故时由身故受益人领取剩余部分的死亡保险金。如果被保险人没有发生重大疾病，则全部保险金作为死亡保障，由受益人领取。

②附加给付型重大疾病保险。其通常作为寿险的附约，保险责任包含重大疾病和死亡高残两类。不同于提前给付型的是该类产品有确定的生存期间。生存期间是指自被保险人身患保障范围内的重大疾病开始至保险人确定的某一时刻止的一段时间，通常为 30 天、60 天、90 天、120 天不等。如果被保险人死亡或高残，保险人给付死亡保险金；如果被保险人罹患重大疾病且在生存期内死亡，保险人给付死亡保险金；如果被保险人罹患重大疾病且存活超过生存期间，保险人给付重大疾病保险金，被保险人身故时再给付死亡保险金。此种产品的优势在于死亡保障始终存在，且不会因重大疾病保障的给付而减少死亡保障。

③独立主险型重大疾病保险。其包含的死亡和重大疾病责任是完全独立的，各自的保额为单一保额。如果被保险人身患重大疾病，保险人给付重大疾病保险金，死亡保险金为零；如果被保险人未患重大疾病，则给付死亡保险金。此类保险产品较易定价，即单纯考虑重大疾病的发生率和死亡率，但对重大疾病的描述要求严格。

（3）按是否含身故责任，重大疾病保险可分为消费型重疾险和储蓄型重疾险。消费型重疾险不含身故责任，如果保险期间未得重疾，保费不返还，相当于保费被消耗掉，所以叫消费型重疾险，可以用较少的保费获取比较高额的保障；储蓄型重疾险含身故责任，在保险期间内，如果被保险人发生重疾，保险公司赔付保额，如果被保险人未得重疾，自然终老或因一般疾病、意外导致身故，同样赔付保额。重疾赔付保额后，不再赔付身故保额。

（4）按重疾赔付次数，重大疾病保险可分为单次赔付重疾险和多次赔付重疾险。重疾单次赔付是指重疾赔付完一次后，保单终止；重疾多次赔付指重疾可赔付多次，市场上一般赔付 3 次居多，具体又可再分为分组多次赔付，不分组多次赔付。

做一做

选取市场上主流的四款重大疾病保险产品，对比其保障内容、投保规则、保费、健康告知等内容（表格呈现），并分析每个产品的优缺点。

3. 了解收入保障保险

收入保障保险指以因意外伤害、疾病导致收入中断或减少为给付保险金条件的保险，具体是指当被保险人由于疾病或意外伤害导致残疾，丧失劳动能力不能工作以致失去收入或减少收入时，由保险人在一定期限内分期给付保险金的一种健康保险。其主要目的是为被保险人因丧失工作能力导致收入的丧失或减少提供经济上的保障，但不承担被保险人因疾病或意外伤害所产生的医疗费用。

给付方式一般是按月或按周进行补偿，根据被保险人的选择而定，每月或每周可提供金额相一致的收入补偿，一般其给付额都有一个最高限额，该限额低于被保险人在伤残以前的正常收入水平。给付期限有短期和长期两种。短期补偿是为了补偿在身体恢复前不能工作的收入损失；而长期补偿则规定较长的给付期限，这种一般是补偿全部残废而不能恢复工作的被保险人的收入。

4. 了解长期护理保险

长期护理保险是为因年老、疾病或伤残而需要长期照顾的被保险人提供护理服务费用补偿的健康保险，一般的医疗保险或其他老年医疗保险不提供这样的保障，但目前许多保险公司均推出了此类保障。

（二）认知按给付方式分类的健康险产品

1. 定额给付型

被保者一旦发生保险合同保障范围的事故即可获得赔付，比如很多确诊即给付的重疾险，其理赔不需要提供发票等资料，与实际发生的费用无关，只与保额息息相关。

2. 费用报销型

被保者发生保险合同保障范围内的费用，可依据合同的约定申请报销，报销的金额最高不会超过被保者实际发生的损失，而且提供相关的医疗单证等理赔资料以供审核，一般是住院医疗保险、意外伤害医疗保险。

3. 住院津贴型

这类健康保险对被保者的住院费用等进行补偿，一般是住院医疗补贴保险、住院安心保险等，主要是按日补偿保险金（比如200元/天），能获得的赔偿额是可以确定的。

（三）认知按保单期限分类的健康险产品

1. 长期健康保险产品

长期健康保险产品通常是指重大疾病保险，其保险期限分为定期和终身，定期一般是5—20年不等。从我国的健康保险产品期限结构来看，以长期产品为主导，该险种保障程度高，需求量大，所覆盖的病种呈现增多的趋势。

2. 短期健康保险产品

除重大疾病保险外，健康保险产品的期限一般都为一年期，若需要多年限一般是采取重复购买的方式，如医疗保险。短期健康保险产品适应了保险公司对于不确定医疗风险的管控和费率调整需求，但不能为参保人提供长期稳定的保障。为解决参保人的长期保障问题，通常通过保证续保条款来实现短期健康保险产品的连续承保。

（四）认知按投保对象分类的健康险产品

1. 个人健康保险产品

个人健康保险通常是以单个自然人为投保单位进行投保的一种模式，通常投保人和被保险人是同一人，投保人对产品中的个别条款有一定的选择权，保险人一般会根据投保人的选择计算或调整保险费。

2. 团体健康保险产品

团体健康保险是以团体为保险对象，以集体名义投保并由保险人签发一份总的保险合同，保险人按合同规定向团体中的成员提供保障的健康保险。它不是一个具体的险种，而是一种承保方式。

三、认知意外伤害保险产品

微课：认知意外伤害保险

PPT：认知意外伤害保险

（一）界定意外伤害

意外伤害包括意外和伤害两层含义。

1. 伤害

伤害亦称损伤，指被保险人的身体受到侵害的客观事实。伤害由致害物、侵害对象、侵害事实三个要素构成，三者缺一不可。

2. 意外

意外是就被保险人的主观状态而言，指伤害的发生是被保险人事先没有预见到的或伤害的发生违背被保险人的主观意愿。

（1）突发性。伤害源于偶然发生的事件或突然发生的事件，被保险人不能预见，或虽能够预见但由于疏忽而没有预见到的伤害。

（2）外来性。即伤害纯系由被保险人身体外部的因素作用所致，不是源于自身的疾病等因素。

（3）非本意。伤害的发生违背被保险人的主观意愿，主要表现为：被保险人预见到伤害即将发生时，在技术上已不能采取措施避免。或者被保险人已预见到伤害即将发生，在技术上也可以采取措施避免，但由于法律或职责上的规定，不能躲避。应该指出的是，凡是被保险人的故意行为使自己身体所受的伤害，均不属意外伤害。

综上所述，意外伤害的定义可以表述为：在被保险人没有预见到或违背被保险人意愿的情况下，突然发生的外来致害物明显、剧烈地侵害被保险人身体的客观事实。

想一想

1. 某市为迎接奥运举行马拉松挑战赛，陈某在比赛过程中猝死，其生前投保了意外伤害险。请分析保险公司是否应承担给付责任？

2. 一小偷在入室盗窃过程中被发现，逃跑中慌不择路，从三楼阳台跳下，送医院后不治身亡，其家属在清点遗物过程中，发现其购买过一份意外伤害险，遂向保险公司提出赔付，遭拒。请加以分析。

3. 李某投保了人身意外伤害保险，同时附加了意外伤害医疗保险。一天，他因支气管发炎，去医院求治。医院按照医疗规程操作，先为被保险人进行青霉素皮试，结果呈阴性。然后按医生规定的药物剂量为其注射青霉素。治疗两天后，被保险人发生过敏反应，经医院全力抢救，医治无效死亡。医院出具的死亡证明是：迟发性青霉素过敏。请分析这起事故是否属于意外伤害？

4. 一高层建筑发生火害，不少被困在大火中的人从高楼跳下发生伤亡，他们中有的投保了人身意外伤害险。请分析保险公司是否应承担责任？

（二）了解人身意外伤害保险

意外伤害保险是指以意外伤害而致身故或残疾为给付保险金条件的人身保险。意外伤害保险有三层含义：①必须有客观的意外事故发生，且事故原因是意外的、偶然的、非本意的；②被保险人必须有因客观事故造成人身死亡或残疾的结果；③意外事故的发生和被保险人遭受人身伤亡的结果，两者之间有着内在的、必然的联系，即意外事故的发生是被保险人遭受伤害的原因，而被保险人遭受伤害是意外事故的后果。

1. 了解人身意外伤害保险的基本内容

投保人向保险人交纳一定量的保险费，如果被保险人在保险期限内遭受意外伤害并以此为直接原因或近因，在自遭受意外伤害之日起的一定时期内造成死亡、残疾、支出医疗费或暂时丧失劳动能力，则保险人给付被保险人或其受益人一定量的保险金。其中意外死亡给付和意外残疾给付是意外伤害保险的基本责任，其派生责任包括医疗给付、误工给付、丧葬费给付和遗族生活费给付等责任。

2. 了解人身意外伤害险的特点

（1）短期性。意外伤害保险是短期险，通常多为一年期，也有几个月或更短期的。如各种旅客意外伤害保险，保险期限为一次旅程；出差人员的平安保险，保险期限为一个周期；游泳者平安保险期限更短，其保险期限只有一个场次。但是，有些意外伤害造成的后果却需要一定时期以后才能确定，因此，人身意外伤害保险有一个关于责任期限的规定，即只要被保险人遭受意外伤害的事件发生在保险期限内，自遭受意外伤害之日起的一定时期内即责任期限内（通常为90天、180天或1年）造成死亡或残疾的后果，保险人就要承担给付保险金的责任。即使在死亡或者被确定为残疾时保险期限已经结束，只要未超过责任期限，保险人就要承担给付保险金的责任。

（2）灵活性。人身意外伤害保险中，很多是经当事人双方签订协议书，保险金额亦是经双方协商议定的（不超过最高限额），保险责任范围也相对灵活，投保手续也十分简便。相对于其他业务，人身意外伤害保险的承保条件一般较宽，高龄者可以投保，而且对被保险人不必进行体格检查。

（3）保费低廉。一般不具备储蓄功能，在保险期终止后，即使没有发生保险事故，保险公司也不退还保险费。所以一般保费较低，保障较高。

温馨提示

我国《保险法》规定：保险人不得兼营人身保险业务和财产保险业务。但是，经营财产保险业务的保险公司经国务院保险监督管理机构批准，可以经营短期健康保险业务和意外伤害保险业务。

动画：人身意外伤害保险的分类

3. 认知意外伤害保险产品

（1）了解普通意外伤害保险。普通伤害保险也称个人伤害保险或一般伤害保险。这是一种独立经营的险种，适合于为被保险人为单个自然人因意外伤害事故而致身体伤害提供保险保障。这种保险的给付，通常包括因伤害致死的死亡保险金的给付和因伤害致残的残疾保险金的给付两项，而医疗保险金的给付则要经过当事人双方的协议，以特约条款方式附加于保单之中。普通伤害保险的保险期限都比较短，通常是一年以下的短期险或就某一事件的全过程投保意外险。

普通伤害保险投保时一般不需要进行严格的身体检查，承保的危险是在保险期限内发生的各种一般可保意外伤害和特别约定的特约保意外伤害。目前我国开办的团体人身意外伤害保险、学生平安意外伤害保险等都属于普通意外伤害保险。

（2）了解特定意外伤害保险。这类保险是指在特定时间、特定地点或特定原因发生的意外伤害为保险危险的意外伤害保险。目前主要有旅客意外伤害保险、职业意外伤害保险等大险种。

①旅行意外伤害保险，是以旅行中的旅客为保险对象，当其因既定旅行中的意外伤害事故致残、致亡时给付保险金的一种人身保险。广义的旅行伤害保险，其实是将与旅行密切相关的所有人身意外伤害保险汇总在一起，比如被保险人在运输工具上的意外伤害保险、旅游者旅游过程中的意外伤害保险、旅客住宿时的意外伤害保险等。

②职业伤害保险。这是一种为那些因从事特定职业在执行公务之时遭受人身意外伤害事故，并因此暂时或永久丧失工作能力的人们提供保障的人身保险。这种保险多采用团体投保的方式，如我国的外出人员和执法人员平安保险，又称公务人员意外伤害保险，是面对国家机关、政府部门、企业事业单位、社会团体聘用，并经委派授权执行政策、法律、履行公共

想一想

1. 在铁路、航空、轮船旅客意外伤害保险中，如果被保险人随身携带的行李物品，因发生意外遭受损失的，是否能向保险人申领保险金？

2. 某位旅游者擅自离开旅行社等单位规定的旅游地点或不乘坐指定交通工具所引起的意外伤害，是否属于旅游者人身意外伤害保险的保险责任？

3. 某位旅客入住后暂时离开宾馆去吃饭办事时所引起的意外伤害，是否属于住宿旅客人身意外伤害保险的保险责任？

管理事务权力的专业人员，在其外出工作期间，执行政策、维护法律过程中，受到自身以外的机械力量或不法歹徒的伤害和攻击，致使残疾死亡，而由保险公司给付保险金的一种人身保险业务。

③作为附加险的意外伤害保险。在人身保险实务中，人身意外伤害保险既可以作为单一的险种进行承保，也可以作为其他人身保险的附加险，还可以与其他险种合二为一。如保险人将人身意外伤害保险作为健康保险的附加险，即除因病致残或致死外，被保险人遭受意外伤害导致残疾或死亡或需要就医治疗时，保险人也负责给付保险金；如人寿保险附加意外险，被保险人因意外伤害致残时，保险人给付残疾津贴，并对分期交付保险费的被保险人免收全残以后的保险费或减收半残以后的保险费，对因意外伤害致死的被保险人给付保险金额的 2 倍或 3 倍。

做一做

选取市场上四款意外险保险产品，对比其保障内容、责任免除、投保规则、保费等内容（表格呈现），并分析每个产品的优缺点。

模块二 人身保险规划设计

微课：人身保险规划相关知识介绍

任务描述

了解个人和家庭的相关信息，进行个人和家庭的保险需求分析，并做出相应的保险规划设计。

■ 知识准备

PPT：人身保险规划相关知识介绍

一、保险规划的目的

保险规划是在个人保险领域，通过定量分析客户保险需求的额度，帮助客户选择合适的保险品种、期限及保险金额，以避免风险发生时给个人及家庭生活带来冲击，从而提高客户的生活质量。保险作为个人理财规划中不可缺少的重要工具，不仅是个人或家庭风险管理的重要组成部分，还在储蓄和投资规划、遗产规划、教育规划、退休规划、最小税负规划等方面起着不同程度的作用。

（一）保险规划的保障作用

由于保险的基本职能是经济给付和损失补偿，所以保险规划的基本功能就是保障功能，这也是保险规划与其他理财规划最大的区别。俗话说“天有不测风云，人有旦夕祸福”，每个人的一生都有可能面临自然、社会、生理等各种风险，再加上我国的社会保障制度还不是很完善，个人对各种风险的承受能力弱。此时人们要借助保险规划的保障功能渡过难关，化险为夷，稳定生活。同时，保险具有储蓄功能，人们可以通过按期交纳保费来保障将来的生活，这样也有助于均衡个人财务支出。

（二）保险规划的投资作用

保险具有保障功能的同时有着储蓄功能，随着金融工具的多样化和经济发展的市场化，在保险市场出现了主要针对人寿保险的创新型保险——投资型保险。目前我国保险市场上常见的投资型保险有万能寿险、投资连结型保险、分红保险和投资型家庭财产保险。一些传统保险险种也具有较强的储蓄功能，如人们可以通过购买年金保险来筹集孩子的教育金或自己的养老金。因此，保险规划具有较强的投资功能。

（三）保险规划的免税作用

个人可以利用保险规划合理避税，由于事故发生时保险公司的赔款属于损失补偿，不属于个人收入，不用计算在个人所得税的纳税范畴，可以免交这部分税款。另外，个人可以通过保险来作遗产规划，根据我国《保险法》的规定，被保险人在保险有效期内身故，寿险公司将按合同约定赔付身故保险金，如投保单上有指定受益人的，寿险公司将保险金付给受益人。这种保险金的给付不作为遗产处理，可免征遗产税，有利于财产转移和节税，换言之，可以通过购买人寿保险实现财产转移和合理避税的功能。

想一想

小马奔腾创始人李明于2014年1月2日突发心肌梗塞去世，年仅47岁，其遗孀金燕女士依据判决，应在2亿元的范围内对亡夫李明的债务承担连带清偿责任。通过此事件，请思考为什么高净值人士需要终身寿险?

二、保险规划书的设计原则

个人购买保险主要是为了将某些重大的风险转移给保险公司，在发生保险事故时获得充分的经济保障，以维护个人和家庭生活的经济安全与稳定。所以，坚持转移风险和量力为行的保险规划原则，就显得尤为重要。

拓展阅读

规划保险五先五后原则

一、先满足保障需求，后考虑投资需求

人寿保险最初的目的就是抵御人生三大风险：意外、疾病和养老。因此最本源的险种基本可以概括为：人寿保险、人身意外伤害保险，健康保险（重大疾病险）以及养老险。之后随着金融业的发展，分红险、投连险、万能险这一类投资型险种纷纷出现，极大丰富了保险市场，使消费者有了更多的选择。

众多消费者选择险种的过程中，往往对投资型险种情有独钟，常常选择的是“高收益，高回报”的险种，而忽视保险最原始的保障功能。意外险和健康险等最具有保障意义的险种，由于是消费性险种，保费一去不复返，没有得到应有的重视。于是，不少消费者花了钱投保返还型或者投资型险种，但当风险来临时，却发现保险“不管用”。一味追求保险的投资收益，犹如空中楼阁。这也是一些投保人遭遇风险时才发现保险不“保险”的根源。

意外、疾病是人生中最难预知和管控的风险，保险的保障意义很大程度就体现在这两类保险上。所以在经济状况一般的情况下，先满足此类保障需求；倘若经济实力允许，也可一并考虑。

二、先满足家长保障，后考虑小孩保障

很多人想到买保险，往往是在有了孩子之后。孩子是家庭中的最大希望，他们身上寄托着父母无限的爱与责任。越来越多的家长开始利用保险手段给孩子制定一个周全保障、教育、储蓄计划。可能一些家长最关心哪类保险最适合，什么年龄阶段选什么保险之类的问题，而忽略了一条必要的条件：给孩子交保费的自己。

“重孩子轻大人”是很多家庭买保险的误区。家长为孩子投保的最终目的是增加孩子的保障。而对孩子来说，最大的保障来自于父母，即便没有保险，出现了问题还有家长来想办法解决，但是如果是孩子所依赖的父母出了意外，没有任何经济能力的孩子才是真的失去最基础的保障。可见，家长发生意外对家庭造成的损失和影响是严重的。

因此，买保险要遵循一个最基本的原则：先保家长尤其是家庭财务贡献度最高的人，采用这种“曲线救国”的方式，首先对自己和配偶的保障下足功夫。因为，如果家庭中作为顶梁柱因故丧失经济能力，那么直接导致的家庭经济困境将直接影响孩子的生活和学习。只有家庭支柱获得足够的保障，孩子的风险才可能降到最低。

总体而言，为孩子提供保障主要达到三个目的，一是保证孩子在家长发生意外后能正常生活；二是解决医疗费用，特别是大病费用；三是筹措教育金。

三、先满足保额需求，后考虑保费支出

如果你在投保时，保险代理人告诉你：买保险要关心保额，不要关心保费。你可能会有点想不通。

其实很简单，保额比保费更重要，因为保额是你必需的保障额度，足额保险才是保险设计的根本原则之一。保费支出太少显得保额不够、保障无力，当然，保费支出太多，也会影响家庭财务结构。

大部分人购买保险比较在意的是支付多少保费，而不是关心购买的保险产品所能提供保障的范围和保障程度。也有人在购买保险时，往往将视线集中在产品上，能不能拿回本金，能不能保值、增值等，不重视保额的多少，从某种角度讲，保险的作用只是起到了一小部分。

实际上，拥有适当的保额，保费支出则是可以根据你的实际情况来调整，不同的人身阶段、不同的财务状况、不同的职业类别、不同的理财偏好，可以有不同的选择方式来安排你的保费。

1. 保额、保费与交费年限互有影响。同等保额，交费年限拉长，每年负担的保险费就低；反之，则相反。但交费期限越长，最终的总保费越高。其实，这之间并没有谁吃亏，谁占便宜一说，交费期短，总额是少交了，但是考虑到时间价值和利息因素，其实并没少交。相反，那些交费期拉长的人也没吃亏，毕竟晚交了很多年，自己获取了利息。

2. 保额、保费与产品形态互有影响。在相同保额的情况下，消费型的保险产品保费低，但不返还；返还型的保险产品保费高，但可以起到强制储蓄的作用。

因此，通过合理的产品组合与设计，均可以达到你所需要的保额。

四、先满足保险规划，后考虑保险产品

有人把保险代理人比喻为“家庭财务医生”，这话很有道理。保险代理人倘若只会销售保险产品，那一定永远只是一个“三流业务员”。因为只有销售“风险规划处方”的代理人才能顺应形势并被客户接受。

这里的分界线在于到底是“以产品为导向”，还是“以客户需求为导向”。

因而，保险代理人销售的不是保险产品，而是“风险规划处方”，其步骤应该是：

1. 望闻问切（信息收集）。了解客户的年龄、职业、赡养人口、收入与负债、未来财务需求、资产分配、目前已有的保障等信息。

2. 把脉诊断（风险评估）。风险评价是识别并分析潜在风险区域的过程。通过列举通常的项目风险因素以使风险识别更加明晰。因而根据客户的资料，分析客户需求（包括保险产品的需求、未来财务安排的需求、家庭计划的安排等），才能精确地找到其风险所在。

3. 开具处方（提供解决方案）。根据客户的财务需求以及潜在需求，使用保险产品组合方案，来实现客户的理财目标，需要告知客户为什么要有这样的方案？为什么适合这样的方案？其注意事项又在哪里？年度检视和调整方案的必要性，以及方案执行前后的禁忌事项等。

回过头来，消费者在考虑保险规划时，不要一味地比较保险产品，而是要考量保险规划的整体性、前瞻性。同时，消费者也可以通过上述步骤，来选择保险代理人。

五、先满足人身保险，后考虑财产保险

我们知道：人和物仅为载体而已，载体的后面还是一个字——“钱”，买了保险不能避免意外发生、不能阻止疾病到来、不能保证财物不受损失（坏），保险解决的是风险后面的事情，也就是用钱（保险公司理赔金）来补偿钱（你的急用金）的问题。

因此，无论是人寿保险还是财产保险，保的是一个“钱”字。“开源、节流、避险”乃理财三要素，保险让你在理财中稳操胜券。无论是富裕的、还是负债的，有钱的、还是没钱的，护钱的、还是赚钱的，男士还是女士，老的、还是少的，都不要忘了给“钱”保险。未雨绸缪，才是当代人应具备的素质，更是明智的选择。

现实生活中，有车族100%的会为自己的爱车投保车险，却忽略为自身投保人身保险；也有很多企业主会为企业投保财产保险，而不为自己投保人身保险。这实际上出现了本末倒置的问题。

人是创造财富者，没有人的保全，也就没有财富的积累。著名财经小说作家梁凤仪说过：“健康好比数字1，事业、家庭、地位、钱财是0；有了1，后面的0越多，就越富有。反之，没有1，则一切皆无。”因而在考虑保险时，一定要分清主次，人的保障比财富的保障始终更重要，处理好人身保险和财产保险的关系，则满盘皆赢；否则，全盘皆输。

资料来源：张小靖．规划保险五先五后原则．向日葵保险网，2011年10月21日。

业务处理

微课：人身保险规划业务

PPT：人身保险规划业务

一、询问客户基本信息

掌握客户相关信息（见表2－1）是制定保险规划的基础，总体来说保险规划制定者需掌握客户如下信息：作为保障框架基础的家庭结构；可能涉及产品限制的常住地；与保费预算和保障重点密切相关的性别与出生年月日；会影响投保产品选择范围的身体状况；关系预算合理运用的经济来源结构；关系家庭风险敞口分析的已有保单状况等。

表2－1　　保险规划客户相关信息一览表

收集信息项目		说明
客户基本资料		客户个人及家庭基本信息，包括客户及其家庭成员构成、姓名、性别、出生日期、健康状况、职业和职称、工作单位性质、工作稳定程度等
客户财务信息	收入	工作收入、租金收入、利息收入、已实现资本利得、转移性收入、其他收入等
	支出	衣、食、住、行、教育、娱乐、医药、交际、税负、其他等支出
	资产	金融资产：现金、活期存款、定期存款、债券、股票、投资基金、期货、保险现值、应收款项、不动产投资等
		实物资产：自用住宅、汽车等
	负债	信用卡、分期付款、账单、短期借款、个人借贷等
		房屋贷款、汽车贷款、留学贷款、助学贷款、循环贷款等
已有保障		社会保障信息：政府举办的养老保险、失业保险、基本医疗保险、工伤保险、生育保险、社会救济、社会福利等计划；企业举办的补充养老保险计划等
		商业保险信息：已拥有的各类商业保险的详细情况，包括险种、投保人、被保险人、保险人、投保金额、保险费等信息

二、确定投保主体

投保人往往是个人或者家庭结构中的某个人，在实际业务中，需要了解客户只给自己或某个家庭成员投保的原因，保险金额的足够性，保障范围的覆盖面等，不能以非标准体选择范围小的原因而忽略这一环节。

三、投保目的初步沟通

在充分收集和分析客户信息之后，规划师需要与客户进行进一步的交流和沟通，确定客户的目标和期望。首先保险规划师要按照一定的标准将客户的目标分类，并将理财目标的评价标准介绍给客户。针对客户已经提出的目标，应当利用其专业技能和经验，分析目标中存在的缺陷（如考虑不周，过于注重短期得失等）并评价目标的可行性，一旦发现客户目标存在缺陷或者不具有可行性时就应当及时指出，并给出有针对性的专业意见。表2－2为处于不同生命阶段的客户目标。

表2－2　　　　处于不同生命阶段的客户目标

阶段	短期目标（5年以内）	长期目标（10年以上）
家庭准备期	租赁住房 获得银行的信用额度 满足日常支出 进行本人教育投资 建立备用基金 储蓄 旅游	购买房屋 进行投资组合 建立退休金 购买保险
家庭形成期	更新交通工具 购买住房 满足日常支出 建立备用金 旅游 购买保险	子女教育开支 赡养父母 进行投资组合 建立退休金
家庭成长期	子女教育开支 更换住房 满足日常支出 建立备用金 赡养父母 旅游 购买保险 建立退休基金	增加子女教育基金的投资 将投资工具分散化
家庭成熟期	购买新的家具 提高投资收益的稳定性 退休生活保障投资 购买保险	出售原有房产 制定遗嘱 退休后的旅游计划 养老金计划的调整
家庭享受期	满足日常开支 退休旅游计划 医疗基金准备	

资料来源：杨则文．个人理财业务［M］．北京：经济科学出版社，2010.

按目标实现的强制程度分类，可以分为必须实现的目标和期望实现的目标。在具体实务中我们可以给出不同目标的优先级，以明确哪些目标必须首先实现，哪些目标可以在尚有余力的条件下去争取实现。

若目标总需求大于资源总供给时，差额为需求缺口；若资源总供给大于目标总需求时，差额为供给缺口。有需求缺口时，保险规划师可依照理财目标优先顺序进行筛选，顺序在后的理财目标可以考虑删除，或者延长目标实现年限或者降低某些理财目标的规划金额；有供给缺口时，表示所有的理财目标均能如期实现。当征收遗产税并且供给缺口大于遗产税免征额时，表示有需要以投保终身寿险的方式事先做遗产节税规划。

四、投保逻辑梳理

在制订保险规划时，应考虑家庭生命周期不同阶段的特点，对一个家庭而言，其所处的人生阶段不同，家庭面临的风险和应该重点保障的对象也各不相同，保险需求的侧重点也会有所不同（见表2-3）。

表2-3　家庭生命周期不同阶段特点及保险规划模式

项目	家庭准备期	家庭形成期	家庭成长期	家庭成熟期	家庭享受期
家庭周期持续时间	2—6年	1—5年	18—22年	5—10年	退休以后
夫妻年龄		25—35岁	30—55岁	50—65岁	60—90岁
家庭周期起点——终点	单身——结婚	结婚——子女出生	子女出生——子女独立	子女独立——夫妻退休	夫妻退休——一方身故
家庭开支	看个人情况，有人“月光族”，有人能完成财富的原始积累	消费期支出增加	支出高峰期：生活费用、医疗费用、教育费用和父母赡养费用	支出逐渐降低	生活费用支出、健康医疗支出和休闲支出
家庭风险	意外重大疾病、短寿风险	意外重大疾病、短寿风险	意外重大疾病、短寿风险、长寿风险	重大疾病、健康医疗、长寿风险	健康医疗、长寿风险
家庭收入	较低	经济收入增加	收入达到巅峰，家庭财富进入快速积累阶段	收入持续高峰，家庭财产达到最高水平	收支相抵，领用退休金等固定收益为主
社会责任	较低，仅承担部分赡养父母的责任。此时父母尚年轻，身体健康，经济能力强	较低，仅承担双方老人的赡养责任	逐渐升高达到最高点，上有老，下有小。通常孩子不能自理，父母身体病痛逐渐增多	较低，孩子可以自立，并偶有回馈家庭。此时通常父母已身故	达到最低点，照顾好夫妻两个即可
保险规划重点	意外险、重疾险、定期寿险	在上一阶段基础上增加保险金额	在上一阶段基础上增加子女教育金的保险、养老险	健康医疗险、养老险	减少意外险的保额，维持其他险种的保额，可以不必买新险种的保险

资料来源：中国金融理财标准委员会．金融理财原理［M］．北京：中信出版社，2007.

五、保额确定

个人或家庭财务资源的有限性，决定了需要根据个人或家庭人身保险需求的优先顺序来分配资源，保证最重要的人身保险需求得到优先满足。另外，还要考虑在保险规划中扣除已有的可替代的保险资源，如商业保险外、社会保险、企业年金等。那么，一个家庭究竟该购买多少保险最为合适？多少金额的保额最适宜自己家庭的保障而又不会导致过大的保费支出呢？在实务中，人身保险保险金额的确定一般采用以下几种方法。

1. 双十原则

双十原则是最常见的计算保额的公式，即每年缴的保费，一般以家庭年收入的10%左右，来购买年收入10倍左右的保额。如许先生今年38岁，年收入30万元，根据双十原则，他的人身险保额可初步定为300万元，保费为3万元左右。

这个方法对于低收入人群来说还是比较合适的，但无法满足一些特殊需求的客户需求。因为不同险种、不同年龄其保费差异很大，所以双十原则只能作为参考，不能作为保险配置必需的准则。还有一种标准普尔图账户原则，即用家庭资产的20%来购买保险，专款专用，用来解决突发的大额开支。

2. 负债金额计算法

负债金额计算法即以个人或家庭的负债金额作为设计保额的基础，如针对有房贷的客户，将贷款总额作为最高限额，这样，被保险人即使发生不测，也可以还清房贷，避免了沉重的房贷压力。当然也可以用其他的负债总额作为保险额度的依据。

3. 生命价值法

生命价值法又称净收入弥补法，这种方法是通过生命损失的经济估算来计算对保险额的需求。通俗一点解释，就是计算作为家庭主要经济来源的成员，在未来收入扣除本人必要生活费用后的现金化价值。

假设一位30岁的男性，年收入为12万元，年支出为2万元，那么在静态下到60岁退休他为家庭创造的价值为（12－2）×30年＝300（万元），那么此刻他的生命价值为300万元。此刻保额为300万元时可保证他的家庭每年获得10万元的净收入。如果考虑投资回报，且投资回报率为5%时，30年年金现值为153万元，即目前以153万元的保额资金投入运作，可以保证其家庭在未来的30年里每年获得10万元的净收入。再假设此人工资与支出的增长率都为3%，那么这时候的寿险保额为219万元，即如果30岁男性此刻死亡，家属获得219万元的资金，并把该资金投资运作，投资回报率为年化5%，就可以保证家庭在未来的30年，第一年获得10万元的净收入，以后每年的净收入比上一年增长3%。

4. 支出需要法

支出需要法又称遗族法、遗属法，这种方法是通过计算未来可预期的支出需要的累计现值来估算保险需求的方法，也就是说计算未来所必需的累计支出费用。如果不考虑货币资金的时间价值，那么，具体计算公式为：

（1）人寿保险。

人寿保险额度 = 本人年收入占比 × 家庭年度支出总额 × max（家庭期望保障年限，子女成长所需年限）+ 家庭总负债 - 已有寿险赔付额度

其中，本人年收入占比 = 本人收入/家庭收入。

（2）健康保险。

重疾险额度 = 大病平时花费 + 本人年收入 × 平均恢复年限 - 社保报销额度 - 已有商业保险额度。

一般疾病医疗险额度 = 当地一般疾病的平均药费 - 社保报销比例 ×（理想额度 - 社保住院起付线）

住院津贴 = 本人年收入 ÷ 365

文本：单身贵族保险规划案例

（3）意外险。

意外险额度 = 本人年收入 × 期望保障年限 × 舒适指数 - 已有意外险赔付额度

意外伤害医疗险额度 = 当地一般疾病的平均花费 × 风险程度系数 - 已有意外医疗赔付额度

其中，期望保险年限是指因意外造成残疾或行动障碍推动劳动能力后，需要资金来维持基本生活的保障年限，通常最少设为 20 年。舒适指数是指在伤残或失去劳动能力后期待的生活质量，如设为 1 就意味着赔偿额度为意外发生前自己的年收入，也就是生活水平基本不降低；但要注意意外发生后，每年的医药费会增加，且如果行动不便请人照顾，必定要药费额外费用，所以，建议所设值要比 1 大。风险程度系数是指发生风险对标的的破坏程度，因为意外伤害造成的事故通常情况下会比一般疾病程度要严重，大多数情况下需要人照顾，所以，总的费用会多一些。那么，在预估意外伤害的医疗费用时，一般应比当地一般疾病的平均花费多 1 倍，即风险程度系数通常设为 2。

（4）养老保险。养老险寿险要根据现有的基本生活支出、工资水平、社会养老保险的覆盖率和假定的通货膨胀率测算出退休时的基本生活支出和社会养老保险能领取的养老金，测算出养老金的缺口，再依据所承受风险的程度选择适合的养老保险产品和交费方式。

（5）子女教育金。要依据家庭的经济状况制订出子女今后的教育方案，并考虑好一系列的问题。如中学的费用是否要现在开始储蓄？将来考什么样的大学？是否继续深造？家长要根据现有的学费、每年上涨的比例、汇率的变化（出国留学）等测算出以后要用的额度，再依据所能承受的风险程度选择好适当的教育金产品和交费方式，以保证孩子在不远的未来能够得到良好的教育。

除此之外，大多数客户其实不会担心保额多，客户担心的是这么多保额是否会超出自己的预算。这里就需要询问客户的预算，如果客户预算确

实有限，那就需要确认客户是否能接受更多消费型产品或者接受更多新兴的保险公司。可以给客户做两个方案参考。

六、人身保险规划方案设计

人身保险规划方案在制作中有几点需要注意：一是在预算内保险保额一定要充足，既要达到转移财务风险的目的，又要避免给客户造成很大的经济负担；二是方案尽量减少数字上展示，多些图片形式，有助于客户的理解和认同；三是方案中应以需求分析复盘为主，重点强调需求而非产品。

（一）制订保险规划书

一份完整的保险规划书应该包含如下内容。

（1）客户的基本资料。包括姓名、年龄、性别、职业、收入、支出、资产、负债、投保意向等。

（2）设计思路与需求分析。分析客户的保险需求并据此说明你的设计思路。让客户了解你的设计思路，知道是专门为他量身定做的，会增强客户对你的信任感。

（3）保险规划方案。这是计划书中的核心部分，包括你为客户选择的险种种类、保险金额、保险费、保险期限、客户能获得的保障、缴费方式等。

（4）结束语。包括保险公司介绍、公司地址、营销人员联系方式等。

（二）保险规划实施和调整

通过沟通和努力，客户的保险规划得以确定和实施。但对于一个人或家庭来说，保险规划不是一成不变的，通常在购买了保险之后，每隔5—10年，应该进行调整。另外，当生活中出现一些特殊时点，也应检查并调整自己的保险规划。通常生活中的特殊时点有：

（1）家庭成员发生变化，如婚姻状况改变、生孩子、孩子独立、孩子结婚、家庭成员死亡等。

（2）工作性质发生变化，如更换工作、自己创业等。因工作性质的变化可能会引起工作危险性增加或减少，所以要随时调整人身保险额度等内容。

（3）经济状况发生变化，如收入增加或减少，债务增加或减少，尤其在购买房屋或车子，或者房贷或车贷偿还完毕之后，需要及时调整保险规划。

调整保险规划，核心内容是调整保险险种、保险金额。如果家庭成员与经济状况变动很大，可以采用保险规划的完整流程；如果只是局部发生变化，可以在某个险种上进行增减，例如退休后减少人寿保险的投保等。

案例分析

客户要求保险经纪人何燕为其设计一份家庭保险规划。

一、客户信息收集：

李先生，31岁，硕士毕业，IT行业，年收入20万元；王女士，32岁，硕士毕业，大学出版社工作，年收入10万元；去年儿子降生，目前宝宝10个月。

家庭每年日常开支8万元，尚有20万元房贷需要偿还，有银行存款及各种基金24万元；家中老人都有退休金，目前不需要他们资助。夫妻俩单位都有社保，孩子已上“一老一小保险”。此外没有任何商业保险。

二、客户生活目标分析：

客户正处于家庭成长期，短期生活目标为：住房还贷、满足日常支出、建立备用金、购买保险；长期目标为儿子教育支出、赡养父母等。由于现在教育费用高昂，他们觉得应该给孩子上个教育险，目前考虑孩子未来在国内读大学，觉得至少需要40万元的教育费用；又因为家中有亲戚得了重疾，使他们意识到保险的重要性。

三、保险需求分析

（一）保险规划模式分析

李先生夫妇目前正是年富力强，精力最充沛、体魄最健壮的时期，但是由于工作压力大，经常会加班，加上环境因素、食品安全问题，所以考虑选择一些健康险。因单位已上基本医疗保险，所以主要考虑对家庭经济会造成重大影响的重大疾病保险。李先生是家庭的经济支柱，应当重点考虑。考虑其孩子小，尚有些房贷需偿还，定期寿险很重要。由于工作原因，两人都会出差，所以意外风险会增大，补充意外险增加保障额度。儿子仅10个月大，是家庭的希望，夫妻俩认为子女教育费用将是家庭最大的开支，且是刚性需求，应该及早准备。当然孩子的重疾险和意外险也是必不可少的。

综上所述，本次补充重大疾病保险、人寿险、意外险及教育金保险。保费计划年支出3万元左右，占家庭年收入的10%。

产品组合推荐原则及理由：

（1）保障全面。根据客户的年龄、家庭、工作、已有保障情况，客观分析保险需求，尽量完善全面。

（2）保障额度适当。

（3）筛选性价比最优的产品。现在保险产品非常丰富，各家保险公司的优势产品不尽相同。我们可以利用经纪人的有利地位及公司的良好平台，筛选出性价比最优的产品，进行产品组合，使客户利益最大化。

（二）保险需求额度估算

1. 寿险保障测算

李先生人寿保险额度 = 本人年收入占比（20万/30万）× 家庭年度

支出总额(8 万) × 子女成长所需年限(18 年) + 家庭总负债(20 万) - 已有寿险赔付额度(0) =116 (万元)

王女士人寿保险额度 = 本人年收入占比(10 万/30 万) × 家庭年度支出总额(8 万) × 子女成长所需年限(18 年) + 家庭总负债(20 万) - 已有寿险赔付额度(0) =68 (万元)

2. 健康保险保障额度测算

李先生重疾险额度 = 大病平时花费(30 万—50 万) + 本人年收入(20 万) × 平均恢复年限(2 年) - 社保报销额度(9 万) - 已有商业保险额度(0) =61(万元)—81 (万元)

王女士重疾险额度 = 大病平时花费(30 万—50 万) + 本人年收入(10 万) × 平均恢复年限(2 年) - 社保报销额度(9 万) - 已有商业保险额度(0) =41(万元)—61 (万元)

李先生住院津贴 = 本人年收入(20 万)/365 天 =547. 95 (元/天)

王女士住院津贴 = 本人年收入(10 万)/365 天 =273. 97 (元/天)

3. 意外险保障额度测算

李先生意外险额度 = 本人年收入(20 万) × 期望保障年限(20 年) × 舒适指数(1) - 已有意外险赔付额度(0) =400 (万元)

李先生意外伤害医疗险额度 = 当地一般疾病的平均花费(13 399 元) × 风险程度系数(2) - 已有意外医疗赔付额度(0) =26 798 (元)

最终经过协商，李先生购买 120 万元寿险，王女士购买 60 万元寿险。夫妻俩觉得重疾险额度太低起不了什么作用，所以最终确定李先生购买 100 万元重疾险，王女士购买 40 万元重疾险。意外风险发生后，残疾对一个家庭的影响会很大。建议购买意外险的额度至少是年收入的 5 倍。李先生至少 100 万元，王女士至少 50 万元。

4. 教育金保险估算

由于教育金保险属于储蓄类保险，存多存少完全取决于家庭的经济状况。教育金的储备有多种方式，而选择保险最主要的是其有保费豁免功能，可以规避大人的风险：当投保人发生身故、残疾或重疾风险时，可以免交后续还没交完的保费，而孩子的教育金不受影响，保险公司继续履行合同，按期发放教育金，使孩子能够顺利地继续完成学业。因本保险规划应客户要求重点考虑夫妻保障，保险费控制在年收入 10% 以下，故宝宝的教育险在此未给予充分的保障。

（三）保险产品组合介绍

1. 华贵大麦定期寿险

2018 年推出的一款定期寿险，线上保额最高 300 万元，责任免除仅 3 条，健康告知宽松，费率目前行业最优。该产品上线即自带智能核保功能，若因不符合健康告知要求不能通过智能核保的，还可以申请人工核保。标准版的健康告知也是非常宽松，没有同业寿险保额限制要求。高血压2级以下可以正常投保，也没有BMI问询，甲亢、甲减，乙肝病毒携带、乙肝小三阳、乙肝大三阳、肝炎、肺炎，良性肿瘤，除肺结节外不明性质的肿块、肿物、结节、息肉等，也可以直接投保。

2. 工银安盛御享人生重大疾病保险

80种重症，疾病分为四组，每组疾病可赔付一次，每次赔付基本保额的100%，最多赔付三次，每次疾病赔付间隔期为180天。首次重疾给付后，轻症、身故责任终止，合同现金价值降为0，合同不终止，还能赔余下两次的重疾责任。

30种轻症，疾病分四组，每组疾病可赔付一次，每次赔付基本保额的20%（为额外给付），最多赔付三次，每次疾病间隔期为180天。赔付轻症后，重疾、身故责任不受影响，合同继续有效。

3. 史带星享百万人生个人意外险

这是一款保障责任全面的意外险。该产品共分为1—6个计划，可以满足不同的人群需求，保费150元—1 450元。其中计划1—5对被保险人的收入没有要求，计划6要求被保险人年收入要大于10万。其价格虽然比其他意外险稍贵，但是保障范围覆盖全球，并且包含猝死责任、意外医疗不限社保，零免赔，100%赔付都是它的优势，是一款适合中高端人士的专属意外险。略有不足的是不承保高风险运动，但这一遗憾仍不妨碍它成为市面上意外险性价比之王。

4. 平安e生保百万医疗险

这是目前最受欢迎的医疗险种之一，一般医疗保险金年度赔付限额200万元：包含住院医疗费用、指定门诊医疗费用、住院前后门诊急诊费用。恶性肿瘤医疗保险金年度赔付限额200万元：包含恶性肿瘤住院医疗费用、指定门诊医疗费用、住院前后门诊急诊费用。年免赔额1万元，即1万元以上的医疗费用才开始报销。

5. 中意辉煌未来少儿教育年金保险（分红型）

宝贝生存至18—21岁，分别给付3万元、3.3万元、3.6万元、3.9万元教育金；28岁得到9万元的婚嫁金或创业金。附加永康豁免保险费疾病保险，规避了投保人身故、残疾及罹患重疾的风险，使孩子的成长之路更加顺畅。

四、保险规划书撰写（略）

五、方案总结

本组合方案完全按照客户的预算与需求，最大限度地达成了客户家庭对健康、意外、人身保障及子女教育金的需求。在孩子的保险中，都附加了豁免功能，使孩子的保障更加合理和人性化。但是这些目标的达成，也只是阶段性的规划，随着李先生家庭成员的年龄增长和财务状况的不断改善，应不断调整保障额度以及适当补充养老规划和家庭财产保险规划。

项目小结

目前保险市场提供的人身保险产品可分为寿险产品、健康险产品和人身意外伤害险产品，拥有不同的保险利益和特点，客户基于保障、投资、免税等目的对其有不同的消费偏好。我们要掌握人身保险规划技能，为不同条件和不同目的的客户设计出合理的保险规划方案。

问题讨论

1. 结合自己家庭的实际状况，讨论以下问题：你们买保险了吗？如果买了，都买了些什么保险，买保险的目的是什么，想用保险来解决什么样的问题，您买的保险能解决您的问题吗？如果没买，那你想买保险吗？

2. 请讨论，有了百万医疗险还需要重大疾病保险吗？为什么？

习题与实训

1. 思考题

（1）什么是生存险、死亡险、生死两全险？试举例说明。

（2）什么是分红险、投连险、万能寿险、变额寿险？试举例说明。

（3）目前保险市场上有哪些类别的健康险险种？

（4）如何界定意外伤害？

（5）简述保险规划的目的和保险规划书的设计原则。

2. 案例分析

王先生把家庭的储蓄做了很好的规划，已经把家庭的其他责任做了妥善的安排，只剩下 0 岁宝宝的教育金没有安排，王先生打算让宝宝 18 周岁时去国外上大学，按照目前的学费水平总共需要 120 万元，假设学费的增长率为 3%，妻子理财的平均回报率为 5%，那么王先生需要为自己规划多少保额的寿险？

3. 综合训练题

（1）将全班同学分成若干小组，每组 6—10 人，轮流策划举办保险产品说明会。

（2）为自己的家庭设计一份保险规划方案，并在全班范围内分享。

制度优势：发挥保险优势，助力脱贫攻坚

3 项目三 人寿保险经营

学习目标

知识学习目标：

认知人寿保险经营流程；掌握人寿保险展业技巧；理解人寿保险承保步骤和核保内容；掌握人寿保险理赔步骤和核赔要素。

技能训练目标：

能够熟练开展人寿保险展业；能够熟练操作人寿保险投保、核保、保全、核赔、理赔等业务。

工作任务

应完成的工作任务：

利用金融项目中心或呼叫中心开展人寿保险展业；利用模拟教学软件进行人寿保险投保、核保、保全、理赔等业务操作。

完成工作任务应提交的标志性成果：

人寿保险经营过程中的相关资料，如业务员报告书、投保单、保险单、理赔核算单等。

模块一 人寿保险展业

任务描述

能准确识别准客户；掌握准客户开拓的方法；能正确接触准客户；能准确向准客户介绍保险规划方案；掌握促成方法和技巧。

知识准备

人寿保险展业是保险公司拓展寿险业务的简称，即保险公司采用某些技巧和方法，使潜在顾客了解寿险，需要寿险；使现实顾客更深入地理解寿险，信任寿险。在人寿保险经营中，寿险展业占据主导地位。

微课：人寿保险展业

寿险展业的方式包括直接展业和间接展业。直接展业是指保险公司依靠自己的业务人员去争取业务，适合于规模大、分支机构健全的保险公司以及团体人身保险等金额巨大的险种。间接展业指广泛地建立代理网，利用保险代理人和保险经纪人展业。间接展业是目前主要的寿险展业方式，特别是保险经纪人对保险市场和风险管理富有经验，能为投保人制订风险管理方案和物色适当的保险人，是寿险展业的有效途径。

PPT：人寿保险展业

寿险展业的流程包括计划、接触前准备、接触、保险规划说明、交易促成、递交保单、售后服务等环节，其具体过程见图 3－1。

业务处理

一、寻找准客户

准客户是指与之建立联系并有希望参加保险的顾客。寻找准客户，就是寻找和发现可能购买保险产品的企业、家庭或个人。

（一）了解成为准客户的条件

1. 有保险需求

由于寿险商品属非渴求品，而大部分人对保险需求并不迫切，甚至没

微课：人寿保险展业业务实训

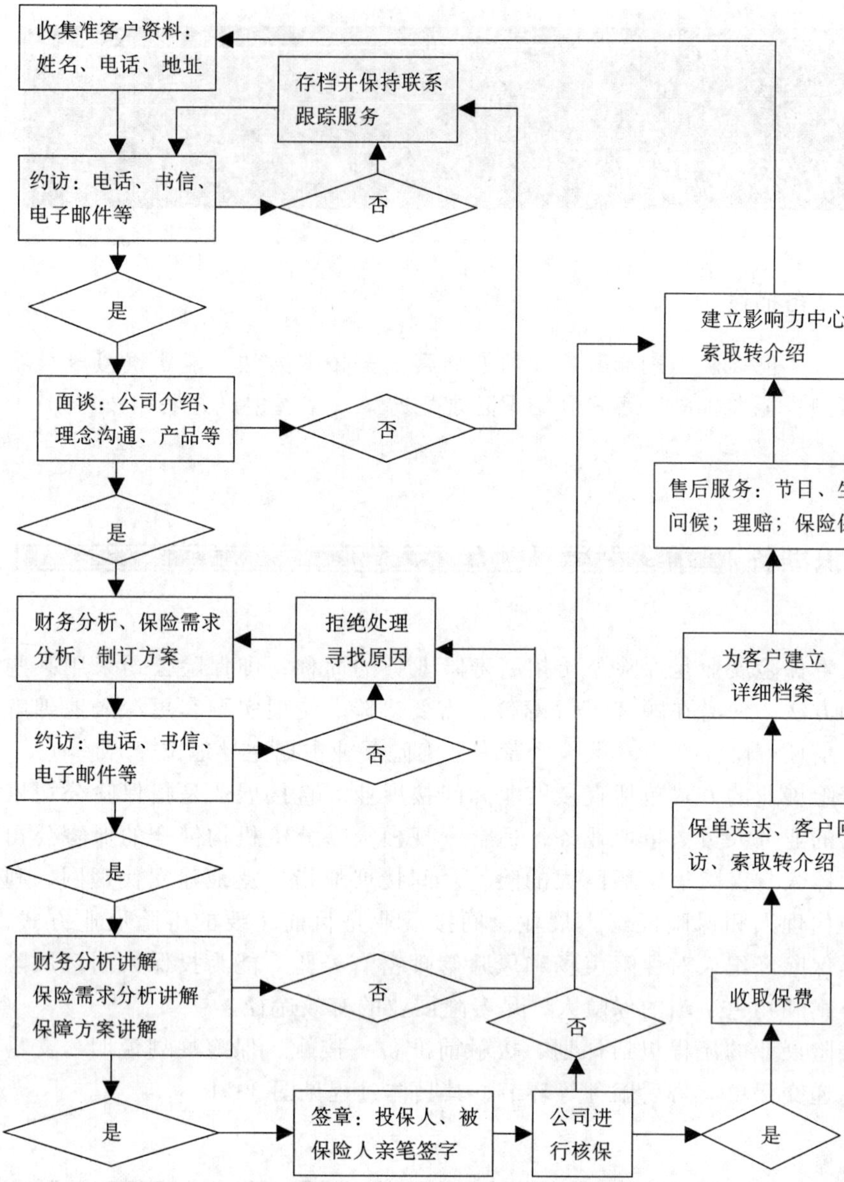

图 3－1　人寿保险展业过程图

有意识到自己需要保险产品。保险营销员要了解客户已经表明的保险需求，并协助他们发现被忽略的保险需求，将他们的潜在保险需要变为现实需要。

2. 有经济条件

保险合同是有偿合同、双务合同，要求保险人与被保险人权利义务相等，购买寿险必须付得起保费。因此，要选择的准客户应该是有工作能力、收入相对稳定、具备持续缴费能力的人士。大多数寿险营销员将其准客户定位在中、高收入阶层。

3. 有健康身体

被保险人和投保人应该符合寿险公司承保条件，不会成为拒保体。寿险营销员在接触准客户时，必须对准客户健康状况有所了解，对于弱体准客户，必须要特别强调其不同于标准体的承保条件。

4. 有决策权力

寿险的购买者、决策者、被保障者不一定是同一个人。作为一名寿险营销员，要敏锐地寻找出具有决定权的人，并全力说服他（她），使营销少走弯路。

5. 有亲和力

在寿险营销中，营销员会遇到各种社会背景和不同性格的人士，如果准客户是易接近、好沟通的人，具有一定的亲和力，就会大大缩短推，提高营销效率。因此，一般营销员会把具有亲和力的客户作为近期拜访的重点工作目标。

（二）掌握准客户开拓方法

开拓准客户是保险销售人员走向成功的起点，是提高业绩的第一步。选择合适的方法至关重要，恰当地选择推销对象，减少推销的盲目性，可以达到事半功倍的效果。开拓准客户的方法主要有九种，具体见表3-1。

表3-1　准客户开拓方法

序号	方法	具体要求内容	注意事项
1	缘故开拓法	选择自己的亲朋好友作为客户，包括：亲戚；邻居；朋友；同学；校友；老师；前公司的上司、同事；具有相同兴趣爱好的人；参保客户等	（1）绝不强迫推销 （2）坚持最专业的服务 （3）设计一份最合适的保单
2	转介绍法	（1）请求现有保户介绍他认为有可能购买产品的潜在保户的方法 （2）介绍内容一般为提供名单及简单情况 （3）介绍方法有口头介绍、电话介绍、名片介绍等	（1）介绍人在场第一次见面不必谈保险 （2）电子邮件不要附太多资料 （3）及时告知介绍人访问结果并表谢意 （4）事成之后，给介绍人送上一份小礼物以示谢意
3	微信、微博开拓法	（1）微信、微博作为最大的社交媒体，是最好的开拓窗口 （2）朋友圈和微博都能通过展示自己吸引认可你的人	（1）微信、微博要有人看，有人聊，内容的趣味性是非常重要的 （2）生活化营销是当下主流
4	个人兴趣爱好开拓法	（1）拍照摄影 （2）登山徒步 （3）读书成长 （4）各种社团等	（1）扩大视野，跳出原有推销范围 （2）拓宽社交圈，格局大了，事业丰富了，才能吸引更多品质客户
5	活动开拓法	（1）参与志愿者等爱心活动 （2）策划商家互动 （3）参与车主互动活动 （4）感恩晚宴	（1）注意节日营销 （2）注意活动的有效性和参与性

续表

序号	方法	具体要求内容	注意事项
6	合作法	(1) 寿险销售人员与寿险销售人员合作 (2) 寿险销售人员与其他产品销售人员合作	
7	咨询调查法	利用事先印制的并带有保险公司标志的调查表在街上、厂矿、办公楼、居民区进行随机访问	(1) 具有专业性 (2) 调查对象要保证层次丰富 (3) 咨询问题要齐全
8	互联网展业	(1) 自媒体类：公众号、微博、百家号、大风号、搜狐、网易等 (2) 知乎、豆瓣、雪球、挖财 (3) 抖音、快手、各类短视频直播平台	要及时回复有咨询意向的人士，并时刻以专业的角度为其进行解析
9	产品说明会（或新产品推介会、客户答谢会）	(1) 公司新产品推出或新讯息发布，由业务员的准客户参加 (2) 由专业讲师讲授，动员到场客户购买	(1) 激发客户购买保险的欲望 (2) 业务员需对产品充分认识 (3) 不能过于频繁地邀请同一客户

一般来说，在刚进入保险市场，保险业务知识和销售技巧都不太熟练的情况下，往往首先选择缘故市场。第一，缘故客户比较容易接近。因为是故友，对于约见不会拒绝，对于保险营销员的讲解宣传会认真倾听。第二，缘故客户比较容易推介成功。这比陌生拜访的成功率高出许多，同样的努力会有不一样的收获。保险是一纸合同，是无形的产品，其基础是诚信。缘故客户对保险营销人员有一定的了解，有信任的基础，人与人之间最难不是做业务而是建立信任关系。客户转介绍被公认为是世界上最高效的销售方式，尤其是在保险行业。客户转介绍不仅成本低廉、效率高，而且有转介绍人作为纽带，销售人员也可以快速赢得客户的信任，因而被广大销售精英奉为成功的法宝。缘故市场和转介绍也是我国香港地区销售人员最主要的展业方式，其占比达到90%。缘故市场是最好的市场，有利于刚入行的保险营销员快速掌握营销技巧，成功树立信心。

"互联网+"时代，越来越多的保险从业人员注重网络展业。网络展业和传统展业模式既有不同之处，也有相同之处。当前，我国互联网用户已逾八亿，越来越多的人习惯上网咨询来解决问题。因此，比起陌拜等传统展业方式，网络展业不仅更适合未来的趋势，而且通过网络展业获得的投保客户基本都具有保险意识，对保险有一定的认可，希望通过保险来解决问题。当然网络展业也和传统展业方式一样，要想真正实现签单，还是需要自己付出努力，继续跟进、维护，最终得到客户的认可，并认可产品方案。

拓展阅读

随时随地开拓准客户

场景一：小王是一个两岁宝宝的妈妈，一年前进入保险销售行业。有一天，她路过一家婴幼儿用品商店，发现店内的生意非常红火，很多准妈妈、准爸爸都在为宝宝添置衣服和用品。她突然产生了一个想法，在与店铺老板沟通后，她发出邀请信，邀请家长们参加亲子交流会，相互交流学习育儿经验。亲子交流会举办了几次，反响很不错，参加的家长也越来越多。通过交流会，小王也介绍了保险对于保障孩子健康及后续教育的重要性，并分享了自己为孩子购买保险的经验，很多家长在她的介绍和建议下也为孩子购买了保险。偶然的想法、精心准备的交流会，为小王带来了客户资源。

场景二：小谢是一名90后，年纪轻、人脉单薄，且非本地人，因此缺乏资源。小谢针对自己的状况选择网络展业来开发客户资源。他平时的工作日程就是：关注微信公众号和知乎等是否有消息，接受客户的咨询或是自己跟进客户咨询。在没有人咨询的时候小谢就准备资料撰写公众号并发布于例如今日头条、搜狐、网易等自媒体平台；通过抖音等视频平台拓展自己的客户资源。经过8个月的积累和经营，小谢已经具有稳定的客户源。

场景三：美国人孟列·威济是保险代理业务员，他最喜欢的事是带着钓鱼竿和猎枪步行25英里去大森林打猎钓鱼，但他也觉得浪费时间。有一天，当他依依不舍地离开心爱的鱼湖，准备打道回府时突发奇想：在这荒山野地里会不会也有居民需要保险？那他不就可以既工作，又不影响自己打猎和钓鱼吗？结果他发现果真有这种人：他们是阿拉斯加铁路公司的员工，他们散居在沿线500公里的各段路轨的附近。孟列沿着铁路走了好几趟，那里的人都叫他“步行的孟列”，他成为那些与世隔绝的家庭最欢迎的人，逐渐地这些人也成为了他的客户。

孟列·威济完成了令人震惊的业绩，在阿拉斯加的荒原，这个没人愿意前来的铁路沿线，他一年之内就做成了百万元的生意。孟列的成功值得每一个保险代理业务员深思和学习。

场景三资料来源：后东升．保险代理业务员培训手册［M］．北京：中华工商联合出版社，2006.

二、接触前准备

（一）物质准备

物质准备包括客户资料和展业工具的准备，让保险营销员在客户面前树立专业形象，赢得客户的信任。

1. 客户资料准备

收集客户资料应从多角度、多渠道出发，尽可能全面地收集所有与客户相关的资料，包括自然情况、健康状况、家庭状况、经济状况、工作状况、个人嗜好及近期活动等。客户资料收集越多，客户形象越清晰，面谈的切入点就越明确，容易有共同语言。

2. 展业工具准备

展业工具包括身份证明材料、展示资料、签单工具、小礼品等。具体来说，有名片、展业证或保险代理人证、自己或团队获奖证书和照片、司徽或工作牌、保险宣传单、保险条款、投保单、签字笔、计算器等。展业工具具有强化说明和完成签单的功能，是保险营销人员不可缺少的武器。

（二）行动准备

行动准备是为实施有效接触而进行的行动规划与设计。一个详细周密的拜访计划一般包括：拜访的对象、目的、时间、地点、内容、策略等。为了提高效率，还应设计好拜访顺序和路线，事先与拜访对象以信函或电话等形式预约。

拜访时间和拜访场所的安排应依据客户的习惯、生活规律和职业等来确定。例如，拜访会计师应避开月初和月末，这时是他们最忙的；拜访餐馆老板应避开就餐高峰时间。应注意拜访时不要给客户的工作、生活带来不便，以免引起客户的反感。

图片：个案辅导 KYC表格

（三）仪容仪表准备

保险营销人员的服饰外表和言谈举止必须像一个成功人士，以暗示客户，我是一个成功的营销员。具体而言，应注意：仪容上保持端庄大方，着装整洁而合理；谈吐上要有礼貌、幽默、亲切，要适当使用礼貌语；举止上不要有不雅的下意识动作，要守时，要保持良好风度。

（四）心态准备

人的感情和情绪是可以相互传染的，保险营销人员信心十足的情绪将会增加客户的信任感，而低落的情绪会使客户产生疑虑。在展业前，应做好“五心”的准备：①信心，要对自己、对公司、对产品有信心，准客户才能信任你；②耐心，应耐心地解释和介绍，才能化解准客户的疑虑；③爱心，用爱心打开通向客户心灵的窗户；④诚心，即诚心诚意地关切准客户的需求；⑤热心，即热心帮助客户解决问题。

想一想

朋友转介绍的客户第一次会面，如果在公众场合约见面，你应如何选择时间、地点，应做哪些事前准备？

三、接触准客户

1. 自我介绍

与准客户见面做自我介绍时，除按习惯致意外，保险销售人员必须表明自己的身份及所在公司名称。想要了解准客户首先要让客户了解你。

2. 寒暄

即与客户拉家常，目的在于消除客户的紧张心理，缓和气氛。可通过与客户的谈话，进一步了解客户的实际需求。

3. 唤起兴趣，切入主题

客户可能没有想到保险，但会考虑储蓄、子女教育、买房等事宜。因此，保险销售人员应该针对客户感兴趣的话题展开讨论，激发客户兴趣，同时寻找客户的购买点，选择一个恰当的时机切入保险主题。

四、保险规划说明

1. 保险需求分析

保险需求分析是保险销售的核心环节。保险销售人员挖掘客户需求就像地质工作者勘察矿产一样，要找到精准的矿藏位置，首先就要掌握错综复杂的地质资料，还要找到客户隐藏的需求点。在了解客户的各种情况后，营销人员应从客户的年龄、职业、赡养人口、收入、未来财务需求、负债、资产分配等信息中建立一个模型，找到客户的财务需求以及潜在需求，并据此拟订相应的保险计划，满足某些特定的财务需求。

拓展阅读

如何向客户询问私人问题

1. 寻找一位引荐人

寻找一位客户熟悉或者新来的人提供引荐，客户会增加对保险销售人员的信任感，从而配合问询过程。

2. 选择好的交流时机与环境

选择客户会感觉比较放松、愉悦的场所，或选择客户家人比较集中的时间，这样气氛和谐，客户也可能自然地将家人引荐给保险销售人员。

3. 预先告知

在交流之前主动告知客户需要询问的内容以及这些信息的意义与用途，并声明会对此保密。

4. 穿插询问

避免一次性、密集式的询问，要将问题化整为零，穿插在交流的各个过程中。

5. 隐私交换

在一些共同话题上，保险销售人员可以分享自己的信息与体验，引起客户的兴趣与共鸣，从而得到想要的信息。

6. 赞美

赞美是沟通中最好的“润滑剂”，客户在赞美的愉悦感中会放松警惕，从而透露更多信息。

2. 保险规划介绍

一份保险计划设计得再合理、再科学，如果不能准确、明白地呈现给客户，就会失去计划书的意义与作用。

保险销售人员向客户阐述保险计划时，首先应强调计划书是根据客户的现实情况量身设计的，并且再次点明客户的需求保障点，这样，客户才会抱着兴趣和认真的态度来了解这份计划。无论是介绍险种，还是解释险种的利益，保险销售人员都要紧紧抓住客户的需求，并且使用图表来辅助说明。在介绍完整个保险计划后，保险销售人员应及时地引导客户提出问题，提出意见，以确认客户对计划书的满意度。产品介绍的目的是让客户了解保险计划，充分表达意见和看法，及时修正完善，并最终形成客户认可的一套保险计划。

五、交易促成

保险销售人员在条件成熟的情况下建议并引导客户投保，这个过程就是促成。

1. 判断促成时机

什么时候能和客户谈保险，什么时候促成签单，都需要把握时机。想要有效地促成，就一定要用心观察客户行为变化，及时捕捉客户购买信号，抓住机会。客户的购买信号主要有：

（1）语言信号。客户询问投保细节，如缴费方式、投保内容等；询问别人的购买情况；对保险销售人员的专业及敬业精神感动并加以赞赏；把话题集中在某一险种或某一保障，并再三关心某一险种的优缺点；征询家人意见或者与家人低声商量；询问保单的生效时间；认同保险销售人员的观点或与其一致；询问优惠政策或讨价还价；对保险保障的细节表现出强烈的兴趣，并开始关心售后服务。

（2）表情信号。皱着眉头，好像很难做出选择的；表情由冷漠、深沉转为自然、亲切、随和；眼睛转动由慢变快、眼神发亮而有神采；由若有所思转为明朗轻松；抿紧的嘴唇放开并直视保险销售人员；听保险销售人员介绍产品时眼睛发亮。

（3）行为信号。反复、仔细地翻看保险计划书及资料；仔细查看费率表；关注保险销售人员的话语及动作并不住点头；时而看向保险销售人员，时而看向建议书；坐着的姿态由前倾转为后仰，身体和语言都变得轻松；突然用手轻敲桌子或身体某部位以帮助自己集中思路；从滔滔不绝突然变得沉默不语；不再提问，而是开始思考。

相关知识

保险促成的方法

1. 直接请求法

那我们就签合同吧，这样您就可以早日获得保障。

2. 推定承诺法

推定承诺法是假定准客户已经同意购买，主动帮助准客户完成购买的动作。“二择一”的技巧通常是此种方法的常用提问方式，例如：“您是先购买健康险还是养老险?”“您看受益人是填妻子还是小孩儿?”这种方法只要是会谈氛围较好，随时都可应用。

3. 风险分析法

风险分析法旨在通过举例或提示，运用一个可能发生的改变作为手段，让准客户感受到购买保险的必要性和急迫性。可以运用客户熟知的案例以及生活中发生的情况，给客户制造危机感。

4. 利益驱动法

利益驱动法是以准客户利益为说明点，打破当前准客户心理的平衡，让准客户产生购买的意识和行为。这种利益可以是金钱上的节约或者回报，也可以是购买保险产品之后所获得的无形利益。对于前者如节约保费、资产保全，对于后者如购买产品后如何有助于达成个人、家庭或事业的目标等。如年纪大了，同样的保额，保费高不说，有的还不能投保了；生日一过，同样的保额，保费又要增加等。

5. 以退为进法

以退为进法非常适合那些不断咨询且又迟迟不签保单的准客户。当面对准客户使尽浑身解数还不能奏效时，可以转而求教：“先生，虽然我知道我们的产品绝对适合您，但我的能力太差了，说服不了您。不过，在我告辞之前，请您指点出我的不足，给我一个改进的机会好吗?”谦卑的话语往往能够缓和气氛，也可能带来意外的保单。

促成购买保险的方法还有很多，如行动诱导法、妥协式成交法等，不一而足，但万变不离其宗，即促成其实就是沟通，它本身不是销售流程的结束，而是过程。面对准客户进行促成时，既要把握好促成的时机，又要有良好的心态；既能放得出，又可收得回，做到知己知彼，百战不殆。

2. 化解拒绝

在销售的过程中，由于种种原因客户出现支付异议、产品异议、需求异议、信用异议、拖延异议等而拒绝投保，我们要弄清楚客户真正问题之所在，有的放矢，清除疑惑，进而促成签单。

想一想

应如何应对客户的拒绝？

1. 我还年轻，等年纪大一些再买保险。
2. 保险不如将钱存银行方便，划算。
3. 我有钱，不用买保险。
4. 我有朋友在保险公司，不必了。
5. 我们单位已经给我们买了保险了。
6. 我不是本地人，流动性大，过几年可能要回老家。
7. 不用给我说保险，我很清楚，需要的时候我会去找你的。
8. 保险公司投保容易理赔难。
9. 我还要跟我太太商量一下。
10. 那么就给孩子买一点，我们嘛，就算了。

六、递交保单

1. 准备

首先要检查保单的记载事项有没有错误，投保人的姓名、性别、年龄，投保的险种，保险金额，保险费等。不要等到递交保单时才发现错误，或者由投保人来发现问题，那样会更加难堪。其次要确保保单资料和客户资料已记录在公司的客户资料系统内。最后是准备好保单封套，在封套上面写清楚保险营销人员的名字和联络方式，与客户预约好递交保单的时间。

2. 递交

递交保单时应做到：①要向客户表示祝贺，祝贺客户已有了完善的保障，而这个保障不是单靠金钱能够买到的；②要重点介绍保单的主要内容，包括保单号、保单日期、投保人、受益人、保额、保费及交费方式、缴费期限等；③要争取客户推荐其他准客户，力求扩大客户资源。

温馨提示

你知道吗？投保人在收到保单正式文本签字起10天内，可以无条件申请解除合同，并取回已缴纳的全额保费，这10天就是所谓的“犹豫期”，若在“犹豫期”内发生保险事故，合同有效，保险公司仍然必须按约赔付。

七、售后服务

1. 定期联络

保险营销人员可依据客户的保费到期日、生日或其他喜庆节拜访或联络客户，借此机会了解他们的近况及转变，寻找新单或客源，并借这种机会加深保户对人身保险商品的认识和了解。保险营销人员可为客户提供保单检视、每年体检、急难援助卡、节假日祝福、定期问候、精彩瞬间照片留念、生日以及各种纪念日祝福；温暖的探视；随时待命的保全服务；热情周到的理赔服务；做客户有温度的朋友。

2. 设立客户档案，服务生活化

根据美国寿险行销与研究协会的统计，80% 以上的客户都来自老客户的介绍。很多成功的业务员对服务工作的重视程度更甚于新业务的开拓，而他们的业绩却一直呈上升趋势。这是因为服务工作落实，客户的满意度就会越高，他们给业务员介绍新客户的概率也就越大。而要让众多的客户都能享受良好的售后服务，就必须进行客户管理，设立客户档案，有步骤、有计划地进行服务。

3. 正确处理客户抱怨

在销售过程中，保险营销人员会遇到客户的异议；在售后服务中，也可能会遭到客户的抱怨。客户有怨言是正常的，业务员如果对客户的抱怨处理不当，就会对彼此的关系造成较大影响。不管由什么原因引起的客户抱怨，保险营销人员都应该认真对待，同时运用恰当的方法进行处理。

模块二 人寿保险核保与承保

任务描述

根据所给资料，将同学分成客户、代理人、寿险公司、经纪人四个角色完成填制人寿保险投保单、核保和承保的任务。

知识准备

一、投保单填写要求和注意事项

（一）投保单填写基本要求

（1）一律使用简体字，不宜使用繁体字，如有难字或生僻字要注明拼音。

（2）填写投保书必须使用黑色墨水笔填写，不得使用铅笔、圆珠笔、纯蓝钢笔填写。

（3）投保书各事项、内容应按要求填写完整、无空项。

（4）整洁、无折叠破损、无涂改。

微课：人寿保险承保

PPT：人寿保险承保

（二）投保单填写注意事项（见表3－2）

表3－2 投保单填写注意事项

姓名	填写的姓名应与有效证件姓名一致
证件	公司认可的有效证件有：居民身份证、军官证、少儿出生证。 1. 身份证号码应为18位（否则需附身份证复印件） 2. 闰年、闰月、闰日出生的客户需提供身份证复印件 3. 身份证号码应与出生年、月、日相符（否则需附身份证复印件） 4. 身份证尾数应与性别相符（否则需附身份证复印件） 5. 身份证的最后一位、18位身份证的倒数第二位为性别代码，奇数为男性、偶数为女性
年龄	客户已到生日（生日当天）：年龄 = 申请年度－出生年度 客户未到生日：年龄 = 申请年度－出生年度－1
职业代码	填写的职业名称应与职业代码一致并且类别与客户工作性质相符
住址与邮寄地址	住址与邮寄地址务必填写详实、完整，邮寄地址栏必须写明门牌号码
联系回访电话	务必填写投保人正在使用的家庭或单位电话、移动电话号码
受益人资料	1. 为避免给付纠纷，最好明确受益人，不提倡选择“法定” 2. 多个受益人时应在特别约定栏详细填写受益人资料、受益比例/受益顺序（填写格式：姓名、年龄、生日、证件号、与被保险人关系、受益比例或顺序） 3. 以死亡为给付条件时，受益人不能填写被保险人。凡保险条款中注明满期/生存保险金受益人为保险人本人的，公司不接受其他指定与变更，“满期/生存保险金受益人”只能选择“被保险人”本人
投保事项	1. 一张投保书只填写一份主险 2. “保险金额／份数／档次”栏：填写单位，区分“万元”或“元”，特别注意以“份数”为单位的应以“份”作为单位 3. 附加定期险及附加两全险必须填写保险年期 4. 附加短期险“交费年期”一般与主险一致，也可以选择比主险短的交费年期，但不得超过投保规则规定的最高投保年龄 5. 投保单中险种、金额与暂收收据中内容一致 6. 严禁修改险种、保险金额、保险期限、交费年期、保险费、银行账号
银行转账	1. 银行首期转账时，投保单与转账协议中的银行名称、账号务必填写一致 2. 期缴件银行转账时，务必仔细填妥银行名称和账号位数，确保无误 3. 转账银行应为公司划账范围内的银行（具体机构自定），账号必须为投保人个人人民币活期储蓄（结算）账号 4. 投保书及转账协议中的转账授权必须由户主亲笔签名授权

续表

姓名	填写的姓名应与有效证件姓名一致
红利选择	1. 分红险趸交保费时，红利方式不能选择“抵交保费” 2. 分红险客户为弱体加费件时，红利方式不能选择“增额保险”
投连账户	进入账户的资金比例必须是 10% 的整数倍
健康/财务告知	1. 投保带有投保人保费豁免责任的险种时，需告知投保人健康状况 2. 投保带有其他被保险人的险种时，需同时告知被保险人和其他被保险人的健康状况 3. 告知事项为“是”时，必须详细填写“说明栏” 4. 被保人有理赔记录时，请详细告知治疗状况、恢复情况、目前状况并附病史及出院小结（复印件）
客户亲笔签名	1. 客户资料栏中客户姓名务必与声明/授权栏中投保人、被保险人/法定监护人、其他被保险人/法定监护人亲笔签名一致 2. 暂收收据中投保人姓名务必与投保单中投保人姓名一致
笔误处理	客户身份识别资料（不包括联系地址、电话）、受益人资料、投保事项、健康及财务告知（包括说明栏内容）、投/被保险人签名严禁做任何修改

二、核保的概念

核保是一个审核、决定的过程，即根据投保申请书、业务人员报告书、体检报告书、生存调查所提供的有关投保人、被保险人的信息资料，由核保人员进行综合分析，运用数理查定法，对被保险人的危险加以量化，依其危险程度，将其划分为不同的类型。

核保的过程就是一个风险选择的过程，整个程序一般可分为：销售人员核保（即第一次风险选择）、体检医师核保（即第二次风险选择）、生存调查核保（即第三次风险选择）、核保人员核保（即第四次风险选择）。

■ 业务处理

一、人寿保险承保

新保业务流程图见图 3－2。

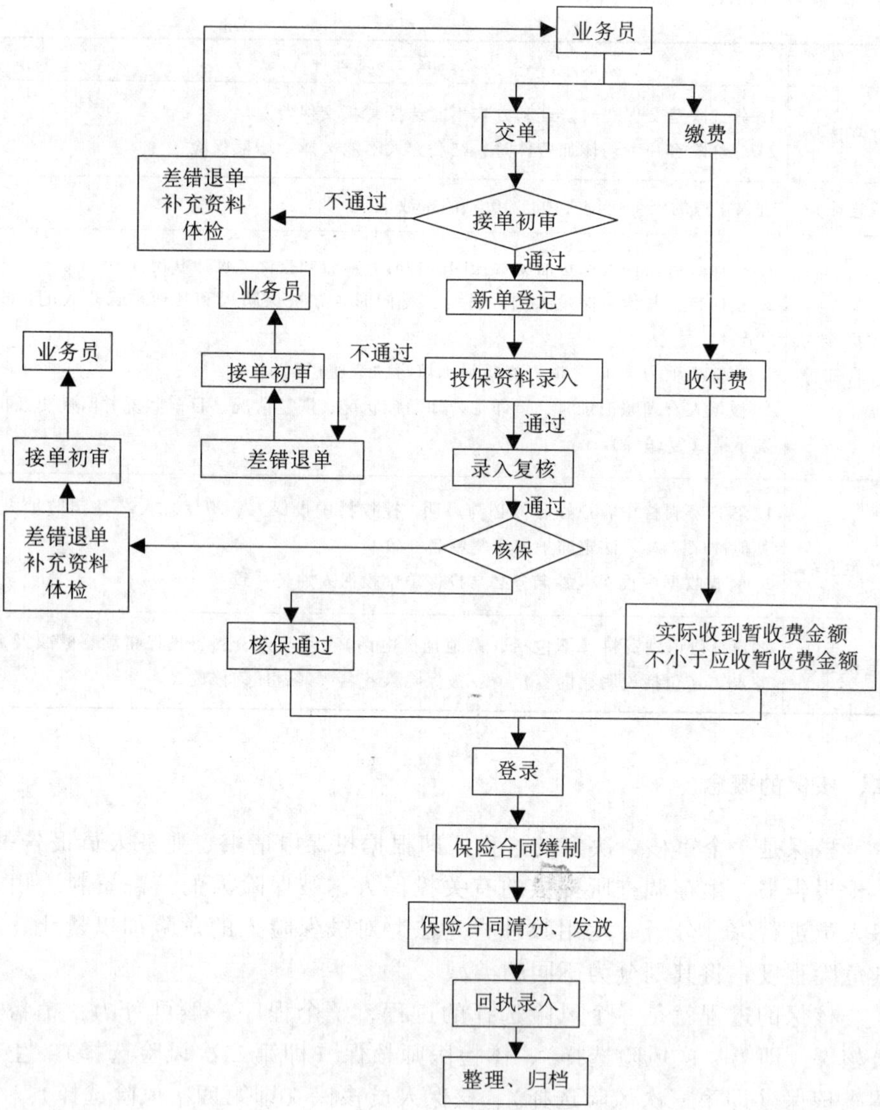

图 3－2　新保业务流程图

微课：人寿保险承保实训

（一）填交投保单

投保单填写时要比照其基本填写要求和填写注意事项，并遵从各保险公司的一般投保规则。

当前，借助互联网网络平台，无纸化投保不断优化成为当下市场投保的主流形式，仅仅通过一台手机或者平板，就可以轻松实现无纸化操作，大大优化了投保流程，不断提升客户体验。

拓展阅读

从15天到6分钟 中国太平洋保险长险电子保单打通数字化全流程最后一公里

2017年9月28日，中国太平洋保险在京召开“个人长险电子保单产品发布会”并正式发布生成个人长险电子保单第一单。电子保单立等可取、方便保存、无丢失风险，将传统长险投保平均等待15天转化为最快耗时仅6分钟，同时为实现个人保单全生命周期从“承保—出单—签收—保全—理赔”全流程数字化打通了“最后一公里”。

个人长险电子保单是指“寿险公司向投保人签发并通过国家资质第三方认证中心数字签名认证，具备和纸质保单同等法律效力的电子文件”。过去，长险保险合同均为纸质合同，客户从投保至签收纸质保单平均要等待15天。针对上述痛点，中国太保围绕“转型2.0”战略要求及“智能营运”整体规划，积极推进个人长险电子保单项目。公司通过构建“保单全自动智能质检平台”并依托公司APP、神行太保等移动展业平台，实现客户投保、保单签发、电子保单制作发送、客户签收和新技术回访全流程线上无纸化操作，将以往纸质保单的11个步骤简化为电子保单的4个步骤，最快耗时仅6分钟。

区别于其他保险公司的长险电子保单，中国太平洋保险开创业内先河，在长险电子保单中首次引入IBM公司“Watson数据应用功能”实施，并积极探索“区块链技术”在保单数据加密的应用，保单数据和校验逻辑核对的准确性均达到了100%，进一步提升了保单电子数据安全性。

在提升客户体验的同时，长险电子保单的上线大大节省了传统纸质保单模式下产生的人力、印刷制作、质检、递送、档案保管等费用，有效实现降本增效。全流程数字化的实施及电子保单的应用，还大大减少了纸张的用量，充分体现了中国太保积极践行绿色环保、勇于创新的企业精神。

据悉，中国保信和中国保险业标准化技术委员会已经正式委托中国太平洋保险为电子保单业务标准的制定牵头单位之一，联合行业其他保险公司共同承担《电子保单合同规范》金融行业标准起草任务。目前该项工作已经正式启动，计划明年年内完成相关行业标准的编撰工作，届时保险业在电子保单“格式、内容、技术认证、数据校验及传输递送和第三方存管”等环节都将具有统一的行业标准。

资料来源：http：//insurance. hexun. com/2017 - 09 - 28/191055072. html。

个人业务投保单（样本）

（二）业务员核查并上交投保资料

虽然业内倡导个人长险无纸化，但是生日件以及个别保险公司还是保留了纸质投保，业务员同样也需要熟悉其流程。客户填写投保单后，业务员应对以下内容进行初步核查。如果是电子投单，则需要在提交投保前确认以下信息是否输入有误，方可提交。

（1）客户完整、详实地填写投保书项目；

（2）首期或续期缴费账号须完整、准确填写，并有账户持有人授权签名；

（3）通信地址完整准确填写，否则影响相关资料的寄送；

（4）客户回访电话准确无误，否则影响后期电话回访工作；

（5）健康告知要尽量详细说明并提供相关病历、体检报告等资料；

（6）投保单中详细填写业务员姓名、部门代码、联系电话及业务员声明。

（三）接单初审

承保内勤接收业务员递交来的保险费和投保资料并进行初审。投保材料一般包括投保单，有的公司还有客户回访约定告知书、业务员报告书、委托银行代扣保险费协议书和附加问卷。

接单初审是新单进入保险公司的第一关，主要将明显不合格的投保件剔除，从而尽可能减少因投保单填写不合格、投保资料不齐全导致其他后续业务处理工作不能正常进行。内勤人员根据客户签字后的投保单逐项认真审核，再看投保人的基本情况是否符合公司的承保要求。如果有误，退回业务员纠正；如果无误，则在“新单登记簿”上进行登记。

1. 初审基本事项（见表3－3）

表3－3　　初审基本事项

满足填写要求	仔细学习投保书填写、收据填写和其他单证填写的注意事项，确保单证填写符合公司的要求
投保事项	注意不同险种投保的一般规则和特殊规则，确保所投保的险种、保额/份数、保险年期、交费年期、主附险搭配等符合投保规则的要求
备齐资料	投保书、对应暂收收据或委托银行转账协议书、业务员报告书、相关病历资料（如告知疾病史和住院史）及保险公司规定的其他投保资料

2. 发现问题件

问题件主要有三种类型：①普通填写错误（见表3－4）；②违反投保规则（见表3－5）；③非业务员品质因素（见表3－6）。

表 3－4　　问题件（部分普通填写类）

类型	问题描述	原因
身份证、生日、年龄、身高、体重	1. 身份证号码不足位	
	2. 身份证号码与出生日期不符	1. 笔误 2. 确为不符，但未附身份证复印件
	3. 身份证号码尾数与性别不符	
	4. 生日不存在	
	5. 年龄有误	年龄计算错误
	6. 身高、体重未填写	漏填
职业代码	1. 未填写或不存在	遗漏或填写错误
	2. 职业代码与相应险种保费有误	未考虑职业代码的加费问题
	3. 职业代码与所填职业不符	职业代码查找错误或填写错误
住址或邮寄地址	字迹无法辨识、邮寄地址不够详细	填写不够清晰、全面
投保人、被保险人或监护人、连带被保险人或监护人签名	1. 姓名字迹不清，无法辨识	填写不够清晰
	2. 声明或授权栏中的签名与客户资料的姓名不符（监护人除外）	笔误或其他
	3. 被保险人或连带被保险人未成年，不得在声明或授权栏中的签名	应该由法定监护人签名（法定监护人姓名）
受益人或连带受益人	1. 姓名不清或未填写	填写不够清晰、完整或有遗漏（受益顺位、受益比例等）
	2. 资料不全（多个受益人更需注意）	
	3. 死亡给付的受益人不能为被保险人，死亡给付的连带受益人不能为连带被保险人	受益人的确定不符合投保规则
	4. 补偿型健康险生存受益人或连带生存受益人只能为被保险人或连带被保险人本人	
交费年期	1. 对应险种交费年期有误	笔误或险种条款理解有误
	2. 未填写主、附险交费年期	
银行账号	1. 账号错误或账号不足位	填写错误或遗漏
	2. 银行不在公司划账范围	银行选择错误
	3. 缴费账号户主名字与持有人签名不一致	笔误或其他
附属资料	病历资料等	告之病史，请附相关资料
涂改资料	客户身份识别资料（不包括联系地址、电话）、投保事项、健康及财务告知（包括说明栏内容）严禁做任何修改	违反投保书填写规定
其他	1. 其他修改处无投保人签名确认	填写不完整必然造成问题件的下发
	2. 投保书中各项填写不完整，有遗漏	

表 3-5 问题件（违反投保规则类）

类型	问题描述
投保人资格	1. 年龄未满 18 岁
	2. 与被保人或连带被保人无可保利益
	3. 年交保费超过投保人年收入的 20%
被保险人资格	1. 年龄未符合投保规则或不在对应主险或附加险承保范围内
	2. 未满 18 周岁投保意外险
附加险	1. 附加险交费年期大于主险交费年期
	2. 附加险保险年期大于主险保险年期
	3. 附加险所附加的主险为趸交方式
	4. 附加险保额与对应主险保额的比例不符合投保规则
最低保额	不符合对应险种最低保额限制
最低保费	不符合所在机构或对应险种最低保费限制
红利选择	趸交方式不能选择抵交保费的红利方式

表 3-6 问题件（非业务员品质因素类）

类型	问题描述
身份证	保险公司电脑库中有相同身份证的不同客户
职业代码	保险公司电脑库中已有该客户的职业代码与投保书中代码不一致
通知	退还客户病历资料
累计保额	最新投保与历史投保累计保额超过投保规则要求

收到问题件后，业务员应及时联系客户，指导其按照问题件上具体事项要求办理有关事宜。作为保险合同的组成部分，投保人、被保险人或监护人、连带被保险人或监护人需要在客户意见栏中亲笔签名确认，并注明日期。需要特别注意的是，业务员需在问题件中规定的截止日期前将以上客户签名问题件交回契约部，否则投保资料将会被注销，系统会强制进行撤件处理。

（四）预收录入

收银员根据初审合格的投保单、暂收收据及委托银行代扣保险费协议书等相关文件，核实与业务员所缴保险费是否一致，并收取保险费。录入是内勤人员将投保资料中的各项信息输入电脑，并以电脑进行核保，若不通过，说明投保单填写有误，须退给业务员由客户重新填写签字。如通过，则进入下一个环节。

（五）专业核保

业务内勤初审也称快速核保，而预收录入同时是一种电脑核保的过程，能通过快速核保和电脑核保的投保单称为正常保件或标准保件，随即进入出单程序，不能通过的称为问题保件或非标准保件，需要医务上的支持，即相应的体检，也称为医务风险选择。有的还需要派工作人员到投保人、被保险人生活和工作的环境走访，向其家属、邻居和同事调查了解有关情况，即做生存调查。专业核保人员根据体检和生存调查的结果，对被保险人的风险进行分类，根据投保规则和核保规定做出相应的核保结论，确定承保费率或拒保。

（六）缮制保单

制单内勤将暂收收据号快速连续输入，电脑则根据暂收收据号自动生成保单号并连续打印出正式保单，根据保单号由专人负责打印正式收据并加盖保费业务结算专用章。清分人员将投保书、暂收收据、委托银行代扣保险费协议书、保单和正式收据等单证按其所列用途进行清分，加盖保险合同专用章，并配齐保险合同的封面、现金价值表、保险条款、投保单副本和保险合同送达书等文件，然后将其成套装订，在相应交接本上登记后装箱，由通勤车传至各初审收银岗后再由业务员交到客户手中。

（七）递送保单

业务员从递交投保单的窗口领取保险合同，登记后送达客户的同时，请客户填写“保险合同送达书”，并将回执部分剪下交由业务人员送回公司存档。

（八）整理归档

承保内勤每天根据险种将当天的业务汇总成日报表，连同保费暂收收据和保险费交给财务部门，财务人员核对后在保费暂收收据业务留存联上加盖财务收讫章后返回承保内勤。内勤人员每天将回执单录入，将保费收据、保险合同副本和原始投保材料整理好放在一起，装进档案袋中，放进卷柜，月底统一登记后归入档案室保存。

此外，为了获得充分的保障，许多投保人还投保了意外伤害或健康保险作为附加险。附加险应填写相应的附加险投保单，连同主险的投保单一并交上去，一起核保。附加险的生效对应日应与主险的生效对应日相同，续保时附加险是没有宽限期的，应提前办理续保手续。

二、人寿保险核保

人寿保险业务核保流程见图 3－3。

（一）保险销售人员核保

保险销售人员在销售保险过程中，通过面谈、观察对客户的投保动机、财务状况、家族情况、健康情况、生活习惯与环境、职业及工作情况等较

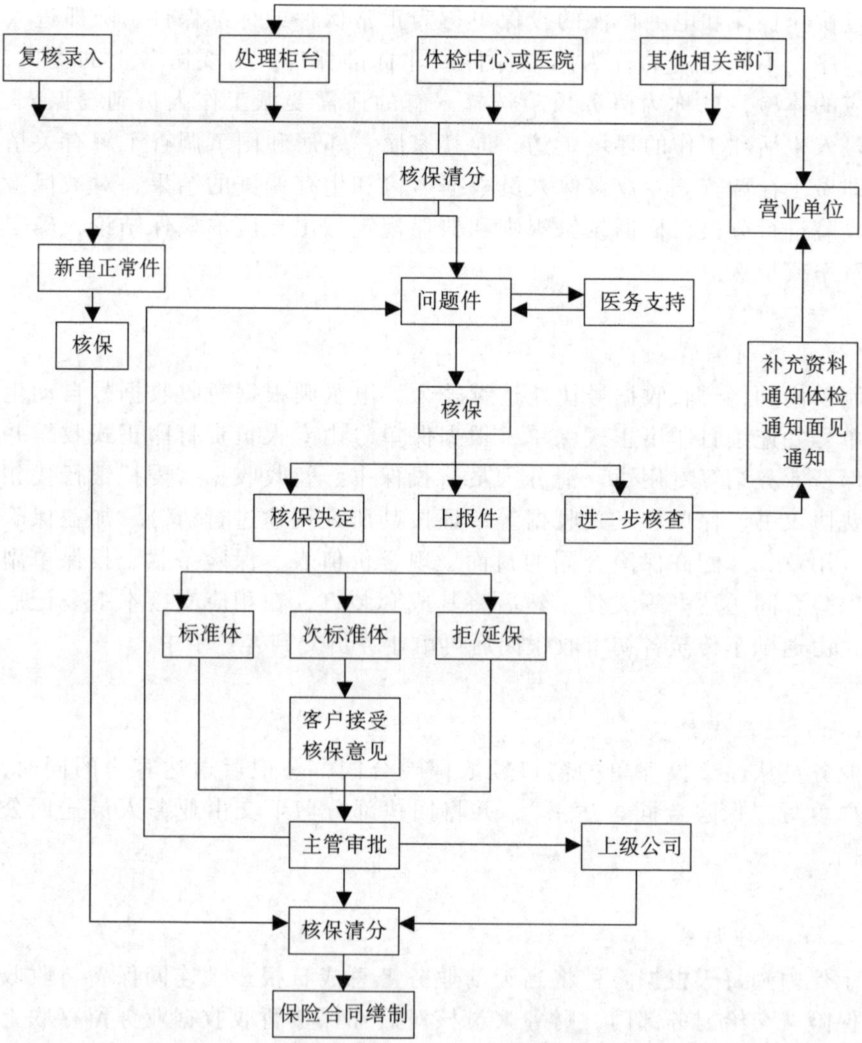

微课：人寿保险核保

PPT：人寿保险核保

图 3-3 人寿保险业务核保流程图

公司其他人员了解得更加清楚。通过良好的保险销售人员核保，寿险公司在营运上可以避免逆选择，健全经营，并能有效提高工作效率，同时也可以减少保险纠纷。

保险销售人员核保固然重要，但该核保环节具有极大的不稳定性，具体原因有二：一是目前我国的保险营销体制下，保险销售人员与保险公司的利益并不完全一致。极大部分的保险销售人员收入是佣金制，往往会在经济利益的驱使下造成销售上的逆选择，或不考虑客户的续期保费缴付能力而希望保持保额。二是保险销售人员本身素质的局限性。一般来说，保险公司重视培养和提高保险销售人员的销售技能，而在风险选择上要求不高，这必然会影响其核保能力。

拓展阅读

核保需要多留心

投保资料：投保人及被保险人张某，男，32岁，未婚，职业为农民，四川省江安县某乡人。身高175cm，体重65公斤，年收入1.5万元；既往无投保记录；无吸烟史及饮酒史；健康告知无异常；无遗传性家族病史。购买寿险公司某产品1份，风险保额为5万元，交费20年，年保费为592元。受益人为法定。

核保分析：被保险人为青年男性，职业风险小，受益关系合理，健康告知无异常，投保险种为终身寿险，目的明确，无明显逆选择及道德风险，其累计风险保额为5万元。乍一看，可以算得上是一件标准件。但核保员没有放过任何一点蛛丝马迹。通过对被保险人生存地区及生存条件分析，以其175cm的身高，1.5万元的年收入，在该居住地区无疑是"钻石王老五"级青年，成为异性追逐的对象。而32岁仍然未婚，必有缘由。于是将这张所谓的"标准件"转为核保生存调查。

通过生存调查发现，被保险人全身瘫痪，长年卧床不起，没有收入来源，依靠父母及兄长养活。而其代理人明知被保险人的生存及身体状况，刻意对公司隐瞒事实真相。代理人在得知公司进行生存调查后，就主动撤回投保申请。

该案例，核保员仅从婚姻状况一个很小的方面入手，就有效地防范及化解了可能存在的风险。因此，核保员在有限的核保资料中发现疑点，需要高度的责任心和经验。

资料来源：http：//www.xiangrikui.com/shouxian/toubao/20120909/261141.html#this。

（二）体检医师核保

投保体检尽可能在保险公司的体检机构由专任医师进行，同时还应与特约医院联系，作为对保险体检的必要补充，从而达到危险选择特别是健康解除评估的目的。专任医师或特约医师在听取告知和进行身体检查后，要出具体检报告书，还应对核保结论提出具有影响力的核保建议。

（三）核保员核保

核保员核保是指核保人员根据业务人员的报告和投保单再次进行审核，判别是否可以承保或者以何种方式进行承保的过程。

核保人员的核保可以筛选符合保险公司预定死亡率的被保险人，淘汰危险性较高的劣质被保险人，以保证公司经营的安全。另外，根据被保险人的风险程度对被保险人进行细分，划分为标准体、次标准体和非保体，并采用不同等级费率，保证被保险人之间的相对公平性。

文本：常见疾病的医学核保知识

1. 收集投保客户资料

投保资料是核保人员进行准确核保的重要依据，一般核保员要了解的基本投保资料有：投保单；代理人报告书、体检报告书、补充告知、健康及疾病问卷、职业及驾驶问卷、既往病史及住院病历、生存调查报告、高额件财务状况报告书、同业资料等。

2. 初步审核

核保人员在收到投保人、业务员所提供的基本资料后，即可按照有关要求，并根据公司的投保规则及经营政策对所提供的资料检查核对，以确定资料是否齐全，是否需进一步补充资料，客户的投保需求是否超出了公司的有关规定和承受能力。

3. 投保资料的进一步收集

在投保金额较高，告知声明有异常、不全面或核保员在初步审核过程中发现有疑点时，有必要进一步收集有关资料。一般对被保险人健康状况有疑点时可要求进一步提供病历资料、填写健康问卷或要求被保险人体检，以获得进一步的健康资料。对财务状况有疑问的，有针对性地要求补充客观有效的财务证明文件或专人调查，以确定保险需求是否合理。

4. 综合分析，查定核保手册

核保人员根据投保资料，对影响被保险人死亡率的有利及不利因素进行综合分析，依据核保手册，运用数理查定方法，以标准体的死亡率为基准，查定被保险人的额外死亡率，并依次确定被保险人所处的危险等级，决定承保的条件。

5. 确定承保条件

核保人员依被保险人的危险程度，把被保险人划分为标准体、次标准体、延期体和拒保体。对于次标准体，核保人员依据其危险程度，做出加费、附加承保条件、限额、缩短保险期限、改变缴费方式等决定，以达到危险选择的目的。

拓展阅读

让核保更简单 阳光人寿发布“智能核保大脑”

2019 年 5 月，阳光保险正式上线“阳光人寿智能核保大脑”系统，以新科技赋能传统核保风控，驱动保险核保转型升级，将数据挖掘和 AI 技术应用于两核（核保、核赔）领域。

调查显示，寿险公司在现阶段的核保经营中普遍存在以下难点：①核保流程繁冗，人工介入环节多，无法根据客户需求和风险等级实时调整产品方案；②逆选择风控手段较为单一，仅依赖体检和人工调查，难以对风险程度进行有效评估；③自动核保系统简单低效，尚未实现根据疾病颗粒度的精准风险评估；④随着产品回归保障，核保作业人员愈发难以满足日益增长的业务量需求及多样化的客户需求。这些问题最终将导致客户体验度不佳，核保效率难以提升，核保风控效果难以突破。

为解决上述难点，阳光人寿积极探索核保模式转型，以“科技赋能，智慧风控”为核心，让风控更加精准、核保更加高效、流程更加顺畅、客户体验更加优质，多维度、全方面地提升核保效能，优化流程体验，强化风控能力，逐步打造“阳光人寿智能核保大脑”，主要包括以下内容：

1. 7×24 小时智能交互自助核保

“阳光人寿智能核保大脑”项目打造、推出的“智能核保机器人”，实现了线上 7×24 小时智能交互自助核保服务。通过互动问答的形式，客户可享受到全天候、高精度 AI 核保服务，从而大幅提升客户体验。此外，部分健康告知出现异常的客户，其核保时效也由原先的 1—3 天缩短到实时。

2. 理赔客户智能化核保

通过对理赔记录的结构化和疾病类型的归一处理，“阳光人寿智能核保大脑”实现了有理赔史客户的线上智能核保。有效降低因既往理赔史造成自核无法通过、不可承保的概率，帮助客户获取更多的优质保障。

3. 精准识别高风险客户

“阳光人寿智能核保大脑”通过搭建“高风险客户识别模型”，基于高风险客户画像和特征，挖掘公司的海量客户及业务数据，采用“逻辑回归算法”实现高风险客户的精准识别。“模型”通过对被保人整体风险程度进行量化与预测，将传统的定性决策转变为定量决策，在行业中率先实现了“核保数据风控”。

4. 精准风控降低逆选择风险

“阳光人寿智能核保大脑”可关联客户全生命周期数据，并将医疗数据应用到核保核赔全流程中，以行业级数据替代企业级数据，进一步提升阳光人寿的精准风控能力，有效降低患病客户投保的逆选择风险。

5. “智能核保引擎”精准识病

“阳光人寿智能核保大脑”通过“智能核保引擎”自动识别体检报告中的异常检查结果，并输出核保结论，减少人工烦冗的文档查询与检索，有助于核保人员统一评估和做出结论，提升核保效率和品质，进一步释放核保人员生产力，积极响应客户需求。

此外，“阳光人寿智能核保大脑”还将不断通过的丰富数据、迭代模型和自我学习，像人脑一样变得越来越“聪明”，在发展进程中逐步实现由“机器辅助人”到“人辅助机器”，最终实现人机一体的完美结合。

“阳光人寿智能核保大脑”将颠覆传统核保模式，作为智能核保的中枢实现全渠道业务支持，通过电子化服务、数据化风控、智能化流程，助力业务发展，在保险风控领域发挥更大的价值，为客户带来全新、优质的保险保障体验。

资料来源：https：//baijiahao. baidu. com/s? id = 1633560953563335589&wfr = spider&for = pc，2019 年 5 月 15 日。

模块三 人寿保险保全与理赔

任务描述

利用人寿保险模拟操作系统完成人寿保险合同签订后的保全业务和保险事故发生后的理赔业务处理。

微课：人寿保险保全

PPT：人寿保险保全

微课：人寿保险理赔

PPT：人寿保险理赔

知识准备

一、人寿保险保全含义

人寿保险保全，是指寿险公司在保险合同成立后，根据合同条款约定及客户的申请，为履行保险给付责任或保持保险合同的准确性和有效性，而提供的非理赔服务。主要内容包括：保单挂失、保单复效、职业变更等补退费类服务及投保人变更、受益人变更、保单迁移等非补退费类服务。

人寿保险保全流程图见图 3 - 4。

二、人寿保险理赔含义

理赔是指应权利人申请保险金的请求，保险人以法律规定和合同约定为依据，审核认定保险责任并给付保险金的行为。理赔既是保险公司兑现销售保单时的承诺，履行保险合同义务的具体体现，也是权利人获得实际保险保障和实现其保险权益的重要途径。

人寿保险理赔流程图见图 3 - 5。

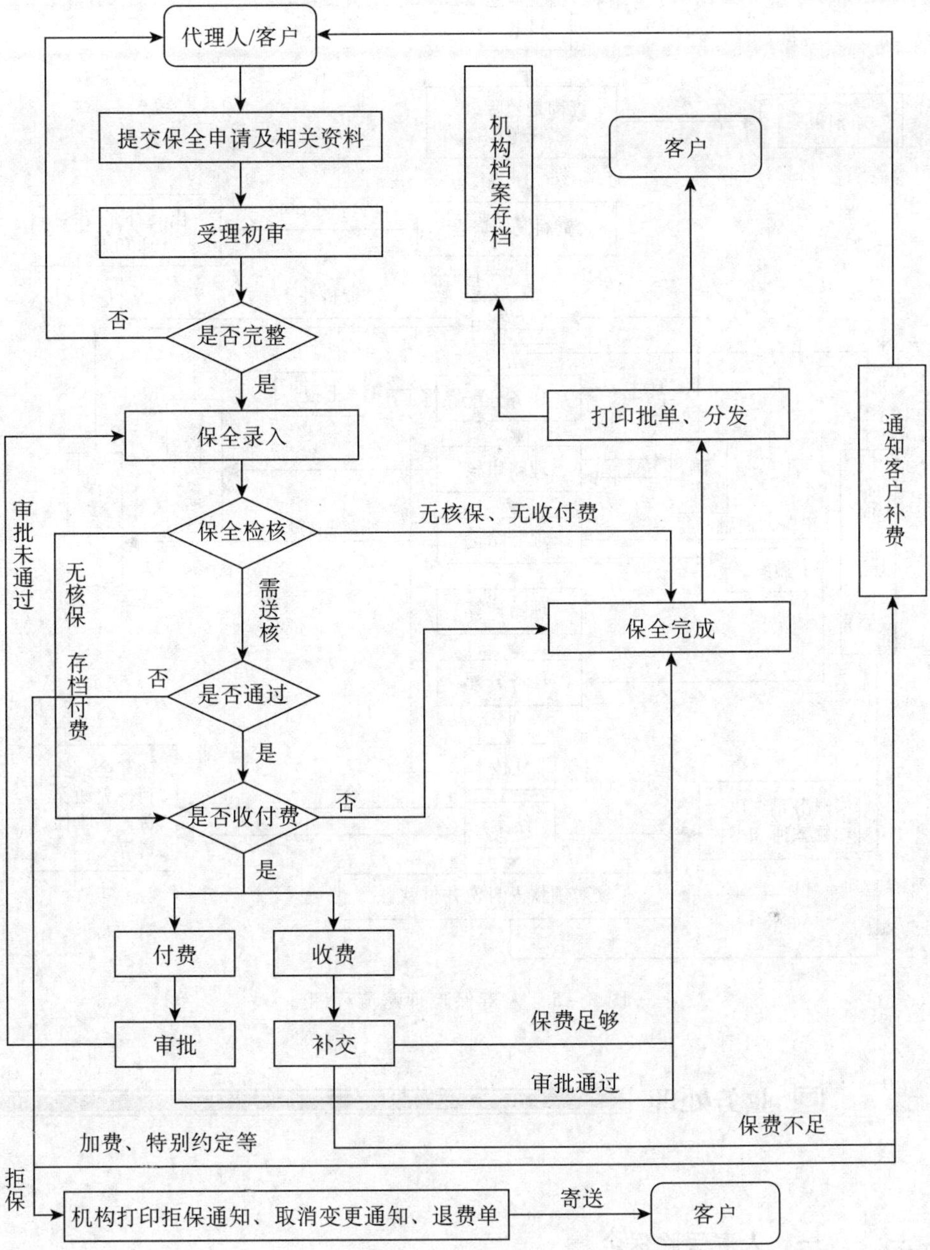

图 3－4 人寿保险保全流程图

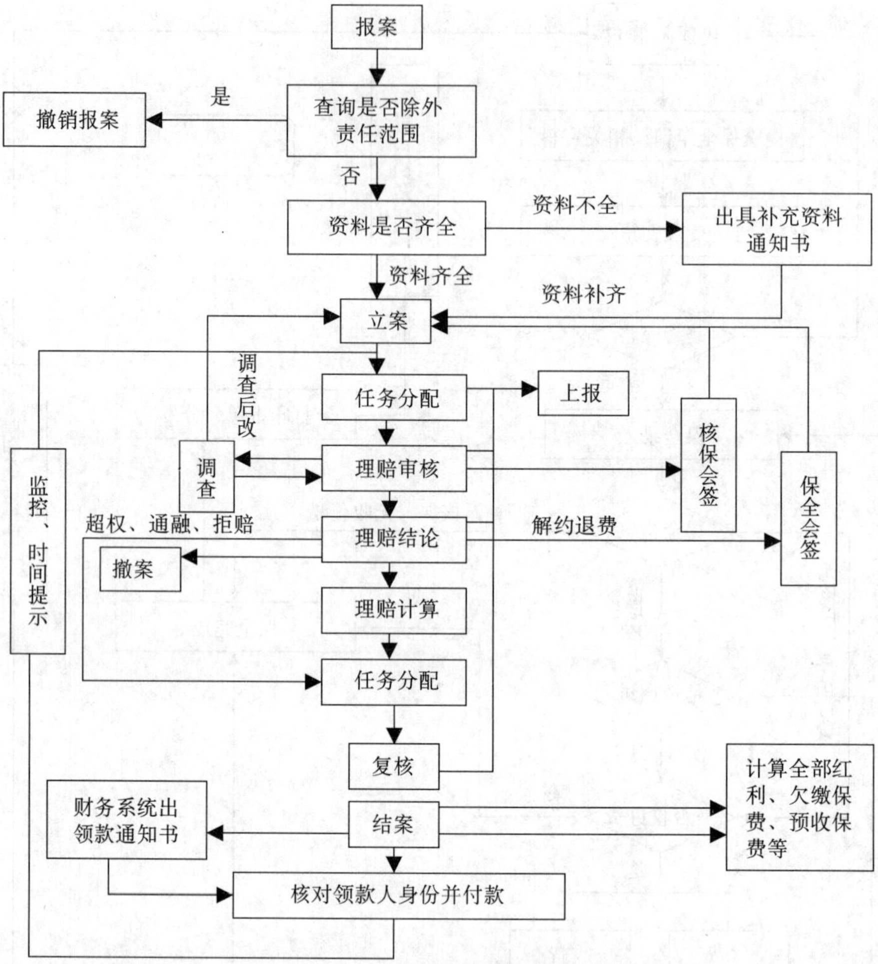

图 3－5 人寿保险理赔流程图

业务处理

微课：人寿保险保全实训

一、人寿保险保全

（一）客户申请

客户申请是指客户就其持有的保险合同，向保险公司提出某事项的变更，并按合同约定及保险公司要求提交相关资料的过程，需填写保全业务申请书。

填写保全申请时，客户须用签字笔或碳素墨水笔在申请书上逐项填写，如有涂改，客户须加盖印章或签名确认。涂改较严重的，需另行填写申请书。凡投保人、被保险人签名的文件，均须由投保人、被保险人亲笔签名。或被保险人为未成年人，须由其法定监护人签字认可；不识字者可以以右手拇指印代替。

人寿保全作业申请书（样本）

（二）受理初审

受理初审是指保险公司保全人员根据客户提交的申请书和相关资料，判断客户是否有申请权利，申请书填写是否完整、清晰，递交资料是否齐全等，以初步决定是否受理客户申请的过程。保全人员在受理客户申请时，最重要的是要全面、真实、准确地了解客户意图，这是做好合同保全服务的基础。受理初审的主要内容包括：

（1）确认申请人是否具有资格。

（2）确认申请时间是否有效。

（3）检查申请资料是否齐全、填写是否正确。

（4）查验相关人员的身份证明，根据情况做出是否留存复印件的处理。

（5）查询保险合同状态。根据保全申请的保险合同号查询保险合同当前状态，决定是否受理客户申请。

（6）若保全项目涉及流转处理，需暂留保险合同及相关资料，应出具资料收取凭证。

初审通过后，保全人员按客户申请的保全项目要求收取相关资料（见表3－7），出具资料交接凭证，并盖章、签名。资料交接凭证一式二联，一联由保险公司留存，一联交客户留存，作为客户领回保险合同及相关资料的凭证。

文本：个人保险合同变更申请书

文本：个人保险合同变更申请书（非付费类）

表3－7　　保全业务应备材料一览表

申请项目	应备材料	应备材料对照表
客户资料变更	5、8、15	1. 保险合同（原件） 2. 投保人身份证明（原件） 3. 被保人身份证明（原件） 4. 受益人身份证明（原件） 5. 投保人身份证明（复印件） 6. 被保人身份证明（复印件） 7. 受益人身份证明（复印件） 8.《个人寿险保全作业申请书（变更类）》 9.《个人寿险保全作业申请书（补、退费类）》 10.《个人寿险保全作业申请书（其他变更类）》
年龄性别变更	1、2、3、10、12、15	
更换投保人	1、2（原、新投保人）、3、8、12、15	
受益人变更	2、3、7、8	
付款方式变更	5、10、14	
职业变更	1、5、10、12、15	
保单迁移	1、2、10、13	
新增附加险	1、5、6、9、12、14	

续表

申请项目	应备材料	应备材料对照表
保单补发	2、10	11.《保险单借款协议书》（投、被保人签名） 12.《健康及财务告知》（投、被保人签名） 13. 申请人的存折/银行卡（原件） 14. 申请人的存折/银行卡（复印件） 15. 足以证明所变更事项的证明文件 16. 交易凭证
保单复效	1、5、9、12、14	
保单还款	5、9、14	
红利领取	2、9、13	
生存金/满期金/年金领取	1、3、4、9、13	
保单借款	1、2、3、11	
契撤（犹豫期退保）	1、2、9、13、16	
解约（退保）	1、2、9、13	
减保	1、2、9、13	
短期附加险终止	1、5、9	

当上述应备材料不足以证明变更事项时，应要求客户继续补充相关申请材料。

（三）经办

经办是合同保全服务的关键环节，保全人员不仅要检查客户提交资料是否与系统数据一致，还要保证经办过程符合合同约定和公司的保全规定。主要操作为：录入保全申请信息，核对保险合同内容与电脑显示数据是否一致；判断保全申请是否需要核保，是否需要补交费、退还保费等；在申请单证上记录保全作业流水号，扫描申请资料，提交至下一岗位。

（四）复核

复核是指保全审核人员通过核查客户提交的申请资料、保全经办结果等，以确定合同变更处理结果是否准确、合理、合规，并签署审核意见的过程。其主要操作为：检查申请资料是否真实、完整，录入信息是否完整、准确；检查受理、经办操作是否规范、严谨，审核数据计算结果是否正确；确认保全经办的处理结果，签署审核意见。

（五）保全核保

保全处理中，如需要核保部门审核，例如客户性别、出生日期更正、新增附加险、职业变更、有投保人责任的险种变更投保人、补充告知、合同效力恢复等，应在保全复核通过后，提交核保处理。核保完成后再由保全部门根据核保决定继续进行相关处理。

（六）保全收付费

合同保全处理中，如涉及收付费时，须在复核、核保结束后打印交款或领款通知书送达客户，通知其在规定时间内交纳或领取相应款项。

（七）单证缮制与清分

单证缮制和清分是指保全处理生效后，由保全人员打印、制作批单或批注，并送达客户的过程。

（八）日结、归档

日结、归档是指保全人员核对、整理当日所有保全处理资料，打印保全业务日结单，并定期将整理好的业务资料，随同归档清单送交档案管理部门的过程。

二、人寿保险理赔

微课：人寿保险理赔实训

（一）报案

保险公司接受客户或事故见证人的书面或口头报案，报案的形式主要有上门报案、电话（传真）报案、业务员报案以及网络报案。从目前实际情况看，上门报案是信息最全面的报案方式。报案人员通过来到保险公司将整个事故现场，具体包括出险时间、地点、原因、出险人信息以及自己的身份全部完整地提供给保险公司。电话报案是效率最高的报案方式，报案人员拨打保险公司的服务热线将对方姓名、联系方式、地址、案件事故、时间、地点及出险人情况等重要信息提供给保险公司，保险公司接案人员应认真细致地询问重要信息，并进行电话录音，以备事后查询。

在整个报案过程中，保险公司接案人员应做到耐心细致，将事故信息尽可能真实、客观地记录下来，以给接下来的理赔工作提供最全面的事故原貌。

（二）立案

并不是所有的案件一经报案，保险公司就会予以立案，在资料齐全、合同有效、被保险人在保险有效期内及保险责任范围之内出险且理赔申请在保险法规定时效内（人寿保单自其知道或者应当知道保险事故发生之日起5年，人寿保单以外保单为2年），保险公司才会予以立案。

在立案过程中，需要根据事故发生的性质和申请类别提交不同的资料文件（见表3-8），对于资料不全者，可以要求暂缓立案，如出险事故为残疾给付的，被保险人伤残后一时无法确定伤残程度，需经180天观察期的案件，应暂缓立案。等观察期后，进行伤残鉴定视其伤残程度决定是否立案。

文本：中国人寿理赔申请书

表 3－8　　保险理赔所需资料一览表

申请项目	应备证件	说明
意外医疗（门诊）	1、2、3、6、8、12	1. 保单 2. 人身险理赔申请书 3. 被保险人的身份证明 4. 被保险人的户籍证明 5. 受益人身份证明和户籍证明 6. 门诊手册 7. 出院小结 8. 医疗费用收据原件 9. 医疗费用收据复印件 10. 重大疾病诊断证明书 11. 手术证明 12. 意外事故证明 13. 居民医学死亡证明书 14. 法医学鉴定书或医院鉴定诊断书 15. 户口注销证明 16. 尸体处理证明 17. 法院出具的宣告死亡证明文件
意外医疗（住院）	1、2、3、7、8、12	
住院医疗	1、2、3、7、8	
一般住院津贴	1、2、3、7、9	
癌症住院津贴	1、2、3、7、9、10	
手术津贴	1、2、3、7、9、11	
重大疾病	1、2、3、7、10	
防癌	1、2、3、7、10	
因患癌症的保费豁免	1、2、3、7、10	
生命尊严提前给付	1、2、3、7、10	
疾病身故	1、2、3、4、5、6、7、13、15、16	
因疾病身故的保费豁免	1、2、3、4、5、6、7、13、15、16	
意外身故	1、2、3、4、5、6、7、12、13、14、15、16	
因意外身故的保费豁免	1、2、3、4、5、6、7、12、13、14、15、16	
疾病残废（高残或全残）	1、2、3、6、7、14	
意外残废（高残或全残）	1、2、3、6、7、12、14	
宣告死亡	1、2、3、4、5、17	

注：具体理赔资料每家保险公司有所区别。

（三）理赔调查

理赔调查是确定损失额度、审定保险事故及责任的行为与过程，也是确定保险理赔金额的基础，是人身保险理赔中非常关键的一个环节，但并不是所有案件都需要理赔调查，一般来说，金额巨大，案情复杂的案件需要调查，其中死亡给付 5 万元、伤残给付 3 万元、医疗给付 1 万元以上；意外事故或两年内死亡；存在终点或者欺诈、犯罪可能的必须经过调查。调查的内容包括审核保单原始资料和索赔证明材料的真实性、报案信息的真实性，排除道德风险和逆向选择，重点审核出险时间是否在保险合同载明的保险期间内，判断保险合同的效力是否已经中止，是否在报案前曾办理合同效力恢复保全，出险日期是否在复效前的效力中止期间。对于疾病理赔，是否在观察期之后出险，意外出险的真实原因等，必要时，可以要求公、检、法、医等相关部门一起介入调查事故的真相。在调查结束之后，理赔部门应提供死亡证明、伤残证明、医疗证明并撰写调查报告。

（四）理赔计算

在理赔计算时，应注意：如在宽限期出险，计算时应扣除欠缴保费；如有借款和应收利息或垫交保费，计算时应扣除相应款项；如有预付赔款应将预付金额扣除；如有条款免责两用也应扣除；如有预交保费，应退还；

如有未领取满期保险金、红利、利差应予补付；理赔计算按号逐单进行，一个保单号缮制一个赔案；如投保年龄或性别与实际不符，少交保费，则按比例赔付。多交保费的，按实际保额赔付，退多余保费；保险合同内容发生变更的，按变更时期内容执行；由于银行划账不及时导致合同中止的，按有效合同处理；如宽限期后第一次划款不成功，合同有保费垫交条款，应以宽限期结束次日的现金价值是否能垫交保费作出判断，决定合同是否中止；理赔计算录入系统后，须打印计算书、领款通知书。

（五）审核

计算理赔金额后，最终由理赔部门相关负责人进行金额及最后的审核，以确定理赔的准确性。

（六）给付结案

完成赔款计算和审核工作之后，按有关规定及时将赔款金额支付给被保险人或受益人，并完成相关档案的归档工作，则理赔工作结束。

拓展阅读

极速极简，中国太平洋保险寿险理赔用“新”更用心

2019 年 12 月 6 日上午 10 点，客户王女士来到中国太平洋保险寿险深圳分公司提交医疗费用理赔资料，客户经理杨晓玉为王女士下载了“太平洋寿险”APP，并使用“太 e 赔”为王女士做了报案、提交申请资料。当天上午 11 点 05 分，王女士在回家路上就收到了理赔金到账的短信通知。王女士对中国太平洋保险的“太 e 赔”给予了高度的评价，特别致电表示，以后会和家人朋友一如既往地支持中国太平洋保险 。

王女士的快速获赔经历要得益于中国太平洋保险寿险“客户服务自助化、营运作业自动化、服务流程无纸化、数据应用智能化”的策略，通过太 e 赔、e 闪赔、云调查、远程鉴定等创新产品，搭建数字化浪潮下的理赔服务新体系，打造极速、极简、有温度的理赔服务新体验。

资料来源：根据网络内容整理。

项目小结

人寿保险展业是人寿保险经营流程的首要环节，只有熟悉展业步骤、掌握展业技巧才能顺利获得客户的认同。协助客户正确填写投保单也是保险业务员必备的技能，而接单初审、预收录入、专业核保、缮制保单、整理归档是保险内勤人员在承保环节中必须熟练处理的业务。在保险合同有效期内，会涉及各类合同保全事项，发生保险事故后，会进入保险理赔阶段，我们只有熟练运用人寿保险的实战规则和经验，才能成为合格的保险理财“专家”。

制度优势：人口老龄化背后的养老保险制度

问题讨论

1. 人寿保险展业的技巧有哪些？

2. 讨论无纸化投保、理赔模式和智能核保与传统业务的区别。

推荐阅读

1. 《关于规范人身保险业务经营有关问题的通知》

2. 《关于进一步规范人身保险电话营销和电话约访行为的通知》

3. 《关于进一步规范保险机构互联网人身保险业务有关事项的通知》

习题与实训

1. 思考题

（1）成为人寿保险准客户应具备哪些条件？发掘准客户有哪些方法？

（2）接触寿险准客户前应做好哪些准备？

（3）人寿保险投保单填写有哪些注意事项？

（4）简述人寿保险核保程序。

（5）什么是人寿保险保全业务？有哪些主要的非理赔类保全业务？

2. 综合训练题

吴琼，男，35岁，广州艺星装饰公司经理，广州市番禺区南华路解放大厦A栋8F，身份证号42010219851002598X。他于2010年5月3日为自己购买了国寿祥泰定期寿险，保险金额10万元，交费期为20年，保险期间为20年，年交保费670元，保费通过银行转账交纳，开户银行是中国建设银行番禺沙湾支行，账号为33251799901202507 32。保险单的受益人是其妻子李玲。2019年1月29日，吴琼发生交通事故，虽经医院抢救，终因伤势过重而死亡。2019年2月1日李玲向保险公司报案。保险公司给付其保险金10万×（1+9×5%）=145 000元，并返还所交保费6 700元。

根据以上资料进行人寿保险投保单填写、保单录入、保险理赔的操作。

3. 案例分析题

保险销售员张小姐和一位事先约好的客户李先生签单。但是，当天李先生因临时有事出去了，其妻子赵女士在家。在张小姐耐心细致地解答完了赵女士的问题后，赵女士决定签单。因为是初次促销成功，张小姐心里很激动，在填写保险金额时不小心填错，她担心赵女士认为她业务不精，慌乱之中涂改了一下。当张小姐问及李先生的健康状况时，赵女士说李先生两年前曾患腰痛，详细情况记不清楚了。张小姐想，再多问可能会引起不满，就在投保书的相关部分填写“曾患腰痛，目前已痊愈”。当填写受益人一栏时，张小姐在谈话中感觉到赵女士是个比较忌讳的人，她不敢提及这个敏感的话题，就在身故受益人一栏填写了“法定”。保单填完后，李先生还没有回来，张小姐就对赵女士说：“你们是一家人，谁签字都可以。”赵女士就在投保书上代李某签了字。赵女士希望尽快拿到保单，张小姐立刻承诺说：“我会在三天之内把保单送到您的家中。”

请分析保险营销人员张小姐这次的营销服务行为，找出她在与客户接触和服务过程中存在的问题。

4 项目四 健康保险和人身意外伤害保险经营

学习目标

知识学习目标：

掌握健康保险和人身意外伤害保险的经营流程；了解健康保险和人寿保险的区别；理解健康保险承保的条件；认知健康保险的特殊条款；理解保险近因原则。

技能训练目标：

能够熟练操作健康保险和人身意外伤害保险的投保、核保、理赔、核赔等业务。

工作任务

应完成的工作任务：

利用模拟教学软件进行健康保险和人身意外伤害保险的投保、核保、理赔等业务操作。

完成工作任务应提交的标志性成果：

健康保险和人身意外伤害保险经营过程中的相关资料，如投保单、保险单、理赔核算单等。

模块一
健康保险经营

任务描述

根据所给资料，将同学分成客户、代理人、寿险公司、经纪人四个角色完成填制健康保险投保单、核保、承保和理赔的任务。

知识准备

微课：健康险相关知识介绍

PPT：健康险相关知识介绍

健康保险在人身保险中虽起步最晚，但发展迅速，目前已是与人寿保险并驾齐驱的一个重要险种。健康保险是以被保险人的身体为保险标的，使被保险人在疾病或意外事故所致伤害时发生的费用或损失获得补偿的一种人身保险。它的保险责任内容广而复杂，包括被保险人的医疗费支出、住院费、护理费支出、收入损失和因疾病、生育造成的事故或残疾等。一般来讲，凡不属于人寿保险和意外伤害保险的人身保险，都可以归为健康保险。健康险是专业性很强的险种，要求业务人员不仅对产品熟悉，还要了解整个社会健康保险制度。只有这样，才能正确指导客户选择产品。

一、健康险与人寿保险的区别

1. 保险责任不同

人寿保险合同是定额给付性合同，其中“死亡”既包括人的自然死亡，也包括因疾病或意外事故所致死亡；而健康保险是集补偿性与定额给付性于一体的保险业务，但是大多数的健康保险合同是补偿性合同，包括疾病保险、医疗费用保险等。

2. 健康保险是不定额保险与定额保险的结合

对于疾病和生育的医疗费用，以及由该原因所致残疾，保险人在保险金额限度内按实际支出予以补偿，被保险人在保险期限内累计支出的医疗费用或一次就医支出的医疗费用超过合同约定的给付限额，对超出的部分，保险人不负责补偿。而因疾病、生育致死的保险和重大疾病保险，则属于定额保险，要进行定额赔偿，与人寿保险性质相同。因此，健康保险是不定额保险与定额保险的结合。

3. 健康保险具有综合保险的性质

健康保险中，疾病保险、生育保险和意外伤害医疗保险是以补偿医疗费用的损失为目的，因此，这类保险被称为单纯的健康保险。疾病和生育所致残疾的保险，除了要求对医疗费用进行补偿外，还要求补偿被保险人因疾病和生育所致残疾而造成的经济损失，属于残疾保险。因疾病和生育所致死亡的保险还要求补偿因被保险人的死亡而支出的丧葬费用及其遗属的生活费用，属于死亡保险。因此，健康保险既是独立的保险业务，又具有综合保险的性质。

4. 保费要素不同

人寿保险费率的厘定，主要以生命表、预定利率和费用率为依据，同时，寿险保费的缴纳采取平准方式，可以使保单积累现金价值。而健康保险费率厘定影响要素除利率、死亡率和费用率（死亡率对健康保险保险费率的影响不如人寿保险大）以外，还要考虑疾病发生率、残疾发生率、住院率、疾病持续时间、被保险人的职业、性别、年龄等因素以及保险人保单解约率、营销方式、承保标准、核保技术、理赔原则以及医院的经营管理水平、医疗设备、医疗技术水平、医护人员的职业道德和经济发展的速度及程度、地理环境等影响健康保险费率的因素，而且这些因素很难获得可靠和稳定的测量，故不易承保长期的保险，保险费的缴纳大都一次性完成，所以，保单无现金价值，也就没有“不丧失价值条款”的规定。

文本：《健康保险管理办法》

5. 受益人的确定情况不同

大多数人寿保险合同必须指定受益人，当被保险人死亡后，由受益人领取保险金。而健康保险除了疾病保险中有死亡给付责任，需要指定受益人外，医疗保险，残疾收入保险等都以被保险人的生存为条件，因此无须指定受益人。

拓展阅读

保费增长势头强劲 健康险变身热门“赛道”

银保监会披露的统计数据显示，2018 年 1 月至 12 月，健康险业务原保险保费收入为 5 448.13 亿元，同比增长 24.12%；而寿险业务原保险保费收入为 20 722.86 亿元，同比下降 3.41%。相比之下，不难看出，健康险保费收入的强劲增长为拉动人身险原保险保费收入增速最终由负转正贡献颇多。

事实上，近年来，健康险原保险保费收入一直保持着良好的发展势头。2013 年至 2018 年，健康险业务原保险保费收入分别为 1 123.5 亿元、1 587.18 亿元、2 410.47 亿元、4 042.50 亿元、4 389.46 亿元、5 448.13 亿元，保费同比增速则分别为 30.22%、41.27%、51.87%、67.71%、8.58% 和 24.14%。除在 2017 年增长步伐有所放缓外，健康险原保险保费收入总体上实现了快速增长。

在保费快速增长的同时，健康险的业务规模也在迅速扩张。数据显示，2018 年，产险业务原保险保费收入为 10 770.08 亿元，由此来看，健康险保费收入已相当于产险业务保费规模的一半，超过寿险业务保费规模的四分之一。此前发布的《中国商业健康保险问题研究及政策建议课题报告》则显示，如果以2012年至2017年间保费收入五年复合增长率达38%为依据，可以预计到2020年健康保险市场规模将超万亿元。

详细剖析我国健康险市场的现状更有助于探究健康险快速崛起背后的动力源泉。从险种情况来看，疾病险特别是其中的重疾险是当之无愧的“主力”。2017年，主要为长期重疾险的疾病险业务保费收入同比增长46.9%，占比则达56.8%。此外，医疗险占比为32.3%，护理险占比为10.8%。一份最新的行业交流数据则显示，2018年，疾病险保费收入占比上升至65%，医疗险占比小幅增加至34%，护理险占比缩减至1%。重疾险的蓬勃发展其实并不难理解。近年来，随着居民收入增加以及健康意识增长，消费者更易接受与自身健康密切相关的疾病险特别是重疾险产品。从保险公司的角度来看，重疾险缴费期限长、保障期长、现金流稳定，且保险风险高、内含价值高、件均保费高，同时渗透率低，保障缺口大，因而备受青睐。有研究表示，未来，随着数据和定价模型的改善，重疾险的市场空间还有望进一步实现突破。

资料来源：金融时报．中国金融新闻网．2019. 02. 20.

二、了解健康保险承保的条件

文本：先天性疾病引发的纠纷

因为健康险疾病含义的特殊性，所以对投保人的限制比较严格。疾病需要满足以下几个方面。

1. 疾病须是由于后天原因所引起

疾病是指身体健康状态转变为不健康状态，这种转变须发生在保险责任期间才由保险人承担相应责任。至于在保险合同订立前即已先天存在于体内的疾病或者器官功能的先天残缺或畸形，比如先天性心脏病；视力、听力的缺陷或身体形态的不正常，则不属于健康保险范围。但是，对于遗传性疾病，其长期潜伏在人体内，在保险合同订立之前并未显现，在保险有效期内可能转为病态，也可能不转化。因此，此类疾病在保险有效期内转化为病态的，仍列入疾病范围。

2. 疾病须是由人身内部原因或非明显的外来原因所致

这是健康险区别于意外伤害保险的一个重要标准。健康险承保的疾病应当是由于人体内在原因所造成的精神或身体上的痛苦或不健全（例如，肺炎会引起发烧；急性弥漫性心肌损害可以引起心功能衰竭等），而不是因外来的、突发的事故所造成的身体伤害；对于明显的外来原因所致的被保险人的人身伤害，由人身意外伤害保险提供保障。但病菌病毒传染、气候变化、环境污染、误食有毒食物、误服药物等外来因素所致的疾病，虽然由外界原因诱发，但是其在身体内部潜伏并酝酿一段时间，需要经过人体内部的反应，当肌体失去抵抗功能时，才会形成明显的病症，因此，这种非明显的外来原因可视为内在原因，也属于内在的生理原因引起的疾病范围。如传染病或流行性感冒等。

3. 疾病须是偶然性原因造成

人的生命周期是规律的，从婴儿到老人，需要经历规律性的成长与衰老过程。人的衰老表现出来的视觉减退、记忆力下降等病态是必然的生理现象，因此，衰老本身不能作为健康保险所承保的疾病范围。因此不能将为了增强体质、延缓衰老的保健费用纳入健康保险的范围。但是，因衰老所诱发的其他疾病则具有偶然性，仍列入疾病范围。强调疾病的偶然性，也是将健康保险承保的不确定的危险与人寿保险承保的注定发生的危险明确区分开来的重要标志之一。

文本：女子买险后患癌拒赔案

4. 疾病必须是在保单有效期内首次显现

健康保险只承保在保单有效期内第一次感染并发作的疾病，而将既存病症排除在保险责任之外。大多保险条款规定，可保疾病必须是在保单有效期内第一次发生的疾病；也有的保险条款规定可保疾病必须是在保单有效期内被诊断出来的初次罹患的疾病。既存病症即被保险人在投保前已经感染且有明显症状的疾病。既存症状，即使在保单有效期内发作（已不属于第一次的范畴），保险人也不承担保险责任；如果某种疾病虽在保单生效前感染，但无明显症状的，只要在保单有效期内发作（既然没有症状，就无从得知，故仍可归属于第一次的范畴），保险人仍须承担保险责任。在这里，对投保前感染的疾病，是否可以得到保险人的给付或补偿，就取决于是否有“明显症状”，即是否已经显现出来。

三、认知健康保险的特殊条款

（一）观察期条款

观察期又称为等待期、观望期，是指健康险保单中规定保险人不用对被保险人因疾病而支出的医疗费用承担保险责任的一段时间。规定观察期旨在减少被保险人的逆选择和控制道德风险。

在观察期，被保险人因疾病支出医疗费或收入损失，保险人不负责，只有观察期满之后，保单才正式生效。如果在观察期内因免责事由造成保险标的灭失的（如被保险人因病死亡），则保险合同终止，保险人在扣除手续费后退还保险费；如果保险标的没有灭失的，则由保险人根据被保险人的身体状况决定是否续保，也可以危险增加为由解除保险合同。

温馨提示

中国银行保险监督管理委员会于2019年10月发布的《健康保险管理办法》规定：疾病保险、医疗保险、护理保险产品的等待期不得超过180天。

（二）免赔额条款

在健康保险合同中，一般均对医疗费用采用免赔额的规定，即在一定金额下的费用支出由被保险人自理，保险人不予赔付。免赔额有两层含义：一是指规定一个固定额度（比如100元或200元），当被保险人在保险事故中遭受的损失没有达到此限额时，保险人不履行保险责任，只有当损失额达到这一限额时才予以全额赔偿，这叫“相对免赔额”；二是指不管被保险人的实际损失多大，保险人都要在扣除免赔额之后才支付保险金，这叫“绝对免赔额”。在健康保险中多采用绝对免赔方式。

免赔额条款，一方面可以促使被保险人加强自我保护、自我控制意识，减少因疏忽等原因导致的保险事故的发生和损失的扩大，避免不必要的费用支出，减少道德危险；另一方面由被保险人承担可以承担的较低的医疗费用支出，可以减少保险人大量的理赔工作，从而减少成本，对保险人和被保险人都有利。

（三）比例给付条款

比例给付条款又称为共保比例条款，指对于超过免赔额部分的医疗费用，保险人采用与被保险人按一定比例共同分摊的方法进行保险赔付。比例给付，既可以按某一固定比例给付（例如，许多医疗给付保险中都包含了20%的比例分摊条款。根据该条款规定，被保险人在支付了免赔额之后仍然需要支付其余部分医疗费用的20%）。也可按累进比例给付，即随着实际医疗费用支出的增大，保险人承担的比例累进递增，被保险人自负的比例累进递减。设置比例给付条款，是为了控制保障程度，既要保障被保险人的经济利益，解除其后顾之忧，又有利于促进被保险人对医疗费用的控制、节约。

文本：健康保重大疾病保险条例

拓展阅读

医疗费用支出1 000元，免赔额为500元，共同保额的比例为60%（保险人的责任）和40%（被保险人的自负比例），则保险人应补偿的保险金额如下：

$$(1\ 000-500)\times 60\% = 300（元）$$

（四）给付限额条款

在补偿性质的健康保险合同中，保险人给付的医疗保险金有最高限额规定，如单项疾病给付限额、住院费用给付限额、手术费用给付限额、门诊费用给付限额等。健康保险的被保险人的个体差异很大，其医疗费用支出的高低差异也很大，因此为保障保险人和大多数被保险人的利益，规定医疗保险金的最高给付限额，可以控制总的支出水平。而对于具有定额保险性质的健康保险，如重大疾病保险等，通常没有赔偿限额，而是依约定保险金额实行定额赔偿。

(五) 连续有效条款

一般的健康保险都是一年期的。初次投保无论对保险人还是投保人而言，都意味着复杂的手续和各项杂费，对于希望长期投保健康险的客户，反复投保一年期保单显然是不方便的，也是不现实的。通过在保单条款中的说明，使健康险保单变成为连续有效的保单是解决这一问题的很好的方法。一般可以在保单中加入以下内容。

1. 定期条款

该条款规定了有效期限，如 1 年期保单。承诺在保险期内保险人不能提出解除或终止合同，也不能要求变更保费或保险责任。这就避免了被保险人被迫每年重复检查身体办理投保手续等定式，同时也在一定程度上延长了平均投保期限，保险人由此获益。

2. 可取消条款

这种条款的灵活性较强，被保险人或保险人在任何时候都可以提出终止合同或改变保费、合同条件保障范围。规定这样的条款，保险人承担的风险小，所以成本也低，当然承保条件也不那么严格，但对保险人在出售保险单之后的工作要求较高。

3. 续保条款

一般有两种不同的续保条款：一是条件性续保，即被保险人在符合合同规定的条件的前提下，可以续保直至某一特定时间或年数；二是保证性续保，也称无条件续保或保证续保条款，是指在前一保险期间届满前，投保人提出续保申请，保险公司必须按照原条款和约定费率继续承保的合同约定。

4. 不可取消条款

这一条款同时针对被保险人和保险人双方，被保险人不能要求退费退保；当其无力继续缴纳保费时，保险人可以自动终止合同。

可见，虽然健康保险的保险合同大多是短期的，但可以根据保险条款中的相应规定使所持保险单成为连续有效保单，从而满足投保人获得长期健康保障的要求，也保证健康保险人的业务总量和保费收入。

(六) 既存状况条款

既存状况条款规定，在保单生效的约定期间内，保险人对被保险人的既往病症不给付保险金。既往病症是指在保单签发之前被保险人就已患有，但却未在投保单中如实告知的疾病或伤残。通常保单规定被保险人必须告知保单签发前两年或更多年内所患过的疾病。对被保险人因既往病症而发生属于保险责任范围内的损失时，保险人只在保单生效两年以后才给付保险金。既存状况条款有助于当被保险人出现逆向选择时，避免那些得过某些疾病但有复发危险或未痊愈的人通过购买健康保险获得保险给付。

拓展阅读

小张在购买医疗保险1年之前曾进行了半年的关节痛治疗。在填写投保单前3个月，曾因血脂高就医。在投保单上，小张如实填写了因高血脂接受过治疗，但却忽略了曾经接受过关节痛治疗的事实。保险人签发了保险单，没有将血脂高排除在保险责任之外。由于填写投保单时没有关节痛而接受治疗的事实，所以关节痛可视为既往状况。在保单生效两年内，小张因关节痛等腿部治疗而支付的医疗费用，保险公司可以根据既存状况条款不予给付。对于小张血脂高的事实，由于在投保单中已经说明，就不属于既存状况，又由于保险公司没将此症作为除外责任对待，因此，小张在保险期内因血脂高进行治疗所发生的医疗费用，保险公司将给予补偿。

注意：在健康保险合同中，虽然既存状况条款和不可抗辩条款都与投保人对被保险人的健康状况不实告知有关，但不可抗辩条款针对的是属于重大不实告知的病症，它保证保险人在保单生效未满两年期间可以以此终止合同；而既存状况条款针对的不实告知的事实属于小事，如被保险人有关节痛、有时厌食等。

（七）职业变更条款

在健康保险中，被保险人的职业发生变动将会直接影响发病率、遭受意外伤害的危险，所以通常在职业变更条款中规定，如果被保险人的职业危险性提高，保险人可以在不改变保险费率的前提下降低保险金额。

（八）理赔条款

该条款规定，理赔申请人有及时将损失通知保险人的义务，保险人有迅速理赔的责任。我国《保险法》第二十三条规定："保险人收到被保险人或者受益人的赔偿或者给付保险金的请求后，应当及时作出核定；情形复杂的，应当在三十日内作出核定，但合同另有约定的除外。保险人应当将核定结果通知被保险人或者受益人；对属于保险责任的，在与被保险人或者受益人达成赔偿或者给付保险金的协议后十日内，履行赔偿或者给付保险金义务。保险合同对赔偿或者给付保险金的期限有约定的，保险人应当按照约定履行赔偿或者给付保险金义务。"

■ 业务处理

一、健康保险承保

（一）填写投保书并缴纳首期保费

长期健康保险投保书的填写要求与人寿保险相同，可参见项目三中模

微课：健康保险业务处理

PPT：健康保险业务处理

块二关于人寿保险投保的“个人业务投保单样本”。此填写模板仅为天安人寿投保单的填写模板，若投保还需如下资料：人身投保提示书；个人税收居民身份声明文件（投保人、被保险人各签一份）；投保人身份证复印件（正反面）；被保险人身份证复印件（正反面）（若被保险人未成年，可提供户口本复印件（本人页），3岁以（含3岁）下儿童，可提供出生证明投保；投保人的银行卡复印件；累计保费超过20万元（含20万元），需提供受益人的证件复印件，且填写《指定受益人补充信息告知书》，并由投、被保险人签字确认。

当然，当前市场上全流程无纸化投保仍然是各保险公司的改革趋势和主流形式。

拓展阅读

中国人寿大秀黑科技：一季度无纸化投保占比达到96%

传统大型险企如何大象转身？中国人寿正在用自己的实践作答。

2019年6月12日，中国人寿迎来其第十三届客户节，也在这次活动上交出了一份阶段性的“服务成绩单”，一口气升级多项服务产品，不但优化了既有业务流程，还扩展了不少服务内容，一些数据表现颇为亮眼。

2019年一季度无纸化投保占比达到96%；1万元以下小额赔案实时支付，小额理赔平均时效仅0.48天；集健康管理与就医服务于一体的“国寿大健康”，注册用户达到900多万……

在“一个客户，一个国寿”的理念指引下，中国人寿正不断加大科技赋能，努力重塑自身的服务体系。大象就是大象，即便转身，也是落地有声，以AI和大数据为代表的技术应用正成为中国人寿的又一大标签。70项服务全面升级，目标通畅、快捷、智慧、贴心。

据悉，国寿无纸化投保上线以来进单总量已经突破1 500万件，且投保支持范围覆盖全球，目前已有分布在15个国家的客户完成了线上异地投保，2019年一季度无纸化投保占比更是达到96%。随心借、安心领产品支持线上自助办理保单借款和满期金、红利、生存金领取，运用“密码验证+银联鉴权+人脸识别+短信校验”四重认证，实现多保单一次性办理，大大简化了传统服务流程。此外，中国人寿还构建了微信等多渠道理赔服务，并实现1万元以下小额赔案实时支付，小额理赔平均时效达0.48天。

不止于此，中国人寿还广泛应用密码认证、短信验证、银联鉴权、人脸识别等多重技术手段，升级线上保全服务。同时，持续打造智能化销售支持工具，推广应用智能双录、保全管家、短险续保、e核等支持工具，提升服务效率。

对于中国人寿而言，更具想象空间的一点在于，互联网及保险科技在不同经营环节中的介入和应用，不但可以有效节约公司运营成本，降低业务风险，提高市场竞争力，与此同时，还能改变公司的销售及服务模式。

例如，中国人寿就推出了国寿如E康悦百万医疗保险（A款）、国寿百万如意行两全保险等更多适合互联网客群的产品，探索借助互联网技术对公司销售及服务模式进行升级。未来，科技还会对国寿的销售以及服务模式产生哪些影响，还需要更长的时间去观察。

资料来源：韩业庭，光明网，2019.06.18。

微课：健康保险承保业务实训

（二）核保

健康保险的承保条件一般比寿险要严格，由于疾病是健康保险的主要风险，因而对疾病产生的因素需要相当严格的审查。

1. 个人健康保险的核保要素分析

（1）年龄分布。对于寿险与健康保险的经营而言，成员的年龄结构对保险费的影响较大。对于平均年龄较高的人，其理赔成本会较高，通常附加管理成本也会增大。

（2）性别分布。对于寿险而言，女性的寿命一般会长于男性；对于健康险而言，女性在年轻时往往比男性有着更高的患病率，育龄女性产生的医疗支出较高。

（3）职业、习惯嗜好及生存环境。首先，疾病、意外伤害和丧失工作能力的概率在很大程度上受其所从事的职业的影响。一些职业具有特殊风险，虽不会影响被保险人死亡概率的变化，但却会严重损害被保险人的健康而导致大量医疗费用的支出，如某些职业病。另外，有些职业会增加死亡概率或意外伤害概率，如高空作业工人、井下作业的矿工及接触有毒物质的工作人员等。其次，如果被保险人有吸烟、酗酒等不良嗜好或从事赛车、跳伞、登山、冲浪等业余爱好，核保人可以提高费率承保或列为除外责任，甚至拒绝承保。最后，被保险人的生活环境和工作环境的好坏对其身体健康和寿命长短也有较大影响。如果被保险人居住在某种传染性疾病高发的地区，那么他感染这种传染病的可能性就比其他人大得多；如果被保险人的工作地点与居住地点距离很远，那么他遭受交通事故伤害的可能性也就大许多。

（4）个人病史和家族病史。如果被保险人曾患有某种急性或慢性疾病，往往会影响其寿命，所以，在核保中一般除要求提供自述的病史外，有时还需要医师或医院出具的病情报告。了解家族病史主要是了解家庭成员中有无可能影响后代的遗传性或传染性疾病，如糖尿病、高血压病、精神病、血液病、结核和癌症等。

（5）体格及身体情况。体格是遗传所致的先天性体质与后天各种因素的综合表现。体格包括身高、体重等。经验表明，超重会引起生理失调，导致各种疾病的发生。所以，超重使所有年龄的人都会增加死亡率，对中年人和老年人尤甚。为此，保险公司可编制一张按照身高、年龄、性别计算的平均体重分布表。体重偏轻一般关系不大，但核保人员应注意要对近期体重骤减者进行调查，以确定是否由疾病引起。体格以外的身体情况也是核保的重要因素，如神经、消化、心血管、呼吸、泌尿、内分泌系统失常会引起较高的死亡概率。保险人应收集各种疾病引发死亡的统计资料，在不同时期引起死亡的疾病的排列顺序是不同的，目前癌症和心血管疾病是引起死亡的最主要原因。

2. 团体健康险的核保要素分析

（1）团体的性质。投保团体必须为合格团体，不是以购买保险为唯一目的的临时组建的团体，否则逆选择的可能性很大。

（2）团体的规模。团体保险是以合格的团体作为投保人，以团体的成员为被保险人的，所以人数的多少对费率有重要影响。

（3）团体成员的组成。一是年龄分布，平均年龄较高的团体未来的理赔成本会较高，通常附加管理成本也会增大。年龄结构较轻的团体可能会有较频繁的工作转换，保险公司也可能会花费较多的后续管理费用；二是性别分布，对于寿险而言，女性的寿命一般会长于男性，对于健康险而言，女性在年轻时往往比男性有着更高的患病率，育龄女性产生的医疗支出较高；三是配偶、子女的分布，在可以附加配偶、子女的团体保险中，为了避免逆选择，保险公司往往需要确定一个有效的附加比例。

（4）团体成员的流动性。团体成员的流动率过低时，团体的平均年龄将逐步上升，平均健康状况也会恶化，团体成员的流动率过高时，相应的保险计划的附加处理费用会上升。保险公司需要根据不同的行业特点，对不同团体的成员流动率进行合理的评估。

（5）团体成员的参保率。保险公司通过规定最低参保比例来防范逆选择风险及降低人均附加费用。在非醵金制下，即由投保团体负担全部保险费，通常规定具有参加资格的成员均须参加。在醵金制下，由于成员需要负担部分保险费，通常要求75%以上具有参加资格的员工参加。

（6）团体的地理位置。团体所在的地理位置不同，发病率会相应呈现出差异性，并且得到医疗救助的机会和成本也可能会有所不同，则保险人承担该团体保障计划的成本会受到相应的影响。此外，受地区经济发展水平和物价两方面的影响，医疗服务具有明显的地区特征。

（7）团体所属行业。不同行业的团体具有不同的职业风险，其成员的健康安全水平和工作强度水平就会有所差别，因此要采用不同的风险保费和管理费用，以避免未来可能给保险人带来的经济损失。

（8）团体的财务状况。财务状况不佳的投保团体可能存在无力交纳保险费的风险，且如果出现财务问题，一般公司会进行裁员，这样投保的团体在工作类别、年龄组成等方面会出现变化，可能导致风险的增加，以致在团体保险计划转换时容易出现逆选择行为。

（9）团体保险的保费负担方式。在醵金制下，如果团体成员的负担比率过高，那么只有年龄较高而且健康状况较差的员工愿意参加，而年轻的成员则不愿意参加。

3. 健康保险核保手册分析

健康险核保要善用核保手册，一方面使核保员在核保工作时有据可依，另一方面使核保员采用相同的核保依据，在风险管理中控制风险的发生，使之符合精算师所做的死亡率预测。在使用核保手册前，核保员应首先仔细分析投保单和所获得的各种医学资料（如病历和体检报告等），判断被保险人是标准体还是非标准体。如是非标准体则按照下面列出的步骤，对每个危险因素加以评估。评估应依据实际的诊断结果，假如没有诊断结果，则可根据其症状或体征做出评估。

（1）确定非标准体的不健康因素。对于每个不健康因素（疾病），可以通过目录查找。

（2）查阅描述。在每种疾病下都有对该种疾病的描述或详细的评论（包括症状、治疗及预后等），使核保员能了解该种疾病，以做出专业的评估。

（3）核保结论（拒保、延期、除外责任等）或评点。根据不健康因素对照核保手册得出一般准则或评点。

在现代科技飞速发展的基础上，保险企业的智能服务时代已然开启。核保是人工智能的一大应用领域，智能核保功能已在多个保险产品的投保环节上线。如在投保的健康状况调查环节，被保险人有部分健康异常，不符合投保要求时，可选择“以上全否”“部分是”“放弃投保”中的“部分是”，然后转入智能核保流程。智能核保后台通过问卷方式了解客户健康情况，并给出被保险人是否获准投保的“核保结论”。目前市面上有五款智能核保产品，有三款对接百万医疗，为平安 e 生保、众安尊享 e 生、微信微医保；两款对接重疾险，为弘康重疾（多倍保、健康一生 A、健康人生 C）、阳光随 e 保。其架构基本一致，都是列出常见疾病/异常，每项依据核保思路设置若干判断性问题，逐层递进，直至给出核保结论。

拓展阅读

平安人寿智能核保系统获亚洲健康险决策者论坛最佳风险管控创新奖

2019 年 11 月 14 日，在 2019 年亚洲健康险决策者论坛上，平安人寿智能核保系统凭借创新的核保风控模式、智能化的核保流程荣获“最佳风险管控创新奖”。

本届亚洲健康险决策者论坛以“开放 竞合 创新”为主题，汇聚了来自政府、监管机构、保险公司、救援机构、养老保健机构等海内外机构的 200 余位嘉宾，共同探讨亚洲健康险领域的前沿和热门话题。“智能核保”系统脱颖而出，彰显了业界对平安人寿核保技术的认可与肯定。

据介绍，平安人寿智能核保系统集智能互动、空中契调、在线核保、大数据模型为一体，依托大数据、人工智能、机器学习等技术，以投保即承保为目标，打破既往依赖函件收集资料的模式，简化投保流程，减少客户奔波。在风险控制方面，智能核保系统搭建多种应用场景的大数据模型，构建新一代核保风控体系，优化投保风险识别，帮助客户承保最适宜的保险产品及额度，为客户及业务员提供一系列核保服务和解决方案。

智能核保系统自上线以来，已累计提供逾 4 000 万次服务，人工审核时效由件均 3.8 天缩短到最快实时承保，大幅减少客户时间成本、交通成本及投保精力，通过多维场景的推广应用，提升客户体验。

据悉，11 月 15 日至 12 月 3 日期间，平安人寿还将在陕西、深圳、广东、北京、四川、河南等地举办“智能核保体验日”活动，为客户做详细介绍，带领客户体验智能核保科技带来的优质服务。

平安人寿表示，在集团“金融 + 科技”“金融 + 生态”的战略指引下，平安人寿正通过“产品 + 科技”双轮驱动，将科技赋能到销售管理、客户服务、风险管控等主要场景，迈向全面数据化经营。未来，平安人寿将持续优化智能核保系统，为客户提供更快、更便捷的核保服务。

资料来源：中国山东网，2019. 12. 3。

（三）出单（见表 4 – 1）

（四）归档

内勤人员每天将回执单录入，将保费收据、保险合同副本和原始投保材料整理好放在一起，装进档案袋中，放进卷柜，月底统一登记后归入档案室保存。

（五）保单变更

详细情况参见项目三中模块三关于人寿保险保全的变更要求和程序。

二、健康保险理赔

微课：健康险理赔业务实训

（一）理赔申请

投保人、被保险人或者受益人知道保险事故发生后，应当及时通知保险人，填写理赔申请书。我国《保险法》第二十六条规定：“人寿保险以外的其他保险的被保险人或者受益人，向保险人请求赔偿或者给付保险金的诉讼时效期间为两年，自其知道或者应当知道保险事故发生之日起计算。人寿保险的被保险人或者受益人向保险人请求给付保险金的诉讼时效期间为五年，自其知道或者应当知道保险事故发生之日起计算。”

表 4－1　××保险公司健康保险保单（样本）

人寿保险股份有限公司
LIFE INSURANCE CO.,LTD.

保险单

货币单位：人民币（元）

保险合同号：******	保险合同成立日：20**年*月*日	保险合同生效日：20**年*月*日
投保人姓名：张**	性别：男	证件号码：********
被保险人姓名：张*女	性别：女	证件号码：********

受益人姓名	证件号码	受益顺序	受益比例
张*	********	1	100%

（本栏以下空白）

险种名称	保险期间	交费期间	交费方式	基本保险金额	保险费
百万无忧重大疾病保险	终身	30年	年交	500000.00	4500.00
附加投保人豁免保险费重大疾病保险	终身	29年	年交	—	668.70

(本栏以下空白)

首期保险费合计（大写）：伍仟壹佰陆拾捌元柒角整　（RMB:5168. 70元）

特别约定：

如保险合同进行了变更。以变更后内容为准。申请解除合同的，自收到解除合同申请之日起，您所持有的保险合同作废，合同效力终止。

销售机构：**保险经纪股份有限公司　　销售人员：王**

**人寿保险股份有限公司根据投保人的投保申请签发本保险单，保险责任范围均按保险合同办理。

**人寿保险股份有限公司

20**年*月*日

表 4－2　　××人寿健康险和意外伤害险理赔申请书

保险单号码

为保证您的正当权益，请您认真填写下表内容

被保险人信息	姓名		性别		国籍	
	证件类型		证件有效期至	____年 ____月____日	证件号码	
	职业		移动电话		固定电话	
	联系地址	省　　市　　区/县			电子邮箱	
	提示：若被保险人与申请人为同一人，则只需填写申请人信息中申请人身份和转账信息					
申请人信息	姓名		性别		国籍	
	证件类型		证件有效期至	____年 ____月____日	证件号码	
	职业		移动电话		固定电话	
	联系地址	省　　市　　区/县			电子邮箱	
	申请人身份	□被保险人　□指定受益人　□被保险人的继承人　□监护人　□其他________				
	转账信息	开户行		户名		账号
索赔信息	索赔类别	□健康医疗　□身故　□残疾　□重大疾病 □免交保费　□年金　□旅游救援　□其他				
出险概况	出险原因	□意外　□疾病		出险时间		
	报案时间			报案方式		
	事故经过					

理赔委托授权声明

现申请人______委托______先生/女士前往贵公司办理有关保单申请项下事宜。本委托有效期为______天。（委托日期同本申请书的申请日期。）

代办人身份信息	姓名		联系方式	
	证件类型		证件号码	
	与委托人关系	□营销员　□收费员　□亲戚　□朋友　□其他________		

委托人签名：__________　　　　代办人签名：__________

保险欺诈风险提示

尊敬的客户：

诚信是保险合同的基本原则，若违反诚信原则涉嫌保险欺诈，依据《中华人民共和国刑法》和《中华人民共和国保险法》中相关规定，情节严重的可能会受到拘役、有期徒刑，并处罚金或者没收财产的刑事处罚；情节一般的可能会受到15日以下拘留、5 000元以下罚款的行政处罚；情节较轻的保险公司不承担赔偿或给付保险金的责任，并有权解除保险合同。

续表　　其他声明与授权

1. 本人声明理赔申请书上所填写内容真实详尽，并已经阅读和知晓《保险欺诈风险提示》。
2. 本人授权任何医疗机构、保险公司或其他机构以及一切熟悉被保险人身体健康状况之人士，均可以将被保险人身体健康状况之资料向泰康人寿保险股份有限公司如实提供。本授权之影印件亦属有效。
3. 转账授权声明：本人同意泰康人寿保险股份有限公司将理赔金转入“理赔申请书”所提供的银行账户中。本人声明上述银行账户确为申请人本人的账户，开户行名称、户名和账号均真实有效，本人同意承担因银行账户提供错误而导致转账失败而产生的法律、经济责任。

申请人：

日　期：

24 小时客户服务电话：95522

理赔须知

尊敬的客户：

您好！

感谢您对我公司的支持。为了充分保证您的权益，提高理赔时效，请您在申请理赔时，按以下说明进行办理：

1. 早报案、早结案：当被保险人发生合同约定的保险事故时，请您于三日内通知我公司，我们将为您提供理赔指引服务。

2. 定点医院提醒：请被保险人按照保险合同约定，在指定的定点医院接受检查治疗，并使用当地社保医疗范围内的检查治疗项目或药品。

3. 妥善保管理赔资料：在检查治疗及事故处理过程中，请您及时收集和妥善保存好保险合同中约定的理赔申请所需证明文件和资料。

4. 理赔咨询与查询：如咨询理赔事宜，请拨打咨询电话 95522 或当地理赔人员，我们将为您提供详细解答；如查询理赔进度，请拨打查询电话 95522 或自助登录泰康在线或使用泰康 e 服务终端进行查询。

5. 您可以登录泰康在线（www. taikang. com）查阅理赔须知和下载理赔申请书。

附：申请理赔应备文件：

<table>
<tr><th>申请项目</th><th>应备文件</th><td rowspan="15">1. 理赔申请书
2. 保险单
3. 被保险人身份证明
4. 诊断证明/出院小结
5. 住院费用原始发票及费用明细清单（津贴给付型医疗险无须此项）
6. 门/急诊病历/手册、门诊发票及费用清单或处方
7. 病理及其他各项检查报告
8. 伤残鉴定书
9. 意外事故证明（若是交通事故须提供交通管理部门出具的交通事故责任认定书；若是工伤事故须提供相关单位的工伤证明等）
10. 死亡证明书、户籍注销证明
11. 用以确定申请人身份的相关证明（见注解）
12. 受益人（监护人）银行账户复印件
13. 公共账户使用授权书
14. 被保险人护照、境外急性病或意外相关证明资料、境外身故使领馆证明</td></tr>
<tr><td>疾病住院医疗</td><td>1、2、3、4、5、12</td></tr>
<tr><td>疾病门诊医疗</td><td>1、2、3、6、12</td></tr>
<tr><td>意外伤害医疗</td><td>1、2、3、4、5、6、9、12</td></tr>
<tr><td>重大疾病</td><td>1、2、3、4、7、12</td></tr>
<tr><td>意外身故</td><td>1、2、9、10、11、12</td></tr>
<tr><td>疾病身故</td><td>1、2、10、11、12</td></tr>
<tr><td>意外残疾</td><td>1、2、3、8、9、12</td></tr>
<tr><td>疾病残疾</td><td>1、2、3、8、12</td></tr>
<tr><td>免交保费</td><td>1、2、3、8、12</td></tr>
<tr><td>年金领取</td><td>1、2、3、12</td></tr>
<tr><td>失能收入损失保险</td><td>1、2、3、4、8、12</td></tr>
<tr><td>长期护理保险</td><td>1、2、3、4、12</td></tr>
<tr><td>第三方管理医疗</td><td>1、2、3、5、6、12、13</td></tr>
<tr><td>境外意外及救援</td><td>1、2、12、14</td></tr>
</table>

注：当申请人为被保险人、指定受益人本人时，须提供申请人本人身份证明；当申请人为被保险人的继承人时，需提供该申请人具有合法继承权的相关证明；当申请人为无民事行为能力或限制民事行为能力人时，需提供该申请人为无民事行为能力人或限制民事行为能力人的证明；当申请人委托代理人代为办理时，应提供合法的委托代理手续；当监护人代理被监护人办理时，监护人需提供具有合法监护权的证明，由监护人在申请人处签字，并注明与申请人关系；当申请人为其他人时，我公司将按照法律法规的规定根据实际情况要求申请人提供相应的文件。

保险事故发生后，依照保险合同请求保险人赔偿或者给付保险金时，投保人、被保险人或者受益人应当向保险人提供其所能提供的与确认保险事故的性质、原因、损失程度等有关的证明和资料。

保险人依照保险合同的约定，认为有关的证明和资料不完整的，应当通知投保人、被保险人或者受益人补充提供有关的证明和资料。

（二）理赔审核

保险公司调查员进行核赔勘查，撰写调查报告，核赔人员出具核赔结果。

拓展阅读

七种医疗理赔纠纷

以下是七种在健康医疗险理赔实例中常见的又特别容易引发纠纷的问题，只要你避开这七条“死路”，就能顺利走过今后的健康险理赔之路！

1. 未告知以往病史

一年前，医生发现小杨有高血压，曾建议他进一步检查，但小杨不以为意，也没有再检查。不久后，小杨购买了一份医疗保险，并没有向代理人表明过去的就诊记录。后来，小杨因为高血压昏倒而住院，却没有得到保险公司的理赔。

【解答】据保险公司专业人士称，在投保健康险时一定要诚实地告知自己的健康状况，因为许多疾病相互间有关联，保险公司可以认为保险范围内发生的疾病是由原来不被注意、未被申报的小毛病引起而不予理赔。有人担心如实告知自己的病史会直接遭到拒赔，这是不一定的。通常，保险公司在核保时，如果发现被保险人并非“标准体”，即有一些疾病但又未达到直接拒赔的程度，那么最可能的做法是提高保费、降低保额、部分除外或有条件承保。不过同意可以保证出险后顺利理赔。

2. 患先天性疾病

小强读初中的时候，父母为其投保了一份寿险附加住院医疗险。最近小强在跑步时突然晕倒，到医院详细检查后发现自己得的是先天性心脏病，必须住院治疗。但是保险公司以“没有如实告知”为由拒绝理赔，甚至还退还所缴保费并拒保。小强的父母和保险公司因此闹得不可开交。

【解答】先天性疾病的理赔问题大致可分为两种：一是保户在投保前，并不知道自己患有先天性疾病，因此在投保时也不可能告知，但投保后却因先天性疾病住院，其产生的医疗费用，保险公司不理赔；另一种情况是被保险人的医疗与死亡原因是否由先天性疾病引起。

专业人士表示，保险公司如果不理赔先天性疾病，必须在健康保险合同条款上，将不承保的先天性疾病的具体名称列明，这样才能避免理赔问题的发生。像小强的情况，保险公司必须证明在订立合同前，曾经有就诊记录或发病事实，否则保险公司必须赔付，消费者可以据理力争。

3. 用民间疗法

小刘爬山时不慎摔倒，手腕骨折，他没有去医院就诊，而是随便找了家私营按摩店推拿了一下。后到保险公司申请赔付遭拒。

【解答】虽然小刘的扭伤是意外造成，但保险公司仍然有权不赔。民间的非正规医疗场所因不具有合格的医疗执照，因此无法取得法定医疗收据，所以保险公司可以不予理赔。被保险人出险后及时前往正规医疗机构治疗方可，最好能事先通过热线咨询相关的定点医院有哪些，或询问自己准备前往就医医院的资质是否符合条款。

4. 无开刀手术

吴女士2016年投保了住院医疗保险。2019年7月5日在用餐后，感觉腹部闷痛不适，到医院检查发现是胆结石作祟，医生建议将结石取出。由于目前医疗技术的进步，胆结石的取出，只需要用超音波碎石器，不需要开刀手术。请分析吴女士如果不进行开刀手术是否可以领取保险理赔金。

【解答】在保险契约中，对“手术”认定，因涉及医学专业并没有另作定义。像吴女士的情况，引发的合同双方对“手术项目给付”有争议，保险公司对因手术产生的住院费、药费、手术费用等，可由双方协议。但由于这种理赔项目都有上限限制，总金额也不会太高，因此，保险公司原则上都不会不理赔，不会过分难为被保险人。

5. 重复保险

周小姐的母亲在2016年给她投保了A公司的寿险附加住院医疗保险，其中医疗险每次最高限额为2 000元，根据实际损失赔付。2018年根据B公司的代理人建议，周小姐选择购买了另一份住院医疗保险，保障额度为5 000元，同样根据实际损失赔付。2019年，周小姐生病住院，一共花费1 800元，在A公司处顺利理赔，但B公司却以“重复保险”为由，拒绝理赔。周小姐不明白为什么买了两份住院医疗保险，却只能得到一份赔付呢？

【解答】医疗费用类保险合同属补偿性合同，在实际理赔中，通常会先要扣除社会保险的金额，对余下部分进行理赔。为避免重复理赔，受益人在申请时必须提供收据正本，而非复印件。周小姐在B公司无法理赔，就是因为无法出具证明文件。其实，周小姐如果想要提高保险金额，可以选择补贴型的住院医疗保险，以每日50元或100元进行补贴。这样就不会产生不当利益，也没有重复投保。

6. 住院“挂床”

徐奶奶因不慎跌倒而住院长达3个月，手脚肌肉机能因此萎缩，需要一段时间恢复，医生建议她回家休养。不过徐奶奶的儿子不放心老人白天单独在家，向医生要求白天住院并作疗养，晚上再把徐奶奶接回家。徐先生认为住院期间还是可以向保险公司申请理赔的，但保险公司拒绝了。

【解答】保险公司对“住院”的定义必须符合两项：一是正式办理住院手续；二是确实在医院接受诊疗。据了解，通常住院是病人需要积极性的医疗行为，像是一般疗养或精神性疾病，医生会建议在院外治疗。像徐奶奶这样白天住院，晚上回家的，在医疗保险上被称为“挂床”，保险公司拒赔的比例就很高，家属如果想顺利理赔，最好不要这样处理。

7. 观察期出险

蒋先生投保了一份重大疾病险，各项体检都合格了，保单正式生效。不幸的是，保单成立后的第二周，他突然脑溢血中风了。这个晴天霹雳让一家人都很难过，但他们马上想到了蒋先生投保的重大疾病险，于是找保险公司理赔。可是被告知蒋先生发病是在“等待期”，不能得到赔偿。保险公司扣去手续费，退回保费。蒋先生一家人都难以接受这个事实。

【解答】大多数健康医疗保险都有等待期，例如住院医疗、重大疾病的保险等待期有30—180天不等，这段时期内，保险公司不需理赔。蒋先生在合同成立后的第二周就发病，这一时间点还在等待期中，所以无法得到赔偿。比较公平的做法是在健康医疗险合同中，保险公司需要列明保险的等待期有多长，及等待期中哪些风险不予承保。一般还应该写清楚如果在等待期内发生事故，保险公司有权扣除手续费，退回保费，宣布合同终止。清楚列明可能产生的问题，才能防止问题的发生。

（三）理赔结案

保险人收到被保险人或者受益人的赔偿或者给付保险金的请求后，应当及时做出核定，并将核定结果通知被保险人或者受益人；除保险合同对保险金额及赔偿或者给付期限有约定的外，对属于保险责任的，在与被保险人或者受益人达成有关赔偿或者给付保险金额的协议后十日内，履行赔偿或者给付保险金义务；对不属于保险责任的，应当向被保险人或者受益人发出拒绝赔偿或者拒绝给付保险金通知书。

保险人自收到赔偿或者给付保险金的请求和有关证明、资料之日起60日内，对其赔偿或者给付保险金的数额不能确定的，应当根据已有证明和资料可以确定的最低数额先予支付；保险人最终确定赔偿或者给付保险金的数额后，应当支付相应的差额。

模块二
人身意外伤害保险经营

任务描述

根据所给资料，将同学分成客户、代理人、寿险公司、经纪人四个角色完成填制人身意外伤害保险投保单、核保、承保和理赔的任务。

知识准备

一、人身意外伤害保险的保险责任

意外死亡给付和意外伤残给付是人身意外伤害保险的基本保险责任，它是因意外事故造成被保险人死亡或伤残时一次性支付的保险金，疾病导致被保险人的死亡和残疾不属于人身意外伤害保险的保险责任。但并非一切意外伤害都是意外伤害保险所能承保的。意外伤害按照保险公司是否承保划分，可以分为不可保意外伤害、特约保意外伤害和一般可保意外伤害三种。

微课：人身意外伤害保险相关知识

PPT：人身意外伤害保险相关知识

文本：意外险除外责任纠纷案例

（一）不可保意外伤害

不可保意外伤害，也可理解为意外伤害保险的除外责任，即从保险原理上讲，保险人不应该承保的意外伤害，如果承保则违反法律的规定或违反社会公共利益。不可保意外伤害一般包括：①被保险人在犯罪活动中所受的意外伤害；②被保险人在寻衅殴斗中所受的意外伤害；③被保险人在酒醉、吸食毒品后发生的意外伤害；④被保险人的自杀行为造成的伤害。

对于不可保意外伤害，在意外伤害保险条款中应明确列为除外责任。

（二）特约可保意外伤害

特约可保意外伤害，即从保险原理上讲虽非不能承保，但保险人考虑保险责任不易区分或限于承保能力，一般不予承保，只有经过投保人与保险人特别约定，有时还要另外加收保险费后才予承保的意外伤害，其主要包括：①战争使被保险人遭受的意外伤害；②被保险人在从事剧烈的体育活动或比赛中遭受的意外伤害；③核辐射造成的意外伤害；④医疗事故造成的意外伤害。

对于上述特约保意外伤害，在保险条款中一般列为除外责任，经投保人与保险人特别的约定承保后，由保险人在保险单上签注特别约定或出具批单，对该项除外责任予以剔除。

（三）一般可保意外伤害

除不可保意外伤害、特约可保意外伤害以外，均属一般可保意外伤害。

二、人身意外伤害保险的承保条件

人身意外伤害保险的承保条件较宽。相对于其他业务，人身意外伤害保险的承保条件一般较宽，高龄者可以投保，而且被保险人可不必进行体格检查。

三、人身意外伤害保险的保险期限

人身意外伤害保险的保险期较短，一般不超过 1 年，最多 3 年或 5 年。但是，有些意外伤害造成的后果却需要一定时期以后才能确定，因此，人身意外伤害保险有一个关于责任期限的规定，即只要被保险人遭受意外伤害的事件发生在保险期限内，自遭受意外伤害之日起的一定时期内即责任期限内（通常为 90 天、180 天或 1 年）造成死亡或残疾的后果，保险人就要承担给付保险金的责任。即使在死亡或者被确定为残疾时保险期限已经结束，只要未超过责任期限，保险人就要承担给付保险金的责任。

四、人身意外伤害保险金的给付

人身意外伤害保险属于定额给付保险。在人身意外伤害保险中，死亡保险金的数额是保险合同中约定的，当被保险人死亡时如数给付；残疾保险金的数额多按保险金额的一定百分比给付，一般由保险金额和残疾程度两个因素确定。

文本：人身保险伤残评定标准及代码

拓展阅读

人身保险伤残评定标准（行业标准）

2013 年 6 月 8 日由中国保险行业协会、中国法医学会联合发布，各保险公司意外险中均采用此标准，该标准对功能和残疾进行了分类和分级，将人身保险伤残程度划分为一至十级，最重为第一级，最轻为第十级。与人身保险伤残程度等级相对应的保险金给付比例分为十档，伤残程度第一级对应的保险金给付比例为 100%，伤残程度第十级对应的保险金给付比例为 10%，每级相差 10%。

具体内容可从意外险条款中查询，或通过以下链接了解：https：//www. sohu. com/a/236610076_ 743625。

业务处理

微课：人身意外伤害保险业务处理

一、人身意外伤害保险承保

（一）填写投保单

表4－3是××保险公司的安康无忧意外伤害险投保单格式。

表4－3　　安康无忧系列卡投保单（样本）

投保须知

1. 凡年满16周岁至65周岁、身体健康、能正常工作或正常劳动的自然人（从事后附《职业分类表》中所列职业的人员除外），可作为本保险合同的被保险人。

2. 本保险单为人身意外伤害定额保险系列产品之一。该系列产品共四款，可交叉购买，但每一被保险人总保险金额不得高于27万元，否则超出部分无效。

3. 本保险单是被保险人或受益人向保险公司索赔的依据，请妥善保管。本保险不办理退保、转让、挂失。

4. 发生保险事故时，保险人根据被保险人出险时所从事的职业为准。

5. 本保险单一经涂改或无保险公司承保专用章无效。

6. 本保险单由天津安泰保险代理有限公司独家销售。

人身意外伤害定额保险（A款）投保单　　NO. ________

投保人		身份证号		是被保险人的（配偶/子女/父母/其他）		
	通信地址			联系电话		
被保险人		身份证号		受益人		是被保险人的（配偶/子女/父母/其他）
保障项目			保险金额			每份保险费
意外伤害			￥7万元			￥200元
附加意外医疗			￥1万元			
购买份数		□1份　□2份		保险费合计		￥　　元
保险期间		一年，自　年　月　日零时起生效，至　年　月　日二十四时终止。				
保险合同争议解决方式		□诉讼　　□提交________仲裁委员会仲裁				
特别约定		1. 每一被保险人投保份数最多为两份。 2. 对被保险人所支出的必要合理的、符合当地社会医疗保险主管部门规定可报销的医疗费用，保险人每次扣除人民币100元免赔额后，在保险金额范围内，按90%比例给付医疗保险金。				

投保人声明：保险人已将《人身意外伤害保险条款》《附加意外伤害医疗保险》（包括责任免除部分）向本人做了明确说明，本人已充分理解；上述所填内容均属实，同意以此投保单作为订立保险合同的依据。

投保人（签章）　　被保险人（签章） 年　月　日　　　　年　月　日	保险人（签章） 全国统一服务电话：95518　　年　月　日

PPT：人身意外伤害保险业务处理

（二）收费、核保

核保的主要要素包括：

1. 投保单

（1）被保险人签字。每笔业务均须由投保人填写投保单并经被保险人签字或投保团体盖章。对撕单式保单，投保人不需填写投保单；但具名投保的撕单式保单，被保险人应在保险凭证上签字。

（2）投保单要素。保单是保险合同的一部分，包括投保人姓名或名称、被保险人姓名、职业、职位、被保险人人数、险种名称、每人保险金额及总保险金额、受益人及受益人与投保人、被保险人的关系等。

2. 投保人、被保险人与受益人

投保人对被保险人须有保险利益。投保人在为被保险人投保本保险时，需取得被保险人的书面同意。受益人指的是身故受益人。保险人不应接受身故受益人之外的其他给付的受益人，以避免道德风险。受益人可由投保人或被保险人指定，但投保人指定或变更受益人时，须经被保险人书面同意。

3. 被保险人的职业分类

意外伤害保险在保费收取上一般要根据被保险人所从事职业的不同，分为若干个标准。考察被保险人所从事的具体工作性质，目的主要是了解被保险人工作的危险性，以评判其职业风险。这一点无论是团体业务还是个人业务，均须作为重点。

（1）根据该类职业或工种的分类，确定通常情况下该类职业从业人员的风险程度；该类职业是否会导致被保险人参加或经常性参加有危险性的活动。

（2）出差概率大小；出差范围，是限于国内、省内、市内，还是范围遍及世界各地；出差通常采取的出行方式。

（3）被保险人从事该工作的收入情况，在工作单位的职位高低。

（4）被保险人工作区域的治安状况。

4. 被保险人的其他个人事项

除上述主要因素外，还须考虑被保险人的年龄、健康状况、个人喜好问题、性格品质、家庭状况、被保险人生活区域的治安状况等因素，以及有无投保过其他同类保险、保险额度、期限、有无赔付记录等信息。此部分内容难以量化操作，但对高保额投保者必须仔细询问，作为控制风险的参考因素。

5. 投保团体本身的风险程度

团体意外伤害保险应重点分析投保团体本身的风险程度，重点包括：

（1）投保人的经营经管水平如何，生产或经营的自动化程度高低。

（2）投保人通常采取的安全防范措施。对工伤事故或重大险情，有无应急措施，投保单位过去三年的工伤事故发生及索赔情况。投保人如果采取了有效的安全防范措施，则职工发生工伤的可能性较之同行业其他单位就要低。对险情安排了良好的预警措施，一旦发生工伤事故，也会最大限度地减少损失程度。

（3）投保单位的平均职工收入水平。收入水平较高，则被保险人个人受到外来攻击的可能性就会加大，而收入水平的增高也可能会促使被保险人采取更为有利的防护外来伤害的措施。

（4）企业所在地的社会治安状况。

6. 风险保障范围的确定

如前所述，本类保险所保风险为“意外伤害”，是有约定定义和界定范围的，并非一切原因造成的意外伤害都是可保风险。

7. 承保条件

（1）主条款和附加条款。考察投保人所要求的主条款，必须是获准开办的主险条款。附加险必须在投保主险的基础上方能投保，其效力优于主险的效率。附加险没有规定的，以主险规定为准。

（2）保险金额。审核被保险人所要求的保险金额是否合理，与其收入水平、所供养或赡养人的生活需要等是否相适应，有无超过条款规定的最高限额等。对个人被保险人的保险金额超过保险人规定的限额情况的，需重点调查其收入情况，必要时还需提供收入证明等资料。另外，对含意外医疗给付责任的险种，医疗保险金额不应高于意外伤害保险金额。考察每张保单的保险金额时，应将主险保额与附加险保额合并计算。

（3）免赔额。意外伤害保险免赔额的规定一般是针对意外伤害医疗部分的，条款本身即对每天每次事故的免赔作了规定：一般是保险人对一次事故中 100 元以内的上述费用不承担给付责任；对于一次事故中 100 元以上部分的上述费用，按 80% 的比例在保险金额内予以补偿。

（4）保险费率。意外伤害保险的费率规定基本上是以被保险人的职业分类来确定的，从风险较低到风险较高的行业，费率依次上升。但这个基本费率，还要根据其他风险因素来调整，例如，被保险人的健康情况、嗜好等。

8. 过去损失记录

投保过类似保险的投保团体或被保险人，查看其过去 3—5 年的保险给付记录，了解被保险人发生保险事故的次数、保险金给付的额度；对未购买任何保险的投保团体或被保险人，也要了解其过去的事故发生次数、事故原因、损失金额。其目的主要是判断被保险人的风险状况，并可据此决定是否承保以及确定保险费率及免赔额。

9. 投保前已拥有的其他人身意外伤害保险保单

审查其他保单与计划投保的保单的总保额与投保人的收入、经济背景等是否相匹配，以防范过量投保的道德风险。

（三）签发保单，归档

表4－4是中国人民财产保险股份有限公司签发的人身意外险保单。

表4－4　　人身意外伤害保险单

<table>
<tr><td colspan="9">保单号：
鉴于投保人已向本公司投保人身意外伤害保险，并按本保险单约定支付保险费，保险人同意按照《人身意外伤害保险条款》的约定承担保险责任，特立保险单为凭，与本保险有关的附加条款、特约条款、批单以及投保单是本保险单不可分割的组成部分。</td></tr>
<tr><td rowspan="4">投保人</td><td>姓 名</td><td colspan="2"></td><td>性别</td><td></td><td colspan="3">出生日期：　年　月　日</td></tr>
<tr><td colspan="8">证件类型：　证件号码：　是被保险人的：</td></tr>
<tr><td colspan="8">工作单位：</td></tr>
<tr><td colspan="8">通信地址：　邮编：　电话：</td></tr>
<tr><td rowspan="6">被保险人</td><td>姓 名</td><td colspan="2"></td><td>性别</td><td></td><td colspan="3">出生日期：　年　月　日</td></tr>
<tr><td colspan="6">证件类型：　证件号码：</td><td>婚姻状况</td><td></td></tr>
<tr><td colspan="8">职业（工种）：　兼职：　职业代码：　职业类别：　级</td></tr>
<tr><td colspan="8">工作单位：</td></tr>
<tr><td colspan="8">通信地址：　邮编：　电话：</td></tr>
<tr><td colspan="8">住所：　邮编：　电话：</td></tr>
<tr><td rowspan="5">受益人</td><td colspan="8">身故保险金受益人（若无指定，被保险人的继承人即为身故保险金受益人）</td></tr>
<tr><td>受益顺序</td><td>姓名</td><td>性别</td><td>出生日期</td><td>是被保险人的</td><td>受益份额</td><td>证件名称</td><td>证件号码</td></tr>
<tr><td></td><td></td><td></td><td></td><td></td><td></td><td></td><td></td></tr>
<tr><td></td><td></td><td></td><td></td><td></td><td></td><td></td><td></td></tr>
<tr><td></td><td></td><td></td><td></td><td></td><td></td><td></td><td></td></tr>
<tr><td>保险险种</td><td colspan="5">险种名称</td><td colspan="2">保险金额</td><td>保险费</td></tr>
<tr><td>主 险</td><td colspan="5">人身意外伤害保险</td><td colspan="2"></td><td>元</td></tr>
<tr><td rowspan="3">附加险</td><td colspan="5"></td><td colspan="2">元</td><td>元</td></tr>
<tr><td colspan="5"></td><td colspan="2">元</td><td>元</td></tr>
<tr><td colspan="5"></td><td colspan="2"></td><td>元</td></tr>
<tr><td>保险费合计</td><td colspan="8">人民币（大写）　¥</td></tr>
<tr><td>保险期间</td><td colspan="8">自　年　月　日零时起至　年　月　日二十四时止</td></tr>
<tr><td>交费形式</td><td colspan="8">□现金 □银行转账 □其他　交费日期：</td></tr>
<tr><td>争议处理</td><td colspan="8">□诉讼 □仲裁　仲裁委员会：</td></tr>
<tr><td>特别约定</td><td colspan="8"></td></tr>
<tr><td colspan="9">中国人民财产保险股份有限公司　分公司
（盖章）
签单日期：　年　月　日　授权签字：
本公司联系地址：
邮政编码：　电话：　传真：</td></tr>
</table>

二、人身意外伤害保险理赔

微课：意外伤害保险理赔业务实训

（一）理赔资料审阅

根据赔案所涉身故、残疾、医疗费用等保险责任的不同，案卷所需的理赔单证也有差异，须审核理赔单证是否齐全以及该单证的真实性。理赔申请书请参看模块一中的泰康人寿健康险和意外伤害险理赔申请书和索赔资料样本。

（二）保险金给付

在意外伤害保险中，保险事故发生时，死亡保险金按约定的保险金额给付，残疾保险多按保险金额的一定百分比给付。

1. 死亡保险金的给付

如果被保险人在保险期限内遭受意外伤害，在责任期限内生理死亡，但保险期限内的意外伤害是导致被保险人死亡的直接原因或近因，显然已经构成意外伤害保险的保险责任，保险人当即准备给付保险金。

但是，如果被保险人在保险期限内因飞机、车、船失事等原因下落不明，那么从事故发生之日起满 2 年，法院宣告被保险人死亡时已经超过了意外险的责任期限（一般都规定在 1 年以内）。在这种情况下，如果保险人坚持依据责任期限不负保险责任，那么显然有损于被保险方受益人的利益，也失去了人身保险提供经济保障的意义。为了解决这一问题，可以在意外伤害保险条款中订立失踪条款或有保险单上签注关于失踪的特别约定，规定被保险人确因意外伤害事故下落不明超过一定期限（如 3 个月、6 个月等）时，视同被保险人死亡，保险人给付死亡保险金，但如果被保险人之后生还，受领保险金的人应本着诚信原则将保险金退还保险人。

在意外伤害保险合同中，要规定死亡保险金的数额或死亡保险金占保险金额的比重。例如，规定被保险人因意外伤害死亡时给付保险金 3 000 元、5 000 元，或规定给付意外伤害保险金额的 100%、70%、50% 等。

另外，有些人寿保险合同的附加意外伤害保险条款将死亡保险金的给付按行业危险程度做出了规定。如将意外伤害保险金分为特殊保险金和普通保险金两种，凡从事井下作业、海上作业、航空作业及其他高危险工作的人员适用特殊保险金，其他人员适用普通保险金，特殊保险金和普通保险金的比例为 1:2，从而体现了人身保险合同权利和义务的对等原理。

2. 残疾保险金的给付

人身意外伤害保险所指的残疾与医学意义上的基本一致，包括两种情况：一是人体组织的永久性残缺（或称缺损），如肢体断离等；二是人体器官正常机能的永久丧失，如失去视觉、听觉、嗅觉，语言障碍或行为障碍等。在保险期限内发生意外伤害事故，由伤害引致并且能够在此期间或规定的责任期限内由指定医院确诊的永久性残疾构成意外伤害险的保险责任，保险人应按残疾程度的高低，根据事先约定给付全部或部分保险金。

若治疗延续的时间较长，在责任期限结束时仍未能确定是否造成残疾或造成何种程度的残疾，则按一般做法根据责任期限结束时点被保险人的状态推定残疾程度，并以此为基础进行给付；若被保险人遭受意外伤害后通过治疗或自身修复在180天内未遗留组织器官缺损或功能障碍的，则不属于残疾。

在残疾程度确定后，保险人应按照保险金额及该项残疾所对应的给付比例给付残疾保险金。计算公式为：

残疾保险金 = 保险金额 × 残疾程度对应的给付比例

3. 医疗保险金的给付

当被保险人在保险有效期内遭受承保危险事故导致身体伤害，并且因此发生了医疗费用开支，在责任有限期内提出申请的，由保险人按实际发生数额在保险金额之内对被保险人进行补偿。此项保险金额包括实际医疗费用和住院费等项，前者是被保险人必须支付的合理的实际医疗费用，给付医疗保险金，但每次给付不得超过保单所规定的“每次伤害医疗保险金限额”；后者是指被保险人因意外伤害经公费医疗或保险人指定医院住院治疗发生的费用，由保险人按其住院日数给付保单所载的“伤害医疗保险金日额”，或按规定金额报销，但每次伤害的给付或报销天数不得超过规定时日。此外，如果被保险人因伤害骨折未住院治疗的，保险人可以按经验住院日数乘以“医疗保险金日额”的一半进行给付。

微课：近因原则

PPT：近因原则

文本：近因原则的里程碑案例

相关知识

保险近因原则

先看一则典型案例“事故相同，赔偿各异”：

某单位由于工作地点比较偏僻，便为离家较远的员工配备了通勤大巴。某天上班途中，通勤大巴在城郊的省道上发生车祸，与迎面而来的大货车相撞，坐在前排的员工甲和员工乙受了重伤。

坐在驾驶副座的员工甲，当场死亡；员工乙坐在他后面，撞断了胳膊，送往医院抢救，急救中因心肌梗死，于第二天死亡。

员工甲和员工乙的单位为他们购买了人身意外伤害保险，保险金额为10万元，意外发生后，该单位立即向保险公司报案，并提出理赔申请。

保险公司经过调查了解到：员工甲死亡时为27岁，身体一向非常健康，而员工乙52岁，患有心脏病多年，据此，保险公司结合近因原则做出理赔决定。保险公司确定车祸属于意外事故，并认定员工甲死亡的近因是车祸，属于意外伤害保险责任约定的范围内，保险公司履行赔付保险金的义务，赔付10万元意外伤害身故保险金给其受益人。员工乙在车祸中撞断胳膊属于意外伤害保险责任的范围，按照意外伤残保险责任赔付意外伤残保险金5万元。但是，保险公司核定员工乙最终死亡是由于心肌梗死，是其死亡的近因，不属于意外伤害保险的保险责任范围，保险公司不承担意外身故保险金。

同时发生事故，但是两个人却得到了不同的理赔支付，就是因为保险公司在理赔调查的过程中运用了近因原则：判断员工甲的死亡近因是车祸，而员工乙的死亡近因是心脏病。

由此可见，决定保险理赔的是否赔付、赔多少的关键就是保险事故的近因。那么什么是近因呢？

一、近因原则的含义

近因原则是判断风险事故与保险标的损失之间的因果关系，从而确定保险赔偿责任的一项基本原则。长期以来，它是保险实务中处理赔案时所遵循的重要原则之一。

近因是指在风险和损失之间，导致损失的最直接、最有效、起决定作用的原因，而不是指时间上或空间上最接近的原因。保险损失的近因，是指引起保险事故发生的最直接、最有效、起主导作用或支配作用的原因。近因原则的基本含义是：在风险与保险标的损失关系中，如果近因属于被保风险，保险人应负赔偿责任；近因属于除外风险或未保风险，则保险人不负赔偿责任。

二、近因的认定与保险责任的确定

近因判定的正确与否，关系到保险双方当事人的切身利益。由于在保险实务中，致损原因多种多样，对近因的认定和保险责任的确定也比较复杂，因此，如何确定损失近因，要根据具体情况作具体的分析。

（一）单一原因造成的损失

单一原因致损，即造成保险标的损失的原因只有一个，那么，这个原因就是近因。若这个近因属于被保风险，保险人负赔偿责任；若该项近因属未保风险或除外责任，则保险人不承担赔偿责任。例如，某人投保了重大疾病险，一年后患病死亡。若根据保险条款，此人所患的病症属于保险责任，则保险人负责给付，反之则不给付。

（二）同时发生的多种原因造成的损失

多种原因同时致损，即各原因的发生无先后之分，且对损害结果的形成都有直接与实质的影响效果，那么，则认为它们都是损失的近因。至于是否承担保险责任，可分为两种情况：

（1）多种原因均属被保风险，保险人负责赔偿全部损失。

（2）多种原因中，既有被保风险，又有除外风险或未保风险，保险人的责任应视损害的可分性如何而定。如果损害是可以划分的，保险人就只负责被保风险所致损失部分的赔偿。但在保险实务中，在很多情况下损害是无法区分的，保险人有时倾向于不承担任何损失赔偿责任，有时倾向于与被保险人协商解决，对损失按比例分摊。

文本：交通事故和被害者自杀之间有无因果关系

（三）连续发生的多项原因造成损失

多种原因连续发生，即各原因依次发生，持续不断，且具有前因后果的关系。若损失是由两个以上的原因所造成，且各原因之间的因果关系未中断，那么最先发生并造成一连串事故的原因为近因。如果该近因为保险责任，保险人应负责赔偿损失，反之不负责赔偿。具体分析如下：

（1）连续发生的原因都是被保风险，保险人赔偿全部损失。

（2）连续发生的原因中含有除外风险或未保风险。

①若前因是被保风险，后因是除外风险或未保风险，且后因是前因的必然结果，保险人对损失负全部责任。例如：一人投保了意外伤害险。他在森林中打猎时从树上跌下受伤，爬到公路边等待救助，因夜间天冷，感染上肺炎死亡。本案例中，导致被保险人的死亡原因有二：一是从树上跌下；二是感染肺炎。前者是意外伤害，属于保险责任；后者是疾病，属除外责任。从树上跌下感染肺炎并最终导致死亡。所以，死亡的近因是意外伤害而非肺炎，保险人应负赔付责任。

②前因是除外风险或未保风险，后因是承保风险。后因是前因的必然结果，保险人对损失不负责任。例如：若上例中的被保险人投保的是疾病险，而非意外伤害险，那么保险人则不负赔付责任。

（四）间断发生的多项原因造成损失

在一连串连续发生的原因中，有一项新的独立的原因介入，导致损失。若新的独立的原因为被保风险，保险责任由保险人承担；反之，保险人不承担损失赔偿或给付责任。例如，在上则“事故相同，赔偿各异”的典型案例中员工乙的情况，由于意外伤害与心肌梗死没有内在联系，心肌梗死并非意外伤害的结果，故属于新介入的独立原因。心肌梗死是被保险人死亡的近因，属于疾病范围，不包含在意外伤害保险责任范围。故保险人对员工乙死亡不负赔付责任，只对其意外伤残按规定支付5万元保险金。

项目小结

和谐社会：公益保险在行动

健康保险和人身意外伤害保险均属于人身保险的一种。健康保险的保险责任内容广泛而复杂，包括被保险人的医疗费用支出、住院费、护理费支出、收入损失和因疾病、生育等造成的事故或残疾等。健康保险合同是集补偿性与给付性于一体的保险合同，有观察期、免赔额、比例给付等特殊条款。在健康保险和人身意外伤害保险的承保和理赔业务操作过程中，我们要注意投保单的填写规范，要熟悉掌握核保和核赔要素，要学会计算健康险和人身意外伤害险的理赔金额。

问题讨论

人工智能科技对保险公司健康险和意外伤害险经营的影响。

推荐阅读

1. 中国人民健康保险股份有限公司官方网站
2. 各人寿保险公司官方网站
3. 《健康保险管理办法》

习题与实训

1. 思考题

（1）健康保险与人寿保险、与人身意外伤害保险各有什么区别？

（2）人身意外伤害保险责任期限与保险期限有什么不同？

（3）简述健康保险的承保条件。

（4）健康保险有哪些特殊条款？

（5）简述保险近因原则。

2. 综合训练题

全班分成若干小组，每组6—8人，根据以下案例，模拟演练报案、接案、立案、审核、赔付、领款等理赔流程。

欧阳，男，35岁，广州××装饰公司经理，广州市番禺区南华路解放大厦B栋6F，身份证号为62010219851002598X。他于2018年5月1日为自己购买了××保险公司意外伤害保险，保险金额为80万元，保险费率为2‰，保险期限为1年，附加医疗保险为20万元。保险费通过银行转账。保单受益人是其妻子李梅。2019年1月29日，欧阳发生交通事故，终因伤势过重抢救无效死亡，产生医疗费用1.2万元。2019年2月1日，其妻子向保险公司报案。

3. 案例分析题

案例1：

2016年3月7日，李某与襄樊某保险公司签订了一份寿险合同，主险为“康泰”终身险，附加险为“住院医疗、住院安心”“意外伤害”及“意外医疗”。年保费为2 701.90元。2017年、2018年原告均按时办理了续保手续，交纳了续保费用，合同有效期到2019年3月7日。2019年2月12日，李某因上呼吸道感染住进襄樊市中心医院，产生医疗费用1 803.27元，以现金支付979.20元，社会医疗统筹支付824.07元。出院后，李某向该保险公司要求理赔，2019年3月19日，该保险公司作出了赔付，但在理赔款中减去了医保支付的824.07元。双方发生纠纷，诉至法院。

试分析医保支付部分保险公司是否应该赔付，为什么？

案例 2：

尹先生购买了一张个人医疗费用保险单，保险期限从 2018 年 4 月 1 日至 2019 年 3 月 31 日，责任期限为 180 日。试分析保险人在以下情形中分别应承担多少医疗费用：

（1）尹先生 2018 年 8 月 1 日患病住院接受治疗，并于 2019 年 1 月 1 日治愈出院。

（2）尹先生 2018 年 8 月 1 日患病住院接受治疗，并于 2019 年 8 月 1 日治愈出院。

（3）尹先生 2019 年 2 月 1 日患病住院接受治疗，并于 2019 年 5 月 1 日治愈出院。

（4）尹先生 2019 年 2 月 1 日患病住院接受治疗，并于 2019 年 9 月 1 日治愈出院。

5 项目五 企业财产保险经营

学习目标

知识学习目标：

了解企业财产保险的保障范围；理解企业财产保险基本险、综合险、一切险的保险责任与除外责任；了解企业财产保险的经营流程；掌握企业财产保险的赔款计算方法；理解损失补偿原则、代位求偿原则、重复保险分摊原则。

技能训练目标：

能够熟练操作企业财产保险投保、核保、保全、核赔、理赔等业务；能够熟练核算企业财产保险赔款额。

工作任务

应完成的工作任务：

利用模拟教学软件进行企业财产保险投保、核保、保全、理赔等业务操作；根据所给信息准确核算企业财产保险赔款额。

完成工作任务应提交的标志性成果：

企业财产保险风险评估报告、保险建议书；企业财产保险经营过程中的相关资料，如投保单、保险单、批单等。

微课：细说财产保险分类

PPT：财产保险的6个特殊性

模块一 企业财产保险承保

任务描述

撰写企业财产保险风险评估报告；制作企业财产保险建议书；正确填写企业财产保险投保单；掌握企业财产保险核保要素；掌握企业财产保险承保、续保、合同变更流程。

知识准备

一、企业财产保险含义

微课：企业财产保险相关知识

PPT：企业财产保险相关知识

企业财产保险是适用于各种企业、社团、机关和事业单位的一种财产保险。企业财产保险是以企业存放在固定场所并处于相对静止状态的财产为保险标的，在其因火灾或保险单中列明的自然灾害和意外事故引起损失后，由保险人给予经济赔偿的一种财产损失保险。目前，我国企业财产保险产品有企业财产保险基本险、企业财产保险综合险和企业财产保险一切险等险种。

拓展阅读

火灾保险

火灾保险是财产损失保险的“前身”。火灾保险经历了300多年的发展变化。1666年的伦敦大火是火灾保险产生和发展的直接诱因。1667年，尼古拉·巴蓬在伦敦开办了房屋火灾保险。1680他集资成立了凤凰火灾保险所，并开创了火灾保险费率实行差别费率的先河。1710年，伦敦成立了太阳火灾保险公司，将保险标的由房屋扩展至屋内的家庭财产。1721年，英国皇家保险公司和伦敦保险公司开始兼营火灾保险业务，并率先开创了英国的团体火灾保险。18世纪下半叶，伦敦的一些大的保险公司开始在各地设立简易的保险代办机构。18世纪末，保险公司开始在投保的企业中积极开展防灾防损工作，并实行了联合共保的做法。

火灾保险的变化主要表现在六个方面：

1. 保险标的扩展。由只保房屋，扩大到屋内财产、相关利益（如利润损失、营业中断期间支付的必要费用等）。

2. 承保风险扩大。由承保单一的火灾，扩大到火灾、爆炸、雷击、暴风雨、雪灾、冰凌、泥石流、洪水、盗窃等风险。

3. 保单格式规范化。最初无标准格式，1873 年美国的马萨诸塞州推出了第一份标准的火灾保险单，此后各国纷纷仿照实行。

4. 承保能力增强。对于高保额的火灾保险标的，一般由一家保险公司承保后再以分保形式转嫁风险。

5. 保险费厘定趋向科学。现在在厘定保险费率时考虑了更多的费率影响因素，采用更科学的分类方法。

6. 赔偿范围扩大。由限于保险标的的损失，扩大到保险事故发生时为减少损失而支付的合理的整理、保护、施救费用。

二、企业财产保险的保障范围

在保险实务操作中，企业财产也被分为以下三种类型：

1. 可保财产

这类财产既可以用会计科目来反映，如固定资产、流动资产、账外资产等；又可以用企业财产项目类别来反映，如房屋、建筑物、机器设备、材料、存货、商品物资等；还可以指保险人同意承保的财产，具体包括：①属于被保险人所有或与他人共有而由被保险人负责的财产；②由被保险人经营管理或替他人保管的财产；③其他具有法律上承认的与被保险人有经济利害关系的财产。

动画：企业财产保险——可保或不可保?

2. 特约可保财产

(1) 在无须加贴保险特约条款或增加保险费的情况下予以特约承保的财产，如金银、珠宝、古玩、艺术品等，主要是因为这些财产的市场价格变化较大，保险金额较难确定。

(2) 必须用特约条款列明并增收保险费方可承保的财产，如铁路、桥梁、堤堰、码头等，承保此类财产主要是为了满足部分行业的特殊需要。

3. 不可保财产

被列为不予承保财产的原因有以下几点。

(1) 这些财产不属于一般性的生产资料或商品，如土地、矿藏等。

(2) 这些财产缺乏评估价值的依据或很难鉴定其价值，如票证、文件、技术资料等。

(3) 承保这些财产会与政府的有关法律法规相抵触，如违章建筑、非法占用的财产等。

(4) 必然会发生危险的财产，如危险建筑。

(5) 应该投保其他险种的财产，如运输过程中的物资应投保货物运输保险，领取执照正常运行的机动车应投保机动车辆保险，畜禽类应投保养殖业保险等。

三、企业财产保险的保险责任和除外责任

（一）基本险的保险责任和除外责任

微课：认知企业财产保险的主要险种

PPT：认知企业财产保险的主要险种

文本：关于企业财产保险，要知道的3个要点

1. 基本险的保险责任

企业财产基本险一般均采取列明风险方式确定保险责任，保险标的只有遭受保险条款中列明的自然灾害和意外事故造成损失时，保险人才承担赔偿责任。其中意外事故是指被保险人不可预料的以及无法控制并造成损失的突发事件。

（1）火灾。火灾是指在时间上或空间上失去控制地燃烧所造成的灾害。构成火灾责任必须同时具备三个条件：有燃烧现象，即有热、有光、有火焰；偶然、意外发生的燃烧；燃烧失去控制并有蔓延扩大的趋势。

（2）爆炸。爆炸与火灾有关联性，爆炸往往会引起火灾，火灾也经常导致爆炸。爆炸分为物理性爆炸和化学性爆炸。物理性爆炸是指由于液体变为蒸气或气体膨胀，压力急剧增加并大大超过容器所能承受的极限压力而发生的爆炸。例如，锅炉、空气压缩机、压缩机气体钢瓶、液体气罐爆炸等。化学性爆炸是指物体在瞬间分解或燃烧时放出大量的热和气体，并以很大的压力向四周扩散的现象。例如，火药爆炸、可燃性粉尘纤维爆炸、可燃气体爆炸以及各种化学物品的爆炸等。

（3）雷击。该项责任是指雷电造成的灾害。雷电为积雨云中、云间或云地之间产生放电现象。雷击的破坏形式分为直接雷击与感应雷击两种：前者是由于雷电直接击中保险标的造成的损失；后者是由于雷电产生的静电感应或电磁感应使室内对地绝缘金属物体产生高电位放出火花引起的火灾，导致电器本身的损毁，或因雷电的高压感应，致使电器部件的损毁。

（4）飞行物体及其他空中运行物体坠落。凡空中飞行或运行物体的坠落，例如陨石坠落、空中飞行器、人造卫星坠落、吊车、行车、起重机在运行时发生物体坠落，造成保险财产损失的，都属于保险责任。此外，在施工过程中，因人工开凿或爆炸而致石方、石块、土方飞射塌下而造成保险标的的损失，亦视同空中运行物坠落责任，保险人可以先行予以赔偿，然后向负有责任的第三者追偿。但对于建筑物本身倒塌倒落、倾倒造成保险标的的损失，保险人不负责赔偿。

（5）灾害及意外事故引起的停电、停水、停气的损失，又称“三停”损失。停电、停水、停气损失的成立，必须同时具备以下三个条件：首先，必须是被保险人拥有的并自己使用的供电、供水、供气设备，包括本单位拥有所有权和使用权的专用设备，以及本单位拥有所有权而与其他单位共用的设备，如发电机、变压器、配电间、水塔、线路、管道等供电、供水、供气的设备。其次，仅限于因保险事故造成的“三停”损失。最后，仅限于对被保险人的机器设备、在制品和在库品等保险标的的损坏或报废负责赔偿。例如，印染厂因发生属本项责任范围的停电事故，使生产线上运转的高热烘筒停转，烘筒上的布匹被烧焦；又如药厂因同样情况停电，使冷

藏库内的药品变质，均属保险责任。

（6）施救、抢救造成保险标的的损失。该项损失是指已经发生保险责任范围内所列明的灾害事故，被保险人为抢救保险财产或防止灾害蔓延而造成保险财产的损失扩大部分。例如：在发生火灾时，保险标的在抢救过程中遭受碰破、水渍等损失，以及灾后搬回原地，途中遭受的意外损失；因抢救受灾物资而将保险房屋的墙壁、门窗等破坏造成的损失；发生火灾时隔断火道，将未着火的保险房屋拆毁造成的损失；遭受火灾后，为防止损坏的保险房屋、墙壁倒塌压坏其他保险标的而被拆除所致的损失。

（7）必要的、合理的费用支出。当发生保险范围的灾害事故时，被保险人为减少保险财产损失，对保险财产采取施救、保护、整理措施而支付的必要、合理的费用，由保险人负责赔偿。但保险人只对保险财产的施救费用负责，如果被施救的财产中包括未保险的财产，而且保险财产和未保险财产两者的施救费用无法分清时，保险人只根据被施救的保险财产占全部被施救财产的比例负责施救费用的赔偿。

为适应投保人的某些特殊需要，保险公司可在承保基本险后，还可以特约附加承保各种附加风险。例如，暴风、暴雨、洪水保险，盗抢保险，雪灾、冰凌保险，泥石流、崖崩、突发性滑坡保险，雹灾保险，水暖管爆裂保险，破坏性地震保险等。

案例分析

三停损失案例

案情介绍：

某食品冷冻加工厂与某织布印染厂合资购买装置、共同使用的供电变压器，在一个雷雨交加的夜晚，由于雷击感应损坏，造成两厂突然停电事故，致使食品冷冻加工厂正在负荷运转的投料自动设备受到损坏，同时由于停电时间较长，冷库内温度升高；部分冷冻食品遭受损失。织布印染厂印染车间正运转的高热烘筒因突然停电被迫停转，烘筒上的布匹被烘焦。两家工厂全部财产都投保了财产基本险，在保险财产发生事故的次日早上，立即通知保险公司，并根据财产保险基本险关于被保险人自有的供电、供水、供气设备因保险事故遭受损失，引起停电、停水、停气以致直接造成保险财产的损失，也负责赔偿的规定，提出了赔偿的要求。

分析说明：

保险公司在接到报案通知，立即进行现场查勘，认为这次事故完全符合以上必须同时具备的三个条件：被毁供电变压器是两厂合资购置，应属共有性质，享有平等所有权；这次事故是雷击感应引起的，属保险责任范围；受损的是保险财产机器设备、产品和冷藏食品。因此，在审定责任，核实损失后，及时给予赔偿。

2. 基本险的除外责任

（1）战争、敌对行为、军事行动、武装冲突、罢工、暴动。对战争、敌对行为、军事行动等原因引起的火灾、爆炸等事故，因其破坏范围和损失程度难以估计，财产保险损失概率中未包含此项因素，故列为除外责任。

（2）被保险人及其代表的故意行为或纵容所致的损失。被保险人及其代表一般是指一个单位或公司的法人代表，如董事长、副董事长、董事、经理、副经理、总会计师、总工程师等。法律上的故意行为是指“明知自己的行为会发生损害的结果，还放任或希望这种结果发生的各种行为”。除外责任中不包括由一般工作人员的疏忽行为、违反操作安全规程所致保险责任范围的损失。

（3）核反应、核子辐射和放射性污染。这是指核武器爆炸或核反应堆事故产生的光辐射和放射性污染。由于这类灾害事故发生后，危险波及面较广，其损失检验处理较复杂，保险人掌握的数据资料有限，因此不予承保。

（4）地震、暴雨、洪水、台风、暴风、龙卷风、雪灾、雹灾、泥石流、崖崩、滑坡、水暖管爆裂、抢劫、盗窃。无论是由这些原因直接造成的，还是由这些原因引起的保险事故造成保险标的损失，均属除外责任，保险人不予赔偿。

（5）保险标的遭受保险事故引起的各种间接损失。间接损失主要指停工、停业期间支出的工资、各项费用、利润损失及因财产损毁导致的有关收益的损失，如旅馆的房租收入，商店停业期间的销售收入或管理费用，被保险人与他人签订了合同，因保险灾害事故不能履约所需承担的经济赔偿责任等。

（6）保险标的本身缺陷、保管不善导致的损毁，保险标的变质、霉烂、受潮、虫咬、自然磨损、自然损耗、自燃、烘焙所造成的损失。该条明确了保险标的的本身内在的各种缺陷或由于保管不善等原因导致的损毁，如变质、霉烂、受潮等，或因烘、烤、烫、烙造成焦煳变质等损失，均属非意外损失，保险人不负责赔偿。

（7）由于行政行为或执法行为所致的损失。这是指各级政府或各级执法机关下令破坏保险标的所致的损失，属于非常性的行政措施。如政府部门对保险标的投收、征用、销毁或毁坏等损失，均不属于保险责任。

（8）其他不属于保险责任范围内的损失和费用。

文本：大雨冲垮工厂围墙，保险公司拒赔

（二）综合险的保险责任和除外责任

1. 综合险的保险责任

综合险的承保范围在基本险的基础上有所扩展，除了承保基本险的保险责任以外，还负责赔偿因下列原因造成的保险标的的损失。

（1）暴雨。暴雨是指每小时降雨量达 16 毫米以上，或连续 12 小时降雨量达 30 毫米以上，或连续 24 小时降雨量达 50 毫米以上的大雨。

（2）洪水。山洪暴发、江河泛滥，潮水上岸及倒灌致使保险标的遭受浸泡、冲散、冲毁等损失都属洪水责任。但对于那些规律性的涨潮、自动灭火设施漏水以及在正常年份水位以下或地下渗水、水管爆裂等造成的保险标的的损失，则在洪水保险责任的范围之外。

（3）台风。台风是指中心附近最大平均风力在 12 级或以上，即风速在 32.6 米/秒以上的热带气旋。是否构成台风一般以当地气象部门的认定为准。

（4）暴风。气象学所说的暴风，是指风速在 28.3 米/秒以上，即相当于风力等级表中的 11 级风。保险人承保的暴风责任是指风速在 17.2 米/秒以上，即风力为 8 级以上的大风。

（5）龙卷风。龙卷风是指一种范围小且时间短的猛烈旋风。龙卷风在陆地上平均最大风速一般为 79 米/秒，其极端风速一般在 100 米/秒以上。是否构成龙卷风应以当地气象部门的认定为准。

（6）飓风。强台风的别称，是指中心附近最大平均风力在 12 级或以上的热带气旋。对于这种热带气旋在东南亚地区称之为台风，而在西印度洋群岛和大西洋一带称为飓风。

（7）雪灾。因每平方米雪压超过建筑结构荷载规范规定的荷载标准，以致压塌房屋、建筑物造成保险标的损失，为雪灾保险责任。

（8）雹灾。雹灾是因冰雹降落造成的灾害。

（9）冰凌。气象部门称为凌汛。春季江河解冻时冰块飘浮遇阻，堆积成坝，堵塞河道，造成水位急剧上升，以致冰凌、江水溢出河道，蔓延成灾。陆地有些地区，如山谷风口或酷寒致使雨雪在物体上结成冰块，成下垂的拉力致使物体毁坏，也属冰凌责任。至于一般的冰冻损失，如露天砖坯冻裂，水管冻裂等则不在冰凌责任之列。

（10）泥石流。泥石流是指山地大量泥沙、石块突然爆发的洪流，随大暴雨或大量冰水流出。

（11）崖崩。崖崩是指石崖、土崖受自然风化、雨蚀、崖崩下塌或山上岩石滚下，或大雨使山上砂土湿透而崩塌。

（12）突发性滑坡。突发性滑坡是指斜坡上不稳的岩体、土地或人为堆积物在重力作用下突然整体向下滑动。

（13）地面突然塌陷。地面突然塌陷是指地壳因自然变异，地层收缩而发生突然塌陷。此外，对于因海潮、河流、大雨侵蚀或在建筑房屋前没有掌握地层情况，地下有孔穴、矿穴，以致地面突然塌陷所致保险标的损失，也可列入保险责任范围。但对于因地基不固或未按建筑施工要求等致建筑地基下沉、裂缝、倒塌以及由于打桩、地下作业及挖掘作业引起的地面下陷、下沉等损失，则被列在保险责任范围之外。

（14）火山爆发。火山爆发是指一种极为强烈的火山活动现象。地球内部深处呈熔融状态的岩浆，在高温高压作用下，从地表喷溢出火山角砾岩、火山弹岩等各种碎屑物质以及熔岩岩浆、气体等。

为了适应投保人的特殊需要，可在综合险的基础上，加保各种保险，例如，矿下财产保险、露堆财产保险、盗窃险、橱窗玻璃破碎保险、机器损坏保险、营业中断保险等。

2. 综合险的除外责任

综合险的除外责任，除了特别列明地震所造成的一切损失和堆放在露天或罩棚下的保险标的以及罩棚本身由于暴风、暴雨造成的损失作为除外责任外，其余与基本险相同。

（三）一切险的保险责任和除外责任

1. 一切险的保险责任

财产一切险除了承保上述基本险和综合险列明的责任外，对于意外事故及人为造成的损失，如偷窃、疏忽、恶意行为造成的直接物质损失或灭失也予以负责。财产一切险的保障范围很大，其保险责任采用除外责任方式，即保险人负责赔偿列明的除外责任以外的各种自然灾害和意外事故造成的损失。

2. 一切险的除外责任

一切险的除外责任包括以下几方面：

（1）投保人、被保险人及其代表的故意或重大过失行为。

（2）行政行为或司法行为。

（3）战争、类似战争行为、敌对行动、军事行动、武装冲突、罢工、骚乱、暴动、政变、谋反、恐怖活动。

（4）地震、海啸及其次生灾害。

（5）核辐射、核裂变、核聚变、核污染及其他放射性污染。

（6）大气污染、土地污染、水污染及其他非放射性污染，但因保险事故造成的非放射性污染不在此限。

（7）保险标的的内在或潜在缺陷、自然磨损、自然损耗，大气（气候或气温）变化、正常水位变化或其他渐变原因，物质本身变化、霉烂、受潮、鼠咬、虫蛀、鸟啄、氧化、锈蚀、渗漏、烘焙。

（8）盗窃、抢劫。

（9）保险标的遭受保险事故引起的各种间接损失。

（10）设计错误、原材料缺陷或工艺不善造成保险标的本身的损失。

（11）广告牌、天线、霓虹灯、太阳能装置等建筑物外部附属设施，存放于露天或简易建筑物内的保险标的以及简易建筑，由于雷电、暴雨、洪水、暴风、龙卷风、冰雹、台风、飓风、暴雪、冰凌、沙尘暴造成的损失。

（12）锅炉及压力容器爆炸造成其本身的损失。

（13）非外力造成机械或电气设备本身的损失。

（14）被保险人及其雇员的操作不当、技术缺陷造成被操作的机械或电气设备的损失。

（15）盘点时发现的短缺。

（16）任何原因导致公共供电、供水、供气及其他能源供应中断造成的损失和费用。

(17) 本保险合同中载明的免赔额或按本保险合同中载明的免赔率计算的免赔额。

想一想

企业财产保险基本险、综合险是列明性条款，即事故原因只要不在保单列示的保险责任中，保险人就不需赔偿，但为什么还要在保单中列出各项除外责任呢?

四、企业财产保险保险金额的组成

(一) 固定资产的保险价值与保险金额的确定

固定资产的保险价值按出险时的实际价值确定。在我国，固定资产保险金额的确定方式主要有四种：

(1) 按照账面原值确定。账面原值是指在建造或购置固定资产时所支出的货币总额，即固定资产的初始入账价值。

(2) 按照账面原值加成数确定。账面原值加成数即在固定资产账面原值基础上再附加一定成数，使其价值更加合理。目前较为普遍的加成系数为110%，一般采用附加条款的形式予以明确。

(3) 按照重置价值确定。重置价值即重新购置或重建某项财产，使其恢复到原有状态所需支付的全部费用。

(4) 按其他方式确定，包括被保险人依据估价或评估后的市价确定其保险金额。

(二) 流动资产（存货）的保险价值与保险金额的确定

流动资产的保险价值是按出险时账面余额确定：一是以最近12个月的平均账面余额作为保险金额。即以投保时为起点，向前推12个月，计算这12个月的平均值作为流动资产的保险金额。二是以最近账面余额作为保险金额，即按距离投保时最近一次结账的账面余额确定流动资产的保险金额。

(三) 账外财产和代保管财产的保险价值与保险金额的确定

账外财产和代保管财产的保险价值是按出险时重置价值或账面余额确定的。这类财产的保险金额一般可以由被保险人自行估价或按重置价值确定。

五、企业财产保险保险费率的厘定

保险费率是保险人向被保险人收取保险费的计算标准，也是依照保险金额计算保险费的比率。影响企业财产保险费率的主要因素有以下几个。

(一) 投保险种

目前，我国可供投保人选择的企财险有基本险、综合险、一切险三个险种。每个险种的责任范围不同，费率水平也自然不同。一切险责任范围最宽，费率水平也最高，综合险责任范围次之，费率也相对较低；基本险的责任范围最窄，费率水平最低。附加了扩展责任范围条款的，应考虑增加费率；附加了限制责任范围的，应考虑降低费率。此外，免赔额的高低也对费率有所影响。财产保险短期基本险、综合险费率如表5-1所示。

表5-1　财产保险短期基本险、综合险费率表

类别	号次	占用性质	基本险费率	附加险1：暴风、暴雨、洪水、台风、龙卷风		附加险2：水管爆裂	附加险3：雪灾、雹灾、冰凌	附加险4：泥石流、崖崩、突发性滑坡	附加险5：地面突然下陷下沉	综合险费率	
				附加险1费率	附加险1加基本险费率合计					适用于华东、中南、西南地区	适用于华北、东北、西北地区
工业类	1	一级工业	0.60	0.40	1.00	0.20	0.05	0.01	0.54	1.60	1.00
	2	二级工业	1.00	0.50	1.50	0.20	0.04	0.01	0.45	2.00	1.50
	3	三级工业	1.45	0.55	2.00	0.20	0.03	0.01	0.36	2.40	2.00
	4	四级工业	2.50	1.00	3.50	0.20	0.04	0.01	0.45	4.00	3.50
	5	五级工业	3.50	1.50	5.00	0.20	0.10	0.03	1.27	6.40	5.00
	6	六级工业	5.00	2.00	7.00	0.20	0.10	0.02	0.88	8.00	7.00
仓储类	7	一般物资	0.60	0.40	1.00	0.20	0.04	0.01	0.45	1.50	1.00
	8	危险品	1.50	0.50	2.00	0.20	0.10	0.02	0.88	3.00	2.00
	9	特别危险品	3.00	1.00	4.00	0.20	0.10	0.02	0.88	5.00	4.00
	10	金属材料、粮食专储	0.35	0.15	0.50	0.20	0.04	0.01	0.45	1.00	0.50
普通类	11	社会团体、机关、事业单位	0.65	0.35	1.00	0.20	0.03	0.01	0.56	1.60	1.00
	12	综合商业、饮食服务业、商贸、写字楼、展览馆、体育场所、交通运输业、牧场农场、林场、科研院所、住宅、邮政、电信、供电高压线路、输电设备	1.50	0.50	2.00	0.20	0.03	0.01	0.36	2.40	2.00
	13	石油化工商店、液化石油气供应站、日用杂品商店、废旧物资收购站、修理行、文化娱乐场所、加油站	2.50	0.40	2.90	0.20	0.04	0.01	0.05	3.00	3.00

注：保险金额以每千元保额为计算单位。

（二）房屋的建筑结构

在灾害事故中房屋的建筑结构、建筑等级、使用年限与损毁程度有很大的关系，在确定费率时应考虑这些因素。建筑结构分为钢骨结构、砖石结构、木结构等不同种类。建筑等级则分为三等：一等建筑的屋架、内外墙、地坪、楼坪、扶梯用钢骨结构、砖石或钢铁构造；屋顶用水泥、瓦片、铁皮、石棉、沥青或铺满石屑的油毛毡平顶构造；二等建筑的屋架、地坪、楼坪、扶梯用木料构造，四周外墙主要用水泥、砖石或其他不易燃烧的材料构造，屋顶用砖瓦、铁皮、石棉、沥青或铺满石屑的油毛毡平顶构造；凡次于二等建筑的各种建筑统归为三等建筑。

（三）使用性质

房屋的建筑虽相同，但用途不同，其危险程度可能相差很大。使用性质分为工业、仓储、普通三大类。每大类再根据危险大小分等级。工业类按产品、生产过程中的操作工艺和使用原材料的危险程度划分；仓储类按储存物品的危险程度来划分；普通类按用途的危险程度来划分。

（四）地理位置

在不同的地理环境中，自然灾害的危害相差很大。因此，在确定费率时应考虑投保人所在地的自然地理条件及水文气象特征，如标的物是否沿江沿河，所在地是否低于江水警戒线，当地防洪能力如何，历史上发生暴风雨的季节和降水量的情况等。

（五）周围环境

每个建筑有其独特的环境。有的建筑连成一片，在建筑物之间没有适当的防火间隔，有的建筑物处在街道拥挤的区域。这些因素对发生灾害事故时进行抢险救灾的影响很大，在确定费率时应对这些因素加以考虑。

（六）投保人或被保险人的安全管理水平

投保人或被保险人的安全管理水平是制定费率所需考虑的一个重要因素：一是管理者对安全工作的态度；二是有无完善的安全管理制度以及落实情况；三是防灾防损设施是否齐全，是否处于正常工作状态。

（七）历史损失数据

在确定费率时，应参考投保人历年来的灾害事故损失记录。如果以前年份损失较大，则应考虑上浮费率；反之，可以考虑给予一定的费率优惠。

（八）市场竞争因素

在竞争的保险市场中，确定费率不仅要考虑保险标的危险程度，还要考虑费率的竞争性。

（九）企业财产保险保险费率的其他规定

（1）保险费率可在一定范围内上下浮动，目前市场上的浮动比率一般为30%。

（2）被保险人如有下列情况，可按规定费率酌情给予减收优惠：

①保险标的所在处所有先进的防火设备、自动灭火、自动报警系统的。

②被保险人经公安消防部门评为防火先进单位的。

③视其统保和安全管理状况及生产工艺设备现代化程度等情况，且投保财产在1亿元人民币（或等值外币）以上的。

④保险人通过评估，认为保险标的风险程度较低的。

（3）被保险人如有下列情况，可按规定费率酌情增收保费：

①被保险人没有必要的防火设备和防火制度的。

②被保险人最近两年的平均赔付率超过65%的。

③保险人通过评估，认为保险标的风险程度较高的。

（4）短期费率。企业财产保险的保险期限一般为一年，若投保期限不满一年，或者因保单载明的特殊情况致使剩余的保险期限不满一年的，按照短期费率表的比例收取保费。不足一个月的部分按一个月计收。具体规定见表5－2。

表5－2　短期费率表

保险期限（月）	1	2	3	4	5	6	7	8	9	10	11	12
按年费率（%）	10	20	30	40	50	60	70	80	85	90	95	100

六、企业财产保险的承保流程

企业财产保险的承保流程如图5－1所示。

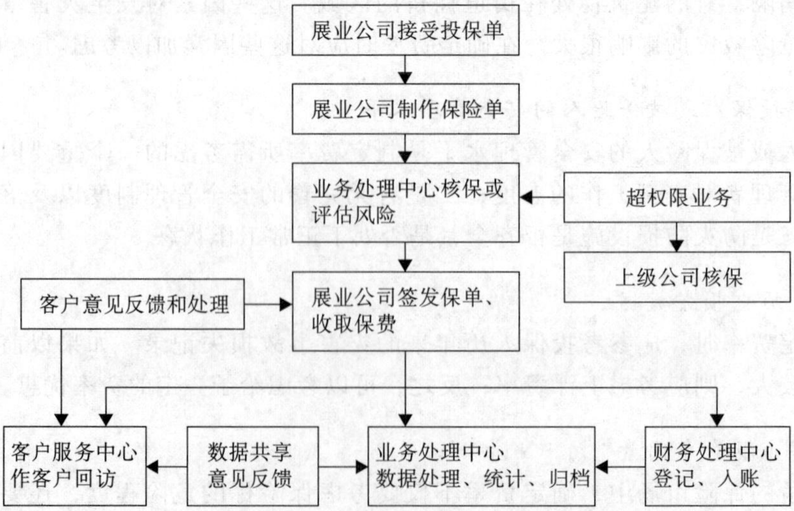

图5－1　企业财产保险承保流程图

业务处理

一、企业财产保险展业

企业财产保险展业是保险公司业务员或兼业代理人动员企业、单位参加财产保险的活动总称，是承保前的必要步骤。

（一）展业准备

展业人员应先缮制展业计划表，熟悉或掌握下列情况：本地区工交、财贸、基建、文教等企、事业单位的户数、机构设置、资产数额及本地区的风险状况；已参加保险的企业或单位的户数及资产数；尚未参加保险的企业或单位的户数及资产数；展业对象的基本情况，如资产的分布情况，生产、经营、财务情况和企业领导人、财务负责人情况；条款、条款解释、费率规章、有关知识及投保单的填写要求。

（二）展业宣传

展业宣传是与客户交谈，争取客户投保的过程。展业宣传的内容应结合本地区特点和典型案例，说明参加保险的必要性和财产保险条款的主更内容，如保险责任、除外责任、保险金额的确定方法和赔偿处理规定、被保险人义务等。宣传本保险公司的品牌、技术和人才等方面的实力。

展业中有重点、有针对性地进行宣传是至关重要的。展业人员深入企事业单位要对不同对象进行口头宣传和书面宣传，除向单位的主要负责人宣传外，还要根据不同险别向有关部门的负责人进行深入地宣传。企业财产保险重点是向企业财务部门进行宣传。这是因为财务部门掌握着企业的全部资产、生产或经营和财务等重要情况，为企业领导提供着重大的经济决策依据。所以，把宣传工作重点放在财务部门，调动其积极性，一旦工作做通，并通过财务部门做企业领导人的宣传鼓动工作，该企业的投保问题就容易解决。当然，向财务部门宣传并不是万能，也可以直接向企业领导人或同时向其他部门宣传，要视情况采取不同的灵活方式。

展业宣传工作中，应紧密结合当前实际，注意了解社会各方面对保险宣传的需求、心理。展业人员应加强宣传各险种的保险财产范围、保险责任和除外责任、保险金额确定、保险费率、被保险人义务，以及出险索赔与理赔等基本内容。宣传内容和方式都要有针对性，要因人而异，因地而异。

微课：企业财产保险承保业务

PPT：企业财产保险承保业务

拓展阅读

1. 某省一电厂曾多年投保，因几年未发生大事故，该厂领导人存侥幸心理，决定不再续保。当地保险公司再三动员无效，结果在脱保几天后，该厂发生一次特大爆炸，损失5 000多万元，当地保险公司闻讯后立即赴现场帮助厂方处理事故，并动员投保，结果很快办理了投保手续。

2. 某造纸厂在当地属重点企业，党政领导平时比较重视保险，一次意外火灾事故使该厂损失几十万元，保险公司按规定及时进行了处理并召开理赔兑现大会，当地群众纷纷涌向会场，当保险公司当众将几十万元赔款兑现给厂方时，反响十分强烈。这种利用典型案例召开理赔兑现现场会的宣传方式收获了良好的效果。

（三）展业服务

1. 帮助保户改善安全状况

保险展业工作，不能片面理解为只是一味招揽业务，而必须在展业过程中对其所承保的对象和标的进行实地勘验，了解标的危险状况等，确定是否符合承保条件。在勘验过程中，应将危险隐患和保户存在的不安全因素及时提出改进措施和意见，帮助保户改善安全生产状况。

2. 帮助保户设计最佳投保方案

在现阶段，社会各行各业对保险业务还不是十分熟悉，在一定程度上尚缺乏选择最优投保方案的能力。因此，保险展业人员在展业过程中，应根据保户生产、经营情况，帮助设计最佳投保方案，选择适当险别，以较少的保费投保较多的财产，并保足保全，一旦发生意外灾害可以得到足额的经济补偿。

相关知识

财产保险计划书的设计

一、风险管理计划书的内容

一般来说，投保财产保险的客户比投保寿险的客户更具有风险管理需求，团体客户、大客户、法人客户具有相对较强的风险管理需求。因此，在针对具有风险管理需求的客户销售保险产品时，除了为其提供保险计划书外，还应首先为其提供科学合理的风险管理计划书；除了当好客户的保险顾问外，还要当好客户的风险管理顾问。保险销售人员向客户提供的风险管理计划书一般可包括三个部分，见图5－2。

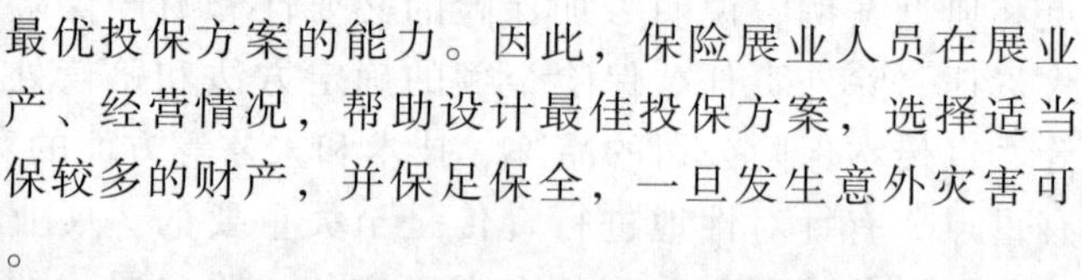

图5－2 风险管理计划书的一般内容

做一做

将学生进行分组，扮演以下不同的角色：保险公司企业财产性的展业人员、企业投保客户，由学生自行设置场景模拟演练企业财产保险的展业过程，包括展业前准备、展业宣传和定制保险方案等。

二、风险评估书的内容

（1）行业、产品风险等级；

（2）同类标的以往损失情况；

（3）本标的以往损失情况；

（4）建筑物类型；

（5）建筑物及生产工地周围环境情况；

（6）建筑物及生产工地安全设施情况；

（7）生产经营流程各环节潜在损失风险故障树分析。

三、防灾减损建议书内容

1. 防灾建议

如建造防火建筑物、改进技术、规范生产流程、颁布安全规章、考核驾驶资格、提供劳保用品等减少损失可能的方法措施。

2. 减损建议

如安装自动喷淋灭火系统和防盗警报系统、设置货物垫架、进行防火空间区隔、工伤抢救、内部会计监督和现金安全保护、安全驾驶等减轻损失程度的措施。

四、几种常见的财产保险建议书

财产保险建议书可按保险标的分为企业财产保险建议书、建筑安装工程保险建议书、机动车辆保险建议书、责任保险建议书、家庭财产保险建议书等。一般来说，企业财产保险建议书、建筑安装工程保险建议书可按复杂型保险建议书模型来设计制作，即有必要为客户提供包括保险建议在内的风险管理建议书；而机动车辆保险建议书、责任保险建议书、家庭财产保险建议书可按简单型保险建议书模型来处理，即只需提供单独的保险建议书。

二、企业财产保险承保

（一）填写企业财产保险投保单（见表 5－3）

投保单是投保人要求参加保险的书面凭证，是保险合同的重要组成部分。因此，展业人员应根据各险种投保单规定的内容，指导投保人认真填写，但不得代投保人填写。此外，企业财产保险投保单填写还要注意以下事项：

微课：企业财产保险承保实训

1. 投保人名称应填写投保人单位的全称，投保人在一般情况下应与被保险人一致，如不同，应问清他们之间的关系，是否具有可保利益。因债权、债务、抵押或有相关利益的关系方也可以成为被保险人，但必须同时

表 5-3　　企业财产保险投保单（样本）　　投保单号：______

投保人：______________

	投保财产项目	以何种价值投保	保险金额（元）	费率（‰）	保险费（元）
基本险					
特约保险财产					
总保险金额人民币（大写）　　¥：					
附加保险					
总保险金额人民币（大写）　　¥：					
保险责任期限自　年　月　日零时起至　年　月　日二十四时止					
特别约定			占用性质：		
投保人地址：　开户银行： 电　　话：　银行账号： 联 系 人：　财产坐落地址： 行　　业： 所 有 制：　　共　个地址			本投保单未经本公司签章不发生法律效力 ××保险公司签章 年　月　日		
本投保人兹声明上述各项均属事实，并同意以本投保单作为订立保险合同的依据	投保人签章： 年　月　日				

本保险也适用于国家机关、事业单位、人民团体投保。

经（副经）理：　　　　经办人：

列上各自的全称和地址。要详实填写投保人地址、电话、联系人、开户银行、银行账号，填写地址时应注意邮政编码，以方便业务联系。

2. 保险财产地址需填写清楚。保险财产地址指保险标的所在地即坐落地点，如若保险标的存放地址不止一处时，应列明各处的地址、保险金额和保险标的。若被保险人变更或增加财产存放地，应及时向保险人申报，经保险人加批后将其列入保险财产范围。

3. 投保人对投保单填写内容核对无误后，须在投保人签章处签章，并填写填单日期。

4. 注意保险期限应从投保次日的零时起，不得提前，以免先出险后投保，防止道德风险。

（二）承保审核

1. 审核投保单

保险人收到投保人填具的投保单后，应当场对填写内容逐项进行详细审核，发现填写项目有错漏，应及时更正和补充，重要错漏或多次更改时要重新填写，以保证投保单作为保险合同组成部分的严肃性和有效性。在审核投保单时，应注意以下几点。

（1）检查投保单各项填写是否正确、完整。根据投保人填写的投保单内容，结合保险标的查验，看其保险财产项目（科目）是否明确，应保科目是否全面足额投保，特别约定财产项目是否填列清楚，不保项目要剔除。审查保险财产存放地址等细节是否符合填写要求，应附的必要的证明材料是否齐全。

（2）填写的各项数字是否准确。投保单中各项数字的填写应符合要求，如保险金额的确定、费率厘定、保险费计算等应与前述的有关要求相符合，金额大小写应一致；保险期限也应重点检查，保险起讫日期是否符合规定。若发现投保人填写不详或有漏填、错填之处，应即请投保人予以补填或更正。

（3）投保人与签章是否一致。财产保险的投保人的称谓与其签章应一致，否则须由投保人提供其对投保财产拥有可保利益的书面证明。

（4）投保多项财产和投保附加险时，是否分别填写财产分项清单（或附表）和在投保单上注明投保附加险别。对于投保财产的保险金额低于重置价值时，应及时向投保人明确有关赔偿问题。对于投保危险程度较高或大宗货物，要检查其包装是否符合国家或承运部门规定的包装标准，同时应了解货物是否属于危险品、腐蚀品、易碎品，以便确定货物的分类档次及所适用的保险条款。对于投保财产存放地址不止一处时，应另加附表列明各处地址、投保财产项目。按系统投保的，可按每一独立核算单位分别签单，也可一单多户，但应附清单，分户列明单位名称、保险财产项目、保险金额、地址等，保险费率按户订定。清单分别贴于保险单正、副本。

投保单审核无误后，保险人应予签章承诺。

2. 查验保险标的

承保前，应根据所有的材料，实地查勘投保单位的周围环境、防灾措施、风险管理情况，进行风险分析和评估，主要工作有以下几项。

（1）查明保险财产的占用性质，以便弄清可能存在的风险，查明建筑物的主体结构及所使用的材料，确定建筑物等级。

（2）了解地域范围情况。保险财产处于不同的地域范围，具有不同的危险，如保险财产处于沿海一带，就有遭受台风的可能，处于河边，就有遭受水淹的可能。要根据保险标的物所处位置分析遭受主要风险的可能性。

（3）了解防灾安全设施。主要看被保险人有否设置有效的防灾设备，弄清其分布、维护情况。如在河边的，在汛期应有一定高度的防水墙和应急方案；一般说来，火灾是主要危险，要按消防部门的规定检查保险财产在设计、装修用料方面是否符合防火要求，是否配备足够的消防器材及消防器材的保养情况，是否订立安全防护措施，是否配有训练有素的消防施救人员等，以保证随时使用。

（4）了解保险财产以往的损失情况。一般从被保险人过去3—5年的损失记录中可看出被保险人对保险财产的管理情况，通过分析以往损失原因找出风险所在。

（5）了解被保险人的道德情况。特别是对经营状况差的企业，弄清有否道德危害存在，为防止道德危害发生，需要通过政府有关部门或金融单位了解客户的资信情况，必要时可建立客户资信档案，以备承保时使用。

（6）划分危险单位。危险单位划分是指组成保险财产的各个单元（如建筑）之间遭受灾害事故时所波及的范围。若两个单元是可以分隔的，发生灾害时不致相互波及，可视作两个危险单位，否则应作为一个危险单位。

（7）分析最大可能损失。确定危险单位之后，就要估计最大可能损失。这是指保险单项下承保的财产在发生灾害事故时可能遭受的最大损失，一般用百分比表示。经过分析找出生成最大损失可能性的最大风险之后，根据这种风险可能对保险标的物的波及面和保险标的物本身的抗火、抗灾能力，尽可能合理地估计整个保险标的物的最大损失率，以损失率乘以保险财产的保额，便是最大可能损失数字。

从以上几个方面进行风险评估之后，要填具有关风险评估表或核保问卷。

（三）厘定保费

根据投保单和实地查验的情况，依据保费厘定的标准，确定保险费率。对于客户投保的不同类型的财产标的，可以分别设定费率，并在保单中详细列明。根据投保财产的保险金额、核定之后的费率，以及保费计算公式计算出相应的保费金额，在保险单中“各项目保费”及“保费合计”栏中列示。

（四）签发保单

财产保险合同的订立，经过投保人要约（即填具投保单）并与保险人商定交付保险费办法，并经保险人承诺（即签单承保），保险合同即告成立。保险人应及时向投保人出具保险单或保险凭证，财产保险合同采用保险单或保险凭证的形式签订，签发保险单是一项细致而重要的工作。

1. 缮制保单

保险单属于重要凭证，通常要根据投保单上所载明的内容，在保险人事先印制的定式保险单上逐项填写。保险单正、副本通常一式三联，一次性用复写纸合写（也可用打印机打印）。要求字迹清楚，数字准确，计算无误，内容完整。对投保多项财产的要粘贴保险单附表（或财产清单），分别粘贴在保险单正、副本上，并加盖骑缝章。制单完毕，制单员应签章，并在投保单上注明缮制日期、保单号码，对有附加险或附加其他条款的要将附加条款粘贴在保险单正本背面，加盖骑缝章。

2. 复核保险单

为了保证承保工作质量，必须加强复核工作。复核人员应严格履行职责，将保险单内容逐项复核。复核中尤其应当认真审核保险责任特别约定的内容、保险期限起讫时间、保险金额的确定是否符合规定、费率厘定是否合适、保险费计算是否正确等。复核无误后，复核人员应签章，然后应送承保管理人员或其授权人最后审核，并在保险单上盖承保管理人员印章及业务专用章，填具签章日期。

3. 开具保险费应收通知书和发票

保险单缮制完毕后，经办人员应按照保险单上载明的保险费数额，填写应收保费通知书，由投保人或单位凭此缴纳保险费。会计人员凭据保险单及应收通知书，经复核计算，核收投保人应缴纳的保险费，并在应收通知书上加盖保险人的财务专用章和会计人员印章。收到保费后，按照税务局相关规定开具发票交予投保人。

相关知识

签发企业财险保险单注意事项

1. 保险单内容与投保单内容一致

投保单上载明的投保财产、保险金额、投保险别等内容，是保险人同投保人事先经过协商确定的，内勤人员在签单前的审核中，认为投保单上所载明的各项内容符合承保条件和要求时，签单时应严格按照投保单各项内容如实填写，保险单与投保单相应的内容应一致，不得随意变更。如属投保单上某项内容有误，应让投保人予以更正。除此之外，保险单附表的内容亦应与投保单附表内容一致。否则，保险人承诺的条件同被保险人要约的条件不一致，影响保险合同的法律效力，使得保险合同难以履行，甚至还会影响保险人或被保险人的经济利益。

2. 特约保险订明的原则

当前，财产保险陆续开办许多新险种和附加险种。为了简化手续，方便保户，不少地方采取“一单多险”的办法，往往一张保险单同时承保几个险种。对于这种情况，在签发保险单时，一定要订明附加或特约的险种，并且应将附加或特约险种的条款粘贴在保险单正本背面，加盖骑缝章，以便作为出险后的理赔依据。

3. 保险期限承保日期不得提前的原则

为了有效防止道德风险发生，保险期限的起保期不能提前。通常情况下，保险期限应自签章承保日的次日的零时开始，不得从签章当日起保。

企业财产保险保单格式样本见表 5 - 4。

表 5－4　　财产保险综合险保险单（正本）

保险单号码：________

鉴于________（以下称被保险人）已向本公司投保财产保险综合险以及附加________险，并按本保险条款约定交纳保险费，本公司特签发本保险单并同意依照财产保险综合险条款和附加险条款及其特别约定条件，承担被保险人下列财产的保险责任。

	投保标的项目	以何种价值投保	保险金额（元）	费率（‰）	保险费（元）
综合险					
	特约保险标的				
总保险金额（大写）		（小写）			
附加险					
总保险费（大写）		（小写）			
特别声明：发生保险事故时，被保险人未按约定交付保险费，本公司不负赔偿责任。					
保险责任期限自　年 月 日零时起至　年 月 日二十四时止					
特别约定					
被保险人地址： 电　话： 邮政编码： 行　业： 所有制： 财产坐落地址： 共　个地址： 占用性质		保险人：__________保险有限公司（盖章） 地　址： 邮　码： 电　话： 传　真： 年　月　日			

经（副经）理：　　　　会计：　　　　复核：　　　　制单：

（五）保险单批改

保险单签发后，保险事项若有变动，如被保险人名称、保险金额、保险财产坐落存放地址、保险财产危险程度等发生变化时，被保险人应立即申请办理批改手续。

批改手续由保户先提出书面申请，签章后送交保险人。保险人收到批改申请，经审核同意后，签发批单，并填明制单日期。批改文字应力求简练明了、词义准确。签妥后的批单一般至少三份，两份加盖公章分别粘贴在保险单正副本上，并分别加盖骑缝章，另一份存入客户卷。批单应另行统一编号。被保险人的批改申请书应与其投保单一起存档。

1. 批改增减保险费

批改事项凡涉及保险费增减变化时，应列明加费或退费公式。对加费的，在签批单的同时，应开具加收保险费通知书和发票。按规定退费的，签发批单时，应开具保险费退费通知书。企业财产保险调整费率计算公式如下。

由高费率调为低费率：应退保险费 = 保险金额 ×（原费率 - 新费率）× 应退天数/365

由低费率调为高费率：应加保险费 = 保险金额 ×（新费率 - 原费率）× 应加天数/365

2. 保险责任未开始前退保的批改

保险单签发之后，在保险责任尚未开始时，投保人或被保险人要求退保，必须由其提出书面申请，连同保险单正本送签单公司。业务经办人员接到申请后，经核查，报请业务负责人同意，在退保申请上签批并办理退保手续。

（1）调出留存的保险单副本，加盖退保印记。

（2）收回保险单正本，并加盖退保印记。

（3）把退保申请连同原保险单正本送财务部门，通知退费。把投保人（或被保险人）出具的收费通知书连同退保申请由保险财务部门在原保险单正本上或退保申请上写明退保日期，然后送业务内勤粘贴在原保险单副本上。

（4）填写业务日报表。

（六）保单续保

财产保险的保险期限通常为 1 年，续保工作关系保险业务的持续、稳定的发展，其地位十分重要。

1. 填写到期通知单

展业人员应根据承保登记簿上所载明的已承保保户，按照不同的险种，根据不同的保险期限到期日期，以同一个月的续保保户，按日依次排列归类，编制“续保计划表”。续保计划表应对一个月内续保的保户填表一式两份，一份由展业人员留存，以便及时安排续保工作；一份送领导审阅，以掌握本单位每月续保情况，便于安排续保工作。

2. 续保通知

保计划编制好以后，应逐个填写“保险到期（续保）通知书”，并应提前一个月将通知书送达被保险人，同时进行续保动员。

续保动员工作的形式应灵活多样，为了确保续保工作的顺利进行，现通常采取在续保旺季召开续保动员大会的形式，邀请即将到期保户的负责人进行座谈，同时也可请当地政府和有关部门领导参加会议，帮助做续保动员工作。实践证明，这种办法是行之有效的，对于少数保户仍然需要上门做说服动员工作，对个别资金困难的保户，还需帮助其解决资金困难。

3. 无赔款优待计算

为了促进被保险人加强安全管理，调动其投保和搞好安全工作的积极性，财产保险的不少险种均规定有无赔款优待。

被保险人在办理续保手续时，保险业务人员应查阅原保险单副本及出险、赔款记录，核实出险及赔款情况。如被保险人在保险期限内无赔款或无已受理而未决的赔案时，保险人则应按照各险种无赔款优待规定的比例计算无赔款优待金额，并出具批单及优待金额收据，经复核与主管领导核准后，按支付程序办理付款、登录和归档。

保险财产在续保时有下列情况之一者，不享受无赔款优待。

（1）原保险期限不足1年。

（2）在原保险期限内已发生赠款或已出险受理而未决的赔案。

（3）在原保险期限内保险财产所有权已发生转移。

如果被保险人在续保时已享受无赔款优待，但事后发现在原保险期限内发生过赔款或期满后补报赔案，保险人则应在支付赔款时出具批单，扣除已减免的无赔款优待金额。

模块二
企业财产保险理赔

任务描述

掌握企业财产保险合同变更业务处理方法；能进行企业财产保险报案、立案、勘查、结案等业务处理；能准确核算企业财产保险赔款额，并利用模拟教学软件完成理赔业务处理。

知识准备

一、企业财产保险理赔流程

财产险理赔即处理赔案，是指保险财产发生保险事故造成损失后，被保险人提出赔偿，保险人依据保险合同的规定对被保险人履行经济补偿义务的过程。财产险核赔即审核赔案，是通过对理赔过程中的定责、定损、理算等环节的审核和监控来确认保险责任认定、损失核定、赔偿方式、赔款计算是否准确和合理的过程。

财产险理赔处理主要通过案件受理、现场查勘、责任审定、损失核定、赔款计算、缮制赔款计算书和结案报告书、赔付结案等环节来完成的。财产险核赔也是通过对上述环节的审核和监控来完成的。其具体流程见图 5－3。

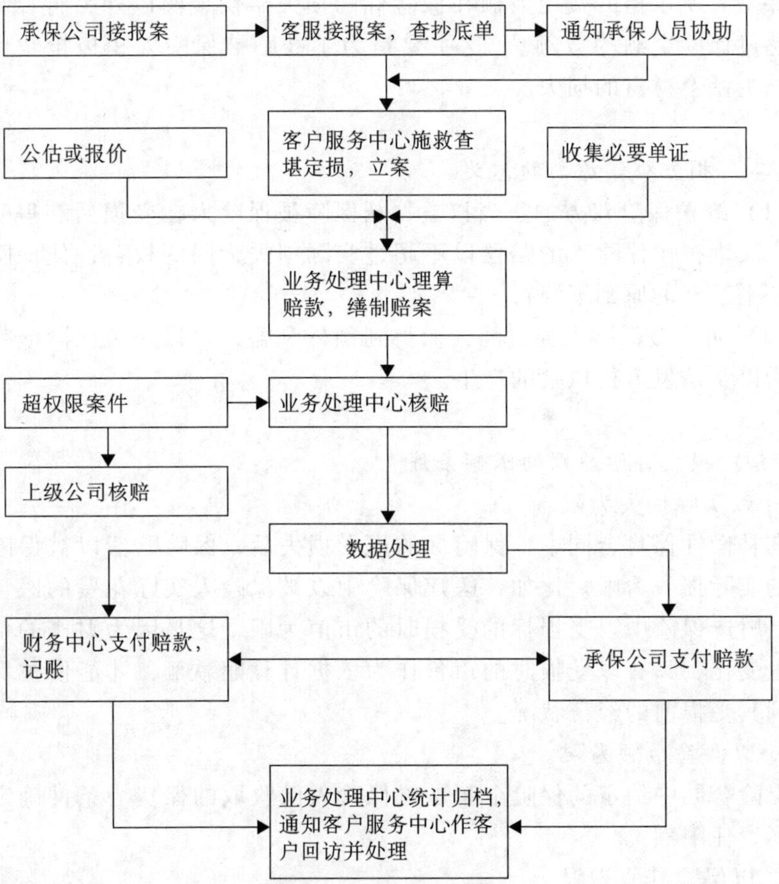

图 5－3　理赔流程图

二、损失补偿原则

（一）损失补偿原则的含义

损失补偿原则是指保险合同生效后，当保险标的发生保险责任范围内的损失时，通过保险赔偿，使被保险人恢复到受灾前的经济原状，但不能因损失而获得额外收益。该原则包括两层含义。

1. 补偿以保险责任范围内损失的发生为前提，即有损失发生就有补偿，无损失则无补偿。

2. 补偿以被保险人的实际损失及有关费用为限，即以被保险人恢复至受损失前的经济状态为限，因此，保险人的赔偿额不仅包括被保险标的的实际损失价值，还包括被保险人花费的施救费用、诉讼费等。换言之，保

微课：损失补偿原则

PPT：损失补偿原则

险补偿就是在保险金额范围内，对被保险人因保险事故所遭受损失的全部赔偿。

我国《保险法》第五十七条规定："保险事故发生时，被保险人应当尽力采取必要的措施，防止或者减少损失。保险事故发生后，被保险人为防止或者减少保险标的的损失所支出的必要的、合理的费用，由保险人承担；保险人所承担的费用数额在保险标的损失赔偿金额以外另行计算，最高不超过保险金额的数额。"这主要是为了鼓励被保险人积极抢救保险标的，减少社会财富的损失。

（二）损失补偿原则的意义

（1）维护保险双方的正当权益，既保障被保险人在受损后获得赔偿的权益，又维护了保险人的赔偿以不超过实际损失为限的权益，使保险合同能在公平互利的原则下履行。

（2）防止被保险人通过赔偿而得到额外利益，可以避免保险演变成赌博行为以及诱发道德风险的产生。

（三）损失补偿原则的限制条件

1. 以实际损失为限

在补偿性保险合同中，保险标的遭受损失后，保险赔偿以被保险人所遭受的实际损失为限。比如，医疗保险中以被保险人实际花费的医疗费用为限。财产保险中以受损标的受损时的市值为限，这是因为财产的价值经常发生变化，只有以受损时的市价作为依据计算赔款额，才能使被保险人恢复到其受损前的经济状况。

2. 以保险金额为限

保险合同中约定的保险金额是以保险人已收取的保费为条件确定的保险最高责任限额。

3. 以保险利益为限

保险人的赔偿以被保险人对受损标的所具有的保险利益为前提条件和最高限额。

（四）损失赔偿方式

1. 比例赔偿方式

在不定值的情况下，保险赔偿金额按照保险保障程度计算，即保险金额与损失当时保险财产的实际价值的比例计算赔偿金额，其计算公式为：

保险赔偿额 = 保险财产实际损失额 × 保障程度

保障程度 = 保险金额 ÷ 损失当时保险财产的实际价值

在足额投保时，保障程度等于 1，赔偿金额等于损失金额。在不足额投保时，保障程度小于 1，被保险人得不到十足的补偿。在超额投保的情况下，保险人按照足额投保处理，保障程度仍为 1，保险金额超过实际价值的部分无效。

2. 第一损失（危险）赔偿方式（见图5－4）

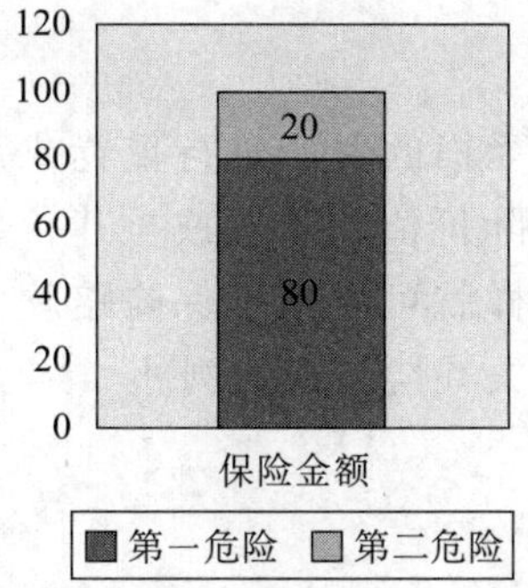

图5－4　第一危险赔偿方式示意图

采用此方式，当损失金额小于或等于保险金额时，保险人支付的赔偿金领等于损失金额；当损失金额大于保险金额时，赔偿金额等于保险金额。例如，标的价值100万元，保险金额为80万元，此时保险人承担的风险限额80万元即为第一危险，剩余的20万元风险限额由被保险人自留，称为第二危险。这里的第一、第二表示的是承担责任顺序的意思，事故发生后由承担第一危险的首先承担责任。

这种赔偿方式是将实际上不可分的保险财产价值分为两部分，第一部分价值与保险金额相等，视为足额即100%投保；第二部分价值是超过保险金额的部分，视为未投保。这种划分只是价值上的，而不是实物上的，所以任何一部分保险财产发生保险事故引起的拐失，只要在保险金额以内，保险人都按照实际损失赔付，第二部分损失则由被保险人自行负担。该种保险方式多用于家庭财产保险。

（五）损失补偿原则的例外

损失补偿原则虽然是保险的一项基本原则，但在保险实务中有一些例外情况。

1. 人身保险例外

由于人身保险的保险标的是无法估价的人的生命或身体机能，其可保利益也是无法估价的，所以人身保险合同不是补偿性合同，而是给付性合同。当保险事故或保险事件发生时，保险人按双方事先约定的金额给付。所以，损失补偿原则不适用于人身保险。

2. 定值保险例外

所谓定值保险是指保险合同双方当事人在订立保险时，约定保险标的的价值，并以此确定为保险金额，视为足额保险。当保险事故发生时，保险人不论保险标的的损失当时的市价如何，即不论保险标的的实际价值是大于还是小于保险金额，均按损失程度十足赔付。此类保险多适用于货物运输保险、国内船舶保险。其计算公式为：

保险赔款 = 保险金额 × 损失程度（%）

在这种情况下，保险赔款可能超过实际损失。因此，定值保险是损失补偿原则的例外。

3. 重置价值保险例外

为了满足被保险人对受损的财产进行重置或重建的需要，保险人允许投保人按超过保险标的实际价值的重置或重建价值投保，发生损失时，按重置费用或成本赔付。这样就可能出现保险赔款大于实际损失的情况，所以，重置价值保险也是损失补偿原则的例外。

三、代位求偿原则

微课：代位求偿原则

PPT：代位求偿原则

文本：车险的代位求偿案例

（一）代位求偿原则的含义

代位求偿原则又称为代位追偿原则，是损失补偿原则的派生原则，是指在财产保险中，保险人依照法律或者合同约定，对被保险人所遭受的损失进行赔偿后，依法取得向对财产损失负有责任的第三者进行追偿的权利或取得被保险人对保险标的的所有权。

进行“代位求偿”有三个前提：

（1）保险责任的形成必须是由第三方所造成的。除被保险人的家庭成员或者其组成人员故意造成由第三者承担保险标的损害赔偿责任的保险事故之外，保险人不得对被保险人的家庭成员或者其组成人员行使代位请求赔偿的权利。

（2）第三方对于保险标的所造成的损失必须符合保险合同规定的保险责任范围。

（3）保险人必须首先向被保险人履行赔偿责任。保险人在行使代位求偿权利的过程中所获得的超出其向被保险人履行赔偿责任的金额必须返还给被保险人，即保险人不能运用代位求偿权利而获得超出其所承担的实际赔偿责任的利益。

（二）代位求偿原则的主要内容

1. 权利代位

权利代位即求偿权的代位，是指在财产保险中，当保险标的遭受保险责任事故造成损失，依法应当由第三者承担赔偿责任时，保险人自支付保险赔偿金之日起，在赔偿金额限度内，相应取得对第三者请求赔偿的权利。我国《保险法》第六十条规定：“因第三者对保险标的的损害而造成保险事故的，保险人自向被保险人赔偿保险金之日起，在赔偿金额范围内代位行使被保险人对第三者请求赔偿的权利。”

2. 物上代位

物上代位是指保险标的遭受保险事故，保险人在全额给付保险赔偿金之后依法取得对该保险标的物的所有权，即代位取得受损保险标的物的权利与义务。

物上代位通常产生于对保险标的作推定全损的处理。推定全损是指，保险标的遭受保险事故尚未达到完全损毁或完全灭失的状态，但实际全损已不可避免，或者修复和施救费用将超过保险价值，或者失踪达一定时间，保险人按照全损处理的一种推定性的损失。例如，海上运输货物保险和房屋火灾保险，在发生推定全损，保险人赔偿后，保险人可获得捕捞物和残余物的所有权。我国《保险法》第五十九条规定：“保险事故发生后，保险人已支付了全部保险金额，并且保险金额等于保险价值的，受损保险标的的全部权利归于保险人；保险金额低于保险价值的，保险人按照保险金额与保险价值的比例取得受损保险标的的部分权利。”

（三）代位求偿原则的注意事项

对于被保险人来说，在处理三方关系时应注意：

（1）保险标的发生损失后，被保险人既有权首先向保险人请求赔偿，也可以首先向第三者责任方请求赔偿。被保险人已经从第三者取得损失赔偿的，保险人将在赔偿保险金时，相应地扣减被保险人已获得的赔偿金额。我国《保险法》第六十条规定：“……保险事故发生后，被保险人已经从第三者取得损害赔偿的，保险人赔偿保险金时，可以相应扣减被保险人从第三者已取得的赔偿金额。”

文本：权益转让书对保险人代位求偿权的影响

（2）即使保险人行使代位求偿权，也不影响被保险人就未取得保险人赔偿的部分，向第三者请求赔偿的权利。我国《保险法》第六十条规定：“保险人依照本条第一款规定行使代位请求赔偿的权利，不影响被保险人就未取得赔偿的部分向第三者请求赔偿的权利。”

（3）保险人未赔偿保险金之前，被保险人未与保险人商量，便放弃向第三者请求赔偿权利的，保险人将不承担赔偿保险金责任；保险人向被保险人赔偿保险金后，被保险人未经保险人同意，放弃向第三者请求赔偿权利的，被保险人的行为无效；由于被保险人的过错，致使保险人难以行使代位求偿权的，保险人将相应扣减保险赔偿金。

我国《保险法》第六十一条规定：“保险事故发生后，保险人未赔偿保险金之前，被保险人放弃对第三者请求赔偿的权利的，保险人不承担赔偿保险金的责任。保险人向被保险人赔偿保险金后，被保险人未经保险人同意放弃对第三者请求赔偿的权利的，该行为无效。被保险人故意或者因重大过失致使保险人不能行使代位请求赔偿的权利的，保险人可以扣减或者要求返还相应的保险金。”

（4）在保险人行使代位求偿权时，被保险人应尽量协助保险人，如向保险人提供必要的文件，提供所知道的有关情况等。

我国《保险法》第六十三条规定：“保险人向第三者行使代位请求赔偿权利时，被保险人应当向保险人提供必要的文件和所知道的有关情况。”

（四）代位求偿原则的适用范围

代位求偿原则不适用于人身保险。

我国《保险法》第四十六条规定：人身保险的“被保险人因第三者的行为而发生死亡、伤残或者疾病等保险事故的，保险人向被保险人或者受益人给付保险金后，不享有向第三者追偿的权利，但被保险人或者受益人仍有权向第三者请求赔偿。”

案例分析

无证焊接引发火灾 保险公司代位求偿

案情介绍：

2018年5月27日，吴江某公司就其公司资产向某保险公司投保了财产一切险，保险期限为一年。

2019年3月，吴江某公司就其车间的悬吊线改造系统发包给昆山某公司施工，昆山某公司将工程转包给冯某，冯某再转包给黄某，黄某带领不具有电焊从业资格的王某等人进入吴江某公司进行施工。2019年4月，王某在使用明火气割时，溅出的火花引燃堆放物，造成火灾事故，经保险公估公司核损为961万余元。后保险公司与吴江某公司达成赔偿协议，由保险公司向其支付了赔款610万余元。

依据保险法相关规定，保险人自向被保险人赔偿保险金后，有权代位行使被保险人对第三者请求赔偿的权利。面对保险公司的起诉，昆山某公司认为悬吊线改造系统工程款仅为6.2万元，却要面对如此巨额的索赔，表示难以接受。

法院审理认为，考虑吴江某公司不当堆放物品的行为对于火灾的形成亦具有原因力，可适当减少昆山某公司的赔偿责任，在法院主持下，双方达成了调解协议，昆山某公司一次性赔偿原告损失350万元。

四、重复保险分摊原则

微课：重复保险分摊原则

PPT：重复保险分摊原则

（一）重复保险分摊原则的含义

重复保险分摊原则是损失补偿原则的另一派生原则，指在重复保险的情况下，当保险事故发生时，各保险人应采取适当的分摊方法分配赔偿责任，使被保险人既能得到充分的补偿，又不会超过其实际损失而获得额外的利益，对于防止保险欺诈、降低道德风险具有重要的意义。

（二）重复保险的分摊方式

1. 比例责任分摊方式

各保险人按其承保的保险金额占保险金额总和的比例分摊保险事故造成的损失，支付赔款。其计算公式为：

各保险人承担的赔款＝损失金额×该保险人承保的保险金额/各保险人

承保的保险金额总和

例：A、B、C 三家保险公司先后承保同一家庭室内财产，其价值为 50 万元，保险金额分别 10 万元、20 万元和 50 万元，该财产在保险期限内因保险事故发生损失 30 万元。那么按比例责任分摊方式，A、B、C 三家保险公司各应赔偿的保险金如下：

$A=30\times[10/(10+20+50)]=3.75$（万元）

$B=30\times[20/(10+20+50)]=7.5$（万元）

$C=30\times[50/(10+20+50)]=18.75$（万元）

2. 限额责任分摊方式

各家保险公司的分摊不以其保险金额为基础，而是在假设无他保情况下单独应负的赔偿责任限额占各家保险公司赔偿责任限额之和的比例分摊损失金额。其计算公式为：

各保险人承担的赔款 = 损失金额 × 该保险人的赔偿限额/各保险人赔偿限额总和

如上例，如果按限额责任分摊方式，A、B、C 三家保险公司各应赔偿的金额如下。

$A=30\times[10/(10+20+30)]=5$（万元）

$B=30\times[20/(10+20+30)]=10$（万元）

$C=30\times[30/(10+20+30)]=15$（万元）

3. 顺序责任分摊方式

各保险公司按出单时间顺序赔偿，先出单的公司先在其保额限度内负责赔偿，后出单的公司只在损失额超出前一家公司的保额时，在自身保额限度内赔偿超出部分。

仍如上例，按顺序责任分摊方式，A、B、C 三家保险公司各应赔偿的金额为：$A=10$（万元）；$B=20$（万元）；$C=0$（万元）。

在保险实务中，各国较多采用的是比例责任和限额责任分摊方式，因为顺序责任分摊方式下各承保公司承担的责任有欠公平。我国《保险法》第五十六条规定："重复保险的各保险人赔偿金额的总和不得超过保险价值。除合同另有约定外，各保险人按照其保险金额与保险金额总和的比例承担赔偿保险金的责任。"

微课：企业财产保险理赔业务

业务处理

PPT：企业财产保险理赔业务

一、案件受理

受理案件是指保险财产发生损失后，被保险人根据保险条款的规定，及时通知保险人，保险人登记相关报案信息，核对被保险人投保情况并作出是否派员赴现场查勘的过程。

微课：企业财产保险理赔实训

1. 接受报案

接到报案后，保险人应详细询问案情，填写报案登记表，主要内容包括：被保险人的名称、保险单号码、出险日期、出险原因、出险地点、受损情况、报案人姓名、联系电话及方式等；另外，要指导被保险人填写出险通知书，见表5－5。

表5－5 财产保险出险通知书样本

保险险别		保险标的名称	
被保人名称		保品所在地	
保险单或凭证号码		批单号码	
保险期限	自 年 月 日 起 至 年 月 日 止	保险金额及免赔额	
出险日期	年 月 日 上午/下午 时	出险地点	
联系人		联系电话及传真	
出险情况、主要原因及施救经过：			
损失估计（人民币元）：			
经办公司签注意见： 赔案编号		投保人（或单位）签章 报案日期 年 月 日	

1. 本通知书应由被保险人（或单位）于出险后立即填写一份经签章后传真给保险公司。

2. 本通知所列有关各栏（“经办公司签注意见”除外）均应由被保险人详细填写以便进行处理。

2. 查抄保单

根据被保险人口头报案，业务内勤应及时抄录有关保险单、批单副本，并与报案记录内容核对。抄单时特别要注意被保险人的名称是否相符、出险日期是否在保险有效期内、受损财产是否在承保财产范围之内等。

3. 编号立案

出险案件无论应否赔付，均应编号立案。接报案客服在系统中进行立案操作，提交审核。同时将出险通知书等书面材料进行整理，送业务负责人签署处理意见，然后将抄单一并交理赔人员签收处理，并建立专卷或案袋，以后有关该案的各项记录、单证、报告等文件均应汇归卷内。有关往来文件要注明案号，以便查调案卷。

案件受理环节审核控制要点为：投保险别；受损标的是否属保险标的；出险地点是否在保单载明地点；出险原因是否属保险责任；出险时间是否在保险期限内；是否按合同约定缴纳保险费；索赔人是否有权索赔等。对通过初步审核的案件，确定查勘人员，超过审批权限的应通知上级公司。

二、现场查勘

现场查勘是指当保险财产遭受保险事故时，保险人到灾害事故现场实地了解出险情况和核定损失的工作。理赔人员在赶赴现场查勘前，应做好各种准备，如核对查抄的单底和出险通知书、了解保险标的承保情况和应负的保险责任、携带查勘所必需的工具、用具等，并及时与被保险人联系，立即奔赴灾害事故现场。现场查勘至少应两人同往，其主要内容有：

1. 现场调查

现场查勘人员应了解企业业务范围、生产流程，了解事故原因及经过，必要时制作询问笔录，或让当事人、目击者书写出险经过，并签字确认。

2. 拍摄事故照片

事故照片应能反映现场全景、受损财产的损失状态、起火点，并尽可能绘制现场草图，配以文字说明。

3. 现场施救处理

理赔人员赶往灾害现场时，如果灾害尚未得到控制或正在蔓延，应立即督促协同被保险人现场施救，尽量减少损失。如果灾害事故已经制止，应协助被保险人立即对受灾现场进行清理，了解施救项目及费用。

4. 查对财会账表

及时查阅有关财务账册是现场查勘的任务之一，通过查阅总账、明细分类账、资产登记簿、资产卡片、仓库保管账、出入库单据和记录等，可落实受损保险财产项目、账面数额和价格标准，剔除未保财产。对损失较大的案件要及时封账。

5. 估算核实受损财产

及时索取损失清单，按类别和受损程度与被保险人共同清点受损财产并确认清点结果，编制受损标的损失核定表、施救费用核定表，估算损失，并估算残值。

6. 缮制现场查勘报告

报告应由查勘人员缮制，要求内容完整、情节清楚、文字简练，并应由一人缮写、一人复核、两人签章。

三、责任审核

1. 查明出险原因

核对事故证明文件，确定事故是否属条款列明的保险责任范围，是否应该全部负责。

2. 查明保险标的灾前状况

查明保险标的灾前是否有缺陷，是否有自然损耗或本身就是残次品、过期品。

3. 区分直接损失和间接损失

分清是直接损失还是间接损失，是否剔除了间接损失。

4. 查明有无第三者责任

如果有第三者责任，属第三者责任的是否办理了追偿手续。

四、损失核定

损失核定主要通过以下环节来完成。

1. 将损失清单与保单核对，与财务账册报表核对

此环节主要是核定受损财产范围，确定承保数据是否与账表相符，是否足额投保。受损财产是否属于保险财产，是否已剔除未保财产。

2. 核定固定资产受损状况

此环节是要查明细账，分项摘录编号、原值、折旧、净值；对于建筑物还应索取工程决算表。

3. 核定存货受损状况

此环节是核定汇总出险日存货项下各科目余额。原材料、产品要查明细账，分项摘录出险日账面数据（全部存量、单价、金额）；在产品要查“生产成本”科目余额及成本计算单。

4. 核定在建工程受损状况

此环节是查“在建工程”科目账面余额、工程预算表。

5. 逐项审核施救费用清单

损失核定环节审核控制要点：核定受损财产的数量；核定受损财产的价格；受损财产价格是否根据账面价格确定或有账面依据，或按投保时约定价格确定，注意呆滞品应按呆滞品价格，重置价值低于账面价值或保额的应按重置价；核定施救费用是否必要、合理，应按比例分摊的是否分摊；残值金额是否扣除，折归被保险人。

五、赔款计算

拓展阅读

企业财产的赔偿方式

保险财产遭受损失后，被保险人按照保险合同约定，应在保险金额内获得保险赔偿。在一般情况下，建筑物损失的保险赔偿是修复或重建建筑物的费用；机器设备、仓库物资等其他财产损失的保险赔偿是保险财产受损时的市场价值。

我国企业财产保险合同约定的保险赔偿方式，通常有以下两种：一

是保险人向被保险人支付赔偿款；二是保险人承担恢复或置换受损保险财产的费用，即通常所说的重置赔偿方式。有的企业财产保险合同约定，保险人有权选择重置赔偿方式履行赔偿义务，若没有相关规定，则保险人只能以支付赔款的方式进行补偿。保险人不管选择哪种方式，其赔偿限额都是财产保险合同中约定的保险金额。

保险人选择以重置方式履行赔偿义务主要有以下几种情况：一是保险人难以就赔偿款和被保险人协商达成一致，而重置方式所需费用又比被保险人主张的赔偿款少得多；二是保险人怀疑造成保险财产受损的真正原因，或怀疑被保险人的索赔金额过于巨大时，但又没有充分的证据证明被保险人有故意或欺诈行为；三是保险财产损失较轻，用重置方式赔偿受损财产比较快捷方便且节约费用。

微课：五分钟说透企业财产保险的赔偿处理

（一）赔偿金额计算

1. 固定资产的赔偿金额计算

（1）全部损失。如果发生保险责任范围内的全部损失，根据受损财产的保险金额与出险时重置价值关系的不同，保险赔偿分为以下两种情况。

①保险金额低于重置重建价值时，赔偿金以不超过保险金额为限。

赔偿金额 = 保险金额 − 残余价值

某企业投保财产一切险，其中，生产厂房保额为100万元，在保险期限内，发生意外爆炸全损，残值为10万元，出险时生产厂房实际价值（市价）为120万元，赔款计算为：

赔款 = 保额 − 残值 = 100 − 10 = 90（万元）

②保险金额大于或等于重置重建价值时，赔偿金以不超过重置重建价值为限。

赔偿金额 = 重置重建价值 − 残余价值

某企业投保财产一切险，其中，发电机一组保额为1 000万元，在保险期限内发生火灾全损，出险时设备实际价值（已扣除折旧）800万元，残值为80万元，赔款计算为：

赔款 = 市价 − 残值 = 800 − 80 = 720（万元）

（2）部分损失。如果发生保险责任范围内的部分损失，其赔偿方式有以下两种。

①按账面原值投保的财产，出险时，如果受损财产的保险金额低于重建重置价值（此时的保险实际已变为不足额投保），则应按比例赔偿，即根据实际损修复费用乘以保险金额与出险时重建重置价值的比例计算赔偿金额。其计算方法：

赔偿金额 = 保险金额 × 保障程度

或赔偿金额 =（损失金额 − 残值）×（保额/实际重置价值）

某企业投保了机损险，其中，某设备保额4 000元，在保险期限内，因离心力造成断裂，无法修复，残值为400元，实际重置价值为5 000元，赔款计算如下：

赔款 =（损失金额 - 残值）×（保额/实际重置价值）

=（5 000 - 400）×（4 000 ÷ 5 000）= 3 680（元）

②如果受损保险财产的保险金额相当于或者高于重置重建价值，则按实际损失计算赔偿金额。

2. 流动资产、存货的赔偿计算

（1）全部损失。受损财产保险金额等于或高于出险时的账面余额时，其赔偿金额以不超过出险时的账面余额为限。保额低于出险时的账面余额时，其赔款不超过保额。

（2）部分损失。受损财产保险金额等于或高于出险时的账面余额时，其赔偿金额按实际损失计算。受损财产保险金额低于保险价值或账面余额时，其赔偿金额按保险金额与保险价值的比例计算。其公式为：

赔款额 = 保险金额 ÷ 出险时的账面余额 ×（实际损失或受损财产恢复原状所需修复费用 - 残值）

3. 账外财产和代保管财产的赔偿计算

（1）全部损失。保额等于或高于出险时重置价值或账面余额，其赔偿金额以不超过出险时的重置价值或账面余额为限；保额低于出险时重置价值或账面余额，其赔偿金额以不超过该项财产的保险金额为限。

（2）部分损失。保额等于或高于出险时重置价值或账面余额，按实际损失计算；保额低于出险时重置价值或账面余额，赔款额 = 保险金额 ÷ 出险时的重置价值或账面余额 ×（实际损失或受损财产恢复原状所需修复费用 - 应扣残值）。

总之，赔款所遵循的原则是一致的，主要表现为：①如果保险金额低于出险时的重置价值或账面余额，应适用比例分摊赔偿方式；②固定资产、流动资产（存货）、账外财产和代保管财产应根据会计明细账、卡分项计算；③赔偿金额分别以保险金额或各项财产出险时的重置价值或账面余额为最高限额，以低者为限。

4. 其他事项

（1）施救、抢救、保护费用与保险财产损失金额的赔偿。①可以分别按两个保险金额计算，均以不超过保险金额为限。②若受损保险财产按比例赔偿时，施救费用也按相同比例赔偿。③施救费用的赔偿计算：应先区分用于保险财产的施救费用；当不能区分时，应根据保险财产价值占全部施救财产价值的比例计算施救费用。计算公式为：保险财产施救费用 = 施救费用 ×（施救保险财产/全部被施救财产）。

某企业一批财产在投保时按市价确定保险金额900万元，后因发生保险事故，损失为400万元，被保险人支出施救费用50万元。这批财产在发生保险事故时的市价为1 000万元，问保险公司如何赔付？

解：这种情况属于不定值保险的不足额保险方式，应使用比例赔偿方式。即：

保险赔偿额 =（保险财产实际损失额 + 施救费）×（保险金额/保险价值）

=（400 + 50）×（900 ÷ 1 000）= 405（万元）

（2）因第三者对保险财产的损害而造成保险事故的，保险人自向被保险人赔偿保险金之日起，在赔偿金额范围内行使代位求偿权。

（3）保险财产遭受部分损失赔偿后，保险人应出具批单，注明该保单的保险金额减去赔偿金额后尚余的有效保险金额。保险人对该有效保险金额继续负责直至保险期满时止。已经赔偿的保险金额部分，因保险人已履行赔偿义务，故不再退还保费。这部分已赔偿的财产恢复后，续保时要另加保险费，按约定的保险费率加缴恢复部分从损失发生之日起至保险期限终止之日止，按日比例计算的保险费。

某企业投保企业财产保险综合险，保险金额为 100 万元，保险有效期间从 2021 年 1 月 1 日至 12 月 31 日。假设企业每次事故后都会将保额恢复到 100 万元。

（1）该企业于 2021 年 2 月 12 日发生火灾，损失金额为 80 万元，保险事故发生时的实际价值为 200 万元，则保险公司应赔偿多少？为什么？

（2）2021 年 4 月 23 日因发生地震而造成财产损失 60 万元，保险事故发生时的实际价值为 200 万元，则保险公司应赔偿多少？为什么？

（3）2021 年 12 月 12 日因下暴雨，仓库进水而造成存货损失 80 万元，保险事故发生时的企业财产实际价值为 80 万元，则保险公司应赔偿多少？为什么？

解：（1）保险公司赔偿金额 = 损失金额 × 保险保障程度 = 80 × 100 ÷ 200 = 40（万元）。因为该保险为不足额保险，所以采用比例赔偿方式。

（2）由于地震属于企业财产保险综合险的责任免除，所以保险公司可以拒赔。

（3）保险公司赔偿金额 = 保险价值 = 损失金额 = 80 万元。因为该保险为超额保险，保险金额超过保险价值的部分无效，所以按保险价值赔偿。

六、缮制赔款计算书和结案报告书

1. 缮制赔款计算书

赔款计算书是保险人支付赔偿款的重要凭证，需认真填写，项目要齐全，金额要准确，不得任意涂改。赔款计算书缮制完毕送负责人签章后，由理赔人员登记，送财务部门签收凭以支付赔款。

2. 缮制结案报告书

结案报告书内容主要包括：被保险人概况、事故经过及原因、现场查勘情况、核损情况、损失计算、结论等。结案报告书应做到有理有据、层次分明、语言简明扼要。完成后需加盖业务公章并由填制人和负责人签名。

七、赔付结案

案件经审核批准后，标志着核赔工作已经结束，可在系统中进行结案处理。结案时必须核对赔款支付的对象，正确填写收款人名称、账号等信息。随后通知财务部门进行赔款支付。支付完成后，将赔案情况通知承保和业务部门，并做好后续的案卷资料归档工作。

项目小结

企业财产保险是由火灾险演化而来，目前主要有基本险、综合险、一切险三大险种，其保险价值按出险时的实际价值确定，保险金额可按账面原值、账面余额或被保险人自行估价确定，在不足额投保下，赔款按比例赔偿方式计算。如果属于重复投保，按分摊原则计算各保险公司应承担赔款额。保险人依照合同约定对被保险人所遭受的损失进行赔偿后，依法拥有权利代位或物上代位权利。我们要掌握企业财产保险的经营流程，做好展业准备，加强展业宣传，提升展业服务，并严格遵循承保、核保、理赔、核赔、赔款理算等环节的要求进行企业财产保险业务处理。

科技兴国：保险链上区块链

问题讨论

企业财产保险与家庭财产保险的损失赔偿方式有什么不同？

推荐阅读

各财产保险公司网站。

习题与实训

1. 思考题

（1）简述企业财产保险的保障范围。

（2）简述企业财产保险基本险、综合险、一切险的保险责任与除外责任。

（3）什么是损失补偿原则？损失补偿原则有何意义？

（4）什么是代位求偿原则？它的主要内容是什么？

（5）什么是重复保险的分摊原则？有哪几种分摊方式？

2. 综合训练题

将全班同学分成若干组，每组4—6人，对所在学校（单位）进行实地调查，根据调查结果撰写一份风险评估报告，同时制作保险建议书。根据制作的保险建议书利用模拟教学软件为学校投保企业财产险。

3. 案例分析题

案例1：

重复保险案例

某大厦管理有限公司在A保险公司投保了财产一切险，其中包含水暖管爆裂造成的水管本身和存货损失，水暖管和存货保险金额为70万元。保险期间内，大厦发生水管爆裂，造成部分财产损失。出险后，大厦管理公司向A公司报案，核定大厦自有财产（含存货）损失为11.6万元。由于该大厦同时在B保险公司投保了公众责任险，保险金额为200万元。经过B保险公司核定，大厦内的商户财产损失共7.8万元，并按此金额进行了赔偿。而A公司称大厦管理公司存在重复投保的情况，需要在理赔时扣除B公司已经赔偿的部分。

试分析本案中的两份保险是否属于重复保险？A公司在理赔时扣除B公司已赔偿部分理由是否充分？

案例2：

代驾服务期间发生事故 保险公司能否代位求偿

基本案情

某保险公司承保王某名下车辆。保险期间内，王某因饮酒不能驾驶，遂通过“e代驾”网络平台向某汽车技术开发服务有限公司（以下简称代驾公司）请求有偿代驾服务，代驾公司接受后指派了吴某提供代驾服务。王某签署了由吴某提供的“委托代驾服务协议”，王某在委托方署名，吴某、代驾公司在被委托方签名和签章。吴某提供代驾服务时发生交通事故，据交警部门作出的事故认定书，吴某负事故全部责任。此次交通事故，经某保险公司定损并向王某赔付了保险金159 194元。王某承诺将已获赔部分的追偿权转给某保险公司。某保险公司遂将吴某、代驾公司起诉至法院，要求连带赔偿某保险公司经济损失159 194元。

裁判结果

当地某区人民法院作出民事判决：①某汽车技术开发服务有限公司、吴某共同于判决发生法律效力之日起10日内向某保险公司支付赔偿款124 834元；②驳回某保险公司的其他诉讼请求。

当地中级人民法院于2017年10月11日作出民事判决：①撤销当地某区人民法院民事判决第二项。②变更当地某区人民法院民事判决第一项为：某汽车技术开发服务有限公司于判决发生法律效力之日起10日内向保险公司支付赔偿款124 834元。③驳回某保险公司的其他诉讼请求。

阅读以上案例，分析代位求偿原则的适用范围、主要内容及运用时的注意事项。

6 项目六 家庭财产保险经营

学习目标

知识学习目标：

了解家庭财产保险的承保范围；理解家庭财产综合保险的保险责任与除外责任；了解家庭财产保险的经营流程；掌握家庭财产保险的赔款计算方法。

技能训练目标：

能够熟练操作家庭财产保险投保、核保、保全、核赔、理赔等业务；能够熟练核算家庭财产保险赔款额。

工作任务

应完成的工作任务：

利用模拟教学软件进行家庭财产保险投保、核保、保全、理赔等业务操作；根据所给信息准确核算家庭财产保险赔款额。

完成工作任务应提交的标志性成果：

家庭财产保险经营过程中的相关资料，如投保单、保险单、批单等。

模块一
家庭财产保险承保

任务描述

掌握家庭财产保险展业渠道和技巧；正确填写家庭财产保险投保单；掌握家庭财产保险核保要素；掌握家庭财产保险承保、保全流程。将同学分成客户、代理人、财险公司、经纪人四个角色完成填制家庭财产保险投保单、核保、承保、保全等业务操作。

知识准备

家庭财产保险简称家财险，是面向城乡居民家庭并以其住宅（房屋及附属设备）及存放在固定场所的物质财产（家庭的自有财产或代他人保管、与他人共有的财产）为保险标的，以意外事故造成的损失为保险责任的财产保险。家庭财产保险属于火灾保险范畴，强调保险标的的实体性和保险地址的固定性。

微课：家庭财产保险的相关知识

PPT：家庭财产保险的相关知识

目前市场上的家财险险种主要有：家庭财产综合保险、家庭财产两全保险和家庭财产保险常见附加险。

一、家庭财产综合保险

（一）承保范围

1. 可保的家庭财产

坐落、存放在本保险单所载明的地点，属于被保险人所有或使用，并经保险人同意承保的家庭财产。具体内容包括：①房屋及附属设备（如固定装置的水暖、气暖、卫生、供水、管道煤气及供电设备、厨房配套的设备等），不包括附属建筑物；②室内财产，指衣服、家具、床上用品、厨具、家用电器及文体娱乐用品；③室内装潢。

2. 不保的家庭财产

包括：①金银、首饰、珠宝、钻石及制品、艺术品、稀有金属等珍贵财物；②货币、有价证券、票证、邮票、古玩、古币、字画、书籍、文件、账册、技术资料、图表、电脑软件及资料以及其他无法确定价值的财产；③日用消耗品、各种交通工具、养殖及种植物；④用于从事商品生产、经营活动的财产和出租用作工商业的房屋；⑤违章建筑以及处于紧急状态的财产；⑥不属于可保财产范围内的其他家庭财产。

3. 特约承保的家庭财产

包括：①属于被保险人代他人保管或者与他人共有而由被保险人负责的上述财产；②存放在院内、室内的非动力农机具、农用工具；③无人居住的房屋以及存放在里面的财产；④经保险人同意的其他财产，特约财产在投保时需保险双方明确财产归属、类别、数量等情况，分别确定保险金额并在保险单特约承保财产栏中注明，财产类别和数量较多时需附财产清单。

微课：家庭财产保险的重要险种

PPT：家庭财产保险的重要险种

（二）承保时应注意的问题

（1）应区分直接承保财产和特约承保财产，并注意对它们采用不同的承保方式。

（2）对于房屋及室内附属设备、室内装修与室内财产应分开承保，因为二者的赔偿方式不同。

（3）对于室内财产中的家用电器和文体娱乐用品、衣物和床上用品、家具及其他生活用具应分项确定保险金额。因为保险人对室内财产的损失实行第一危险赔偿方式，所以要分别确定各项财产的保险金额，这样做有利于控制风险、降低赔付率。

（三）保险责任与除外责任

1. 保险责任

保险期间内，保险标的在保险单载明的地址内由于下列原因发生的损失，保险人负责赔偿：①火灾、爆炸；②雷击、暴风、暴雨、雹灾、雪灾、洪水、台风、地面突然塌陷、突发性滑坡、崖崩、龙卷风、冰凌、泥石流；③空中运行物体的坠落以及外来不属被保险人所有和使用的建筑物和其他固定物体的倒塌；④在发生上述灾害或事故时，为了抢救保险标的或防止灾害蔓延采取合理的必要的措施而造成保险财产的损失；⑤在保险事故发生后，被保险人为了防止或减少保险标的的损失所支付的合理的必要的费用。

2. 除外责任

下列原因造成的损失、费用，保险人不承担赔偿责任：①战争、敌对行为、军事行动、武装冲突、罢工、暴动、盗抢；②核反应、核子辐射和放射性污染；③被保险人及其家庭成员、寄居人、雇用人员的违法、犯罪或故意行为；④保险标的遭受保险事故引起的各种间接损失；⑤地震及其发生灾害所造成的一切损失；⑥家用电器因使用过度、超电压、短路、漏电、自身发热、烘烤等原因所造成本身的损毁；⑦坐落在蓄洪区、行洪区、河岸边、低洼地区以及防洪堤以外当地常年警戒水位线以下的家庭财产，由于洪水所造成的一切损失；⑧保险标的本身缺陷、保管不善导致的损毁；保险标的的变质、霉烂、受潮、虫咬、自然磨损、自燃、烘焙所造成本身的损失；⑨行政、执法行为引起的损失和费用；⑩其他不属于保险责任范围的损失和费用。

（四）保险金额

房屋及室内附属设备、室内装修的保险金额由被保险人根据财产的购置价或市场价自行确定，室内财产的保险金额由投保人根据当时实际价值分项目自行确定。不分项目的，保险公司一般规定各大类财产在保险金额中所占比例，如规定室内财产中的家用电器及文体娱乐用品占40%，衣物及床上用品占30%，家具及其他生活用具占30%。农机具等财产的保险金额由投保人根据当时实际价值分项目自行确定。特约财产的保险金额由被保险人和保险人双方约定。单位集体投保的家庭财产保险，其保险金额一般由该单位统一确定。如果被保险人认为集体投保的保险金额太低，不符合自己的实际情况，可以另外再单独投保，两份保险单的保险金额是可以合并在一起计算的。此外，在同一家庭中，几个已工作的成员都分别在各自的单位里集体投了家庭财产保险，被保险人也可以合并计算这些保险单的保险金额，但保险金额超过保险价值的部分无效。

（五）保险期限

保险期限分为1年期和多年期，均自保险单约定起保日零时起至期满日24时止。保险期满，保险责任自行终止。

动画：家庭财产保险的“4”个保

二、家庭财产两全保险

家庭财产两全保险兼有经济补偿和到期还本双重性质。保险人用被保险人所交纳的保险储金的利息收入作为保险费，在保险期满时将所交纳的保险储金全部如数返还被保险人。家庭财产两全保险既可为保险人积聚大量的可运用资金，增加保险人的资金实力，又同时由于其期限较长，增强了业务的稳定性，并减少了每年展业、出单、收费的工作量。

（一）保险储金

文本：投保人状告保险公司返还保险储金

家庭财产两全保险的保险财产、保险责任，以及适用范围等方面与家庭财产综合保险相同，保险金额即保险储金，采取定额方式，按份计算，城镇居民一般以1 000元为一份，农村居民一般以2 000元为一份，投保份数的多少可根据自己家庭财产的实际价值确定。保险人通过收取一定的保险储金，以保险储金产生的利息作为保险费来承担保险责任。保险储金的性质是储蓄性的，在保险期满时，不论被保险人在保险期间有无获得保险赔偿，也不论保险合同在保险期满前是否终止，保险人均退还全部储金。被保险人如果愿意续保，保险公司可将原来应退还的保险储金作为续保时应交的保险储金。对于期满后逾期不领取的保险储金，无论逾期多久，一律不计息，在领取时仅归还原保险储金数。另外，如果被保险人丧生，储金也应归还其家属。

家庭财产两全保险的期限分为3年和5年两种，从约定起保日零时起至期满日24时止，如到期被保险人不申请退保，保险单自动续转。被保险人应在投保时一次缴清保险储金。保险储金计算的依据是家庭财产综合保险对应的费率和承保当时的银行利率。其计算公式为：

保险储金 = 保险金额 × 储金率

储金率 = 银行利率 ÷ 保险费率

银行利率 = 人民银行公布的一年期存款利率 ×（1 - 代扣利息税率）

（二）赔偿处理

在保险期限内任一保险年度，如果累计赔款金额达到保险金额的，当年的保险责任即行终止。下一保险年度开始时自动恢复原保险责任。保险人赔偿部分损失后，当年保险年度的有效保险金额则相应减少，有效保险金额为原保险金额减去赔偿金额后的余额。如被保险人要求恢复当年原保险金额时，应补交相应的保险费由保险人出具批单批注，至下一保险年度开始时保险金额自动恢复。保险标的遭受全部损失经保险人赔偿后，保险责任终止，保险人到下一保险年度全额退还保险储金。

三、家庭财产保险常见附加险

家庭财产保险还有多种附加险，常见的有附加盗抢保险、附加管道破裂及水渍保险、附加家用电器用电安全保险、附加第三者责任保险等。

1. 附加盗抢保险

（1）保险责任。存放于保险地址室内的保险财产（包括家用电器、家具、衣物、文体娱乐用品等，另可特别附加现金、首饰），遭受经公安部门确认的外部人员的入室抢劫行为或有明显现场痕迹的盗窃行为而丢失，在3个月以内未能查获的，保险人负责赔偿。

（2）除外责任。被保险人及其家庭成员、服务人员、寄居人员的盗窃或纵容他人盗窃所致保险财产的损失；因未锁房门致使保险标的遭受盗窃的损失；因无明显盗窃痕迹，或窗外钩物行为所致保险财产的损失；保险标的在存放处所无人居住或无人看管超过六十天的情况下遭受的盗窃损失。

2. 附加管道破裂及水渍保险

（1）保险责任。被保险房屋内自来水管道、下水管道和暖气管道（含暖气片）突然破裂致使水流外溢或邻居及公共区域漏水造成房屋及室内附属设备、室内装潢和室内财产的损失，保险人负责赔偿。

（2）除外责任。水暖管年久失修、自然磨损、腐蚀变质或未采取必要的防护措施；擅自改变原管道设计用途；水暖管安装、检修、试水、试压。管道破裂致使供水中断造成的间接损失。

3. 附加家用电器用电安全保险

（1）保险责任。由于发生主保险合同保险事故造成供电线路损坏或供电部门发生故障、施工失误等引起电压异常，造成家用电器的直接损毁，保险人负责赔偿。

(2) 除外责任。被保险人的故意行为以及违章用电、偷电或错误接线造成家用电器的损毁；家用电器超负荷运行、自然磨损、固有缺陷、自身发热以及超过使用年限后的损坏；在投保前，家用电器已经存在的损坏。

4. 附加第三者责任保险

(1) 保险责任。被保险人或其同住的家庭成员及雇员（另可特别附加家养宠物）在保险单载明的住所，因过失造成第三者人身伤亡或财产直接损毁，依法应由被保险人承担的经济赔偿责任及法律费用，保险人负责赔偿。

(2) 除外责任。投保人、被保险人及其家庭成员、家庭雇佣人员、暂居人员的故意行为、重大过失行为或犯罪行为；被保险人及其家庭成员、家庭雇佣人员、暂居人员自身的人身伤亡和财产损失；精神损害赔偿；罚款、罚金及惩罚性赔偿；间接损失。

业务处理

一、家庭财产保险展业

微课：家庭财产保险承保业务

PPT：家庭财产保险承保业务

家庭财产保险在世界发达国家投保率已达70％，而我国即使是上海、广州这些保险市场相对活跃的城市投保率也只有10%左右，而多数地区投保率不足5%。家财险展业要从以下几方面入手。

（一）增加展业力量

销售渠道不畅是制约家财险发展的瓶颈之一。家财险因其收费少、代办费低，难以吸引保险业务员像寿险营销员那样上门营销。所以保险公司要调整展业力量，加强展业的力度。对一些新的品种要改变过去家财险不上门服务的做法，采取更加方便、灵活的营销方式。居民可以选择由保险公司业务员上门服务、在居民住宅小区投保和网络、电话投保等方式。

（二）加强展业宣传

对保险公司推陈出新的各类家财险险种进行广泛宣传，特别是条款中主要保险责任、除外责任等要宣讲明白。可利用各类宣传渠道，如网络、电视等宣传媒体，还可利用保险宣传月（周）、街头咨询等方式进行深入宣传。

（三）创新展业方式

在营销体制方面，要重点利用银行、商场、社区服务中心、有线电视收费系统等代理业务，适时将个人代理、网络营销、电话营销、移动终端营销等方式引入到家财险的销售中来，拓宽家财险的销售渠道，为促进家财险的发展搭桥铺路。

拓展阅读

家财险创新销售模式

随着我国居民生活水平不断提高，家财险越来越受到国民重视，市场前景不可小觑。但家财险叫好不叫座，参保率低一直是困扰保险销售的难题。为此，财险公司不断进行销售模式的探索和创新，希望能够打开家财险市场的广阔天地。

人保财险从客户的需求出发，大力进行保险产品改良和创新，依托移动互联网的快速发展，进行移动终端持有家财险产品推广和销售。通过 APP、微信、支付宝等多种渠道，渗透到客户的日常生活中。

平安产险与全球领先的供热设备制造商德国威能集团正式开启跨界合作，为用户提供家庭财产保险保障。根据合作协议，凡购买威能供热系统的消费者，均有机会获得平安产险提供的保额高达100万元的“家财主险”和“附加险”，保障范围涵盖房屋主体、装修、家用电器、家庭财产等方面。

二、投保与承保

（一）填写投保单（见表6-1）

注意事项同企业财产保险投保单填写。

文本：家庭财产风险因素调查表

（二）投保验险

投保验险工作要注意以下几个方面：

（1）查清房屋结构、占用性质、建造时间及尚可使用年限，判明是否危房。

（2）查明房屋附近有无危险因素，查明房屋坐落地点，判明是否处于低洼涝地段。

（3）查明是否违章建筑。

（4）农村居民只承保有人居住的房屋，其他房屋不保。

（三）风险评估

（1）房屋坐落在蓄洪区、行洪区或处在江河岸边、低洼地区以及防洪堤以外当地常年警戒水位线以下的。

（2）无人居住的房屋。指房屋比较破旧，屋主忽视其管理、维修，而且长年无人居住的房屋。

表 6－1　　“安家无忧”家财险投保单

投保人（即主被保险人）　　　　　　　　　　　　　　　　　　联系电话

投保人（即主被保险人）地址　　　　　　　　　　　　　　　　邮政编码　□□□□□□

证件类型　　　　□身份证　□护照　□其他　　　　证件号码

投保财产坐落地址　　　　　　　　　　　　　　　　房屋建筑结构　□钢构　□砖构

保险期间　　　　自 20　　年　　月　　日零时起　至20　年　　月　　日二十四时止，共　　个月

家庭财产综合保险计划					
保险项目	各项保险金额（人民币：元）				备注
家庭财产保险内容	□黄金计划	□白金计划	□钻石计划	免赔	特别说明
室内装修	50 000	100 000	150 000	500	—
家居物品（含盗窃险）	50 000	80 000	100 000	100	每件物品限额为 1 万元
金银饰品、现金，有价证券盗窃险	1 000	3 000	5 000	200	
附加家庭综合责任险	20 000	50 000	80 000	200	
额外租房费用附加险	—	—	每日最高赔偿限额 RMB300 元	—	累计最高赔偿天数 30 天
年保险费（RMB/元）	180	360	560	—	—

额外保险计划（可选）					
房屋及其附属设备	□500 000	□800 000	□1 500 000	免赔	特别说明
年保险费（RMB/元）	240	380	720	500	—

额外保险计划（可选）					
附加家政服务人员责任险	□10 000	□50 000	□100 000	免赔	特别说明
年保险费（RMB/元）	25	75	1 000	50	每次事故赔偿限额为累计赔偿限额的 1/2，如有多名家政人员，每人的赔偿限额均分。并请在投保时说明家政人员姓名。

额外保险计划（可选）					
宠物责任险	□50 000	□100 000	□200 000	免赔	特别说明
年保险费（RMB/元）	30	60	90	200	保险地区：　　宠物证号：

额外保险计划（可选）						
意外伤害保险	□黄金计划	□白金计划	□钻石计划	免赔	备注	身故受益人（如不填写则为法定）
主被保险人	100 000	200 000	300 000	—		
连带被保险人（配偶）	100 000	200 000	300 000	—	姓名： 证件号：	
连带被保险人（子女 1～18 岁）	10 000	20 000	20 000	—	姓名： 证件号：	
附加意外伤害医疗	5 000	5 000	5 000	100	—	
年保险费（RMB/元）	580	745	1 095	—	如有多名子女则各子女的保险金额均分	

总计保险费　　人民币（大写）　　　　　　　　　　　　　　RMB（小写）

保险居所的建筑面积：　　　平方米　　　　　　　保险居所是否作为出租用途？　是□　否□

是否所有窗户，阳台都安装了防盗网？　是□　否□　　若“是”作为出租用途请列明：　是□　否□

所在小区是否由专业物业管理公司管理？　是□　否□　　5 000 元以上的家居用品有：

备注：

投保人申明：本投保单所填各项内容均属实，同意以本投保单作为保险公司签发保险单的依据及保险单的组成部分。投保人确认保险公司以个人财产综合保险条款，人身意外伤害保险及附加条款（包括责任免除部分）的内容向投保人作了明确说明，投保人对保险合同的条款及保险条件已完全了解，保险合同自保险单签发之日成立。

投保人签章：　　　　　　日期：

（3）处于危险状态下的财产。指财产由于外界环境已发生或即将发生危险。例如，邻近地已发生洪水，由于财产本身陈旧即将发生危险或危险程度明显增加。又如，由于财产所有人放松对财产的管理，或财产已超出正常使用期限等，而使财产处于危险状态。

（4）原则上承保属于被保险人生活自用的家庭财产，对于个体工商户的营业用器工具、原材料、产成品、商品、房屋机器设备和出租做工商业用的房屋，均不适应用本保险。

上述1—3项风险程度很高，不宜承保，第4项应投保其他险种。

（四）缮制保单（见表6－2）

（1）投保人。要写明投保人单位全称或个人姓名和所在乡镇村、组或街道门牌号码，以明确投保人，辨别同名同姓客户，同时便于业务统计、登记，便于准确厘定费率，以保证承保质量。个人填明具体地址，以便于联系。

（2）地址。单位集体保险单，投保单的地址应填写投保单位办公地址，明细表应填写被保险人的保险标的地址。个人保险单，其财产坐落地址要详细，每张投保单只能填写一个财产坐落地址。

（3）必须填写分项财产的保险金额。

表6－2 家庭财产保险单样本 保险单号：

被保险人姓名：		
保险财产地址：		
保险期限： 年 自 年 月 日零时至 年 月 日二十四时止		
保险财产名称	保险金额	是否附加盗窃保险
家用电器及照相器材		
衣物		
床上用品		
家具		
其他物品		
总保险金额：		
总保险金额：	保险费：	
备注：		
投保人对保险人的除外责任条款明确无误	签字： 日期： 年 月 日	

________保险股份有限公司

出单日期：________ 出单地点：________

（4）对于承保一些特别贵重的保险财产（摄影器材、家用电脑、金银首饰、债券等）或新产品（难以确定是否属于保险财产范围），必须经双方协商同意，并在保险单的“特约财产”栏内列明财产名称、型号、费率和保险金额。

(5) 对保险合同中未尽事宜，被保险人与保险人双方可通过协商，在“特别约定”栏内予以明确。

(五) 复核保单

单证复核是承保工作的最后一道程序，也是确保承保质量的关键环节，必须由业务素质较高的人员担任。

复核保险单的内容包括：被保险人的姓名、财产坐落地址、职工人数是否有误；缮写项目是否齐全；保险单与投保单各项内容、数字有无错漏；分项保额与总保额正确无误；保险费计算及大、小写正确无误；费率厘定正确；保险期限起讫时间正确无误；对附加的特约条款正确粘贴在保险单正本背面及副本正面上方，并加盖骑缝章。

经复核无误后，复核员要在保险单正、副本上加盖业务专用章及复核员私章，并在“承保登记簿”上签章，把保险单正本和保险费收据交被保险人。

(六) 收取保险费或储金

(1) 根据与投保人商定的投保金额或投保人自行估价确定的投保金额，按《家庭财产保险费率表》厘定的费率匡算出保险费或保险储金。

(2) 无论是否发生过赔付，保险储金终归被保险人所有。保险人只提取储金的实得利息作保险收入，如果保户不按规定年限要求中途退保，应根据条款的规定收取一定的保险费。

(3) 交纳保险费或保险储金是保险生效的前提条件。因此，被保险人应在投保时一次交清保险费或保险储金。对于集体统保交费确实有困难的投保单位，可经双方协商后分期付款，但最多不超过三期。分期交费必须在保险单“特别约定”栏注明分期交费日期及金额。

(七) 保单批改

1. 保险财产地址变更

由被保险人填写“批改申请书”（一式三联）并将保险凭证、身份证交保险人，经审核符合批改要求，由内勤人员通过计算机出具批单批改地址，并在批改登记簿中登记后，一并送复核员，经复核无误，在批单上加盖公章及复核员私章，然后把其中一联贴在保险单正本上交被保险人，另一联通过内部单证流转后粘贴在保险单留底副本上，并都加盖骑缝章。

2. 赔付后保险金额的冲减

家庭财产长效还本保险和家庭财产两全还本保险赔偿后不用冲减保险金额。普通家庭财产保险在保险金额内赔偿后，须冲减保险金额，由保险人通过计算机出具批单，分别附在保险单正副本上。

3. 保单的遗失

由被保险人亲自填写“批改申请书”并将身份证交保险人，通过计算机调出保险单，经审核无误后，通过计算机开出批改过的保险单，并送复核员，经复核无误后，加盖公章及复核员私章，其中一联交被保险人，另一联附在保险单副本上留存备查。

4. 退保

要求被保险人携带身份证和保险凭证，亲自办理，填写“批改申请书”，经查对原承保资料无误后，通过计算机办理退保手续，收回被保险人保险单正本，加盖“退保”戳记，并在保险单下部注明退保日期，被保险人证件上的名称和编号（第三者代办的，还需注明代办人的身份证名称和编号），在开户登记簿和销户登记簿上登记，开出退保险费收据（批单）后，送复核员复核。如果属于不按规定年限中途要求退保的，根据条款的规定收取一定的保费。经复核无误，复核员加盖公章和复核员私章，并请退保人在退保险费收据（批单）和销户登记簿上签名，然后把原保险凭证及退保险费收据送会计部门办理退保险费。

5. 保险项目或保险金额的增加

保户要求增加保险项目或保险金额，应由被保险人填写“批改申请书”，保险人根据保户要求增加的保险项目或保险金额开出批单，并根据新增部分按现行费率计算应收保险费或储金，开出保险费收据，送复核员复核无误，在批单上加盖公章及复核员私章。然后把其中一联贴在保险单正本，并加盖骑缝章交给被保险人，另一联贴在保险单副本并加盖骑缝章归档。

注意，批单应贴在保险单正（副）本正面，并加盖骑缝章。批改后保险责任即行终止的，应将保险单正本收回注销。

模块二 家庭财产保险理赔

任务描述

根据所给资料，完成家庭财产保险报案、立案、查勘、赔款理算、结案等业务处理，并利用模拟教学软件完成理赔业务处理。

微课：家庭财产保险的理赔业务

PPT：家庭财产保险的理赔业务

一、接受报案

接到报案时应详细询问被保险人姓名、保险单号码、出险日期、出险原因、出险地点、估计损失、联络方法等情况，并记录下来，同时协助被保险人填写“出险通知书”。被保险人用电话或请他人代报案的，在见面时，应要求被保险人填写“出险通知书”。“出险通知书”上应由被保险人详细填写出险时间、地点、原因、经过以及损失情况和施救情况。

根据报案记录内容查找保险单、批单、分户清单进行核对，如被保险人姓名和保险财产地址是否相符，保险单是否有效等。

对于重大的和超出核赔权限的报案，应先迅速以电话联系方式向上级公司报告出险情况，并要求一起查勘。

二、现场查勘

现场查勘是理赔工作的主要环节，是了解出险情况，掌握第一手资料，处理赔案的重要依据。因此，查勘人员必须按照查勘工作的要求、方法和步骤进行，做好现场拍照和记录工作，并缮制现场查勘报告。查勘的主要内容包括：查明出险地点是否与保单地址一致；查明出险原因是否属于保单责任；查明住房性质是否有改变；查明房屋、装潢、室内财产的损失情况。

三、核定损失

业务科负责人应根据保险单、出险通知书、查勘记录、查勘报告书、出险证明以及被保险人提供的损失清单（详细列明受损财产名称、数量、单价、损失率、金额、残值、购买或建造年份）、原始发票、修复费用、建筑物修复预（决）算表等，确定保险责任。查勘人员应详细汇报现场及调查掌握的情况，提出分析意见。

审定保险责任必须根据条款列举的责任范围和除外责任来确定应该理赔还是拒赔。

由于客观情况错综复杂，保险条款不可能包罗万象，因此，在处理赔案分析责任时要本着实事求是的原则，具体情况具体分析。如属除外责任，应按照拒赔案件的审批规定办理。批准后，应当向被保险人发出拒绝赔偿通知书并加以解释说明，并注销案件。

家庭财产保险如果出现无账可查，要根据现场查勘登记的情况，依据开列的损失清单，按照承保时分项的保险金额和财产损失程度，与保户协商核实损失数额。核定损失主要通过查事物、查情况询问左邻右舍、核对修理费用单据等，对保险条款上列明的不保财产应予剔除，从而核定受损保险财产范围及损失金额。通过整理现场，核对受损的财产，根据不同受损财产的情况与投保人协商，可以洗涤的进行洗涤，可以修理的进行修理，然后凭有关单据由保险公司给付其支出的费用。对无法修理使用的财产，按照市价对照其新旧程度进行折旧计算赔偿份额。对于局部损失的财产按修复费用赔偿，不计提折旧。

由于是分项承保，故应分项理赔，每项的赔偿金额不能超过其本项的保险金额，也不能相互调剂，总赔偿金额不能超过保险单的总保险金额。由于集体投保单位多，职工的家庭可能有一户多单投保的情况，或有些明显超保的，遇有这种情况，在发生赔款时，其总赔偿金额应以不超过当时的实际损失金额为限，如果多单投保不同的保险公司，应按照其保险金额与总保险金额总和的比例承担赔偿责任。

发生应由第三方负责赔偿的赔案时，如保户提出要求，可先予赔偿。由保户填写“权益转让书”，并应登记“追偿第三者责任赔偿登记簿”。

四、赔款计算

动画：家庭财产保险的理赔处理（上）

现行家庭财产保险一般规定：房屋及附属设备、室内装潢采用比例责任赔偿方式，室内财产采用第一危险赔偿方式。

（一）房屋及其附属设备、室内装潢的赔偿计算

1. 全部损失

保险金额高于或等于保险价值时，其赔偿金额以不超过保险价值为限；保险金额低于保险价值时，按保险金额赔偿。

2. 部分损失

保险金额等于或高于保险价值时，按实际损失计算赔偿金额；保险金低于保险价值时，应根据实际损失或恢复原状所需修复费用乘以保险金额与保险价值的比例计算赔偿金额。

房屋及室内附属设备、室内装潢的保险价值为出险时的重置价值。家庭财产理赔工作的难点是实际价值的确定。它不像企业财产险那样有账可查，保额又是被保险人自行估算及根据投保能力确定的，而且，使用年限也不像企业固定资产那样有标准，所以实际价值很难确定。主要还是以出险时的实际价值，即以购买类似物品的价格为标准，“新赔新，旧赔旧”。通过市场询价及根据实物判断新旧程度，如家具，可根据款式来推算新旧程度，电器可根据功能、样式来推算新旧程度，同时，根据目前市场上购买类似家具、电器的价格来确定实际价值。

想一想

王某在甲公司投保了5万元的家庭财产保险，其中房屋和装潢保额为3万元，后又与乙公司投保了5万元的家庭财产两全险，其中房屋和装潢为2万元。在保险期间内出险，房屋和装潢损失2万元，室内财产损失2万元，出险时房屋价值10万元，则两家保险公司应赔偿共计（　）。

A. 4万元　　B. 3万元　　C. 10万元　　D. 5万元

（二）室内财产的赔款计算

家庭室内财产采用第一危险赔偿方式，即在发生保险责任范围内的损失时，应按实际损失赔偿，但以不超过保险金额为限。特别是要坚持分项

承保、分项理赔的原则。按实际损失赔偿是指根据实际损失的数量和程度，并且按照损失当时该财产的实际价值计算赔偿额。

案例分析

1. 王某2018年12月23日向某保险公司投保了保险期间为1年的家庭财产保险，其保险金额为20万元，2019年2月26日李某家因意外发生火灾，火灾发生时，李某的家庭财产实际价值为30万元。若按第一危险赔偿方式。则：

（1）财产损失15万元时，保险公司应赔偿多少？为什么？

（2）家庭财产损失25万元时，保险公司又应赔偿多少？为什么？

解析：

（1）因为第一危险赔偿方式是按保险金额范围内的损失均予以赔偿的发生。该保险金额范围内的损失（或第一危险）为15万元，所以保险公司应当赔偿15万元。

（2）保险公司应当赔偿20万元。该保险金额范围内的损失（或第一危险）为20万元。

2. 某人被保险人向保险公司投保家庭财产保险，保险金额为100万元。在保险期间该被保险人家中失火，根据下列情况，分别进行分析。

（1）绝对免赔率为5%，家庭财产损失2万元时，保险公司应赔偿多少？

（2）绝对免赔率为5%，家庭财产损失8万元时，保险公司应赔偿多少？

（3）相对免赔率为5%，家庭财产损失8万元时，保险公司应赔偿多少？

解析：

（1）因为采用了绝对免赔率，当保险事故损失小于免赔额，即100万元×5%＝5（万元）时，保险人不负责赔偿。所以，当家庭财产损失2万元时，保险公司不赔偿。

（2）因为采用了绝对免赔率，当保险事故损失大于或等于免赔额即5万元时，保险人承担赔偿责任等于实际损失减去免赔额后剩余的差额，即超出免赔额的部分。所以，当家庭财产损失8万元时，保险公司只负责赔偿8万元－5万元＝3（万元）。

（3）因为采用了相对免赔率，当保险事故损失小于免赔额即100万元×5%＝5（万元）时，保险人不负责赔偿；当保险事故损失大于或等于免赔额即5万元时，保险人负责赔偿全部损失。所以，当家庭财产损失8万元时，保险公司应赔偿8万元。

文本：家庭财产保险理赔计算案例

（三）施救费用的赔偿计算

（1）凡施救的财产中包含了未保险的财产，而且保险财产与未保险财产所用施救费无法分清时，应按以下公式计算：

应付施救费用 = 施救费用 ×（所施救的保险财产价值 ÷ 所施救的全部财产价值）

（2）施救费用应与保险财产赔款分别按两个保险金额计算，各均以不超过保险金额为限。

（3）计算保险财产赔款不需要比例分摊的，施救费用也不需要比例分摊；计算保险财产赔款需要比例分摊的，施救费用也适用相同的比例分摊。

动画：家庭财产保险的理赔处理（下）

五、出具赔款计算书

赔款计算书是支付赔款的正式凭证，应根据保险单的内容，现场查勘报告及有关证明详细核对填写各栏。要求项目齐全，数字准确，字迹清晰。赔款计算一栏应按标的损失、残值扣减、施救费等分列清楚，并列明计算公式。

赔款计算书一式两份（如赔款超过核赔权限，应增加一份）。必须加盖业务专用章。一份附赔案卷内，另一份作为会计支付凭证，经复核签章后，连同其他单证一起送交审核人员审核。

六、赔付结案

家财险主要索赔单证有以下几方面：出险通知书、损失清单、有关费用单证及相关资料、有关事故证明文件，如自然灾害应有气象部门的气象证明；火灾应有消防部门的事故原因认定书、事故责任认定书；盗抢应有公安部门证明；爆炸应有技术部门鉴定书。

单证审核无误后，审核员在赔款计算书上签章并送经理签批。如超过核赔权限，应按规定报上级公司审批。会计部门收到赔款计算书及案卷单证，复核无误后，及时开出“赔款收据”一式三联，一联由保户留存，另两联由保户签章后退回，一联留会计部门作付款凭据，另一联留赔案卷内。会计部门退还的赔讫案卷，内勤要认真检查赔讫章及经办人员签章是否加盖齐全。

支付赔款后，属于普通家庭财产保险赔案部分损失的，内勤应缮制“赔款批单”一式三份：一份交保户贴在保险单正本上，一份附赔案卷内，一份贴在保险单副本上。批单上应批明赔款后的各分项有效保险金额。如保户要求恢复当年保险金额时，按短期费率补交保险费。储金性家庭财产保险赔款后不用冲减保额。

赔案结束后，应将赔案编号、被保险人名称、保险单号码、出险日期、出险原因、赔讫原因、赔讫日期、赔付金额等内容登入“赔款案件登记簿”。

损余物资的处理：对受损财产的残值与被保险人分歧过大，确需收回作损余物资处理的，对收回的损余物资要严格按规定手续办理，并列清单，列明损余物资的名称、数量、损失程度，由被保险人盖章。填制“损余物资回收单”一式三份：一份附赔案卷内，一份交会计入账，一份交保管人员核实、登记留存。收回的损余物资要妥善保管，及时处理，防止损失。

案例分析

未填写地址的家庭财产保险纠纷案

案情介绍：

2019 年 5 月 30 日王某向保险公司投保家庭财产保险，保险金额为16 000 元，其中楼房两间，保险金额为 6 000 元，保险费为 12 元；房屋以外财产保险金额为 10 000 元，保险费为 20 元，保险期限为 1 年。由本村协保员张某填写家庭财产保险集体投保分户清单，该清单上未填写王某投保财产的详细地址。协保员张某收取了王某交纳的保险费 32 元并出具保险公司家庭财产保险费收据。2019 年 10 月 23 日因王某租用的本村祠堂内电线老化漏电引起火灾，致使王某堆放在祠堂内的家具、杉木、农副产品和三轮残疾人用车、新鲜猪肉等不保财产均被烧毁，共计损失 19 800 元。事故发生后，保险公司派员到现场对起火原因、施救经过、损失情况进行调查核实。王某向保险公司提出索赔遭到拒绝，遂诉至法院。

分析说明：

处理本案的关键点有二：一是原告王某存放于祠堂内的财产是否属于保险公司承保财产范围；二是应如何认定协保员的行为性质。

法院认为，王某以参加村集体投保的形式向保险公司投保家庭财产，保险公司收取了保险费，应认定保险合同成立。王某未向保险公司申明投保的财产中有部分存放于祠堂内，保险公司亦未审核保险标的及坐落地点即按协保员填具的财产分户清单做出承保表示，双方对本案纠纷产生均有过错。最后法院主持调解，双方当事人达成协议结案，由保险公司赔偿给王某人民币4 000 元。

资料来源：许飞琼．财产保险案例分析［M］．北京：中国金融出版社，2004.

项目小结

家庭财产保险属于火灾险范畴，强调保险标的的实体性及保险地址的固定性。目前市场上的家财险险种主要有家庭财产综合保险、家庭财产两全保险、盗抢险等附加保险。家财险中的房屋及附属设备、室内装潢采用比例责任赔偿方式，室内财产采用第一危险赔偿方式，如果属于重复投保，按分摊原则计算各保险公司应承担赔款额。保险人依照合同约定对被保险人所遭受的损失进行赔偿后，依法拥有权利代位或物上代位权利。我们要掌握家庭财产保险的经营流程，增加展业力量，加强展业宣传，创新展业

和谐社会：关注家庭财险，守护社会安全

渠道，并严格遵循承保、核保、理赔、核赔、赔款理算等环节的要求进行家庭财产保险业务处理。

问题讨论

你家投保过家庭财产保险吗？如果有，属于哪种类型呢？如果没有，你认为自家财产主要面临什么风险，应该投保家庭财产保险的哪个险种？

推荐阅读

各财产保险公司网站。

习题与实训

1. 思考题

（1）简述普通家庭财产保险的保障范围。

（2）简述普通家庭财产保险的保险责任与除外责任。

（3）什么是第一危险赔偿方式？家庭财产保险中的哪些财产适用于这种赔偿方式？

2. 综合训练题

请同学们对自己的家庭进行实地调查，制作一份家庭保险计划书。然后根据制作的保险计划书利用模拟教学软件为进行家庭财产险的承保与理赔练习。

3. 案例分析题

2019 年 2 月 5 日，某县个体经营户将其房屋及其他家庭财产向保险公司投保了家庭财产保险，保险金额为 10 万元。同年 5 月 1 日清晨，赵某给摩托车擦灰并加上汽油。当时，其 5 岁的儿子嚷着要用火柴点香放鞭炮，赵某让儿子到外边去放。一会儿小家伙又拿着一根点燃的香从外边跑进来，一下引燃了汽油，酿成了一场火灾，损失达 64 000 多元。事故发生后，赵某认为是自己儿子惹的祸，也顾忌招来“放火图赔”之嫌，故未向保险公司索赔。

本案发生后，保险公司在当地的代理人员立即将情况报告了保险公司。保险公司内部对此有不同的意见：

1. 认为被保险人已放弃索赔要求，不行使自己的权利，保险公司可以不赔。

2. 认为本案中的火灾属于家庭财产保险中“除外责任”的故意行为。因为赵某明知汽油是易燃特别危险品，却把火柴给小孩放鞭炮，从而酿成了火灾，这是一场完全可以避免的灾祸。

3. 认为应该拒赔一部分。因为赵某将火柴交给小孩并不能预见小孩会突然跑进来，更无法预知会发生火灾，从而不属于故意行为，而只能说是过失行为。因此，保险公司可以赔偿，但根据被保险人应遵守保护财产安全义务的条款精神，保险公司就只能赔偿其一部分损失。

请分析，以上观点符合保险条款规定和法律规定吗？为什么？

7

项目七 机动车辆保险经营

文本：《中华人民共和国道路交通安全法》

学习目标

知识学习目标：

了解机动车辆保险经营流程；掌握机动车基本险及附加险主要险种的保险责任和除外责任；了解机动车交通事故责任强制保险的保险责任、除外责任和责任限额；理解机动车保险保费的核算方法和赔款的计算方法。

技能训练目标：

能够熟练操作机动车保险的投保、核保、承保、批改、核赔、理赔、续保等业务；能够核算机动车保险保险费；能够理算机动车保险赔款额。

工作任务

应完成的工作任务：

利用模拟教学软件进行机动车保险的投保、核保、承保、批改、核赔、理赔、续保等业务操作；根据所给信息准确核算机动车保险的保险费用和赔款金额。

完成工作任务应提交的标志性成果：

机动车保险风险经营过程中的相关资料，如投保单、保险单、批单等。

模块一

机动车辆保险承保

任务描述

根据所给资料，将学生分为客户、代理人、财险公司、经纪人四个角色完成机动车保险投保单填制、核保、承保、批改、续保等业务。

知识准备

机动车辆保险是以机动车辆本身及机动车辆的第三者责任为保险标的的一种运输工具保险。在我国，机动车辆保险的保险对象是指在中华人民共和国境内（不含港、澳、台地区）行驶，以动力装置驱动或者牵引，上道路行驶的供人员乘用或者用于运送物品以及进行专项作业的轮式车辆（含挂车）、履带式车辆和其他运载工具，但不包括摩托车、拖拉机、特种车。

文本：《中国保险行业协会机动车商业保险示范条款》（2020年版）

机动车保险主要有如下险种：

一、主险

机动车辆保险主险一般分为车辆损失险、第三者责任险、车上人员责任险和全车盗抢险四个独立的险种。

（一）车辆损失险

1. 保险责任

（1）保险期间内，被保险人或被保险机动车驾驶人在使用被保险机动车过程中，因自然灾害、意外事故造成被保险机动车直接损失，且不属于免除保险人责任的范围，保险人依照保险合同的约定负责赔偿。

微课：了解机动车损失保险

（2）保险期间内，被保险机动车被盗窃、抢劫、抢夺，经出险地县级以上公安刑侦部门立案证明，满60天未查明下落的全车损失，以及因被盗窃、抢劫、抢夺受到损坏造成的直接损失，且不属于免除保险人责任的范围，保险人依照保险合同的约定负责赔偿。

（3）发生保险事故时，被保险人或驾驶人为防止或者减少被保险机动车的损失所支付的必要的、合理的施救费用，由保险人承担；施救费用数额在被保险机动车损失赔偿金额以外另行计算，最高不超过保险金额。

PPT：了解机动车损失保险

2. 除外责任

在上述保险责任范围内，下列情况下，不论任何原因造成被保险机动车的任何损失和费用，保险人均不负责赔偿。

（1）事故发生后，被保险人或其允许的驾驶人故意破坏、伪造现场、毁灭证据。

（2）驾驶人有下列情形之一者。

①交通肇事逃逸；

②饮酒、吸食或注射毒品、服用国家管制的精神药品或者麻醉药品；

③无驾驶证，驾驶证被依法扣留、暂扣、吊销、注销期间；

④驾驶与驾驶证载明的准驾车型不相符合的机动车。

（3）被保险机动车有下列情形之一者。

①发生保险事故时被保险机动车行驶证、号牌被注销；

②被扣押、收缴、没收期间；

③在竞赛、测试期间，在营业性场所维修、保养、改装期间；

④被保险人或其允许的驾驶人故意或重大过失，导致被保险机动车被利用从事犯罪行为。

（4）下列原因导致的被保险机动车的损失和费用，保险人不负责赔偿。

①战争、军事冲突、恐怖活动、暴乱、污染（含放射性污染）、核反应、核辐射；

②违反安全装载规定；

③被保险机动车被转让、改装、加装或改变使用性质等导致被保险机动车危险程度显著增加，且未及时通知保险人，因危险程度显著增加而发生保险事故的；

④投保人、被保险人或驾驶人故意制造保险事故。

（5）下列损失和费用，保险人不负责赔偿。

①因市场价格变动造成的贬值、修理后因价值降低引起的减值损失。

②自然磨损、朽蚀、腐蚀、故障、本身质量缺陷。

③投保人、被保险人或其允许的驾驶人知道保险事故发生后，故意或者因重大过失未及时通知，致使保险事故的性质、原因、损失程度等难以确定的，保险人对无法确定的部分，不承担赔偿责任，但保险人通过其他途径已经及时知道或者应当及时知道保险事故发生的除外。

④损失修理前被保险人应当会同保险人检验，协商确定维修机构、修理项目、方式和费用。无法协商确定的，双方委托共同认可的有资质的第三方进行评估。因被保险人违反本约定，导致无法确定的损失。

⑤车轮单独损坏，玻璃单独破碎，无明显碰撞痕迹的车身划痕，以及新增设备的损失。

⑥非全车盗抢、仅车上零部件或附属设备被盗窃。

（二）第三者责任险

1. 保险责任

保险期间内，被保险人或其允许的驾驶人在使用被保险机动车过程中发生意外事故，致使第三者遭受人身伤亡或财产直接损毁，依法应当对第三者承担的损害赔偿责任，且不属于免除保险人责任的范围，保险人依照保险合同的约定，对于超过机动车交通事故责任强制保险各分项赔偿限额的部分负责赔偿。

微课：了解机动车第三者责任险

保险人依据被保险机动车一方在事故中所负的事故责任比例，承担相应的赔偿责任。

PPT：了解机动车第三者责任险

2. 除外责任

除与车损险除外责任的（1）（2）（3）中的①②③项、（4）中的①③项、（5）中的①③④项一致外，下列情况下的人身伤亡、财产损失和费用，保险人均不负责赔偿。

（1）非被保险人允许的驾驶人导致的；

（2）被保险机动车全车被盗窃、被抢劫、被抢夺、下落不明期间。

（3）第三者、被保险人或驾驶人故意制造保险事故、犯罪行为，第三者与被保险人或其他致害人恶意串通的行为。

（4）被保险机动车发生意外事故，致使任何单位或个人停业、停驶、停电、停水、停气、停产、通信或网络中断、电压变化、数据丢失造成的损失以及其他各种间接损失。

（5）被保险人及其家庭成员、驾驶人及其家庭成员所有、承租、使用、管理、运输或代管的财产的损失，以及本车上财产的损失。

（6）被保险人、驾驶人、本车车上人员的人身伤亡。

（7）停车费、保管费、扣车费、罚款、罚金或惩罚性赔款。

（8）超出《道路交通事故受伤人员临床诊疗指南》和国家基本医疗保险同类医疗费用标准的费用部分。

（9）律师费，未经保险人事先书面同意的诉讼费、仲裁费。

（10）精神损害抚慰金。

（11）应当由机动车交通事故责任强制保险赔偿的损失和费用。保险事故发生时，被保险机动车未投保机动车交通事故责任强制保险或机动车交通事故责任强制保险合同已经失效的，对于机动车交通事故责任强制保险责任限额以内的损失和费用，保险人不负责赔偿。

微课：了解机动车上人员责任险

（三）车上人员责任险

1. 保险责任

PPT：了解机动车上人员责任险

保险期间内，被保险人或其允许的驾驶人在使用被保险机动车过程中发生意外事故，致使车上人员遭受人身伤亡，且不属于免除保险人责任的范围，依法应当对车上人员承担的损害赔偿责任，保险人依照保险合同的约定负责赔偿。

与第三者责任险一样，保险人依据被保险机动车一方在事故中所负的事故责任比例，承担相应的赔偿责任。

2. 除外责任

除与车损险除外责任的（1）（2）（3）中的①②③项、（4）中的①③④项、（5）中的③项一致外，下列情况下的人身伤亡，保险人均不负责赔偿。

（1）被保险人及驾驶人以外的其他车上人员的故意行为造成的自身伤亡。

（2）车上人员因疾病、分娩、自残、斗殴、自杀、犯罪行为造成的自身伤亡。

（3）罚款、罚金或惩罚性赔款。

（4）超出《道路交通事故受伤人员临床诊疗指南》和国家基本医疗保险同类医疗费用标准的费用部分。

（5）律师费，未经保险人事先书面同意的诉讼费、仲裁费。

（6）精神损害抚慰金。

（7）应当由机动车交通事故责任强制保险赔付的损失和费用。

二、附加险

1. 附加绝对免赔率特约条款

绝对免赔率为5%、10%、15%、20%，由投保人和保险人在投保时协商确定，具体以保险单载明为准。被保险机动车发生主险约定的保险事故，保险人按照主险的约定计算赔款后，扣减本特约条款约定的免赔。

微课：了解机动车保险附加险

PPT：了解机动车保险附加险

文本：两款承保后理赔扣款的附加险

2. 附加车轮单独损失险

保险期间内，被保险人或被保险机动车驾驶人在使用被保险机动车过程中，因自然灾害、意外事故，导致被保险机动车未发生其他部位的损失，仅有车轮（含轮胎、轮毂、轮毂罩）单独的直接损失，且不属于免除保险人责任的范围，保险人依照本附加险合同的约定负责赔偿。投保了机动车损失保险的机动车，可投保本附加险。

3. 附加新增加设备损失险

承保被保险机动车因发生机动车损失保险责任范围内的事故，造成车上新增加设备的直接损毁，保险人在保险单载明的本附加险的保险金额内，按照实际损失计算赔偿。投保了机动车损失保险的机动车，可投保本附加险。

4. 附加车身划痕损失险

被保险机动车在被保险人或其允许的驾驶人使用过程中，发生无明显碰撞痕迹的车身划痕损失，保险人按照保险合同约定负责赔偿。投保了机动车损失保险的机动车，可投保本附加险。

5. 附加修理期间费用补偿险

被保险机动车在使用过程中，发生机动车损失保险责任范围内的事故，造成车身损毁，致使被保险机动车停驶，保险人按保险合同约定，在保险金额内向被保险人补偿修理期间费用，作为代步车费用或弥补停驶损失。投保了机动车损失保险的机动车，可投保本附加险。

6. 附加发动机进水损坏除外特约条款

保险期间内，投保了本附加险的被保险机动车在使用过程中，因发动机进水后导致的发动机的直接损毁，保险人不负责赔偿。投保了机动车损失保险的机动车，可投保本附加险。

7. 附加车上货物责任险

承保保险期间内，发生意外事故致使被保险机动车所载货物遭受直接损毁，依法应由被保险人承担的损害赔偿责任。投保了机动车第三者责任保险的营业货车（含挂车），可投保本附加险。

8. 附加精神损害抚慰金责任险

被保险人或其允许的驾驶人在使用被保险机动车的过程中，发生投保的主险约定的保险责任内的事故，造成第三者或车上人员的人身伤亡，受害人据此提出精神损害赔偿请求，保险人依据法院判决及保险合同约定，对应由被保险人或被保险机动车驾驶人支付的精神损害抚慰金，在扣除机动车交通事故责任强制保险应当支付的赔款后，在本保险赔偿限额内负责赔偿。

投保了机动车第三者责任保险或机动车车上人员责任保险的基础上方可投保本附加险。在投保人仅投保机动车第三者责任保险的基础上附加本附加险时，保险人只负责赔偿第三者的精神损害抚慰金；在投保人仅投保机动车车上人员责任保险的基础上附加本附加险时，保险人只负责赔偿车上人员的精神损害抚慰金。

9. 附加法定节假日限额翻倍险

保险期间内，被保险人或其允许的驾驶人在法定节假日期间使用被保险机动车发生机动车第三者责任保险范围内的事故，并经公安部门或保险人查勘确认的，被保险机动车第三者责任保险所适用的责任限额在保险单载明的基础上增加 1 倍。投保了机动车第三者责任保险的家庭自用汽车，可投保本附加险。

10. 附加医保外医疗费用责任险

被保险人或其允许的驾驶人在使用被保险机动车的过程中，发生主险保险事故，对于被保险人依照中华人民共和国法律（不含港澳台地区法律）应对第三者或车上人员承担的医疗费用，保险人对超出《道路交通事故受伤人员临床诊疗指南》和国家基本医疗保险同类医疗费用标准的部分负责赔偿。投保了机动车第三者责任保险或机动车车上人员责任保险的机动车，可投保本附加险。

11. 附加机动车增值服务特约条款

本特约条款包括道路救援服务特约条款、车辆安全检测特约条款、代为驾驶服务特约条款、代为送检服务特约条款共四个独立的特约条款，投保人可以选择投保全部特约条款，也可以选择投保其中部分特约条款。保险人依照保险合同的约定，按照承保特约条款分别提供增值服务。

三、交强险

微课：了解交强险

PPT：了解交强险

文本：《机动车交通事故责任强制保险条例》

文本：交强险和商业第三者责任险的区别

机动车交通事故责任强制保险（简称“交强险”）于2006年7月1日起施行，是我国首个由国家法律规定实行的强制保险制度。

（一）保险责任

《机动车交通事故责任强制保险条例》（以下简称《条例》）规定：交强险是由保险公司对被保险机动车发生道路交通事故造成受害人（不包括本车人员和被保险人）的人身伤亡、财产损失，在责任限额内予以赔偿的强制性责任保险。

（二）除外责任

交强险各分项限额下不负赔偿责任的情况有：

（1）因受害人故意造成的交通事故的损失。

（2）被保险人所有的财产及被保险机动车上的财产遭受的损失。

（3）被保险机动车发生交通事故，致使受害人停业、停驶、停电、停水、停气、停产、通信或者网络中断、数据丢失、电压变化等造成的损失以及受害人财产因市场价格变动造成的贬值、修理后因价值降低造成的损失等其他各种间接损失。

（4）因交通事故产生的仲裁或者诉讼费用以及其他相关费用。

此外，驾驶人未取得驾驶资格、醉酒或被保险机动车被盗抢期间肇事，而造成受害人的财产损失，保险公司不承担赔偿责任。

（三）责任限额

交强险责任限额（见表7－1）是指被保险机动车发生道路交通事故，保险公司对每次保险事故所有受害人的人身伤亡和财产损失所承担的最高赔偿金额。

表7－1　交强险责任限额

赔偿限额种类	有责	无责
死亡伤残赔偿限额	180000元	18000元
医疗费用赔偿限额	18000元	1800元
财产损失赔偿限额	2000元	100元
共计	200000元	19900元

（四）保险期限

《机动车交通事故责任强制保险条例》规定，交强险的保险期间为1

年。但有下列情形之一的，投保人可以投保短期机动车交通事故责任强制保险：境外机动车临时入境的；机动车临时上道路行驶的；机动车距规定的报废期限不足1年的；国务院保险监督管理机构规定的其他情形。

四、机动车辆保险承保流程（见图7－1）

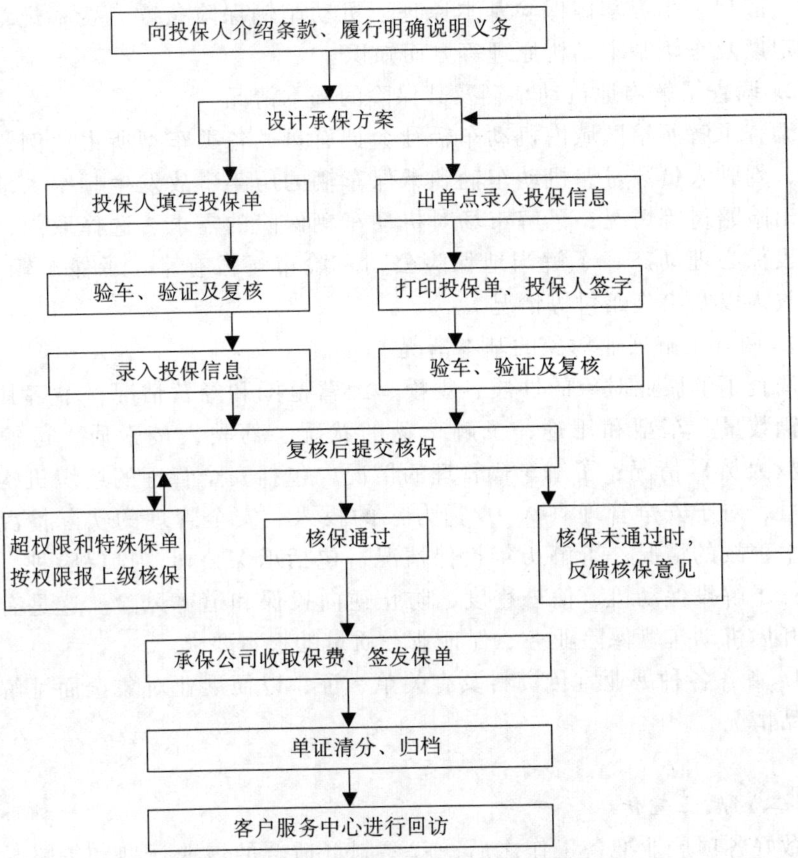

图7－1　机动车辆商业保险承保流程图

▣ 业务处理

一、展业

车险展业是指以保险宣传报道，广泛组织和争取车险业务的过程。目前，保险公司一般通过两大渠道展业：一是保险人内部职工展业；二是通过中间人展业，如汽车销售商、保险代理人、保险经纪人和银行等。

（一）展业准备

1. 学习掌握与开展机动车辆保险业务有关的法律法规和专业保险知

识，学习掌握《中华人民共和国保险法》《中华人民共和国民法典》、中国银行保险监督委员会对保险特别是机动车辆保险的监管政策、保险同业机构达成的行业自律公约或协议、保险公司对机动车辆保险经营管理的规定等保险业内的法律、法规和规定，以及《中华人民共和国道路交通安全法》《交通事故处理程序规定》等与道路交通管理、交通事故处理有关的法律、法规。学习掌握保险基本原理、机动车辆保险条款、费率规章、承保规定以及车辆基本结构原理等方面知识。

2. 调查了解当地机动车辆及其保险的基本情况

调查了解所辖区域内机动车辆社会拥有量，各类车型所占比例，承保情况，驾驶人员数量，机动车辆和承保车辆的历年事故发生频率、事故规律、出险赔付等情况；了解市场对机动车辆保险的需求、选择取向，掌握客户投保心理动态；了解当地保险公司车险市场占有率、承保车辆数量、保费收入以及出险赔付等情况。

3. 调查了解展业对象的基本情况

调查了解展业对象的性质、规模、经营范围和经营情况；了解其拥有的车辆数量、车型和用途；了解车辆的状况、驾驶人员素质、运输对象（货物/人员）情况；了解车辆管理的情况，包括安全管理的组织机构和技术力量、对于安全管理（人力/物力）的投入、安全管理的实际情况、以往发生事故的情况；了解历年投保情况，包括承保公司、投保险种、赔付率等；了解投保动机、信誉程度，防止逆向投保和道德风险。这是有的放矢地开展机动车辆保险业务、保证业务质量的根本要求。

4. 备齐各种展业宣传资料及有关单、证，以便展业对象全面了解企业及产品情况

（二）展业宣传

做好各项展业准备工作之后，就要制订适合的展业计划和策略，进行展业宣传。

机动车辆保险展业宣传应着重介绍机动车辆保险的职能和作用；本公司车险的名优产品以及经营能力、偿付能力、机构网络、人才、技术、服务等方面的优势；参加保险的条件，投保、索赔手续以及保险条款、费率规章。在介绍保险条款时，重点介绍保险责任，责任免除，投保人、被保险人义务，保险人义务以及附加险与主险在风险保障上的互补作用。要为投保人制定经济实用、充分保障的保险方案，不得对保险条款进行扩展性解释或超越权限向投保人私自承诺，误导投保人投保。

微课：机动车保险承保业务

PPT：机动车保险承保业务

二、投保

交强险投保单，见表 7-2。

表 7－2　机动车交通事故责任强制保险/机动车综合商业保险示范条款投保单（样本）

交强险投保单号：　　　　　　　　　　　　　　　　　　　　　　　商业险投保单号：

欢迎您到中华联合财产保险股份有限公司投保！在您确认本投保单前，请先详细阅读《机动车交通事故责任强制保险条款》及我公司的机动车保险条款，阅读条款时请您特别注意各个条款中的保险责任、责任免除、赔偿处理、附则等内容，并听取保险人就条款（包括免除保险人责任的条款）所作的说明。请在填写或签字确认本投保单之前向保险公司业务人员进行询问，如未询问，视同已经对条款内容完全理解并无异议。

根据机动车保险投保实名管理要求，需您同意并授权我公司因签订车辆保险合同需要采集、处理、传递和应用本人缴费账户、姓名、身份证号、手机号等相关个人信息，向合法存续的第三方机构传递、查询或验证本人缴费账户对应的身份信息，并接收、录入投保短信验证码以完成投保。如对以上内容无异议，请在投保人签名/签章处确认。

投保人	姓名/名称			
	身份证号/组织机构代码		联系人姓名	
	移动电话		固定电话	
	投保人地址		邮政编码	
被保险人	姓名/名称			
	身份证号/组织机构代码		联系人姓名	
	移动电话		固定电话	
	被保险人地址		邮政编码	
行驶证车主	姓名/名称			
	身份证号/组织机构代码			
投保车辆情况	上年是否在本公司投保商业机动车保险		被保险人与车辆关系	
	号牌号码		厂牌型号	
	发动机号		号牌底色	
	VIN 码		车架号	
	初次登记日期	年　月　日	已使用年限	
	核定载质量	吨	核定载客	
	整备质量	吨	排量/功率	L/KW
	协商确定的机动车实际价值	元	年平均行驶里程	公里
	机动车使用性质		机动车辆类型	
	车身颜色		行驶区域	
代收车船税	纳税人识别号		完税凭证号（减免税证明号）	
	车船税标志		减税金额	

续表

指定驾驶员	姓名	驾驶证号码	初次领证日期
机动车损失保险的每次事故绝对免赔额		元	
投保险种及纳税金额			
险种名称		保险金额/责任限额（元）	应缴保费（元）
交强险保险期间	自　年　月　日　时起至　年　月　日　时止		
商业险保险期间	自　年　月　日　时起至　年　月　日　时止		
保险费	交强险		（￥：　元）
	商业险		（￥：　元）
代收车船税	当年应缴车船税金额￥：　元	当年缴纳车船税期间	年 月至 年 月
	往年补缴车船税金额￥：　元，滞纳金￥：元	补缴车船税期间	年 月至 年 月
保险费及车船税合计金额	（￥：元）		
特别约定	交强险：		
	商业险：		
	若被保险人与本公司发生争议不能达成协议，被保险人自愿采取的解决方式：诉讼		
投保人声明内容：保险人已向本人详细介绍并交付了所投保险合同的条款，并对保险合同和特别约定中有关免除保险人责任条款的概念、内容及其法律后果向本人做了明确说明，本人对保险人的说明完全理解、同意，特此确认。 投保人签名/签章：年　月　日			
验车验证情况			查验人员签名：年　月　日
业务来源： 经纪人/代理人： 业务员：			录单员： 年　月　日

微课：机动车承保业务实训

投保单是投保人向保险人申请办理保险的文字依据，也是保险人签发保险单的重要依据，同时还是保险合同的一个组成部分。投保单的内容包括被保险人、投保人的基本情况；行驶证车主和保险车辆的基本情况；投保险种；保险金额；保险期限等内容。投保单填写主要有三种方式：一是投保人手工填写；二是投保人利用保险公司提供的网上投保系统自助录入，打印后由投保人签字；三是由保险公司业务人员或代理人员根据投保人口述，录入业务处理系统，打印后由投保人签字。填写投保单时如果投保车辆较多，投保单容纳不下，则应填写《机动车辆保险投保单附表》。填写时，应字迹清楚，如有涂改，需要投保人或其代表人在更正处签章。

（一）投保人基本情况填写

投保人是任何保险合同不可缺少的当事人。如果投保人为自己投保，保险合同签订后，投保人即成为被保险人。投保人除了应当具有相应的权利能力和行为能力之外，对保险标的必须具有保险利益，因此，投保人应当在投保单上填写自己的姓名，以便保险人核实其资格，避免出现保险纠纷。

（二）被保险人基本情况说明

一方面，被保险人必须是保险事故发生时遭受损失的人，即受保障的人；另一方面，被保险人必须是有保险金请求权的人。因此，投保单上必须注明被保险人的姓名。

投保单上需要填具被保险人的详细地址、邮编、电话及联系人。主要原因如下：首先，保险人接到投保人填写的投保单后需要进行核保。保险合同生效后，保险人需要定期或不定期地向客户调研自身的服务质量或通知保险人有关信息。为便于及时联系，需要填写被保险人的准确地址、邮编、电话及联系人等信息。其次，不同地区的汽车保有量、道路状况都不尽相同，危险因素也不一样，这是厘定保险费率的重要依据，因此，也需要被保险人的详细地址和邮编的信息。

（三）行驶证车主基本情况填写

投保单要提供行驶证车主的基本情况，因为保险公司的网上报价系统是与相关部门的公共信息平台相链接的，按照相关规定，获取报价时需要校验行驶证车主姓名等信息。该系统也可以准确查询到车辆历史出险事故记录。

（四）保险汽车的基本情况说明

1. 保险汽车有关资料

投保单要求说明保险汽车的有关情况，一般包括号牌号码、厂牌号码、发动机号、车架号、吨位/座位、车辆特征（车门数、颜色）车、初次登记年月等内容。

2. 汽车的所有与使用情况

如汽车所属性质、是否为分期付款购买、汽车的使用性质、行驶区域等。

（五）投保险种与保险期限说明

（1）车辆险种包括交强险、机动车损失险、第三者责任险、车上人员责任险、全车盗抢险、玻璃单独破碎险、自燃损失险、新增加设备损失险、车身划痕损失险、发动机涉水损失险、修理期间费用补偿险、车上货物责任险、精神损害抚慰金责任险、不计免赔率险、机动车损失保险无法找到第三方特约险、指定修理厂险等。在投保单上，需要根据车主的经济实力和实际需求有选择地投保险种，填写保险金额或赔偿限额，这是保险人在核保时确定保险费的基本依据。

（2）保险期限一般为一年，保险费一次交清。

（六）投保人签章

投保单必须由投保人亲笔签名认可方能生效。

拓展阅读

车险电子投保开启新篇章，“无纸化”成必然趋势

2014年12月，北京地区开始实施商业车险电子保单试点，2016年12月28日起交强险电子保单试点开始实施，2017年9月28日，北京保险行业协会发文称，北京地区已实现车险投保全流程电子化，至此车险电子投保开启了新的篇章。从技术的驱动、消费体验的升级、环保的意义，以及政策的支持以及多方的推动来看，车险投保全流程电子化已是大势所趋。

立足技术驱动，顺应时代潮流

在这股车险投保全流程电子化的潮流中，技术的驱动作用所带来的影响是至关重要的。近两年，随着移动互联网的发展和移动智能终端的普及，从保单电子回执到自助投保，再到微信、App等形式的体验，保险业已经迈入电子化时代。另外，随着金融科技的发展，区块链、大数据、人工智能等技术已经被广泛运用于金融领域，驱动了金融行业的创新和进步，也成为金融安全保驾护航的利器。如平安好车主APP电子投保流程采用“电子签名+人脸识别+CA认证”技术，整个投保过程高科技含量高、投保资料更安全，大大提高了客户体验感。

倡导新型服务，提升用户体验

传统车险投保的痛点主要在于：对客户而言，纸质的投保单、保险单等材料种类繁多，在整个流程中客户至少要签字5次，同时纸质材料保存、携带不便，容易丢失；对于业务员来说，需要在客户家和公司之间多次往返，流程烦琐，费时费力；对于保险公司来说，大量纸质档案也会造成打印和归档、单证登记的成本偏高。而电子保单可实现全流程自动化、网络化、无纸化，操作便利，步骤简单，用户可以即时收到反馈，且方便存储和查询；消费者只需利用碎片化时间，即可投保及管理自己的保险情况，全程无须反复与保险公司对接、确认。

响应环保号召，彰显社会价值

投保环节全流程无纸化，意味着将大量减少纸质单证印制、配送、仓储等环节的资源损耗，减少污染排放。据了解，一辆车从投保到出单外加随单送达的条款最少要用20张A4纸，以深圳市为例，如果按300万辆注册车辆计算，每年要产生6 000万张A4纸，而一棵成材大树可生产3 000张A4纸，如果电子保单在深圳全面推行，节省的车险保单用纸将至少保护2万棵成材树木。

虽然车险投保的电子化虽然还存在着一些问题，但从总体形势上看，无论是技术的驱动、消费者体验的升级、环保的意义，还是政策的支持以及多方的推动，车险投保全流程电子化已是大势所趋。

资料来源：根据网络资料整理。

三、核保

核保运作基本流程图（见图7－2）。

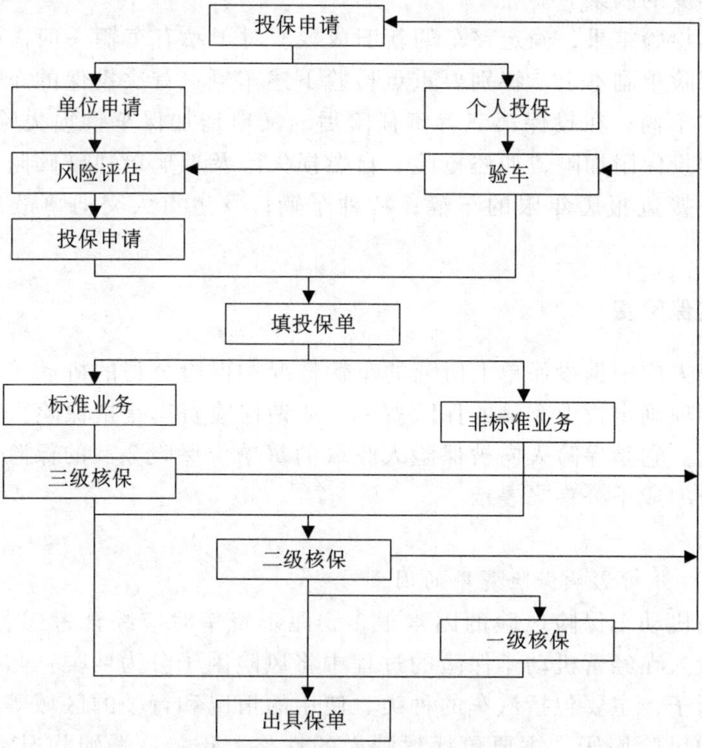

图7－2　核保运作基本流程图

业务人员在接到投保单以后，应首先根据保险公司内部制定的承保办法决定是否接受此业务。如果不属于拒保业务应立即加盖公章，载明收件日期。

1. 审查投保单

审查投保单所填写的各项内容是否完整、清楚、准确。

2. 验证

首先，结合投保车辆的有关证明，如车辆行驶证、介绍信等，进行详细审核检查投保人称谓与其签章是否一致；其次，检验投保车辆的行驶证是否与保险标的相符，投保车辆是否年检合格。核实投保车辆的合法性，确定其使用性质。检验车辆的牌照号码、发动机号码是否与行驶证一致等。

3. 查验车辆

根据投保单、投保单附表和车辆行驶证，对投保车辆进行实际查验。

（1）确定车辆是否存在和有无受损，是否有消防和防盗设备等。

（2）车辆本身的实际牌照号码、车型及发动机号、车身颜色等是否与行驶证一致。

（3）车辆的操纵安全性与可靠性是否符合行车要求，重点检查转向、制动、灯光、喇叭、刮水器等涉及操纵安全性的因素。

（4）检查发动机、车身、底盘、电气等部分的技术状况。

（5）检查车辆品牌、排气量、车龄、车辆行驶区和使用性质等直接影响风险程度的因素。

根据检验结果，确定整车的新旧成数。对于私有车辆一般需要填具验车单于保险单副本上。特别要重点检验下述车辆：首次投保的车辆；未按期续保的车辆；在投保第三者责任险后，又申请加保车辆损失险的车辆；申请增加投保附加险，如盗抢险、自燃损失险及玻璃单独破碎险；使用年限较长且接近报废年限的车辆；特种车辆；发生重大交通事故后修复的车辆。

四、核定保险费

核保人应根据投保单上所列的车辆情况和保险公司的机动车辆保险费率表，逐项确定投保车辆的保险费率。所谓保险费率是指保险人计算保险费的依据。它是保险人向被保险人收取的每单位保险金额的保险费，通常都用百分率或千分率来表示。

（一）分析影响保险费率的因素

影响机动车保险风险的因素很多，厘定费率时应综合考虑各种因素，通常保险人在经营机动车保险的过程中将风险因子分为两类：与汽车相关的风险因子，主要包括汽车的种类、使用的情况和行驶的区域等；与驾驶人相关的风险因子，主要包括驾驶人的性格、年龄、婚姻状况、职业等。由此各国机动车保险的费率模式基本上可以划分为两大类，即从车费率模式和从人费率模式。

在进行机动车风险研究的过程中，研究人员通过对大量车辆事故的分析，发现机动车事故的发生概率，由驾驶人因素引起的大于由车辆因素引起的，所以，从人费率模式相对于从车费率模式而言，更加科学、合理。我国保险公司从2015年6月开始启动商业车险费率管理制度改革，逐步扩大了保险公司商业车险费率的厘定自主权，车险费率从固定变为浮动，定价模式由无差异定价向“从人+从车”费率模式过渡。

（二）商业险保费计算

1. 保费计算公式

（1）商业车险保费=基准纯风险保费/(1-附加费用率)×费率调整系数

（2）费率调整系数=无赔款优待系数×自主核保系数×自主渠道系数

基准纯风险保费为投保各主险与附加险基准纯风险保费之和，它构成保险保费的组成部分，用于支付赔付成本，根据保险标的的损失概率与损失程度确定。基准纯风险保费表由中国保险行业协会统一制定、发布并定期更新。附加费用率是以保险公司经营费用为基础计算的，包括用于保险公司的业务费用支出、手续费支出、营业税、工资支出及合理的经营利润。附加费用率由保险公司自主设定唯一值，并严格执行经中国保监会批准的附加费用率，不得上下浮动。费率调整系数是根据对保险标的的风险判断，对保险基准保费进行上下浮动比率的调整，由无赔款优待系数、自主核保系数和自主渠道系数组成。无赔款优待系数根据历史赔款记录，按照无赔款优待系数对照表进行费率调整。由中国保险行业协会统一制定颁布，由行业平台自动返回。自主核保系数自和主渠道系数均根据公司自主上报的系数使用规则，在规定的范围之内调整使用。

相关知识

中国保险行业协会机动车综合商业保险示范产品费率调整系数表（试点地区，见表7－3）

表7－3　中国保险行业协会机动车综合商业保险示范产品费率调整系数表（试点地区）

序号	项目	内容	系数
1	无赔款优待及上年赔款记录	连续3年没有发生赔款	0.60
		连续2年没有发生赔款	0.70
		上年没有发生赔款	0.85
		新保或上年发生1次赔款	1.00
		上年发生2次赔款	1.25
		上年发生3次赔款	1.50
		上年发生4次赔款	1.75
		上年发生5次及以上赔款	2.00
2	自主核保系数	根据公司自主上报的系数使用规则，在规定的范围之内调整使用	
3	自主渠道系数	根据公司自主上报的系数使用规则，在规定的范围之内调整使用	

2. 费率使用

（1）机动车损失保险。

①当投保时被保险机动车的实际价值等于新车购置价减去折旧金额时，根据被保险机动车车辆使用性质、车辆种类、车型名称、车型编码、车辆使用年限所属档次直接查询基准纯风险保费。

以表7－4为例说明机动车损失保险基准纯风险保费的查询方法。

案例：如山东省一辆车龄为4年的“北京现代BH7141MY舒适型”投保车辆损失保险，根据表7－4查询该车对应的机动车损失保险基准纯风险保费为992元。

②当投保时被保险机动车的实际价值不等于新车购置价减去折旧金额时，考虑实际价值差异的机动车损失保险基准纯风险保费按下列公式计算：

考虑实际价值差异的机动车损失保险基准纯风险保费＝直接查找的机

表 7-4　　机动车综合商业保险示范产品基准纯风险保费表－机动车损失保险示例（山东地区）

单位：元

车辆使用性质	车辆种类	车型名称	车型编码	机动车损失保险基准纯风险保费			
				车辆使用年限			
				1年以下	1—2年	2—6年	6年以上
家庭自用汽车	6座以下	北京现代 BH7141MY 舒适型	BBJKROUC0001	1 054	1 005	992	1 026
家庭自用汽车	6—10座	五菱 LZW6376NF	BSQDZHUA0114	610	581	575	594
家庭自用汽车	10座以上	金杯 SY6543US3BH	BJBDRDUA0237	1 082	1 032	1 019	1 053
…	…	…	…	…	…	…	…

动车损失保险基准纯风险保费＋（协商确定的机动车实际价值－新车购置价减去折旧金额后的机动车实际价值）×0.09%

案例：如山东省一辆车龄为4年的“北京现代 BH7141MY 舒适型”投保车辆损失保险，该车使用4年后新车购置价减去折旧金额后的机动车实际价值为4.9万元，如果客户要求约定实际价值为6万元，则该车考虑实际价值差异的基准纯风险保费为1 002元。计算步骤如下：

根据表7-4，查表得到该车的机动车损失保险基准纯风险保费为992元；该车考虑实际价值差异的机动车损失保险基准纯风险保费＝992＋(60 000－49 000)×0.09%＝1 002（元）。

如附加险的保费计算基础为机动车损失保险基准纯风险保费的，是指考虑实际价值差异的机动车损失保险基准纯风险保费。

③如投保时约定绝对免赔额，可按照选择的免赔额、车辆使用年限和实际价值查找费率折扣系数，约定免赔额之后的机动车损失保险基准纯风险保费按下列公式计算：

约定免赔额之后的机动车损失保险基准纯风险保费＝考虑实际价值差异的机动车损失保险基准纯风险保费×费率折扣系数。

（2）第三者责任保险。

根据被保险机动车车辆使用性质、车辆种类、责任限额直接查询基准纯风险保费（见表7-5）。

（3）车上人员责任保险。

根据车辆使用性质、车辆种类、驾驶人/乘客查询纯风险费率（见表7-5）。

驾驶人基准纯风险保费＝每次事故责任限额×纯风险费率

乘客基准纯风险保费＝每次事故每人责任限额×纯风险费率×投保乘客座位数

表 7－5　　机动车综合商业保险示范产品基准纯风险保费表 2018.004（广西）

车辆使用性质	车辆种类	第三者责任保险											车上人员责任保险	
		5 万元	10 万元	15 万元	20 万元	30 万元	50 万元	100 万元	150 万元	200 万元	300 万元	500 万元	驾驶人	乘客
家庭自用汽车	6 座以下	130.20	188.20	214.64	233.18	263.36	316.03	411.52	472.46	524.92	626.69	823.94	0.1066%	0.0676%
	6—10 座	142.83	201.42	227.66	245.21	274.80	327.08	425.92	488.97	543.27	648.59	852.73	0.1014%	0.0650%
	10 座以上	142.83	201.42	227.66	245.21	274.80	327.08	425.92	488.97	543.27	648.59	852.73	0.1014%	0.0650%
企业非营业客车	6 座以下	165.40	232.82	263.16	283.88	317.71	378.37	492.71	551.52	608.72	719.69	934.76	0.1066%	0.0650%
	6—10 座	169.55	241.33	273.63	295.89	332.54	396.91	517.15	578.56	638.56	754.96	980.56	0.0988%	0.0598%
	10—20 座	184.60	263.37	298.94	323.82	364.18	435.32	567.11	634.54	700.35	828.01	1 075.45	0.1014%	0.0598%
	20 座以上	186.78	275.37	316.18	345.85	392.55	473.94	617.30	690.84	762.49	901.48	1 170.86	0.1040%	0.0624%
党政机关、事业团体非营业客车	6 座以下	74.53	104.95	118.63	127.96	143.23	170.58	222.10	248.64	274.43	324.45	421.41	0.1014%	0.0624%
	6—10 座	71.35	100.50	113.65	122.45	137.29	163.37	212.67	238.13	262.83	310.74	403.60	0.0936%	0.0572%
	10—20 座	85.13	119.80	135.49	146.09	163.69	194.86	253.69	284.03	313.49	370.63	481.38	0.0962%	0.0572%
	20 座以上	99.44	140.05	158.39	170.79	191.25	227.72	296.52	331.94	366.36	433.14	562.58	0.1014%	0.0624%
非营业货车	2 吨以下	305.29	429.70	486.18	523.96	586.92	698.74	910.15	1 112.39	1 257.91	1 540.22	2 087.36	0.1196%	0.0728%
	2—5 吨	412.91	596.85	680.42	739.95	835.74	1 002.88	1 306.27	1 596.59	1 805.45	2 210.64	2 995.96	0.1196%	0.0728%
	5—10 吨	477.02	680.42	772.01	836.12	939.54	1 123.09	1 462.35	1 787.97	2 021.85	2 475.60	3 355.02	0.1196%	0.0728%
	10 吨以上	628.14	884.97	1 000.59	1 078.83	1 208.19	1 438.69	1 872.97	2 290.39	2 590.01	3 171.26	4 297.81	0.1196%	0.0728%
	低速载货汽车	259.12	365.21	413.29	445.34	498.39	594.17	773.53	945.92	1 069.67	1 309.73	1 775.00	0.1196%	0.0728%
出租、租赁营业客车	6 座以下	512.27	772.87	898.55	983.14	1 140.69	1 445.96	1 901.64	2 314.01	2 617.22	3 205.43	4 345.48	0.1300%	0.0806%
	6—10 座	482.78	728.49	846.73	926.85	1 075.17	1 362.57	1 792.34	2 180.56	2 466.28	3 020.57	4 094.88	0.1040%	0.0624%
	10—20 座	510.48	783.00	914.93	1 006.37	1 173.75	1 495.11	1 966.57	2 392.66	2 706.16	3 314.36	4 493.14	0.1092%	0.0650%
	20—36 座	686.50	1 084.40	1 278.88	1 419.76	1 670.23	2 146.16	2 822.83	3 434.56	3 884.58	4 757.63	6 449.73	0.1092%	0.0650%
	36 座以上	845.54	1 306.28	1 529.95	1 686.61	1 971.34	2 516.66	3 310.38	4 027.48	4 555.20	5 578.97	7 563.19	0.1092%	0.0650%

续表

车辆使用性质	车辆种类	第三者责任保险											车上人员责任保险	
		5 万元	10 万元	15 万元	20 万元	30 万元	50 万元	100 万元	150 万元	200 万元	300 万元	500 万元	驾驶人	乘客
城市公交营业客车	6—10 座	396.55	598.32	695.59	760.93	882.89	1 119.08	1 471.99	1 790.89	2 025.55	2 480.79	3 363.11	0.3629%	0.1424%
	10—20 座	441.70	666.66	774.65	847.73	983.65	1 246.53	1 639.59	1 994.84	2 256.23	2 763.32	3 746.12	0.3802%	0.1478%
	20—36 座	612.29	941.50	1 100.87	1 211.61	1 414.13	1 802.45	2 371.09	2 884.50	3 262.46	3 995.69	5 416.81	0.4321%	0.1697%
	36 座以上	648.70	1 024.56	1 208.37	1 341.30	1 578.23	2 027.91	2 667.64	3 245.32	3 670.55	4 495.50	6 094.37	0.4321%	0.1697%
公路客运营业客车	6—10 座	489.82	739.45	859.39	940.29	1 091.08	1 382.26	1 818.57	2 212.07	2 501.92	3 064.22	4 154.05	0.1092%	0.0676%
	10—20 座	545.85	823.50	957.29	1 047.32	1 215.11	1 539.66	2 025.71	2 463.96	2 786.81	3 413.13	4 627.05	0.1144%	0.0702%
	20—36 座	802.73	1 211.65	1 408.39	1 541.24	1 787.72	2 265.89	2 980.16	3 626.17	4 101.30	5 023.06	6 809.55	0.1300%	0.0806%
	36 座以上	923.92	1 394.23	1 620.56	1 773.24	2 057.19	2 607.45	3 429.69	4 172.76	4 719.51	5 780.22	7 836.02	0.1300%	0.0806%
营业货车	2 吨以下	653.75	1 019.74	1 199.79	1 320.89	1 555.60	1 949.99	2 546.41	3 148.17	3 568.88	4 385.05	5 966.91	0.2473%	0.1196%
	2—5 吨	1 052.43	1 641.34	1 930.70	2 125.76	2 503.00	3 138.00	4 098.26	5 066.14	5 743.16	7 056.57	9 602.13	0.2473%	0.1196%
	5—10 吨	1 208.36	1 884.08	2 216.85	2 440.84	2 873.82	3 602.59	4 705.39	5 816.20	6 593.45	8 101.32	11 023.79	0.2473%	0.1196%
	10 吨以上	1 655.27	2 581.77	3 037.25	3 344.30	3 937.50	4 935.81	6 446.93	7 968.62	9 033.50	11 099.38	15 103.35	0.2473%	0.1196%
	低速载货汽车	555.69	866.49	1 019.74	1 122.63	1 321.43	1 656.88	2 164.34	2 674.95	3 032.42	3 725.90	5 069.99	0.2473%	0.1196%
备注		1. 挂车根据实际的使用性质并按照对应吨位货车的 30% 计算 2. 如果责任限额为 200 万元以上且未在上表列示，则基准纯风险保费 = （N - 4） × （A - B） × （1 - N × 0.005） + A。式中 A 指同档次限额为 200 万元时的基准纯风险保费；B 指同档次限额为 150 万元时的基准纯风险保费；N = 限额/50 万元，限额必须是 50 万元的整数倍												

（三）交强险保险费计算

机动车交通事故责任强制保险基础费率（见表7－6）。

表7－6　　机动车交通事故责任强制保险基础费率表

（2008版）　　　　金额单位：人民币元

车辆大类	序号	车辆明细分类	保费
一、家庭自用车	1	家庭自用汽车6座以下	950
	2	家庭自用汽车6座及以上	1 100
二、非营业客车	3	企业非营业汽车6座以下	1 000
	4	企业非营业汽车6—10座	1 130
	5	企业非营业汽车10—20座	1 220
	6	企业非营业汽车20座以上	1 270
	7	机关非营业汽车6座以下	950
	8	机关非营业汽车6—10座	1 070
	9	机关非营业汽车10—20座	1 140
	10	机关非营业汽车20座以上	1 320
三、营业客车	11	营业出租租赁6座以下	1 800
	12	营业出租租赁6—10座	2 360
	13	营业出租租赁10—20座	2 400
三、营业客车	14	营业出租租赁20—36座	2 560
	15	营业出租租赁36座以上	3 530
	16	营业城市公交6—10座	2 250
	17	营业城市公交10—20座	2 520
	18	营业城市公交20—36座	3 020
	19	营业城市公交36座以上	3 140
	20	营业公路客运6—10座	2 350
	21	营业公路客运10—20座	2 620
	22	营业公路客运20—36座	3 420
	23	营业公路客运36座以上	4 690
四、非营业货车	24	非营业货车2吨以下	1 200
	25	非营业货车2—5吨	1 470
	26	非营业货车5—10吨	1 650
	27	非营业货车10吨以上	2 220
五、营业货车	28	营业货车2吨以下	1 850
	29	营业货车2—5吨	3 070
	30	营业货车5—10吨	3 450
	31	营业货车10吨以上	4 480

续表

车辆大类	序号	车辆明细分类	保费
六、特种车	32	特种车一	3 710
	33	特种车二	2 430
	34	特种车三	1 080
	35	特种车四	3 980
七、摩托车	36	摩托车 50CC 及以下	80
	37	摩托车 50CC—250CC（含）	120
	38	摩托车 250CC 以上及侧三轮	400
八、拖拉机	39	兼用型拖拉机 14.7KW 及以下	按保监产险〔2007〕53 号实行地区差别费率
	40	兼用型拖拉机 14.7KW 以上	
	41	运输型拖拉机 14.7KW 及以下	
	42	运输型拖拉机 14.7KW 以上	

1. 座位和吨位的分类都按照“含起点不含终点”的原则来解释。
2. 特种车一：油罐车、气罐车、液罐车。
特种车二：专用净水车、特种车一以外的罐式货车，以及用于清障、清扫、清洁、起重、装卸、升降、搅拌、挖掘、推土、冷藏、保温等的各种专用机动车。
特种车三：装有固定专用仪器设备从事专业工作的监测、消防、运钞、医疗、电视转播等的各种专用机动车。
特种车四：集装箱拖头。
3. 挂车根据实际的使用性质并按照对应吨位货车的 30% 计算。
4. 低速载货汽车参照运输型拖拉机 14.7KW 以上的费率执行。

2007 年 6 月，中国保险监督委员会颁发《机动车交通事故责任强制保险费率浮动暂行办法》，按照本办法，实行交强险费率与道路交通事故相联系浮动，2020 年 9 月，中国银保监会发布《关于调整交强险责任限额和费率浮动系数的公告》，明确了全国各地区的费率浮动系数方案细分为 5 类，E 方案浮动因素及比率见表 7－7。

文本：《关于调整交强险责任限额和费率浮动系数的公告》

表 7－7

浮动因素			浮动比率
与道路交通事故相联系的浮动 A	E1	上一个年度未发生有责任道路交通事故	－10%
	E2	上两个年度未发生有责任道路交通事故	－20%
	E3	上三个及以上年度未发生有责任道路交通事故	－30%
	E4	上一个年度发生一次有责任不涉及死亡的道路交通事故	0%
	E5	上一个年度发生两次及两次以上有责任道路交通事故	10%
	E6	上一个年度发生有责任道路交通死亡事故	30%

交强险最终保险费计算方法是：交强险最终保险费＝交强险基础保险费×（1＋与道路交通事故相联系的浮动比率 A）。2012 年 5 月版《机动车交通事故责任强制保险条例》第八条首次明确了交通违法行为要与交强险

费率直接挂钩，所以目前有些地区交强险费率已经实行与道路交通事故和道路交通安全违法行为的“双挂钩”。

五、办理保险手续

（一）缮制保险单

业务内勤接到投保单及其附表以后，根据核保人员签署的意见，即可开展缮制保险单工作。保险单一般由电脑出单，具体做法如下：将投保单有关内容输入电脑中保险单的对应栏目，同时在保险单“被保险人”和“厂牌型号”栏内登录统一规定的代码（一单承保多车时，厂牌型号代码应逐车登录），并打印保险单一式三联。缮制保险单时，要求字迹清楚、数字准确、计算无误、内容完整。制单完毕后，制单人应在“制单”处签章，并将保险单号码转录在投保单及其附表上的“保险单号码”栏内。

缮制保险单时应注意：

（1）双方协商并在投保单上填写的特别约定内容，应完整地载明到保险单对应栏目内，如核保有新意见，应根据核保意见修改和增加。

（2）无论是主车和挂车在一起投保，还是挂车单独投保，挂车都必须出具具有独立保险单号码的保险单。在填制挂车的保险单时，“发动机号码”栏统一填写“无”。当主车和挂车一起投保时，可以按照多车承保方式处理，给予一个合同号，以方便调阅。

（3）特约条款和附加条款应印在或加贴在保险单正本背面，加贴的条款应加盖骑缝章。应注意，责任免除、被保险人义务和免赔等规定的印刷字体，应该与其他内容的字体不同，以提醒被保险人注意阅读。

机动车保险单样本见表7-8。

表7-8　机动车保险单（样本）

被保险人						
保险车辆情况	号牌号码		厂牌型号		发动机号	
	VIN 码		车架号		车辆种类	
	核定载客　人	核定载质量　千克		排量/功率	已使用年限　年	
	初次登记日期		已行驶里程　公里	使用性质		
	安全配置		固定停放地点			
	行使区域		新车购置价	元		
承保险种		保险金额/责任限额（元）		保险费（元）		
保险费合计（人民币大写）：					（¥：　元）	
保险期限自＿＿年＿＿月＿＿日零时起至＿＿年＿＿月＿＿日二十四时止						

续表

特别约定	
保险合同争议解决方式	
重要提示	1. 本保险合同由保险条款、投保单、保险单、批单和特别约定组成 2. 收到本保险单、承保险种对应的保险条款后，请立即核对，如有不符或疏漏，请在 48 小时内通知保险人并办理变更或补充手续；超过 48 小时未通知的，视为投保人无异议 3. 请详细阅读承保险种对应的保险条款，特别是责任免除和投保人、被保险人义务 4. 保险车辆转卖、转让、赠送他人或变更用途，应书面通知保险人并办理变更手续
保险人	公司名称：　　公司地址： 邮政编码：　　联系电话： 签单日期：　　（保险人签章）

核保：　　制单：　　经办：

(二) 复核保险单

复核人员接到保险单、投保单及其附表后，应认真对照复核。为了保证承保工作的质量，必须加强复核工作。复核人员应严格履行职责，将保险单内容逐项复核。复核中尤其应当认真审核特别约定的内容，保险期限起讫时间以及保险金额的确定是否符合规定，费率厘定是否合理，保险费计算是否正确等内容。

(三) 收取保险费

收费人员经复核保险单无误后，向投保人核收保险费，并在保险单"会计"处和保险费收据的"收款人"处签章，在保险费收据上加盖专用章。

(四) 签发保险单证

行车保险合同实行一车一单（保险单）和一车一证（保险证）制度。投保人交纳保险费后，业务人员必须在保险单上注明公司名称、详细地址、邮政编码及联系电话，加盖保险公司业务专用章，根据保险单填写《保险证》并加盖业务专用章，所填内容应与保险单有关内容一致，险种一栏填写总颁险种代码，电话应填写公司报案电话，所填内容不得涂改。签发单证时，交由被保险人收执保存的单证有保险单正本、保险费收据（保户留存联）、保险证。对已经同时投保交强险、车辆损失险、第三者责任险、车上人员责任险、不计免赔特约险的投保人，还应签发事故伤员抢救费用担保卡，并做好登记。

拓展阅读

广东省全面试行车险电子保单

记者了解到，为了全面提高广东车险行业信息化、精细化和专业化管理水平，促进公安交管“放管服”便民措施落地实施，有效提升行业服务质量和水平，切实保护保险消费者的合法权益，在相关部门的指导、支持下，省保协充分借鉴全国其他省市的先进经验，在广东警保数据交互的基础上，加快推进广东车险电子保单系统的建设工作，现已基本完成系统上线前的各项准备工作。前期经充分征求各公司意见，并经省保协产险工作委员会主任办公会2019年第三次车险工作会议审议通过，决定自2019年8月9日起，在广东地区全面试行车险电子保单。

据了解，为推动广东地区（不含深圳市，下同）机动车辆交通事故责任强制保险和商业保险电子保单（以下简称车险电子保单）试行工作的顺利开展，提升广东地区经营机动车辆保险业务保险公司的服务质量和水平，切实保护保险消费者的合法权益，相关部门制定了广东地区机动车辆保险电子保单试行工作指引。另外，此处提到的车险电子保单专指通过保险人的可靠电子签名签发的，用于证明保险合同关系，与纸质保单具有同等法律效力的版式电文。未来市民在办理年审、理赔等相关业务时不再需要提供纸质保单，将极大方便市民办理相关业务。

资料来源：网络，https：//baijiahao. baidu. com/s? id = 1640288552796028543&wfr = spider&for = pc。

（五）单证清分

对投保单及其附表、保险单及其附表、保险费收据、保险证，应由业务人员清理归类。

投保单和保险单的附表要加贴在投保单和保险单的背面，并在投保单及其附表和保险单及其附表上加盖骑缝章。清分时，应按照以下送达的部门清分：

（1）投保人留存的单证：保险单正本及其附表、保险费收据（保户留存联）、保险证。

（2）财务部门留有的单证：保险费收据（会计留存联）、保险单副本及其附表（财务留存联）。

（3）业务部门留存的单证：保险单副本、投保单及附表（业务留存联）、保险费收据（业务留存联）。

（六）单证归档

留存业务部门的单、证，应按下列要求整理、装订、归档。

（1）每一套承保单、证的整理排列顺序为：①保险费收据；②保险单副本及其附表；③投保单及其附表；④其他材料。

（2）每一套承保单、证按其编号顺序排列，装订成册，封面及装订按档案管理的规定办理。作废的单、证应加盖作废章，并同其他有效单证联号装订。

（3）各种有效单、证应指定专人妥为保管，不得遗失，并按规定时间移交档案部归档。

六、续保与批改

（一）续保

保险期满以后，投保人在同一保险人处重新办理保险汽车的保险事宜称为续保。在机动车保险实务中，续保业务一般在原保险期到期前一个月开始办理。为防止续保以后至原保险单到期这段时间发生保险责任事故，在续保通知书内应注明："出单前，如有保险责任事故发生，应重新计算保险费。全年无保险责任事故发生，可享受无赔款优待"等字样。

（二）批改

在保险单签发以后，因保险单或保险凭证需要进行修改或增删时，所签发的一种书面证明称为批单，也应背书。批改作业的结果通常用这种批单表示。

一般在保险合同主体及内容变更的情况下，保险合同需要进行相应变更。当机动车保险合同生效后，如果保险机动车的所有权发生了变化，机动车保险合同是否继续有效，取决于申请批改的情况。如果投保人或被保险人申请批改，保险人经过必要的核保，签发批单同意，则原机动车保险合同继续有效。如果投保人或被保险人没有申请批改，机动车保险不能随着保险机动车的转让而自动转让，机动车保险合同也不能继续生效。

保险车辆在保险有效期内发生转卖、转让、赠送他人；变更使用性质；调整保险金额或每次事故最高赔偿额；增加或减少投保车辆；终止保险责任等，都需申请办理批改单证，填具批改申请书送交保险公司。保险公司审核同意后，出具批改单给投保人存执。存执粘贴于保险单正本背面。保险凭证上的有关内容也将同时批改异动，并在异动处加盖保险人业务专用章。

为此，我国《机动车辆保险条款》也规定："在保险合同有效期内，保险车辆转卖、转让、赠送他人、变更用途或增加危险程度，被保险人应当事先书面通知保险人并申请办理批改。"同时，一般机动车保险单上也注明"本保险单所载事项如有变更，被保险人应立即向本公司办理批改手续，否则，如有任何意外事故发生，本公司不负赔偿责任。"的字样，以提醒被保险人注意。

批改作业的主要内容包括：①保险金额增减；②保险种类增减或变更；

③车辆种类或厂牌型号变更；④保险费变更；⑤保险期间变更。

当办理保险车辆的过户手续时，应将保险单、保险费收据、新的车辆行驶证和有原被保险人签章的批改申请书等有关资料交送保险人，保险人审核同意后，将就车辆牌照号和被保险人姓名和住址等相关内容进行批改。批改涉及的保险费返还，应根据相应规定执行。

拓展阅读

车辆转让后未变更保险合同发生事故无权索赔

2018 年 6 月，罗某为一辆解放牌汽车向保险公司投保，保险金额为 12 万元，保险期限为一年。后罗某将汽车卖给徐某，但没有通知保险公司变更保险合同。同年 9 月，徐某驾驶该车和另一辆车相撞起火燃烧，造成车辆报废。事故发生后，徐某向保险公司报案，要求保险公司理赔。保险公司认为，罗某转让保险车辆事先未通知该公司，也未及时变更合同，因此拒绝理赔。2019 年 9 月，徐某将保险公司告上法庭。

安宁区人民法院审理认为，保险标的转让应当通知保险人，经保险人同意继续承保后，依法变更合同。罗某将已经投保的汽车卖给徐某，未通知保险公司并办理有关手续，也没有变更合同，保险公司没有向现有车主徐某理赔的义务。

2019 年 12 月 21 日，法院做出一审判决，驳回徐某要求保险公司赔偿的诉讼请求

模块二
机动车辆保险理赔

任务描述

利用模拟教学软件完成机动车保险报案、立案、勘查、理算、结案等理赔业务。

知识准备

机动车理赔流程图（见图 7－3）

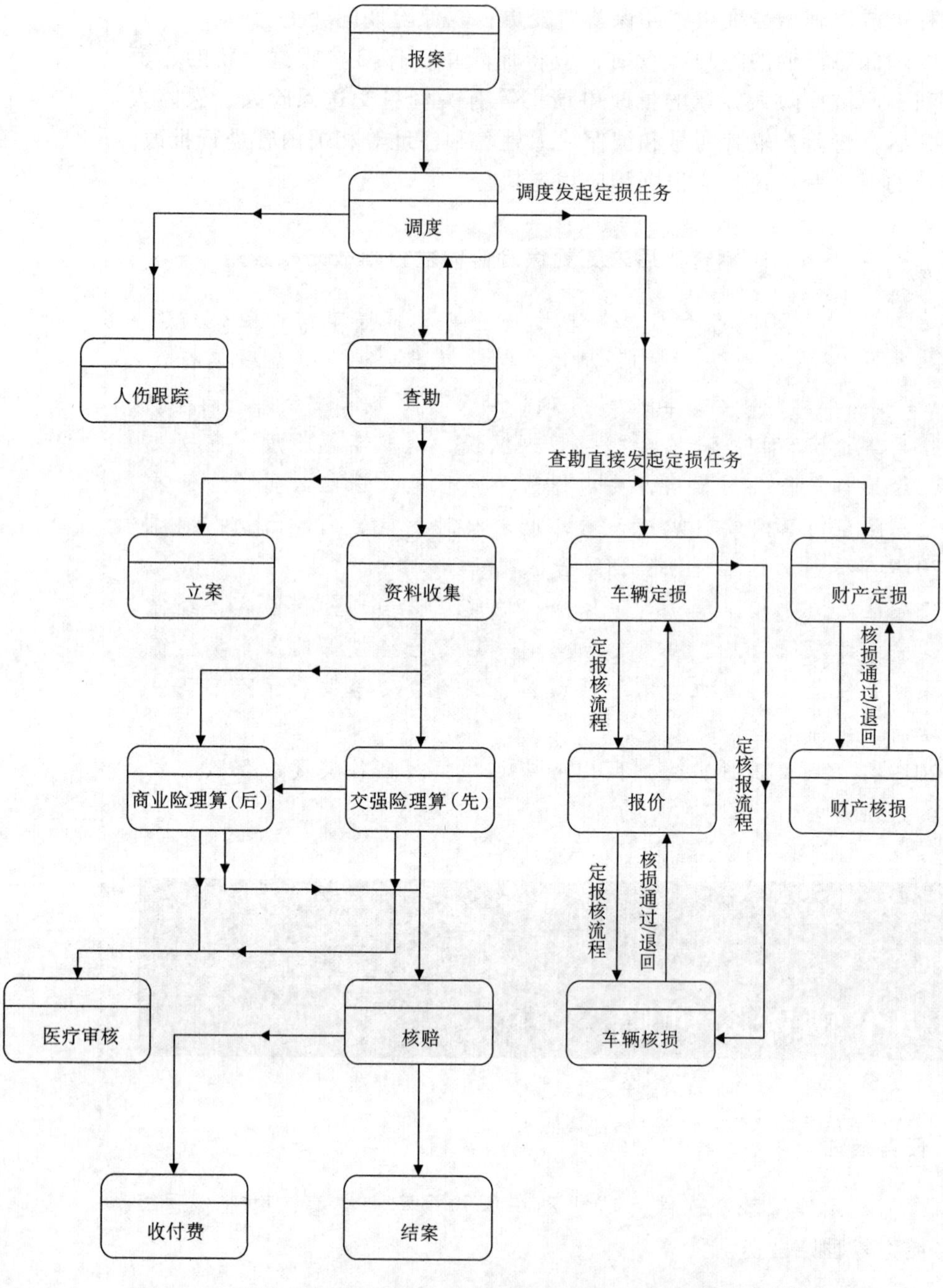

图 7－3　机动车理赔流程图（中国人民财产保险股份有限公司）

■ 业务处理

一、接报案

所有车险出险报案统一由客户服务中心归口受理。可以采取多种方式受理报案，如客户拨打客户服务中心电话报案，客户通过微信、移动 APP 等方式报案等。保险公司接报案人员负责受理、记录客户报案信息，如实告知客户相关权益，提醒客户注意事项，对客户进行理赔服务和索赔流程引导。具体要点为：按照报案人提供的保险信息，查询、核对保单等相关信息，核实报案人身份及与被保险人关系；询问报案人与事故有关的案情和相关信息，根据询问内容规范记录报案信息等内容，初步判断保险责任；对于涉及人员伤亡、水淹车、自燃等案件，应提醒客户相关理赔注意事项；根据案情告知客户必要的后续理赔事宜，发送所需的相关信息；对于发生保险条款列明的，符合代位求偿的案件应按代位求偿相关规定做好记录，并对客户做好告知和引导。

微课：机动车保险理赔业务

PPT：机动车保险理赔业务

微课：机动车保险理赔业务实训

二、调度

保险公司调度人员负责受理接报案岗提交的各类报案调度请求，如报案信息不规范且影响调度工作的，与客户核实确认后，将报案信息补充完善，然后联系并调度相关理赔人员开展现场查勘定损工作，同时受理客户救援、救助请求，联系并调度协作单位开展相关工作。调度人员需做好调度后续跟踪工作，做好调度及其相关环节的流程监控，同时对调度信息进行记录，并及时向客户反馈。

三、查勘

查勘人员接到查勘任务后，应及时与当事人联系，了解事故的经过、原因，核实事故的真实性，查验保险标的，估计事故损失情况；对事故现场、标的车辆及三者车辆损失情况、财产损失情况、标的车行驶证、出险驾驶员驾驶证、身份证、标的车牌号车架号等进行拍照并上传至车险理赔系统；协助客户进行事故处理。对处于危险状态的事故车辆，积极协助客户进行现场施救；根据道路交通事故处理的相关规定，协助客户准确进行事故责任比例认定。指导客户填写索赔申请书，收集理赔相关资料，告知客户后续索赔流程。

查勘人员需根据查勘内容，缮制查勘记录。对于疑难案件、重（特）大案件和风险案件，缮制详细的询问笔录，经客户签字后拍照上传车险理赔系统，及时作好重要证据的前期固化与收集。对于客户要求代位求偿的案件，应向被保险人出具《“代位求偿”案件索赔申请书》，并指导其本人或单位授权代理人当面填写后收回，同时通过行业车险信息平台系统与责任方保险公司对应赔案进行准确关联，按相关要求执行，报案或在现场查勘时需提供的通用单证见表 7－9。

表 7－9　　通用单证（报案或在现场查勘时提供）

<table>
<tr><th colspan="4">提供单证类型</th><th>出具机构</th><th>原件或复印件</th><th>为什么要提供</th><th>注意事项</th></tr>
<tr><td>1</td><td colspan="3">驾驶员《机动车辆驾驶证》</td><td></td><td>查看原件，留存复印件</td><td>了解驾驶员的驾驶资格</td><td></td></tr>
<tr><td>2</td><td colspan="3">被保险车辆《机动车辆行驶证》</td><td></td><td>查看原件，留存复印件</td><td>核对肇事车辆信息</td><td></td></tr>
<tr><td>3</td><td colspan="3">被保险人身份证</td><td></td><td>查看原件，留存复印件</td><td></td><td></td></tr>
<tr><td>4</td><td colspan="3">索赔申请书</td><td>保险公司提供，被保险人填写并签字</td><td>原件</td><td>向保险公司提出索赔的申请</td><td></td></tr>
<tr><td rowspan="5">5</td><td rowspan="5">事故证明</td><td>涉及人伤事故的</td><td>事故责任认定书、调解书</td><td>出险当地交通管理部门</td><td>原件</td><td>确定事故责任和依法应该承担的赔偿项目和金额</td><td></td></tr>
<tr><td>涉及第三方财产（不包括车）损失的</td><td>事故责任认定书或简易事故处理书</td><td>出险当地交通管理部门</td><td>原件</td><td>确定事故责任</td><td></td></tr>
<tr><td rowspan="3">涉及车辆损失的</td><td>事故责任认定书或简易事故处理书</td><td>出险当地交通管理部门</td><td>原件</td><td>确定事故责任</td><td></td></tr>
<tr><td>当事人自行协商协议书</td><td>事故双方当事人</td><td>原件</td><td>确定事故责任</td><td></td></tr>
<tr><td>保险公司告知提供的证明材料</td><td>相关部门</td><td>原件</td><td>确定事故责任</td><td>由于事故类型不同，对于特殊案件，保险公司理赔人员会根据案件情况，告知被保险人提供相关证明材料</td></tr>
<tr><td>6</td><td>领取赔款手续</td><td>被保险人亲自办理的</td><td>转账支付授权书</td><td>保险公司提供单证，被保险人填写提交</td><td>原件</td><td>被保险人授权将赔款通过转账方式支付给到被保险人银行账户</td><td>个人，被保险人亲笔签字；单位，加盖公章，并与保单中载明的被保险人名称要一致</td></tr>
</table>

续表

提供单证类型				出具机构	原件或复印件	为什么要提供	注意事项
6	领取赔款手续	被保险人亲自办理的	收款人银行存折或银行卡或银行账户信息	被保险人提供	原件或复印件	准确确定支付赔款的银行账户信息	银行账户信息与被保险人名称一致
			营业执照、组织机构代码证、税务登记证；控股股东或者实际控制人、法定代表人、负责人和授权办理业务人员的姓名、身份证件或者身份证明文件	被保险人提供	复印件加盖被保险人单位章	根据人民银行反洗钱规定，大额支出案件需要提供上述材料	被保险人为单位的，整案金额1万元以上，提供此项单证
		委托他人代办时还需要提交的	委托书	被保险人出具	原件	委托领取赔款的法律文件	个人：被保险人亲笔签字；单位：被保险人单位盖章，并与保单中载明的被保险人名称要一致
			受托人身份证		查看原件，留存复印件	确认受托人身份	

注：①营运车需提供驾驶员有效资格证；专业机械车、特种车需提供有效操作证

②如涉及法院诉讼，需要提供法院判决书或者调解书

③如涉及仲裁机构仲裁，需要提供仲裁机构的仲裁书

④对于火灾事故，需要提供消防部门出具的火灾消防证明、火灾原因鉴定报告

⑤对于在投保时约定第一受益人的，需要提供第一受益人证明

⑥上述材料在报案或者查勘时，没有提供，请在提交索赔单证时提交

拓展阅读

理赔无纸化

近年来，为了更好地服务于客户，人保财险池州市分公司陆续推出一系列理赔服务创新举措，其中，理赔无纸化便是理赔创新服务的一大亮点。理赔无纸化是以无纸化为基础，通过理赔系统移动智能化建设，实现理赔服务数字化、高效化升级。

2018 年 11 月 1 日 15 时左右，家住贵池的杨先生驾车在池州市区香港城附近，由于倒车时不慎撞到路边柱子，造成车辆后保险杠受损。接到报案后人保财险池州市分公司查勘人员迅速赶往事故现场，通过现场仔细勘察，预计损失金额 3 500 元。由于案件符合理赔无纸化要求，

杨先生仅需提供被保险人相关证件，无须额外提供任何纸质单证，即可完成赔付，下午17时35分，杨先生收到赔付款3 500元。为此，他致电池州市分公司理赔中心客服中心，高度赞扬了无纸化理赔的便捷高效。

理赔无纸化是人保财险践行“以客户为中心”理赔服务理念，依托新技术，优化流程，精简单证，提升客户服务体验。其服务宗旨为：让“机器多跑路，客户少跑腿”，为客户提供便捷、快捷的理赔体验；服务主体为：全体理赔线；服务对象为：人保客户群；服务内容包括：①单证收集坚持“五不原则”：外部单证收集不复印、不传递、不多取；内部单证不印刷、不打印。其中对三证一卡信息获取尽量采取OCR图像识别方式。②理赔流程操作坚持“四统一”原则：全系统理赔线在《理赔操作实务》的规范要求内，做到理赔标准统一、流程统一、单证统一、操作统一。

四、立案

保险公司立案操作人员应及时对查勘发起的立案任务进行处理，并对未立案案件进行跟踪并及时给予相应的处理；准确录入、调整立案估损金额信息、事故信息、被保险车辆在事故中的责任比例。

文本：跑“滴滴”拒赔案

五、定损

文本：车险理赔资料

定损人员接到定损任务后，应主动联系客户，并根据事故情况向客户提供符合客户需求的定损服务模式；与客户共同确定车辆和其他财产损失的维修方案，确定损失项目和维修费用。涉及代位求偿案件的定损，按照《机动车辆损失险代位求偿操作实务》的定损工作要求，及时通知责任方保险公司积极参与定损。具体包括：

1. 判断案件责任

查阅查勘记录、承保情况、历史出险记录等相关信息，合理判断案件是否存在疑点，选择按正常流程继续处理或联系查勘人员核实、复勘、转调查、稽查处理。

2. 核实事故痕迹

在对损失标的损失确认过程中，应准确判断事故损失痕迹与事故经过描述是否合理，对非此次事故造成的损失，应主动与客户说明并予以剔除。

3. 定损处理

定损员自身权限内案件，应根据定损标的事故损失，准确核定车辆维修更换配件、维修工时、残值等费用，经报价核损流程后打印定损单，完成定损任务；超出自身权限，则根据相关规定及时转交具有相应权限人员继续处理。严禁先修车后定损、核损报价。对于财产损失应合理确定损失金额；对于定价困难或客户对定价异议较大的特殊案件，可聘请第三方公估机构协助定损。

4. 损余回收

定损员应与被保险人协商损余物资合理处理方式；损余物资归保险人的，定损员应在定损单注明并请被保险人签字，同时明确告知被保险人交回的地点；损余物资归被保险人的，应合理作价，在定损金额中扣除。

5. 提交核损核价

对定损案件提交核损岗进行核损核价，审核未获通过的，按审核要求对定损项目进行重新确定，对审核退回案件的处理意见有异议的应主动进行协调沟通。

6. 提交客户确认

定损完成后，应及时向被保险人出具《机动车保险车辆损失情况确认书》（简称为定损单），对定损结果进行确认。被保险人签字确认后相关单证须拍照上传系统。

另外，定损人员还负有车辆修竣检验、追加定损、损失鉴定、补充完成各项信息收集、取证等工作。

六、核价核损

保险公司核价核损人员通过对案件信息、事故/定损照片、定损清单及相关资料的审核，及时检查查勘定损员是否按规范完成现场查勘定损工作；审核查勘定损资料规范性、完整性；审核案件真实性及事故损失是否属于保险责任；审核定损中的维修方式及零部件、工时费等价格结果的合理性、准确性；根据案情需要发起调查、稽查等风险控制请求；监督查勘定损岗执行规章制度的情况。

七、理算

（一）第三者责任险赔款计算

文本：第三者责任险计算例题

（1）当（依合同约定核定的第三者损失金额－机动车交通事故责任强制保险的分项赔偿限额）×事故责任比例等于或高于每次事故赔偿限额时：

赔款＝每次事故赔偿限额

（2）当（依合同约定核定的第三者损失金额－机动车交通事故责任强制保险的分项赔偿限额）×事故责任比例低于每次事故赔偿限额时：

赔款＝（依合同约定核定的第三者损失金额－机动车交通事故责任强制保险的分项赔偿限额）×事故责任比例

文本：新车被撞可索赔贬损费吗？

（二）机动车损失险的赔款计算

1. 全部损失

赔款＝保险金额－被保险人已从第三方获得的赔偿金额－绝对免赔额

2. 部分损失

被保险机动车发生部分损失，保险人按实际修复费用在保险金额内计算赔偿。

赔款＝实际修复费用－被保险人已从第三方获得的赔偿金额－绝对免赔额

3. 施救费

施救的财产中，含有本保险合同之外的财产，应按本保险合同保险财产的实际价值占总施救财产的实际价值比例分摊施救费用。

（三）车上人员责任险赔款计算

文本：车上人员责任险计算例题

（1）对每座的受害人，当（依合同约定核定的每座车上人员人身伤亡损失金额－应由机动车交通事故责任强制保险赔偿的金额）×事故责任比例高于或等于每次事故每座赔偿限额时：

赔款＝每次事故每座赔偿限额

（2）对每座的受害人，当（依合同约定核定的每座车上人员人身伤亡损失金额－应由机动车交通事故责任强制保险赔偿的金额）×事故责任比例低于每次事故每座赔偿限额时：

赔款＝（依合同约定核定的每座车上人员人身伤亡损失金额－应由机动车交通事故责任强制保险赔偿的金额）×事故责任比例

（四）附加险赔款计算

1. 附加绝对免赔率特约条款

主险实际赔款＝按主险约定计算的赔款×（1－绝对免赔率）

2. 附加车轮单独损失险、附加新增加设备损失险、附加车身划痕损失险

赔款＝实际修复费用－被保险人已从第三方获得的赔偿金额

3. 附加修理期间费用补偿险

全车损失，按保险单载明的保险金额计算赔偿；部分损失，在保险金额内按约定的日补偿金额乘以从送修之日起至修复之日止的实际天数计算赔偿，实际天数超过双方约定修理天数的，以双方约定的修理天数为准。

其他附加险均按合同约定理算赔款。

工作实例

在赔偿顺序上，相对于商业机动车保险而言，交强险是第一赔偿顺序。交强险的赔偿计算，还进一步影响到商业机动车保险的赔偿计算。但是，由于存在如下各种各样的原因，大大增加了交强险赔偿计算的复杂性：

①交强险既分三类损失的赔偿限额，又设定了无责任的赔偿限额，无责任的赔偿限额中也分三类损失的赔偿限额，只是限额相对较低。

②投保了交强险的车辆还有可能投保了商业机动车险。

③事故参与方既可能是机动车，还有可能是非机动车和行人，参

与方的多样性也决定了计算的复杂性。

④财产损失赔偿限额内没有赔偿顺序，死亡伤残赔偿限额内存在赔偿顺序。

下面，我们用一个案例对机动车保险的理算规则做详细的分解计算。

有甲、乙两车，甲车为载货汽车，乙车为小型载客汽车，在道路上发生交通事故，双方负事故的同等责任，致使一名骑自行车的人（丙）受伤，并造成路产管理人（丁）遭受损失。交通事故各参与方的损失分别为：甲车车辆损失3 000元，车上货物损失5 000元；乙车车辆损失1万元，乙车车上人员重伤一名，造成残疾，花费医药费2万元，残疾赔偿金5万元；骑自行车人经抢救无效死亡，医疗费用3万元，死亡赔偿金10万元，精神损害抚慰金2万元；路产损失5 000元。甲、乙两车均投保了交强险和商业机动车保险，甲车投保商业险险别分别为车辆损失险、第三者责任险、车上货物责任险；乙车投保商业险险别分别为车辆损失险、第三者责任险、车上人员责任险。

现分别计算甲乙两车的交强险、商业险赔款（假定车辆损失赔款计算为非代位求偿方式）。

一、交强险赔款计算

1. 甲车

（1）财产损失赔偿金额。

受损财产核定金额 = 乙车辆损失金额 + 路产损失/2 = 10 000 + 5 000/2 = 12 500 元 > 2 000 元

财产损失赔偿金额 = 2 000 元

其中：

乙车辆得到的赔偿 = 10 000/(10 000 + 2 500) × 2 000 = 1 600(元)

路产管理人得到的赔偿 = 2 500/(10 000 + 2 500) × 2 000 = 400(元)

说明：路产损失属于非机动车的损失，应由交通事故所有机动车参与方共同分摊，所以本案例甲车分摊到2 500元；计算出乙车和路产管理人分别得到的赔偿金额，便于进行后续的商业险理算。（以下计算中相同之处，不再赘述。）

（2）医疗费用赔偿金额

医疗费用核定损失金额 = 20 000 + 30 000/2 = 35 000 元 > 18 000 元

医疗费用赔偿金额 = 18 000 元

其中：

乙车人员得到的赔偿 = 20 000/(20 000 + 15 000) × 18 000 = 10 286(元)

骑自行车人得到的赔偿 = 15 000/(20 000 + 15 000) × 18 000 = 7 714(元)

（3）死亡伤残费用赔偿金额

死亡伤残费用核定损失金额 = 50 000 + 120 000/2 = 110 000 元 < 180 000 元

死亡伤残费用赔偿金额 = 110 000 元

其中：

乙车人员得到的赔偿 = 50 000 元

骑自行车人得到的赔偿 = 60 000 元

甲车交强险总赔偿金额 = 2 000 + 18 000 + 110 000 = 130 000 (元)

2. 乙车

(1) 财产损失赔偿金额

受损财产核定损失金额 = 3 000 + 5 000 + 5 000/2 = 10 500 元 > 2 000 元

财产损失赔偿金额 = 2 000 元

其中：

甲车得到的赔偿 = (3 000 + 5 000)/(3 000 + 5 000 + 2 500) × 2 000
= 1 524(元)

路产管理人得到赔偿 = 2500/(3000 + 5000 + 2500) × 2000 = 476(元)

(2) 医疗费用赔偿金额：

医疗费用核定损失金额 = 30 000/2 = 15 000 < 18 000 元

医疗费用赔偿金额 = 15 000 元

骑自行车人得到的赔偿 = 15 000 元

(3) 死亡伤残赔偿金额

死亡伤残核定损失金额 = (100 000 + 20 000)/2 = 60 000 元 < 180 000 元

死亡伤残赔偿金额 = 60 000 元

骑自行车人得到的赔偿 = 60 000 元

乙车交强险总赔偿金额 = 2 000 + 15 000 + 60 000 = 77 000 (元)

小结：实际上，交强险的赔款计算，只要计算出实际赔偿金额就完成了。但是，存在多个受害人和事故各方还投保了商业保险的情况下，就必须将各方得到的赔偿分别计算出来，以利于赔款支付和商业保险的赔款计算。

在本例中，事故各方分项得到的交强险赔偿金额：

甲车得到的：

财产损失赔偿 = 1 524 (元)

其中：

赔偿车辆 = 3 000/ (3 000 + 5 000) × 1 524 = 571.50 (元)

赔偿货物 = 5 000/ (3 000 + 5 000) × 1 524 = 952.50 (元)

乙车得到的：

车辆损失赔偿 = 1 600 (元)

医疗费用赔偿 = 10 286 (元)

死亡伤残赔偿 = 50 000 (元)

骑自行车人得到的：

医疗费用赔偿 = 7 714 + 15 000 = 22 714 (元)

死亡伤残赔偿 =60 000 +60 000 =120 000（元），全部用于赔偿其死亡赔偿金。

路产管理人得到的：

路产损失赔偿 =400 +476 =876（元）

二、商业保险赔款计算

1. 甲车

车辆损失险赔偿金额 = 实际修理费用 - 得到的交强险赔偿金额 - 从乙车得到的赔偿金额 =3 000 -571.5 -（3 000 -571.5）×50% =1 214.25（元）

车上货物责任险赔偿金额 =5 000 -952.5 -（5 000 -952.5）×50% =2 023.75（元）

第三者责任险赔偿金额 =［（乙车方损失 - 乙车方得到的交强险赔偿金额）+（骑自行车人的损失 - 骑自行车人得到的交强险赔偿金额）+（路产管理人的损失 - 路产管理人得到的交强险赔偿金额）］×50% =［(10 000 +20 000 +50 000 -1 600 -10 286 -50 000) +(30 000 -7 714 -15 000) +(5 000 -400 -476)］×50% =14 762(元)

甲车商业险总赔偿金额 =1 214.25 +2 023.75 +14 762 =18 000（元）

2. 乙车

车辆损失险赔偿金额 = 实际修理费用 - 得到的交强险赔偿金额 - 从甲车得到的赔偿金额 =10 000 -1 600 -(10 000 -1 600) ×50% =4 200(元)

车上人员责任险赔偿金额 =(20 000 -10 286 +50 000 -50 000) ×50% =4 857(元)

第三者责任险赔偿金额 =［（甲车方损失 - 甲车方得到的交强险赔偿金额）+（骑自行车人的损失 - 骑自行车人得到的交强险赔偿金额）+（路产管理人的损失 - 路产管理人得到的交强险赔偿金额）］×50% =［(3 000 +5 000 -1 524) +(30 000 -7 714 -15 000) +(5 000 -400 -476)］×50% =8 943(元)

乙车商业险总赔偿金额 =4 200 +4 857 +8 943 =18 000（元）

根据上面的计算，我们可以得到：

甲乙两车交强险和商业机动车保险总赔偿金额 =130 000 +77 000 +18 000 +18 000 =243 000（元）

本起交通事故所有参与方的总损失金额 =8 000 +80 000 +150 000 +5 000 =243 000（元）

以上两项总金额都包含精神损害抚慰金。

由此看出，在本起事故中，总赔偿金额等于总损失金额（含精神损害抚慰金），本起交通事故各参与方都得到了足额的补偿，精神损害抚慰金一项，不在商业第三者责任险的保险责任内，需要另行购买相应的附加险才能得到保障。

八、核赔

核赔人员要严格按照保险条款合同和相关法律法规进行审核，保护保险消费者合法利益，同时做好风险管控。其具体工作要点如下：在授权范围内，按法律、条款、实务和有关制度要求审核赔案，确保赔付的准确性；必要时可参与重大赔案的查勘、定损、人伤调解方案制定等前期理赔工作，参与疑难案件调查工作；对于因保险赔付而产生的争议和纠纷，应、主动向被保险人解释说明条款内容和理赔依据；归纳、反馈赔案审核中发现承保、理赔过程中存在的问题，提出实务完善和条款修改建议；监督理赔各环节、各项制度落实，参与理赔政策、实务标准、业务流程的制定和完善。

九、赔款支付

核赔通过后，开具赔款通知书连同赔款计算书送交会计部门，向被保险人说明赔偿标准和计算依据，赔款金额经双方确认后，向被保险人支付保险赔偿金。保险公司应严格管控代领保险赔款风险，严格管控资金支付风险，严格遵守中国人民银行关于反洗钱的相关规定。

对于车损险代位求偿案件，保险公司应按照《机动车辆损失险代位求偿操作实务》和《机动车辆损失险代位求偿保险公司间追偿与结算机制》规定，做好赔款支付和行业间代位求偿结算。

对于按拒赔处理的案件，理赔处理人员应自作出核定之日起三日内向被保险人发出《拒赔通知书》。

十、结案归档

赔款支付后，保险公司应及时进行结案处理，结案模式分为自动结案和人工结案两种模式。结案后应对赔案各种理赔单证做好存档管理。归档包括电子理赔单证归档和纸质理赔单证归档。电子理赔单证归档指除客户提供的重要纸质证明材料需保留纸质材料外，其他理赔单证包括保险公司理赔系统自有单证、在查勘定损或资料收集环节采用拍照扫描等方式收集的单证，可将电子单证上传到车险理赔系统归档保存，可不再另行留存纸质材料归档。纸质理赔单证归档是指未进行电子化上传车险理赔系统或已上传车险理赔系统但按规定需要存档的纸质理赔单证资料，按照档案管理规定进行归档；可以不集中归档，在收集地归档、备查。

使命担当：交强险，一项利国利民的系统工程

项目小结

机动车辆保险是财产损失保险的一种，其具体险种有车辆损失险、第三者责任险、车上人员责任险3种主险和附加绝对免赔特约条款、附加车轮单独损失险等11种附加险。我国对机动车第三者责任险实行法定（交强险）和自愿（商业三责险）两种方式，在赔款计算上，以交强险先赔，不

够部分由商业险弥补的原则，赔偿方式主要是以修复为主，赔偿中通常规定有绝对免赔额（率）。机动车续保有无赔款优惠。

问题讨论

机动车交通事故责任强制保险和机动车商业第三者责任险的联系和区别体现在哪些方面？

推荐阅读

1. 《机动车交通事故责任强制保险条例》
2. 《机动车交通事故责任强制保险条款》
3. 《中华人民共和国道路交通安全法》
4. 《中华人民共和国保险法》
5. 各财产保险公司网站
6. 中国保险行业协会网站
7. 中国银行保险监督管理委员会网站

习题与实训

1. 思考题

（1）机动车辆保险有哪些特点？

（2）了解我国商业车险费率改革的历史进程及当前情况。

（3）简述机动车交通事故责任强制保险和机动车第三者责任险的区别。

（4）《中国保险行业协会机动车综合商业保险示范条款》中规定的主险和附加险有哪几种？

2. 综合训练题

将全班同学分成若干组，每组4—6人，利用金融项目中心的真实车险产品向学校教师进行展业练习，制作车险报价单。然后根据报价单和有关信息利用模拟教学软件进行机动车保险的投保、承保和理赔练习。

3. 案例分析题

案例1：富康车的尾翼撞坏了该不该赔？

许先生给自己新买的富康车投保了车辆损失险和第三者责任险。购车时，许先生另外花费1 500元给自己的爱车加装了尾翼。几天后，许先生倒车时不慎撞到后墙将尾翼撞坏，当许先生到保险公司索赔时，理赔人员告诉他车辆损失险不包括新增设备的损失，因许先生没有投保新增设备损失险，所以损失不属于保险责任。

阅读以上资料，请分析什么是新增设备损失险？车主在什么样的情况下需投保此险种？

案例 2：车辆转让后办理保险过户批改手续有效吗？

2018 年 2 月，张某将其私有的一辆东风牌汽车向某保险公司投保了车损险、第三者责任险，总保险金额为 8 万元。同年 12 月，张某将该车卖给个体运输户王某。事后，张某委托王某到保险公司办理批改手续，保险公司经办人找到该车保险单存根后，给王某办了保险证。2019 年 1 月该汽车出险，损失 3 万元，王某遂向保险公司提出索赔，保险公司以王某未办理过户批改手续为由拒绝全数赔偿损失，但考虑到王某不存在骗取保险金的图谋，愿意通融赔付其经济损失 5 000 元，王某不服，遂起诉到法院。

你认为法院应如何判决？

8 项目八 其他财产损失保险经营

学习目标

知识学习目标：

了解货物运输保险和建筑、安装工程保险的经营流程；掌握国内货物运输保险及国际海洋货物运输保险主要险种的保险责任和除外责任；掌握建筑、安装工程一切险的保险责任和除外责任。

技能训练目标：

能够熟练操作货物运输保险和建筑、安装工程保险的投保、核保、承保、理赔等业务。

工作任务

应完成的工作任务：

利用模拟教学软件进行货物运输保险和建筑、安装工程保险投保、核保、承保、理赔等业务操作。

完成工作任务应提交的标志性成果：

货物运输保险和建筑、安装工程保险经营过程中的相关资料，如投保单、保险单等。

模块一 货物运输保险经营

任务描述

以客户、代理人、财险公司、经纪人等不同角色身份完成货物运输保险投保单填制、核保、承保、理赔等业务。

知识准备

货物运输保险是以社会公共运输过程中的货物为保险标的，由保险公司对被保险人因货物遭受自然灾害或意外事故而致损失进行赔偿的一种财产损失保险。它与其他保险的区别主要表现在其所承保的风险是一种“移位”风险，保险标的在变换场所、变更位置的同时，完全暴露在各种各样的风险之中，由此显示出一些与其他保险不同的特征：即承保风险的综合性；承保标的的流动性；保障对象的多变性；保险种类的多样性；保险关系的国际性。

微课：货物运输保险相关知识介绍

PPT：货物运输保险相关知识介绍

文本：国内水路、陆路运输保险条款

一、国内货物运输保险

国内货物运输保险是以装载于各种运输工具中的内贸货物（不运出关境的物品）为保险标的的一种保险。根据运输方式的不同，可分为国内水路货物运输保险、公路货物运输保硷、铁路货物运输保险、国内航空货物运输保险、国内管道货物运输保险和多式联运货物运输保险等险种。

（一）保险责任

1. 国内水陆路货物运输

国内水路、陆路货物运输保险适用于国内水路、铁路、公路或联运方式，是保险货物遭受保险责任范围内的自然灾害或意外事故时，据此可以得到经济补偿的保险。

本保险分为基本险和综合险两种。保险责任范围如下：

（1）基本险。基本险是指因火灾、爆炸、雷电、冰雹、暴风、暴雨、洪水、地震、海啸、地陷、崖崩、滑坡、泥石流所造成的损失；由于运输工具发生碰撞、搁浅、触礁、倾覆、沉没、出轨或隧道、码头坍塌所造成的损失；在装货、卸货或转载时因遭受不属于包装质量不善或装卸人员违反操作规程所造成的损失；按国家规定或一般惯例应分摊的共同海损的费用；在发生上述灾害、事故时，因纷乱而造成货物的散失及因施救或保护货物所支付的直接合理的费用。

（2）综合险。综合险是指除包括基本险责任外，保险人还负责赔偿：因受震动、碰撞、挤压而造成货物破碎、弯曲、凹瘪、折断、开裂或包装破裂致使货物散失的损失；液体货物因受震动、碰撞或挤压致使所用容器（包括封口）损坏而渗漏的损失，或用液体保藏的货物因液体渗漏而造成保藏货物腐烂变质的损失；遭受盗窃或整件提货不着的损失；符合安全运输规定而遭受雨淋所致的损失。

（3）除外责任。除外责任包括：战争或军事行动；核事件或核爆炸；保险货物本身的缺陷或自然损耗，以及由于包装不善被保险人的故意行为或过失；全程是公路货物运输的，盗窃和整件提货不着的损失；其他不属于保险责任范围内的损失。

2. 国内航空货物运输保险

（1）保险责任。国内航空货物运输保险是以空运货物（鲜、活物品和动物除外）作为保险标的，对保险货物在保险期限内无论是在运输或存放过程中，由于下列原因造成的损失，承担赔偿责任：由于飞机遭受碰撞、倾覆、坠落、失踪（在三个月以上）、在危难中发生卸载以及遭遇恶劣气候或其他危难事故发生抛弃行为所造成的损失；保险货物本身原因遭受火灾、爆炸、雷电、冰雹、暴风暴雨、洪水、海啸、地震、地陷、崖崩所造成的损失；保险货物因受震动、碰撞或压力而造成破碎、弯曲、凹瘪、折断、开裂等损伤以及由此而引起包装破裂而造成的散失；凡属液体、半流体或者需要用液体保藏的保险货物，在运输途中因受震动、碰撞或压力致使所装容器（包括封口）损坏发生渗漏而造成保险货物的损失，或用液体保藏的货物因液体渗漏而致保藏货物腐烂的损失；保险货物因遭受偷盗或者提货不着的损失；在装货、卸货时和地面运输过程中，因遭受不可抗力的意外事故及雨淋所造成保险货物的损失。

文本：国内航空货物运输保险条款

发生上述灾害事故时，因施救或保护保险货物而支付的合理费用，保险公司也承担赔偿责任，但最高以不超过保险金额为限。

（2）除外责任。由于下列原因造成保险货物的损失，保险人不负责赔偿：战争、军事行动、扣押、罢工、哄抢和暴动；核反应、核辐射和放射性污染；保险货物自然损耗，本质缺陷、特性所引起的污染、变质、损坏，以及货物包装不善；在保险责任开始前，被保险货物已存在的品质不良或数量短差所造成的损失；市价跌落、运输延迟所引起的损失；寓于发货人责任引起的损失；被保险人或投保人的故意行为或违法犯罪行为；由于行政行为或执法行为所致的损失；其他不属于保险责任范围内的损失。

如果投保人需要投保该保险责任中所没有的风险，可以在参加保险时和保险公司做特别约定。

（二）保险期限

保险责任开始于自签发保险凭证，且保险货物运离起运地发货人的最后一个仓库或储存处所（航空保险自保险货物经承运人收讫并签发保险单或凭证时起），终止于货物运到保险凭证上注明的目的地的收货人在当地的第一个仓库或储存处所。但保险货物运抵目的地后，如果收货人未及时提货，则保险责任的终止期最多延长至以收货人接到“到货通知单”后的15天为限（以邮戳日期为准）。

（三）保险金额

保险金额指保险公司赔偿的最高限额，可以按保险价值确定，也可以由保险双方协商确定。保险价值按货价或货价加运杂费确定。如果保险金额高于保险价值，超出的部分无效；如果保险金额低于保险价值，发生部分损失时则按比例赔偿。

二、国际货物运输保险

国际货物运输保险是指以运输中的国际贸易货物为保险标的的一种保险，按运输方式来分，有海洋、陆上、航空、邮递和多式联运货物运输保险几大类；对某些特殊商品，还配备有海运冷藏货物、陆运冷藏货物、海运散装桐油及活牲畜、家禽的海陆空运输保险，投保人可按需要选择投保。

文本：海洋运输货物保险条款

文本：海洋运输冷藏货物保险条款

文本：海洋运输散装桐油保险条款

（一）海洋运输货物保险

本保险基本险分为平安险、水渍险和一切险三种（见图8-1）。

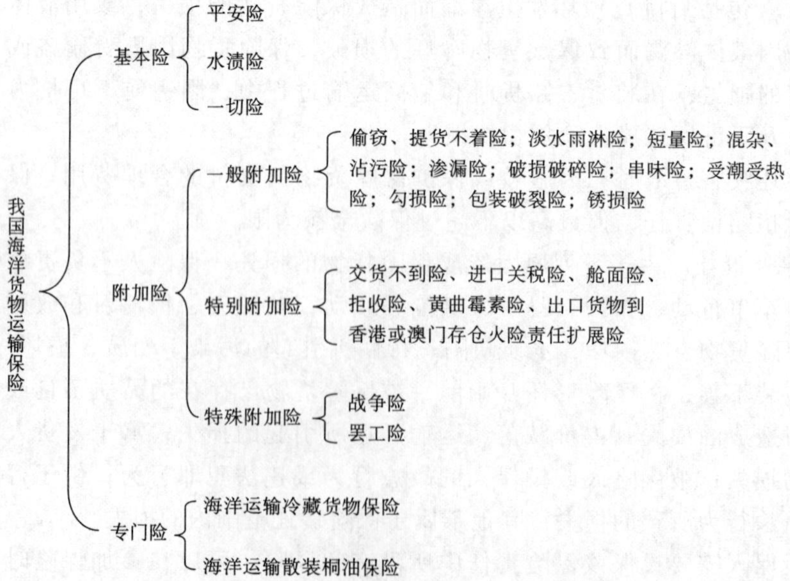

图8-1　我国海洋货物运输保险险别一览表

1. 平安险负责赔偿

（1）货物在运输途中由于恶劣气候、雷电、海啸、地震、洪水自然灾害造成整批货物的全部损失或推定全损。当被保险人要求赔付推定全损时，须将受损货物及其权利委付给保险公司。被保险货物用驳船运往或运离海轮的，每一驳船所装的货物可视作一个整批。推定全损是指被保险货物的实际全损已经不可避免，或者恢复、修复受损货物以及运送货物到原定目的地的费用超过该目的地的货物价值。

（2）由于运输工具遭受搁浅、触礁、沉没、互撞、与流冰或其他物体碰撞以及失火、爆炸意外事故造成货物的全部或部分损失。

（3）在运输工具已经发生搁浅、触礁、沉没、焚毁意外事故的情况下，货物在此前后又在海上遭受恶劣气候、雷电、海啸等自然灾害所造成的部分损失。

（4）在装卸或转运时由于一件或数件整件货物落海造成的全部或部分损失。

（5）被保险人对遭受承保责任内危险的货物采取抢救、防止或减少货损的措施而支付的合理费用，但以不超过该批被救货物的保险金额为限。

（6）运输工具遭遇海难后，在避难港由于卸货所引起的损失以及在中途港、避难港由于卸货、存仓以及运送货物所产生的特别费用。

（7）共同海损的牺牲、分摊和救助费用。

（8）运输契约订有“船舶互撞责任”条款，根据该条款规定应由货方偿还船方的损失。

2. 水渍险

水渍险除包括上列平安险的各项责任外，还负责被保险货物由于恶劣气候、雷电、海啸、地震、洪水自然灾害所造成的部分损失。

3. 一切险

一切险除包括上列平安险的各项责任外，还负责被保险货物在运输途中由于外来原因所致的全部或部分损失。

4. 海洋运输货物保险对下列损失不负赔偿责任

（1）被保险人的故意行为或过失所造成的损失。

（2）属于发货人责任所引起的损失。

（3）在保险责任开始前，被保险货物已存在的品质不良或数量短差所造成的损失。

（4）被保险货物的自然损耗、本质缺陷、特性以及市价跌落、运输延迟所引起的损失或费用。

（5）保险公司海洋运输货物战争险条款和货物运输罢工险条款规定的责任范围和除外责任。

5. 责任起讫

本保险负“仓至仓”责任，自被保险货物运离保险单所载明的起运地仓库或储存处所开始运输时生效，包括正常运输过程中的海上、陆上、内河和驳船运输在内，直至该项货物到达保险单所载明目的地收货人的最后仓库或储存处所或被保险人用作分配、分派或非正常运输的其他储存处所为止。如未抵达上述仓库或储存处所，则以被保险货物在最后卸载港全部卸离海轮后满60天为止。如在上述60天内被保险货物需转运到非保险单所载明的目的地时，则以该项货物开始转运时终止。

由于被保险人无法控制的运输延迟、绕道、被迫卸货、重行装载、转载或承运人运用运输契约赋予的权限所做的任何航海上的变更或终止运输契约，致使被保险货物运到非保险单所载明目的地时，在被保险人及时将获知的情况通知保险人，并在必要时加缴保险费的情况下，本保险仍继续有效，保险责任按下列规定终止：

（1）被保险货物如在非保险单所载明的目的地出售，保险责任至交货时为止，但不论任何情况，均以被保险货物在卸载港全部卸离海轮后满60天为止。

（2）被保险货物如在上述60天期限内继续运往保险单所载原目的地或其他目的地时，保险责任仍按上述第（1）款的规定终止。

6. 索赔时效

从被保险货物在最后卸载港全部卸离海轮后起算，最多不超过两年。

文本：航空运输货物保险条款

（二）航空运输货物保险

本保险分为航空运输险和航空运输一切险两种。

1. 航空运输险负责赔偿

（1）被保险货物在运输途中遭受雷电、火灾或爆炸或由于飞机遭受恶劣气候或其他危难事故而被抛弃，或由于飞机遭受碰撞、倾覆、坠落或失踪意外事故所造成的全部或部分损失。

（2）被保险人对遭受承保责任内危险的货物采取抢救，防止或减少货损的措施而支付的合理费用，但以不超过该批被救货物的保险金额为限。

2. 航空运输一切险

除包括上列航空运输险的责任外，本保险还负责被保险货物由于外来原因所致的全部或部分损失。

3. 航空运输货物保险的除外责任与海洋货物运输保险的除外责任一样

4. 责任起讫

本保险负“仓至仓”责任，自被保险货物运离保险单所载明的起运地仓库或储存处所开始运输时生效，包括正常运输过程中的运输工具有内，直到该项货物运达保险单所载明目的地收货人的最后仓库或储存处所或被保险人用作分配、分派或非正常运输的其他储存处所为止。如未运抵上述仓库或储存处所，则以被保险货物在最后卸载地卸离飞机后满30天为止。如在上述30天内被保险的货物需转送到非保险单所载明的目的地时，则以该项货物开始转运时终止。

由于被保险人无法控制的运输延迟、绕道、被迫卸货、重行装载、转载或承运人运用运输契约赋予的权限所做的任何航行上的变更或终止运输契约。致使被保险货物运到非保险单所载目的地时，在被保险人及时将获知的情况通知保险人，并在必要时加缴保险费的情况下，本保险仍继续有效，保险责任按下述规定终止。

（1）被保险货物如在非保险单所载目的地出售，保险责任至交货时为止，但不论任何情况，均以被保险的货物在卸载地卸离飞机后满 30 天为止。

（2）被保险货物在上述 30 天期限内继续运往保险单所载原目的地或其他目的地时，保险责任仍按上述第（1）款的规定终止。

5. 索赔时效

从被保险货物在最后卸载地卸离飞机后起计算，最多不超过两年。

（三）陆上运输货物保险

文本：陆上运输货物保险条款

本保险分为陆运险和陆运一切险两种。

1. 陆运险负责赔偿

（1）被保险货物在运输途中遭受暴风、雷电、洪水、地震自然灾害或由于运输工具遭受碰撞、倾覆、出轨或在驳运过程中因驳运工具遭受搁浅、触礁、沉没、碰撞；或由于遭受隧道坍塌，崖崩或失火、爆炸意外事故所造成的全部或部分损失。

（2）被保险人对遭受承保责任内危险的货物采取抢救，防止或减少货损的措施而支付的合理费用，但以不超过该批被救货物的保险金额为限。

2. 陆运一切险

除包括上列陆运险的责任外，陆运一切险还负责被保险货物在运输途中由于外来原因所致的全部或部分损失。

3. 陆上货物运输保险的除外责任与海洋货物运输保险一样

4. 责任起讫

本保险负“仓至仓”责任，自被保险货物运离保险单所载明的起运地仓库或储存处所开始运输时生效，包括正常运输过程中的陆上和与其有关的水上驳运在内，直至该项货物运达保险单所载目的地收货人的最后仓库或储存处所或被保险人用作分配、分派的其他储存处所为止，如未运抵上述仓库或储存处所，则以被保险货物运抵最后卸载的车站满 60 天为止。

5. 索赔时效

从被保险货物在最后目的地车站全部卸离车辆后计算，最多不超过两年。

业务处理

一、展业

微课：货物运输保险承保业务

PPT：货物运输保险承保业务

首先，展业人员要熟悉相关货运保险条款、条款解释、费率规章等有关知识及投保单的填制要求，学习了解进出口贸易的一般业务程序，认识国际贸易术语与保险的关系，熟悉现行货运保险的法律法规环境，即国家有关法律法规对投保货运保险的要求。其次，要制订展业计划，可从以下方面来着手制定：确立目标客户群；借助项目主管部门展业；与信誉好、市场规模大的经纪公司进行良好的合作。再次，要做好展业宣传，结合货运险项目本身的特点、风险状况和典型案例，宣传参加保险的必要性和重要性。展业宣传中还应详尽告知货运保险单的主要条款内容，如保险责任、责任免除、保险金额确定方法、赔偿处理和被保险人义务等。最后，经过展业宣传，对初步达成保险意向的客户，要协商保险条件，重点商议险种及附加险的选择、保险项目与保险金额、特别约定与免赔条件、保险费率等。达成一致后，让客户如实、详尽填写投保单，提供货物清单、发票、信用证、提货单等风险要素资料，并进行复核，打印出保单草本要得到客户的确认。如果发现问题，及时向客户提出修改和完善的建议。

拓展阅读

国际贸易术语

国际贸易术语指在长期贸易实践中形成的，以英文缩写表示货物价格构成，说明交货地点、确定风险、责任、费用划分等问题的专门术语。《Incoterns 2020》于 2020 年 1 月 1 日起生效施行，分成 2 类、4 组、11 个贸易术语。

1 类：仅适用海运。FOB（Free on Board）装运港船上交货，由供应商将货物交付至采购方指定的船上。采购方承担货物交付后起至采购方工厂所在地期间的所有费用和风险。FAS（Free Alongside Ship）装运港船边交货，由供应商将货物交付至采购方指定的船边。采购方承担货物交付后起至采购方工厂所在地期间的所有费用和风险。CFR（Cost and Freight）成本加运费，由供应商将货物交付至采购方指定的船上，并支付工厂仓库至采购方目的港码头的运输费用。采购方承担货物交付后起至采购方工厂所在地期间的部分费用和风险。CIF（Cost Insurance and Freight）成本加保险费加运费，由供应商将货物交付至采购方指定的船上，并支付工厂仓库至采购方目的港码头的保险费和运输费用。采购方承担货物交付后起至采购方工厂所在地期间的部分费用和风险。

2类：适用于任何运输方式。EXW（Ex Works）工厂交货，由供应商在其工厂所在地或其他指定地点准备好货物并交付给采购方。采购方承担货物交付后起至采购方工厂所在地期间的所有费用和风险。FCA（Free Carrier）货交承运人，由供应商将货物交付至采购方指定承运人的仓库或其指定地点。采购方承担货物交付后起至采购方工厂所在地期间的所有费用和风险。CPT（Carriage Paid To）成本加运费付至，由供应商将货物交付至采购方所在的目的港，并支付工厂仓库至采购方所在的目的地的运输费用。采购方承担货物交付后起至采购方工厂所在地期间的费用和风险。CIP（Carriage and Insurance Paid to）成本加运费加保险费付至，由供应商将货物交付至采购方所在的目的港，并支付工厂仓库至采购方所在的目的地的保险费和运输费用。采购方承担货物交付后起至采购方工厂所在地期间的费用和风险。DAP（Delivered at Place）采购方所在地交货，由供应商将货物交付至采购方所在地。DPU（Delivered at Place Unloaded）采购方所在地卸货码头交货，由供应商将货物交付至采购方所在地的卸货码头，并承担卸货费。DDP（Delivered Duty Paid）完税后交货，由供应商将货物交付至采购方的工厂所在地，并支付进口国的关税。

文本：国际贸易术语解释通则（2020版）

二、承保

1. 填写投保单（见表8-1）

表8-1　　货物运输保险投保单（样本）

APPLICATION FOR CARGO TRANSPORTATION INSURANCE

本投保单内容以中文为准。　　投保单号：

The interpretation of this Application shall be subject to Chinese version.　　Application№.

注意：请您仔细阅读投保单和所附保险条款，尤其是黑体字标注部分的条款内容，并听取保险公司相关人员的说明，如对保险公司相关人员的说明不明白或有异议的，请在填写本投保单之前向保险公司相关人员进行询问，如未询问，视同已经对条款内容完全理解并无异议。请您如实填写本投保单，您所填写的材料将构成签订保险合同的要约，成为保险人核保并签发保险单的依据。除双方另有约定外，保险人签发保险单且投保人向保险人缴清保险费后，保险人开始按约定的险种承保货物运输保险。

投保人 Applicant					
投保人地址 Applicant's Add				联系人 Contact	
电话 Tel.		传真 Fax.		电子邮箱 E-mail	
被保险人 Insured					
被保险人地址 Insured Add				电话 Tel.	

续表

贸易合同号 Contract No.		信用证号 L/C No.		发 票 号 Invoice No.	

标　记 Marks & Nos.	包装及数量 Packing & Quantity	保险货物项目 Description of Goods	1. 发票金额 Invoice Value ______ 2. 加成 Value Plus About ______% 3. 保险金额 Insured Value ______ 4. 费率（‰） Rate ______ 5. 保险费 Premium ______

装载运输工具：Name of the Carrier	提单号： 业务编号：	赔付地点：Claims Payable At
起运日期：Departure Date	运输路线：Route 自 From 经 Via 到达（目的地）To（destination）	

包装方式：1. 散装　2. 纸箱　3. 罐装 4. 木箱 5. 编织袋 6. 真空袋 7. 桶装 8. 裸装 9. 苫布 10. 其他方式：________

装载方式：1. 普通集装箱 2. 冷藏箱 3. 拼箱 4. 整船 5. 舱面　6. 其他方式：________

货物项目：1. 精密仪器　是□　否□　2. 旧货物　是□　否□（此二项投保人如未注明告知，则保险人以全新的、非精密货物承保）　3. 船　龄：________年建

承保条件　投保人可根据投保意向选择投保险别及条款，并划√确认，但保险人承保的险别及适用条款以保险人最终确定 Conditions：　并在保险单上列明的险种、条款为准。

进出口海洋运输：	□一切险	□水渍险	□平安险	（华泰《海洋运输货物保险条款》）
	□ ICC（A）	□ ICC（B）	□ ICC（C）	（伦敦协会条款）
进出口航空运输：	□航空运输险	□航空运输一切险		（华泰《航空运输货物保险条款》）
进出口陆上运输：	□陆运险	□陆运一切险		（华泰《陆上运输货物保险条款》）
特殊附加险：	□战争险	□罢工险		（□华泰条款　□伦敦协会条款）
国内水陆运输：	□基本险	□综合险		（华泰《国内水路、陆路货物运输保险条款》）
国内航空运输：	□航空运输险	□航空运输一切险		（华泰《航空运输货物保险条款》）

是否放弃或部分放弃向承运人的追偿权利 □是　□否　（如果是，请详细说明）

其他承保条件：　　　　免赔额：________

（免赔额的金额和比例以最终保险单为准）

特别约定 Special Conditions：

投保人声明：

1. 保险人已经就本投保单及所附的保险条款的内容，尤其是关于保险人免除责任的条款及投保人和被保险人义务条款向投保人作了明确说明，投保人对该保险条款及保险条件已完全了解，并同意接受保险条款和保险条件的约束。
2. 本投保单所填各项内容均属事实，同意以本投保单作为保险人签发保险单的依据。
3. 保险合同自保险单签发之日起成立。

投保人签字（盖章）　　　　日期

保险人要指导客户对投保单上的各个项目进行清楚准确地填写。

2. 风险识别与评估

货物运输保险因保险标的处于流动状态，且通过不同的运输工具、运输地点进行运转，涉及环节多，风险较大。在接受货运险业务时，进行保险标的风险识别评估工作，对于确定是否承保及承保份额、准确厘定保险费率和指定承保条款，并在承保前后采取必要的预防措施具有重要的作用。

（1）风险评估的内容。包括投保人、被保险人、发货人、收货人的风险评估；货物自身的特性风险评估；运输工具的风险评估；货物的积载和包装风险评估；运输过程风险评估；驾驶员的驾驶水平和对路况的熟悉程度风险评估；业务记录评估。

（2）主要风险、货物残损的主要形式及致损原因识别。不同险种面临的主要风险会有所不同，如海上、水上货物运输的主要风险是沉没、火灾、水湿、破损等；陆上货物运输的主要风险是破损、偷窃、雨淋等；航空货物运输的主要风险是破损、坠机等。运输环节面临的主要风险包括运输工具风险、运输过程风险和仓储风险等。常见货物残损现象有水油渍损、残破变形、发霉变质、锈蚀损坏、气味感染、货物短损、火焚损毁及虫蛀鼠咬等其他损害。常见货损原因有包装不良、短装、配载、积载不当、盗窃等。

3. 提交核保初审材料

常规业务的相关材料包括：投保单、商业发票、提单/运单（Bill）、贸易合同、信用证、无货损保函等。遇有特殊业务和大额业务，报批时还需要向省级公司提供财产业务审批表和风险评估报告。

遇有共联保业务，首先向省级公司提供财产险业务审批表（共联保业务申请）、该业务风险评估资料、共联保业务情况说明、共保协议书或共保确认函、联保协议书以及其他必要的资料。任何涉及再保险/共保/联保的业务都必须按总公司财产险部及再保险部相关规定执行。

4. 支付保险费，取得保险单

保险费按投保险别的保险费率计算。保险费率是根据不同的险别、不同的商品、不同的运输方式、不同的目的地，并参照国际上的费率水平而制定的。它分为“一般货物费率”和“指明货物加费费率”两种。前者是一般商品的费率，后者是指特别列明的货物（如某些易碎、易损商品）在一般费率的基础上另行加收的费率。

交付保险费后，投保人即可取得保险单（Insurance Policy）。保险单（见表 8－2）实际上已构成保险人与投保人之间的保险契约，是保险人的承保证明。在发生保险范围内的损失或灭失时，投保人可凭此要求保险人赔偿。

5. 办理批改手续

投保人在保险货物正式起运前，如发生运输方式变更，或投保货物的品名、数量变更，或转载地点、目的地变更及保险金额变更等，可向保险人提出书面变更申请，办理批改（批改手续只能由保险公司办理，代办单位和预约统保单位不能直接办理）。

表 8-2　　海洋货物运输保险保单（样本）

中保财产保险有限公司
The people insurance (property) company of China, Ltd.

发票号码　　保险单号次
Invoice No.　　Policy No.

海 洋 货 物 运 输 保 险 单
MARINE CARGO TRANSPORTATION INSURANCE POLITY

被保险人：
Insured:

中保财产保险有限公司（以下简称本公司）根据被保险人的要求，及其所缴付约定的保险费，按照本保险单承担险别和背面所载条款与下列特别条款承保下列货物运输保险，特签发本保险单。

This policy of Insurance witnesses that the People's Insurance (Property) Company of China, Ltd. (hereinafter called "The Company"), at the request of the Insured and in consideration of the agreed premium paid by the Insured, undertakes to insure the undermentioned goods in transportation subject to conditions of the Policy as per the Clauses printed overleaf and other special clauses attached hereon.

保险货物项目 Description of Goods	包装　单位　数量 Packing Unit Quantity	保险金额 Amount Insured

承保险别　　货物标记
Condition　　Marks of Goods

总保险金额：
Total Amount insured: ____________

保费　　载运输工具　　开航日期
Premium ________ Per conveyance S. S ________ Sig. on or abt ________

起运港　　目的港
From ________ To ________

所保货物，如发生本保险单项下可能引起索赔的损失或损坏，应立即通知本公司下述代理人查勘。如有索赔，应向本公司提交保险单正本（本保险单共有　份正本）及有关文件。如一份正本已用于索赔，其余正本则自动失效。

In the event of loss or damage which may result in acclaim under this Policy, immediate notice must be given to the Company's Agent as mentioned hereunder. Claims, if any, one of the Original Policy which has been issued in original (s) together with the relevant documents shall be surrendered to the Company. If one of the Original Policy has been accomplished, the others to be void.

赔款偿付地点
Claim payable at ________

日期　　在
Date ________ at ________

地址：
Address:

保险单背书：

（签名）

投保人出具“批改申请书”声明批改事由，并加盖投保人章后，连同原保险单正、副本交保险公司业务人员。批单上的批改内容必须填写清楚明确，数量、金额必须注明增减情况，并写明有效数量和保额。如保险单已随同货票送达收货人时，应要求批改申请人将批单及时送达收货人，并按规定粘贴。

三、理赔

1. 接受报案和登记

服务专线信息员接听客户出险报案后，应详细询问案情，包括报案人情况、保险情况、出险情况等要素。然后进行承保查询，将查询情况及相关信息进行登录，做好报案登记。并迅速通知查勘定损人员。

文本：海洋货物运输保险拒赔案例

2. 现场查勘

查勘定损员接到通知后，应立即查抄保险单，掌握承保情况，及时与被保险人联系，立即赶赴事故现场，做到双人查勘。查勘的主要内容包括：核查出险时间、检验出险货物、初步判断损失原因、估计损失金额，并进行现场拍照，指导协助被保险人/收货人采取相应措施（包括指示海外代理人），包括指导被保险人向第三方进行索赔、施救、整理受损财产、指导和通知被保险人提供相应的索赔单证等。现场查勘完毕后，根据查勘情况及有关资料缮制查勘检验报告，连同其他现场查勘资料一起移交理赔部门。

文本：航运险理赔应备资料

3. 责任分析与确定

理赔部门首先要判断损失或事故是否属于保险责任。审定保险责任，必须确定损失原因，并根据条款列举的责任范围和责任免除来确定。

4. 损失确定

损失确定是查勘定损人员核定损失金额，列出定损清单，并由被保险人签章确认的过程。包括保险货物定损、施救费用的确定和损余处理。

5. 赔款理算

赔案经审定属于保险责任且损失金额明确后，进入具体理算环节。不同的案情有不同的理算方法。

（1）全部损失。货运险保单大部分是定值保险，发生保险责任范围内的实际全损或推定全损，不论当时的市场价值，被保险人都应得到保险金额全额赔偿。

（2）部分损失。

①数量损失赔款 = 保险金额 × 损失件数（重量）/承保总件数（重量）

②质量损失实际上是价值减少，知道贬值率即可计算。

贬值率 =（货物完好价值 − 受损后价值）/货物完好价值 × 100%

赔款 = 保险金额 × 贬值率

③损失为一个包装单位中的一部分，要先按最小单位计算出短量或渗漏损失数量，再加上大单位短量、渗漏数量后，按每公斤保额计算赔付金额。

案例分析

海上货物运输定值保险赔偿金计算

某公司于2019年1月10日将一批精密光学仪器出口产品向保险公司国际业务部投保货物运输险，起运港为深圳，目的港为纽约，保险金额为5 000万美元。1月20日货轮在太平洋海域某岛附近沉没，后被打捞。试问：

（1）如果货物全部损失，即损失程度为100%，而且，货物在出事地市场价为4 000万美元，保险人赔偿金额？如果货物在出事地市场价为6 000万美元，保险人应赔偿金额？

（2）如果货物部分损失，即损失程度为80%，而且，货物在出事地市场价为4 500万美元，保险人应赔偿金额？如果货物在出事地市场价为5 800万美元，保险人应赔偿金额？

分析：

在海洋货物运输保险中，运输货物的起运地价格与目的地价格差异较大，因此，通常采取定值保险方式约定条款合同。

（1）如果货物全部损失，即损失程度为100%，而且，货物在出事地市场价为4 000万美元，保险人应当赔偿金额为保险金额与损失程度（100%）的乘积，即赔付5 000万美元。如果货物在出事地市场价为6 000万美元，保险人只赔偿5 000万美元。

（2）如果货物部分损失，即损失程度为80%，而且，货物在出事地市场价为4 500万美元，保险人赔偿4 000万美元。如果货物在出事地市场价为5 800万美元，保险人只赔偿4 000万美元。

赔款＝保险金额/（包装数量×每包装单位数量）×（单位最小短量渗漏数量＋…＋单位最大短量渗漏数量）

④有加成的赔款计算货物加成投保在出口运输保险中是非常常见的，一般加成是在发票金额的基础上加价10%—30%投保。

赔款＝损失金额×（保险金额/发票金额）＝损失金额×（1＋加成比例）

⑤如果处理被保险受损货物发生费用，该费用应在所得售出款中扣除。

赔款＝货物应赔金额－受损货物售出款＋出售费用

⑥损余大于保险金额的损失计算。

赔款＝保险金额×（当地市场完好价值－货物受损后价值）/当地市场完好价值

⑦不足额投保。

部分损失赔款＝损失金额×（保险金额/保险价值）

除以上情况外，有些定额保单采用的是第一危险赔偿方式。即损失金额在保险金额范围内，保险人都负责赔偿，而不考虑保险金额与财产价值的比例关系。损失金额超过保险金额外的部分，保险人不负责赔偿。重复保险和共同保险需要各保险人按保险法规定和合同约定分摊赔偿责任。

（3）修理费用。货物运输保险单绝大部分是定值的保险，因此，修理费用在保险金额限度内应予赔付。

（4）施救、保护费用。为了避免或减少应由保险人赔偿的损失，而由被保险人、其雇佣人员或代理人采取必要措施而合理支付的费用，保险人负责赔偿。此费用的最高赔偿限额为被保险货物的保险金额，但是由保险人在被保险货物的保险金额之外另行支付的费用。如果保险金额低于保险价值，即在不足额保险的情况下，除保险合同另有规定外，此费用应按保险金额与保险价值的比例支付。

6. 缮制赔款计算书

赔款计算完成后，理赔部人员对有关单证进行整理，并列出清单录入业务处理系统，编制“赔款计算书”。赔款计算书一式三份。一份交被保险人留存，一份附赔案卷内，一份做会计支付凭证。出口货运险的赔款计算书应一式四份，另外一份交银行打汇票或电汇国外。超过公司核赔权的赔案，根据规定另外增加份数。经办人员要在“赔款计算书”上盖章并注明缮制日期。复核人员经审核无误后，签注意见、日期并签章后连同其他单证一起送交指定的人员审核。

7. 核赔

核赔，包括审核保险的合法性、审核保险权益、审核期限、审核损失是否发生在运程之内、审核损失的原因和损失性质、审核单证、审核保险货物损失及赔款、核定施救费用、审核赔付计算、审核是否及时向责任方履行了追偿的必要手续等内容。

8. 赔款结案

赔案按分级权限审批后，理赔中心人员依据赔案审批金额打印赔款收据，通知被保险人领取赔款。同时将赔款计算书、赔案批复转给财务部门作为付款凭证。财务部门收到理赔中部门转来的赔款计算书、赔案批复后，与被保险人领取赔款时盖章签字后的“赔款收据”核对一致后付款。财务部门在支付赔款后将赔款收据、权益转让书等单证交理赔部门。结案后，有关人员将赔案案卷整理归档。

模块二 工程保险经营

任务描述

以客户、代理人、财险公司、经纪人等不同角色身份完成建筑、安装工程保险投保单填制、风险评估、承保、理赔等业务。

▣ 知识准备

工程保险是针对工程项目在建设过程中可能遭遇的自然灾害和意外事故而造成的物质损失和依法应对第三者的人身伤亡和财产损失承担的经济赔偿责任提供保障的一种综合性财产保险。其具有保险标的的特殊性、承保风险的综合性、被保险人的广泛性、保障范围的广泛性、保险期限和工期的一致性、保险金额的变动性等特点。

微课：工程保险相关知识介绍

PPT：工程保险相关知识介绍

工程保险按照承保标的的不同可分为建筑工程（一切）险与安装工程（一切）险。

一、投保人和被保险人

工程保险的投保人一般是承包商，也可以是业主，在特殊情况下，其他的工程关系方也可以成为投保人。被保险人可以包括业主、主承包商及分包商，贷款银行或其他形式的投资人，设计单位、勘察单位、监理单位、咨询（顾问）机构、供应商、制造商等与工程有关的关系方，其在保险单下的受益权要受到工程相关合同的限定。

二、保险标的

工程保险的保险标的一般可以分为物质损失和第三者责任两类。

（一）物质损失部分

物质损失部分，是指保险合同明细表中分项列明的在列明工地范围内的与实施工程合同相关的财产或费用。可保标的包括永久性工程，临时性工程，工程建设的各种材料、建造费、安装费、运保费等。有些财产或费用需要特别约保，如施工用机具、设备、机械装置，在保险工程开始以前已经存在或形成的位于工地范围内或其周围的属于被保险人的财产，清除残骸费用等。

工程保险的不保标的包括文件、账册、图表、技术资料、计算机软件、计算机数据资料等无法鉴定价值的财产；便携式通信装置、便携式计算机设备、便携式照相摄像器材以及其他便携式装置、设备；土地、海床、矿藏、水资源、动物、植物、农作物；领有公共运输行驶执照的，或已由其他保险予以保障的车辆、船舶、航空器；违章建筑、危险建筑、非法占用的财产。

（二）第三者责任部分

第三者责任部分，指第三者责任保险标的是在保险期间内，因发生与本保险合同所承保工程直接相关的意外事故引起工地内及邻近区域的第三者人身伤亡、疾病或财产损失，依法应由被保险人承担的经济赔偿责任。在工程保险中，第三者责任保险不能单独承保。

三、保险金额

物质损失部分的保险金额主要由以下几部分构成：保险工程完成时的总价值，主要包括：原材料费用、设备费用、建造费、安装费、运保费、关税、其他税项和费用，以及由工程所有人提供的原材料和设备的费用；施工机具、设备的保险金额按重置价确定；保险双方约定的其他保险财产的保险金额由保险双方确定。

第三责任部分的保险金额是对第三者人身伤亡和财产损失设定的赔偿限额，通常有以下四种：①设定每次事故赔偿限额，其中对人身伤亡和财产损失再制定分项限额；②设定每次事故赔偿限额，无分项限额、无累计赔偿限额；③在每次事故赔偿限额的基础上，规定保险期间内的总赔偿限额；④保险期间内总赔偿限额和每次事故的赔偿限额均为同一金额。

文本：建筑工程一切险条款

扩展类附加险的保险金额由投保人与保险人协商确定，并在保险合同中载明。

四、保险责任

文本：安装工程一切险条款

（一）物质损失部分

1. 责任范围

在本保险期限内，若本保险单明细表中分项列明的被保险财产在列明的工地范围内，因本保险单除外责任以外的任何自然灾害或意外事故造成的物质损坏或灭失，保险公司按本保险单的规定负责赔偿。

对经本保险单列明的因发生上述损失所产生的有关费用，保险公司亦可按合同约定负责赔偿。

2. 除外责任

保险公司对下列各项不负责赔偿：设计错误引起的损失和费用；自然磨损、内在或潜在缺陷、物质本身变化、自燃、自热、氧化、锈蚀、渗漏、鼠咬、虫蛀、大气（气候或气温）变化、正常水位变化或其他渐变原因造成的被保险财产自身的损失和费用；因原材料缺陷或工艺不善引起的被保险财产本身的损失以及为换置、修理或矫正这些缺点错误所支付的费用；非外力引起的机械或电气装置的本身损失，或施工用机具、设备、机械装置失灵造成的本身损失；维修保养或正常检修的费用；档案、文件、账簿、票据、现金、各种有价证券、图表资料及包装物料的损失；盘点时发现的短缺；领有公共运输行驶执照的，或已由其他保险予以保障的车辆、船舶和飞机的损失；除非另有约定，在被保险工程开始以前已经存在或形成的位于工地范围内或其周围的属于被保险人的财产的损失；除非另有约定，在本保险单保险期限终止以前，被保险财产中已由工程所有人签发完工验收证书或验收合格或实际占有或使用或接收的部分。

（二）第三者责任部分

1. 责任范围

在本保险期限内，因发生与本保险单所承保工程直接相关的意外事故引起工地内及邻近区域的第三者人身伤亡、疾病或财产损失，依法应由被保险人承担的经济赔偿责任，保险公司按条款的规定负责赔偿。

对被保险人因上述原因而支付的诉讼费用以及事先经保险公司书面同意而支付的其他费用，保险公司亦负责赔偿。

2. 除外责任

保险公司对下列各项不负责赔偿：本保险单物质损失项下或本应在该项下予以负责的损失及各种费用；由于震动、移动或减弱支撑而造成的任何财产、土地、建筑物的损失及由此造成的任何人身伤害和物质损失。

下列原因引起的事故或损失保险公司也不负责赔偿：工程所有人、承包人或其他关系方或他们所雇用的在工地现场从事与工程有关工作的职员、工人以及他们的家庭成员的人身伤亡或疾病；工程所有人、承包人或其他关系方或他们所雇用的职员、工人所有的或由其照管、控制的财产发生的损失；领有公共运输行驶执照的车辆、船舶、飞机造成的事故；被保险人根据与他人的协议应支付的赔偿或其他款项，但即使没有这种协议，被保险人仍应承担的责任不在此限。

3. 总除外责任

文本：重大过失导致保险理赔失败案

保险公司对下列各项不负责赔偿：战争、类似战争行为、敌对行为、武装冲突、恐怖活动、谋反、政变引起的任何损失、费用和责任；政府命令或任何公共当局的没收、征用、销毁或毁坏；罢工、暴动、民众骚乱引起的任何损失、费用和责任；被保险人及其代表的故意行为或重大过失引起的任何损失、费用和责任；核裂变、核聚变、核武器、核材料、核辐射及放射性污染引起的任何损失、费用和责任；大气、土地、水污染及其他各种污染引起的任何损失、费用和责任；工程部分停工或全部停工引起的任何损失、费用和责任；罚金、延误、丧失合同及其他后果损失；保险单明细表或有关条款中规定的应由被保险人自行负担的免赔额。

案例分析

建工险重大过失免责条款释疑

案情介绍：

某建筑施工公司承包了某大厦建设工程，根据业主提供的设计和施工方案进行施工，在未作护栏维护工程的情况下，进行敞开式开挖并大量抽排地下水。后施工单位因发现施工现场附近地面下沉，就暂时停止了施工，但没有针对地面下沉的情况采取必要的措施。施工单位经和业主商量修改了原来施工方案后恢复施工，但仍然没有对地面沉降采取防护和恢复措施，就进行人工开挖孔桩。此后，邻近施工现场的一个印刷厂发现厂房、地面开裂，多台进口的精密印刷机出现异常，并有进一步危及人身和财产安全的危险。经受损单位紧急呼吁后，当地政府召集有关单位、专家共同提出补救措施并实施后，地面沉降才得到控制。但是损失已经发生，业主自己委托了权威部门对印刷厂的损失进行了鉴定，鉴定结论是：施工单位在基础工程施工时，大量抽排地下水是造成印刷厂厂房和印刷机受损的直接原因，各种损失1 000多万元人民币。该工程已投保建工险，以上损失是否应由保险公司负责赔偿？

分析说明：

在建（安）工险条款的总除外责任中规定："被保险人及其代表的故意行为和重大过失引起的任何损失、费用和责任"。也就是说，只有当被保险人及其代表的人为疏失达到"重大过失"时，保险公司才对由此造成的损失不负赔偿责任，而被保险人及其代表的一般过失行为造成的损失，从条款上去理解和解释，保险人还是要负赔偿责任的。那么遇到如本案由人为疏失造成的损失，是否应该赔偿呢？这就得分析当事人的行为是重大过失还是一般过失。

施工单位施工时，未充分考虑相邻建筑物的安全，于施工期间大量抽排地下水，并与初期发现问题后又未能及时采取必要防护措施，以致造成重大损失，实属被保险人的重大过失行为，所以得不到保险公司的赔偿。

资料来源：贝政明．是重大过失还是一般过失　从一案例谈建工险安工险的保险责任与除外责任［N］．中国保险报，2004.

文本：二手设备安装工程一切险拒赔案

五、保险期限

保险起期自被保险工程在工地动工或用于保险工程的材料、设备运抵工地之时起始，以先发生者为准。保险止期至工程到期或验收合格或交付使用时止，以先发生者为准。

六、保证期与试车期

保证期一般为6—12个月，最长不超过24个月。试车期一般不超过3个月，若超过3个月，应另行加收保险费。对于旧设备或转手设备，一律不承保试车期，也不承保保证期责任。

微课：工程保险业务处理

业务处理

PPT：工程保险业务处理

一、工程保险展业

1. 展业前准备

业务人员在开展工程保险业务前应熟悉掌握相关法律和行业政策规定，

熟悉工程保险相关产品知识和要求，做好展业准备。并通过各种渠道及时获取工程项目信息来源，选择展业方式。

2. 沟通与协调

工程项目种类繁多，业主、承包商、施工条件、自然环境、造价、工期的差异均对保险提出不同的要求，所以要注意与客户进行及时沟通，了解的客户信息，向客户介绍本公司的情况，向客户提出保险建议。

3. 资料收集

工程保险展业需要收集的资料一般包括：工程设计资料，工程造价资料，施工资料，机器设备资料，承包商、分包商施工资质，收集业务竞争对手的信息等。

二、工程保险投保

1. 填写投保单证

填写投保单证（见表8－3）包括：工程保险投保单（含项目情况问询），保险标的投保清单，附加险条款投保清单，免赔清单，施工机器、设备投保清单，工程保险被保险人清单等。

表8－3　　建筑工程一切险投保单（样本）

投保单编号：

<table>
<tr><td rowspan="2">投保人</td><td colspan="2">名称</td><td colspan="2"></td><td>地址</td><td colspan="2"></td></tr>
<tr><td colspan="2">联系人
联系电话</td><td colspan="2"></td><td>组织机构代码</td><td colspan="2"></td></tr>
<tr><td colspan="3">工程名称</td><td colspan="2"></td><td>工程项目类型</td><td colspan="2"></td></tr>
<tr><td colspan="3">工程地址</td><td colspan="2"></td><td>工程地址邮政编码</td><td colspan="2"></td></tr>
<tr><td colspan="3">工程合同关系方</td><td colspan="2">名称</td><td>地址</td><td>是否被保险人</td><td>被保险人组织机构代码</td></tr>
<tr><td colspan="3">所有人</td><td colspan="2"></td><td></td><td></td><td></td></tr>
<tr><td colspan="3">承包人</td><td colspan="2"></td><td></td><td></td><td></td></tr>
<tr><td colspan="3">分承包人</td><td colspan="2"></td><td></td><td></td><td></td></tr>
<tr><td colspan="3">工程监理人</td><td colspan="2"></td><td></td><td></td><td></td></tr>
<tr><td colspan="3">其他关系方</td><td colspan="2"></td><td></td><td></td><td></td></tr>
<tr><td colspan="2" rowspan="7">物质损失</td><td colspan="2">保险标的项目</td><td>币种</td><td>保险金额</td><td>费率（‰）</td><td>保险费</td></tr>
<tr><td colspan="2"></td><td></td><td></td><td></td><td></td></tr>
<tr><td colspan="2"></td><td></td><td></td><td></td><td></td></tr>
<tr><td rowspan="3">特约保险标的</td><td>施工用机具</td><td></td><td></td><td></td><td></td></tr>
<tr><td>已经存在于工地的财产</td><td></td><td></td><td></td><td></td></tr>
<tr><td>清理残骸费用</td><td></td><td></td><td></td><td></td></tr>
<tr><td>保险金额</td><td colspan="4">（大写）</td><td>（　　　）</td></tr>
</table>

续表

<table>
<tr><td rowspan="4">第三者责任</td><td>责任限额项目</td><td>币种</td><td>责任限额</td><td>费率（‰）</td><td>保险费</td></tr>
<tr><td></td><td></td><td></td><td></td><td></td></tr>
<tr><td></td><td></td><td></td><td></td><td></td></tr>
<tr><td></td><td></td><td></td><td></td><td></td></tr>
<tr><td rowspan="3">特种危险赔偿限额</td><td>危险种类</td><td>币种</td><td colspan="3">赔偿限额</td></tr>
<tr><td>地震、海啸</td><td></td><td colspan="3"></td></tr>
<tr><td>洪水、暴雨、风暴、台风</td><td></td><td colspan="3"></td></tr>
<tr><td>免赔设定</td><td colspan="5"></td></tr>
<tr><td>建筑期限</td><td colspan="5">自　年　月　日零时起至　年　月　日二十四时止，其中，含　天试车、考核期 自　年　月　日零时起至　年　月　日二十四时止</td></tr>
<tr><td>保险期间</td><td colspan="5">自　年　月　日零时起至　年　月　日二十四时止，其中，含　天试车、考核期 自　年　月　日零时起至　年　月　日二十四时止</td></tr>
<tr><td>是否投保保证期保险</td><td colspan="5">□是　□否
如是，请列明保证期期限及是何保证期条款。</td></tr>
<tr><td>总保险费</td><td colspan="5">（大写）　　　　　　　　　　（　　　　）</td></tr>
<tr><td>缴费时间/方式</td><td colspan="5"></td></tr>
<tr><td>适用主条款</td><td colspan="5"></td></tr>
<tr><td>附加条款</td><td colspan="5"></td></tr>
<tr><td>特别约定</td><td colspan="5"></td></tr>
<tr><td>争议处理</td><td colspan="5">若投保人/被保险人与保险人发生争执，不能达成协议，被保险人自愿采取的解决方式：
□诉讼　□仲裁，仲裁机构________________</td></tr>
<tr><td>投保附件</td><td colspan="5">□工程合同　□承包金额明细表　□工程设计书
□工程进度表　□工程地质报告　□工地略图
□其他________________________________
共________份</td></tr>
<tr><td rowspan="3">相关保险情况</td><td colspan="5">以下内容请投保人如实填写，此内容将影响我司承保和理赔结果
工程承包人是否有同类工程的施工经验及工程承包人专业资质：□是　□否
投保人是否曾在中国太平洋财产保险股份有限公司投保过类似险种：□是　□否
如是，请注明保险单号________________________________
被保险人过去三年有无理赔记录：□有（如有，请填写下表）　□无</td></tr>
<tr><td>出险时间</td><td>损失金额</td><td>出险原因</td><td colspan="2">改进措施</td></tr>
<tr><td></td><td></td><td></td><td colspan="2"></td></tr>
<tr><td colspan="6">保险人（保险公司）提示
本投保单为建筑工程一切险保险合同的组成部分。请您仔细阅读保险条款，尤其是黑体字标注部分的条款内容，并听取保险公司业务人员的说明，如对保险公司业务人员的说明不明白或有异议的，请在填写本投保单之前向保险公司业务人员进行询问，如未询问，视同已经对条款内容完全理解并无异议</td></tr>
</table>

续表

投保人声明
投保人及被保险人兹声明所填上述内容（包括投保单及投保附件）属实。 本人已经收悉并仔细阅读保险条款，尤其是黑体字部分的条款内容，并对保险公司就保险条款内容的说明和提示完全理解，没有异议，申请投保。 投保人签章：　　　　　　　　投保日期：　　年　　月　　日

以下内容由保险公司填写

是否续保□是　上年保单号＿＿＿＿＿＿＿＿　□否	
业务来源□代理业务　名称及代码＿＿＿＿＿＿＿＿（□专业　□兼业　□个人）	
□经纪业务　名称及代码＿＿＿＿＿＿＿＿经纪费率＿＿＿＿＿＿	
□直销业务　□电话业务　□网上业务　□其他　（＿＿＿＿＿＿）	
经办人及代码：＿＿＿＿＿＿＿＿	联系电话：＿＿＿＿＿＿＿＿
核保人及代码：＿＿＿＿＿＿＿＿	日　期：＿＿＿＿＿＿

2. 风险分析与评估

（1）资料收集及书面审核。主要审核投保人填写的风险情况调查表及投保申请书以及投保人提供的工程合同和工程金额明细表、工程概算和工程设计书、工程进度表、工地地质水文报告及工程略图、施工单位/承包人资质及以往的施工安全记录等风险资料，分析工程项目的风险点。

（2）实地勘验。在收集和分析了以上资料后，还应赴工地现场进行实地查勘，进一步了解工程的风险环境。查勘内容包括：工地的地理位置、地势及周围环境；工地内有无现成建筑物或其他财产，其所处的位置和现有物理状况；储存物资的库场的建筑状况及其所处的位置，物资运输的距离和方式；工地的管理状况及安全防范措施；工地周围的人文条件；工地的抗灾能力；施工单位（承包商）的资质情况及对同类工程的施工经验等。

3. 风险识别与分析

在资料收集及实地勘验完毕后应综合上述资料，对工程项目的风险状况逐一做出识别和分析。

（1）工程项目物质损失的一般风险。

①自然灾害及环境灾害，是指巨灾性自然灾害、一般性自然灾害（特别是季节性灾害气候）及各种意外事故等。

②技术性风险。其主要表现为地质勘探和设计的合理性、施工技术和装备的可靠性、施工工艺水平的高低以及原材料的技术指标等。

③人为风险。其主要表现为业主和承包商的资质和经验、施工的组织管理能力和水平、所雇用员工的素质、外来破坏和盗窃因素等。

（2）工程项目的第三者责任风险。

危险性越大的工程，发生第三者责任事故的可能性越大。另外还有一些特别因素，如法律环境、地理环境、施工方式、施工的组织管理和工地防范、被保险人是否与第三者有任何赔偿协议及其具体内容、被保险人要求的第三者责任最高赔偿限额等。

（3）具体项目的特殊风险。如楼宇建筑工程、道路修建工程、管道铺设工程、桥梁工程、隧道工程、水坝工程、发电厂工程、港湾工程、焊接工程、输/变电工程等，它们有自己的特殊风险，在承保时应必须进行严格的风险评估工作。

4. 危险单位的划分

一个大型工程项目可能包括若干个独立而又相互关联的小项目。由于各个小项目毗邻等原因，一个项目发生损失往往会波及另一个项目，应将这两个相互波及的项目视为一个危险单位。

5. 确定最大可能损失

保险人在承保一项工程时，应充分考虑该项目在发生意外灾害时的最大可能损失是多少，以便确定可承保的最大风险金额、净自留额和需分保的金额、保险费率、免赔额等。

6. 撰写风险评估报告

根据上述对工程项目的风险分析，依据保险技术，应制订出针对工程本身的风险评估报告；若工程本身风险的分析涉及较强的专业技术或风险分析较为复杂时，可委请有关的专业技术部门或公证行、公估行协助缮制风险评估报告。

三、工程保险承保

1. 拟订承保方案

承保方案主要包括以下要素：确定承保方式，选择主险条款和附加险条款，确定投保人与被保险人、保险金额/赔偿限额、免赔额/免赔率、保险费率及保险期间以及确定保证期等。

2. 核保

（1）要素核保，即核保人对承保方案进行审核。核保人审核投保材料后，如发现填写内容不清楚或调查情况不详或有遗漏之处时，应及时指出，并要求补充填写或更正。审核完毕，对投保单或投保意向签发明确的承保意见。审核通过并超过本级承保权限的，应将拟承保项目的相关资料及初步意见以书面或电子文档形式提交上级管理部门核保。

（2）技术核保，是指通过对风险评估报告的分析，综合运用保险知识和建筑、安装工程知识，科学厘定保险费率、设置免赔额/免赔率的核保过程。技术核保的目的是保证项目的承保条件与其风险状况相匹配。

（3）政策核保，指核保人根据监管部门、总、省公司产品线相关险种的管理规定判断是否可以承保或如何承保的核保过程。其目的是保证承保项目的合法合规性，保障公司业务稳定经营。

3. 出单（见表 8 -4）

表 8－4　　中国人民保险公司建筑工程一切险保险单（样本）

保险单号________

中国人民保险公司根据投保人第________号申请书，在投保人交付约定的保险费后，同意按本保险单条款、附加条款及批单的规定以及明细表所列项目及条件承保建筑工程一切险，特立本保险单为凭。

上述投保申请书为本保险单的组成部分：

明细表

投保人姓名和地址：

被保险人、地址及其在本工程中的身份：

建筑工程名称和地点：

物质损失

保险项目	保险金额	免赔额
1. 建筑工程（包括永久和临时工程及物料）		
2. 所有人提供的物料及项目		
3. 安装工程项目		
4. 建筑用机器、装置及设备（另附清单）		
5. 场地清理费		
6. 工地内现成的建筑物		
7. 所有人或承包人在工地上的其他财产		
物质损失总保险金额：		

特种危险赔偿限额

危险种类	赔偿限额	免赔额
地震、海啸		
洪水、暴雨、风暴		

第三者责任

保险项目	赔偿限额	免赔额
1. 人身伤害		
每人		
总额		
2. 财产损失		
总赔偿限额：		
* 每次事故引起的损失的保险限额		

保险期限

建筑期限：自　年　月　日起 至　年　月　日止	加保的保证期限： 自　年　月　日起至　年　月　日止
保险费总额：	
附加条款及/或批文	

投保申请书日期　　年　月　日　　中国人民保险公司

保险单签发日期　　年　月　日

出单即见费出单。保险公司财务系统或核心业务系统根据全额保费入账收费信息，实时确认并自动生成唯一有效指令后，业务系统方可生成正式保单或批单。

四、工程保险理赔

（一）受理案件

受理案件是指保险财产发生损失事故后，被保险人根据保险条款规定，及时通知保险人；保险人登记相关报案信息、核对被保险人保险情况并做出是否派员赴现场查勘的过程。

文本：建筑工程一切险案例分析

（二）查勘定损

查勘定损人员接到查勘通知以及相应的承保等信息后，应及时制作保险单、批单抄件，并在保单抄件上记录保险费交纳、共保、联保以及分保等信息，同时注明抄件日期、抄件人，与报案记录等内容进行详细核对，并加盖骑缝章与“抄单专用章”，由复核人复核签章。现场查勘需根据出险工程项目的不同类型，携带必要的查勘工具和救护用具以及空白“损失清单”、空白“出险通知书”、空白“定损协议书”等有关材料。

查勘工作内容包括：核实出险时间、地点；查阅有关资料；查明出险原因；初步确定保险责任；现场拍照、绘制草图；现场施救；分类清理受损财产；确定损失；提出聘请公估机构或专家建议；收集涉及赔案处理的资料等。最后，要根据查勘情况缮制“现场查勘报告”。

（三）立案

在初步确定保险责任后，查勘定损人员应及时将有关查勘定损资料转交综合人员。综合人员应立即对立案要素进行审核，并及时做出是否立案的决定。

（四）责任认定

理赔人员根据查勘报告、事故证明及有关材料，遵照保单中保险责任和责任免除条款的规定，分析灾害事故的主客观原因，认定是否属于保险责任。对于拒赔案件，按拒赔流程处理，对超权限的重大案件或有争议的疑难案件应报上级公司审批后最终确定责任。属于代位求偿的，要求被保险人填具“权益转让书”，掌握充足的证据和证明资料，便于以后向第三者进行追偿。

文本：《建筑工程（一切）险公估作业规范》协会标准

（五）损失核定

理赔人员应根据掌握的信息资料和保险单的规定，编算损失清单。损失清单应包括受损财产或项目名称、类型、损失数量、损失程度、损失金额、残值、保险公司核定金额等内容，形成初步书面赔偿金额的结论；并将初步赔款理赔意见反馈给客户，讲清损失处理的过程、形成损失结论的依据，听取意见。对于客户不同的意见，应认真分析，有理有据地解释，并修正偏差，直到达成一致性意见，并与客户签定损失确认书。如果与被保险人存在意见分歧，应尽量争取双方协商解决。

（六）赔款计算

1. 受损工程项目赔款理算

（1）全部损失。保险金额等于或高于保险价值时，其赔偿金额按实际损失计算；保险金额低于保险价值时，按保险金额赔偿。

（2）部分损失。保险金额等于或高于保险价值时，其赔偿金额按实际损失计算；保险金额低于保险价值时，其赔偿金额按保险金额与保险价值比例计算。公式为：赔款 = 保险金额/保险价值 ×（核定损失 - 残值）。

2. 第三者责任的赔偿理算

若赔付金额小于保单中每次事故或每人列明的赔偿限额，以实际支付金额赔偿；若赔付金额大于或等于保单中每次事故/每人列明的赔偿限额，以保单中列明的金额赔偿。

客户因第三者责任造成他人人身伤亡、疾病或财产损失而支付的诉讼或仲裁费用，经保险公司同意或认可后可以赔偿。诉讼或仲裁费用与被保险人对第三者的经济赔偿责任的赔偿分开计算。诉讼或仲裁费用应以总的赔偿不能超过保险公司承担的对第三者损害的赔偿金额为限，当高于保险赔偿限额的经济赔偿责任诉讼或仲裁费用时，应按下列比例分摊：

赔款 = 诉讼费 ×（事故赔偿限额 ÷ 被保险人依法应赔偿第三者的金额）

3. 残值的计算

（1）受损保险财产无论全部损失或部分损失，只要有残值，应协议作价折归被保险人，并在赔款中扣除，保险人有权不接受委付。对于确要回收的损余物资，应认真详细地做好登记，交由有关单位定价、销售、拍卖，回收款项冲减赔款。

（2）受损保险财产赔款计算不进行比例分摊的，残值也不进行比例分摊；反之则要进行比例分摊，即：应扣残值 = 残值 ×（保险金额 ÷ 保险价值）

4. 施救费用的赔偿计算

（1）凡被施救的财产中包含了未保险的财产，且保险财产与未保险财产所用施救费无法分清时，应按以下公式计算：

应赔偿施救费 = 施救费 ×（所施救的保险标的的价值/所施救的全部财产价值）

（2）施救费应与保险财产损失赔款分别计算，各均以不超过保险金额为限。但要注意，如果是施救被保险的工程，施救费最高不能超过损失当时的工程实际投资；当保险标的的损失或施救费用超过保险金额时，可按推定全损处理。

（3）计算保险财产赔款不需要比例赔偿的，施救费也不需要比例赔偿；计算保险财产赔款需要比例分摊的，施救费用也应比例赔偿。计算公式为：

应赔施救费用＝实际支付施救费用×（保险金额÷保险价值）

5. 缮制赔款计算书

赔款计算书项目要齐全，数字要准确，赔款计算一栏应按标的损失、施工机具及设备、清除残骸费用、专业费用和施救费用等分列清楚，损失计算要分项列明计算公式。赔款计算书一式两份，一份附在赔案卷内，一份作会计支付凭证，一经复核签章后连同其他单证一起送交核赔人员审核。

（七）撰写理赔报告

赔款金额确定后，根据已有的资料，即可编制理赔报告，该报告要反映从承保到出险查勘、定责定损及赔款计算的全过程。

（八）核赔

核赔人员须按照保险条款及公司内部有关业务规章制度，对现场查勘、责任认定、损失核定、赔款计算等环节以及赔案单证进行审核，并出具核赔意见。

（九）结案

案件经审核批准后，通知被保险人领取赔款，同时通知财务部门支付赔款，被保险人领取赔款时，应要求其在赔款收据上签章。超权限赔案待上级公司批复后，方可支付赔款。

赔款支付后，业务人员应出具批单减少保险金额，正本送被保险人，副本留存。如被保险人要求恢复保险金额，应交纳自损失之日起至保险单规定的保险终止之日止按日比例计算的保险费，被保险人交纳保险费后，业务人员再出具批单恢复原有的保险金额。一次赔款金额达到保单保额时，保单责任终止，注销该保单。

将保险责任、赔付日期、赔付金额等内容在综合业务处理系统中进行结案登记。如属第三方引起责任事故的，进行结案登记时，应同时进行“权益转让及追偿处理”登记，并在追偿登记簿记录。

（十）理赔案卷管理

理赔案卷需一案一卷整理、装订、登记、保管。案卷要做到单证齐全，编排有序，目录清楚，装订整齐，照片及原始单证一律粘贴整齐并附说明。

项目小结

货物运输保险和工程保险均属财产损失保险，货物运输保险具有承保风险的综合性、承保标的的流动性、保障对象的多变性、保险种类的多样

大国崛起：中国基建能力全球投放，保险默默护航

性、保险关系的国际性等特征。保险种类主要有国内货物运输保险和国际货物运输保险两部分。工程保险保险责任包括程项目的物质损失和依法应对第三者的人身伤亡和财产损失承担的经济赔偿责任。其具有保险标的的特殊性、承保风险的综合性、被保险人的广泛性、保障范围的广泛性、保险期限和工期的一致性、保险金额的变动性等特点。

问题讨论

1. 海洋货物运输险中的平安险、水渍险、一切险在保险责任上有什么区别？

2. 什么叫推定全损？有哪几种情况可构成推定全损？

3. 什么叫共同海损？什么叫单独海损？两者有何区别？

推荐阅读

各财产保险公司网站。

习题与实训

1. 思考题

（1）货物运输保险有哪些特点？

（2）工程保险有哪些特点？

（3）中国人民保险公司海运货物保险的险别主要有哪些？

（4）工程保险的被保险人有哪些？

（5）简述建筑工程一切险和安装工程一切险的保险责任与除外责任。

2. 综合训练题

根据以下背景资料填写货物运输保险投保单，并利用模拟教学软件完成货物运输保险承保、理赔业务流程。

①合同号码：25KG63。

②卖方：辽宁纺织进出口公司。

③买方：J. Brown. Co.，175 Queen's Way，Hongkong。

④商品名称及数量：羊毛衫，S105 型 50 打，M107 型 60 打，L109 型 70 打。

⑤单价：S105 型每打 120 美元 CIF 香港，M107 型每打 150 美元 CIF 香港，L109 型每打 180 美元 CIF 香港。

⑥金额：27 600.00 美元。

⑦装运期 2009 年 11 月，不允许部分发运，可转运。

⑧付款条件：不可撤销的见单后 90 天付款的信用证，有效期和到期地

点为装运后15天在中国议付。

⑨保险：根据中国人民保险公司的有关海洋货运输保险条款，按发票金额的110%投保一切险和战争险。

3. 案例分析题

（1）我国某公司按CIF条件出口一批价值为50万美元货物，按发票金额加10%向中国人民保险公司投保了水渍险，货物在转船卸货过程中遇到大雨，货抵目的港后，收货人发现该批货物上有明显的雨水浸渍，损失达60%，因而向我方提出索赔，我方答复："该批货物已投保了水渍险，请向中国人民保险公司当地代理人索赔。"

请分析，我方的答复恰当与否？

（2）我国某外贸公司与荷兰进口商签定一份皮手套合同，价格条件为CIF鹿特丹，向中国人民保险公司投保一切险。生产厂家在生产的最后一道工序将手套的湿度降低到了最低程度，然后用牛皮纸包好装入双层瓦楞纸箱，再装入20英尺集装箱，货物到达鹿特丹后，检验结果表明，全部货物湿、霉、沾污、变色，损失价值达8万美元。据分析，该批货物的出口地无异常热，进口地鹿特丹无异常冷，运输途中无异常，运输完全属于正常运输。

请分析：①保险公司是否应对该批货损负责赔偿？为什么？②进口商是否应对受损货物支付货款？为什么？③你认为出口商应如何处理此事？

（3）2018年3月，中铁集团某公司因负责承建商洛高速公路第五合同段的施工任务，与××财产保险股份有限公司签定了工程保险合同。同年10月，由于暴雨突然造成山体水土流失，导致大面积滑坡，造成滑坡区域相应部位隧道内出现坍塌。事故发生后，被保险人立即组织进行抢险，对本次事故现场完成了清理、修复工作。同时，根据监理部门出具意见，花费200万元对滑坡施工现场两侧的山体进行了灌浆加固，以防止事故再次发生。事故发生后，保险合同当事人共同委托公估公司对事故损失金额进行评估，2019年5月10日，经初步评估，本次事故造成直接损失约130万元，被保险人支付清理费用220万元。但被保险人对评估结果持有异议，诉至法院，请求保险公司支付直接损失130万元，清理费用500万元，加固费用200万元，迟延付款违约金480万元。

请分析，以上损失和费用哪些可由保险公司赔付？

9 项目九 责任保险和信用保证保险经营

学习目标

知识学习目标：

了解责任保险和信用保证保险的经营流程；掌握公众责任险、雇主责任险、职业责任险、产品责任险的保险责任和除外责任；理解期内发生式和期内索赔式的应用范围；了解出口信用保险、产品质量保险保险、雇员忠诚保证险的保险责任和除外责任。

技能训练目标：

能够操作责任保险和信用保证保险的投保、承保、理赔等业务。

工作任务

应完成的工作任务：

利用模拟教学软件进行责任保险和信用保证保险的投保、承保、理赔等业务操作。

完成工作任务应提交的标志性成果：

责任保险和信用保证保险经营过程中的相关资料，如投保单、保险单等。

模块一
责任保险经营

任务描述

根据所给资料，将同学分成客户、代理人、财险公司、经纪人四个角色完成责任保险投保单的填制、核保、承保、理赔等业务。

▣ 知识准备

责任保险属于广义财产保险的范畴。与财产损失保险不同的是，责任保险以被保险人依法应承担的民事损害赔偿责任或经过特别约定的合同责任为保险标的。保险人主要承担各经济单位和个人在进行各项生产经营活动、业务活动或日常生活中由于疏忽、过失等行为造成他人人身伤亡或财产损失，以及按合同约定应承担的经济赔偿责任。责任保险的主要险种包括公众责任保险、产品责任保险、雇主责任保险和职业责任保险等。

一、公众责任保险

文本：公众责任保险（2020 版）条款

公众责任保险，又称综合责任保险或普通责任保险，是责任保险中独立的、适用范围极广的险别。其承保任何自然人、法人在保单列明地点并在保险有效期内因疏忽或过失行为致使发生意外事故而造成第三者人身伤亡或财产损失；被保险人依法应承担的经济赔偿责任，包括被保险人应付给索赔人的诉讼费用及经保险公司事先同意的被保险人自己支出的诉讼费用。但保险公司的最高赔偿责任不能超过保单上规定的每次事故的赔偿限额或累计赔偿的总限额。

在实务中，公众责任保险类中的有些险种是保险公司在遵循公众责任险一般原则基础上根据市场需求或者展业方便，设计出的适合不同的专业行业特色的个性化产品。

（一）公众责任保险的适用范围

1. 场所责任保险

场所责任险是公众责任保险中业务量最大的一个险种，根据场所的不同又可以进一步分为旅馆责任保险、电梯责任保险、车库责任保险、展览会责任保险、娱乐场所责任保险（如公园、动物园、影剧院、溜冰场、游泳馆、游乐场、少年宫、俱乐部等）、商店责任保险、办公楼责任保险、学校责任保险、工厂责任保险、机场责任保险等若干具体险种。场所责任保险的承保方式通常是在普通公众责任保险单的基础上，加列场所责任保险条款独立承保，但也可以设计专门的场所责任保险合同予以承保。

2. 承包人责任保险

承包人责任保险承保的是各种建筑工程、安装工程、装卸作业和各类加工的承包人在进行承包合同项下的工程或其他作业时所造成的损害赔偿责任。承包人是指承包各种建筑工程、安装工程、装卸作业以及承揽加工、定做、修缮、修理、印刷、设计、测绘、广告等业务的法人或自然人。

3. 承运人责任保险

承运人责任保险是以承运人对承运对象依据运输合同负有可能出现的损害赔偿责任为标的的责任保险。承运人责任保险合同承保的标的是合同责任，这是其特殊性。在货物运输保险和各种人身、财产保险业务日渐普遍的情况下，承运人责任保险既可以弥补承运货物或旅客保障不足的缺陷，又能分散承运人的风险责任。

文本：宠物犬责任保险条款

4. 个人责任保险

个人责任保险主要承保私人住宅及个人在日常生活中所造成的损害赔偿责任。任何个人或家庭都可以将自己或自己的所有物（动物或静物）可能造成损害他人利益的责任风险通过投保个人责任险而转移给保险人。主要的个人责任保险有住宅责任保险、综合个人保险和个人职业保险等。

5. 其他公众责任保险

除上述几种险种外，公众责任保险项下还有许多其他险种，如油污责任保险，承保由于油类污染海面、河道、湖泊而带来的法律赔偿责任；核责任保险，承保由于核事故导致的依法应由被保险人负责的损害赔偿责任；此外还有橱窗责任保险、飞机表演责任险、马戏表演责任险、野外作业责任险等。这些险种一般是在公众责任保险的基础上按被保险人的具体需要以加贴条款的方式承保。

拓展阅读

银川市出资10万元为下水井盖投保公众责任险

近日，银川市财政投入10万元，通过与商业保险公司接洽，为银川市政工程管理处管辖的10万余个下水井盖投保了公众责任险。“井盖险”为每年一投，将成为银川市固定的保险项目。今后，因银川市政工程管理处对其所属的下水井盖未尽到安全管理义务，而发生意外事故造成第三者人身伤亡和财产损失的，将得到相应的赔偿。每次事故责任限额为30万元，其中，财产损失责任限额为2万元。同时，银川市还在部分井盖下安装了防坠网，未来还将根据实际效果安装更多井下防护设施。

资料来源：人民日报，2013.05.27。

（二）公众责任保险的承保基础

责任保险的承保基础是指确定责任保险责任事故有效期间的方法。在责任保险中，损失的起因、损失的发生、损失的发现、提出索赔以及支付赔款通常间隔时间较长，可能长达几年甚至数十年，所以对责任保险的承保人来说，确定保险的有效期间至关重要。在责任保险实务中有两种确定责任保险责任事故有效期间的方法。

（1）期内发生式。保单对发生在保险期间的责任事故承保，而不论索赔在何时提出。也就是说，只要保险责任范围内的事故发生在保险期限内，无论何时提出索赔，保险人都必须承担赔偿责任。这样易于形成通常所说的“长尾巴责任”，会给理赔处理乃至公司的财务管理带来一系列问题。因此，使用此种承保方式时，必须增加“日落条款”来限制“长尾巴责任”，即将索赔提出的时间约定在一定时期内，如日落条款一年，则表示：保险人在保单期满一年后方被告知和收到事故通知的所有损失均不负赔偿责任。

文本：不同承保基础下的医疗责任险条款

（2）期内索赔式。保单要求索赔的提出必须在保险期限内，即不管产品责任事故发生在保险期限内还是保险有效期之前（追溯期），只要产品责任事故的受害者第一次向被保险人提出索赔是在保险期限内，保险人就必须承担赔偿责任。因此，使用此种承保方式时，必须增加“以索赔提出为基础条款”来明确保单责任。这种承保方式，必须在保单中约定具体的“追溯期”以限定保险责任，若该项为“无”或空白，则可以被理解为保险单追溯期无限，保险人对保单起保日之前的产品责任事故均须负赔偿责任。故应正确描述“追溯期”，例如：保单的起保日期为2019年1月1日，追溯期为一年，则表示自保单起保日期向前追溯一年，正确的描述为“追溯期为自2018年1月1日至2019年1月1日”。

公众责任保险多以期内发生式为承保基础。

文本：产品责任保险（国内）条款

二、产品责任保险

产品责任保险是指以产品生产者或销售者等的产品责任为承保风险的责任保险。产品的生产者或销售者等向保险人投保产品责任保险，缴付一定的保险费后，将这种赔偿风险转嫁给保险人，一旦因产品责任给消费者或其他人造成人身伤害或财产损失，依法应由该生产者或销售者等负责时，由保险人予以赔偿。

文本：雇主责任保险（2021）条款

产品责任保险的投保人可以是生产商、出口商、进口商、批发商、零售商及修理商等一切可能对产品事故造成的损害负有赔偿责任的人。被保险人除投保人本身外，经投保人申请，保险公司同意后，可以追加其他有关方，必要时必须加费，并规定对各被保险人之间的责任互不追偿。但在各关系方中，制造商应承担最大风险。除非其他有关方已将产品重新装配、改装、修理、改换包装或使用说明书，并因此引起产品事故，应由该有关方负责外，凡产品原有缺陷引起的问题，最后都要追溯至由制造商负责。

产品责任险的保险期限一般为一年，通常采用期内索赔式承保方式。

三、雇主责任保险

雇主责任保险是以雇主对雇员在从事与业务有关的工作中所受人身伤害（包括职业病）依法或依据雇用合同应负的经济赔偿责任为保险标的的保险。

雇主责任保险的投保人和被保险人都是雇主，但受益者是与雇主有雇用合同关系的雇员，这种保险多采用期内索赔式承保。

拓展阅读

关于职业病

《中华人民共和国职业病防治法》中的规定：职业病是指企业、事业单位和个体经济组织的劳动者在职业活动中，因接触粉尘、放射性物质和其他有毒、有害物质等因素而引起的疾病。职业病的分类和目录由国务院卫生行政部门会同国务院劳动保障行政部门规定、调整并公布。最容易发生职业病的常见行业有采掘、建筑、涂装、水泥/砖瓦生产、化工、农药、制革、电池、电子、玩具、玉石加工、冶金、纺织、石场、农业等。

四、职业责任保险

文本：职业责任保险条款

职业责任保险是以被保险人在其职业行为中因疏忽或者过失，造成接受其专业服务的委托人的损失，依法应承担的民事损害赔偿责任为保险标的的责任保险。

职业责任保险适用于各类专业技术人员，不同专业技术人员的职业风险不同，承保时内容各不相同。常见的职业责任保险种类有：医生职业责任保险、药剂师职业责任保险、会计师职业责任保险、律师职业责任保险、设计师职业责任保险等。

职业责任保险宜采用“期内索赔制”作为承保基础。实务中，根据投保人具有的资质高低、保险历史长短、承担专业活动的复杂性大小等因素，保险公司也可以给予一个追溯期，一般最多为两到三年。

微课：公众责任险经营

业务处理

PPT：公众责任险经营

一、公众责任保险经营

（一）填写投保单（见表9－1）

表9－1 **公众责任险投保单**

特别提示： NO.

请您仔细阅读背面的保险条款，尤其是黑体字标注部分的条款内容，并听取保险公司业务人员说明合同的内容，以及对免责条款的明确说明。如对保险公司业务人员的说明不明白或有异议的，请在填写本投保单之前向保险公司业务人员进行询问。如保险公司业务人员未作说明的，请勿在本投保单上签字或者盖章。

货币单位：人民币元

投保情况	□ 新保 □ 续保 （上年保单号：________）		
投保人：		联系人：	电话：
组织机构代码：		三证合一营业执照号码：	
社会统一信用代码：			
投保人地址及邮编：□□□□□□			
被保险人：		联系人：	电话：
被保险人地址及邮编：□□□□□□			
行业		业务性质	所有制
营业场所			
赔偿限额	每次事故（事故指不论每次事故或一个事件引起的一系列事故所发生的索赔）为： 每次事故财产损失绝对免赔额为：每次事故损失金额的 %或 （两者以金额高者为准） 累计赔偿限额为： ，人身伤亡每人赔偿限额为：		
费率		保费	
保险期限	自 年 月 日零时起至 年 月 日二十四时止		

附加险	赔偿限额	费率	保险费（元）

保险合计	（大 写）： （小 写）：
发生事故情况	近三年事故发生次数：______，赔偿金额：______，原因（可附说明）：

特别约定：

1. 本投保单是投保人投保要约，未经保险人出具保险单，保险合同不成立
2. 经保险人和投保人约定，保单签发后，除另有约定，投保人经过15天宽限期后如仍未缴清保险费，保险合同自动失去效力
3. 付费约定：□一次性付费 付费日期：____年____月____日前
   □分期付费 付费办法：

是否涉农： 是 □ 否 □

业务来源	直接业务	业务员直接□ 柜台销售□ 电话销售□ 网上销售□ 邮寄销售□ 其他销售□		
	间接业务	个人代理□ 银行代理□ 邮政代理□ 产寿代理□ 铁路代理□ 航空代理□ 车商代理□ 汽修厂代理□ 其他兼业代理□__________ 专业代理公司□ 经纪公司□	代理人或经纪人： 地址 邮编：	联系人： 联系电话：

投保人兹声明上述所填内容属实，同意以本投保单作为订立保险合同的依据，本人已经仔细阅读保险条款，尤其是黑体字部分的条款内容，并对保险公司就保险条款内容的说明和提示完全理解，没有异议，特此投保。

投保人签章

年 月 日

业务联系人： 初级核保：

1. 业务性质

被保险人须如实在投保单中写清楚，如化工厂、饭店、写字楼或百货商场等，保险公司只对从事与其业务性质有关的活动时造成第三者责任予以负责。此外，业务性质及其活动又是制定保险费率的主要参考因素。显然，不同性质行业的企业所面临的风险程度是大不相同的。

2. 该保单有多少个被保险人以及各自的全称及详细地址

被保险人名称应准确，对需要办理分保的，应提供被保险人英文名称。营业地址要详细准确，因为它一般就是承保地址，这样保险人对此地发生的保险索赔事故才有可能负责。

3. 承保区域范围

必须了解被保险人（投保人）所要求的承保区域，是营业地址还是有承保区域范围。保险公司承保责任的地域范围限制就是保险区域范围，也就是说事故必须发生在规定的区域范围内，对区域之外的事故是不予负责的。

4. 赔偿限额的择取是否与投保人所处的行业和业务规划相适应

赔偿的计算的方式及其具体标准，可以分为累计赔偿限额和每次赔偿限额。

5. 每次事故造成他人财产损失的免赔额

一般财产损失应确定一个适当的绝对免赔额。

6. 保险费交付方式

7. 确定司法管辖权

司法管辖权，是指发生对第三者的责任事故后，在被保险人与受害方以诉讼方式解决索赔的情况下，保单认可的法律制度的国家和地区范围。保险条款一般规定，发生争议诉诸法律必须在被告方所在地，一般来说在中国境内，这对保险公司比较有利。但是，被保险人也会要求保险公司在保单上列明世界范围的司法管辖权，以达到保障其切身利益的目的。如被保险人有此需求，当然也可酌情考虑接受，但保险人必须提高保险费率，并力争在保单中注明法律诉讼费用包括在赔偿限额内。世界司法管辖应尽量排除美国和加拿大，因其实行的是严格责任制，责任风险较高。

8. 确定被保险人是否需要附加险种保障及其附加险条件

在实务中，一般应依据每一扩展条款的风险特点和大小，适当加收保费。

（二）承保

保险人承保公众责任保险业务时，除审核投保单填写是否明确规范外，还要对承保条款等其他要素进行审核。

1. 审核承保条款

公众责任保险条款包括主条款和附加条款。实务中一般使用保险监管部门核准之颁布的公众责任保险条款和个别行业专用条款办理业务，条款的内容和措辞不作任意改变。另外，公众责任保险承保对象复杂，险种众多，在一张总保单内列举的责任范围往往无法满足投保人的需求，尤其是一些除外责任的规定，使投保人的需求更难以得到满足，如果使用附加条款，或经过保险人与投保人的特别约定在总保险单基础上以批单的形式扩展承保某些风险，一方面可以满足投保人不同的保险需求，另一方面有利于保险人扩大业务，同时增加保费收入。对扩展附加的条款审核时特别要看是否适用于该投保人的经营行业，是否扩展了投保人所属行业中的特别风险，如果需要承保，是否对特别条款在赔偿责任上有所限制（包括责任范围限制和赔偿限额限制），是否对一些应该加收保费的附加条款加收或者在确定总保费时一并加收。

公共责任保险承保的是被保险人的民事赔偿责任，而非有固定价值的标的，因此无保险金额的规定，而是确定赔偿限额作为保险人承担赔偿责任的最高额度。超过限额的索赔，仍由被保险人自行负责。

2. 审核其他核保要素

（1）保险地点的地理环境及周围情况。如当地的人口密集程度。临近建筑、临山、临河、临湖、临街等情况以及建筑物等级。

（2）从事业务的性质，即所从事的行业或职业。看其是否存在特别的危险，如场所责任与承保人责任的风险就有较大差异。

（3）保险地点的安全设施及应急抢救手段。

（4）被保险人的管理水平及人员结构情况。如饭店、旅馆的等级就是衡量其管理水平的综合标志，企业的产品等级也是重要的参考资料。

（5）承保区域范围的大小及特点。如投保场所占地面积、使用面积、是集中在一起还是分散在若干处等。

（6）共同被保险人之间的关系。被保险人与几方及各方之间的关系，如合资、合作、股份企业以及业主与承包人等。

（7）被保险人的防损措施及以往事故记录。包括责任事故次数、事件、原因、损害后果及处理情况等。

确认核保要素无误后，即可签发保险单。

（三）理赔

1. 确定保险责任

保险人接到出险通知后应立即受理报案，首先要初步确定索赔是否属于保险合同项下的责任。

文本：校方责任险典型案例

（1）保险事故是否发生在合同有效期以内，公众责任保险一般以期内发生式承保，所以如果保险事故发生的日期在保险期间，则为有效索赔。

（2）保险利益。被保险人在保险事故发生时是否具有保险利益，即第三人是否已向被保险人提出赔偿请求或提起诉讼，被保险人是否会因保险事故的发生而蒙受金钱损失或不利。

（3）保险事故是否发生在承保地域之内。公众责任保险一般都有经营业务的地域限制，不在保单规定的场所或地域发生的索赔，保险人不予负责。

（4）保险事故是否属于保险责任范围。如公众责任保险保障的是意外事故造成的第三者人身伤害或财产损失的法律责任，不是因意外事故造成的损失就不属于保险范围。

（5）要求赔偿的人是否有权索赔。

2. 调查损失

保险人初步确定有理赔责任后，应对保险事故展开调查、估计损失，然后确定赔偿金额。

（1）保险人须到现场查勘损失，确定有无损失或损失的程度。

（2）保险人在调查时须注意被保险人是否履行保险合同上所有的被保险人义务条款。

（3）经过查勘和认证之后，保险人要确定损失金额。人身伤亡一般为定额保险，不存在估价问题。财产损失应在赔偿限额之内，按实际损失协商或估价赔偿金额。

3. 支付赔款

经过调查属实并估定损失后，保险人应立即支付保险赔偿金、履行保险合同的义务。

（1）对第三者的财产损失按实际损失计算赔款，并扣除每次事故财产损失的免赔额；对第三者的人身伤亡赔偿一般包括医药费、医疗费、误工工资、生活补助费、丧葬费、遗属抚恤金等，人身伤亡无免赔额的规定。

（2）对于被保险人支付的诉讼抗辩费用以及事先经保险人同意的其他合理费用，保险人可以在限额以外支付。但当被保险人对第三者的赔偿金额超过保单约定的赔偿限额时，保险人按赔偿限额与被保险人应承担的赔偿责任金额的比例赔偿诉讼费用。其分摊计算公式如下：

保险人应摊费用 = 诉讼费用 ×（保险单赔偿限额 ÷ 被保险人应负赔偿金额）

（3）如果出现重复保险情况，保险人按比例承担责任，其比例分摊计算公式如下：

某保险公司应付赔偿 = 索赔金额 ×（该公司保单项下每次事故赔偿限额 ÷ 全部保单下每次事故赔偿限额之和）

文本：公众责任保险理赔要点

二、产品责任保险经营

（一）投保

填写投保单，投保单样本见表 9－2。

微课：产品责任险经营

表 9－2 **产品责任险投保单（样本）**

投保单编号：

一、投保人、被保险人基本信息

投保人基本信息	全称		组织机构代码	
	联系地址	省（直辖市） 市 区（县）	邮政编码	
		（具体地址）		
	联系人		联系人手机号码	
	联系人固话	区号 总机 分机		
□被保险人信息同上（则您无须填写被保险人信息栏） □被保险人与投保人信息不同（请您填写不同项）				
被保险人基本信息	全称		组织机构代码	
	联系地址	省（直辖市） 市 区（县）	邮政编码	
		（具体地址）		
	联系人		联系人手机号码	
	联系人固话	区号 总机 分机		

二、承保信息

产品名称	年销售数量	销售额	币种	销售国家和地区
销售额总计		产品最初生产日期		
赔偿限额	每次事故赔偿限额			
	每次事故人身伤亡赔偿限额			
	每次事故每人赔偿限额			
	每次事故财产损失赔偿限额			
	累计赔偿限额			
保险费率				
总保险费	预收保险费			
	最低保险费			
保险期间	自 年 月 日零时起至 年 月 日二十四时止			
追溯期	自 年 月 日零时起至 年 月 日二十四时止			
每次事故免赔额/率				
附加条款				
特别约定				
付费日期				
司法管辖				
企业执行的产品标准（国家标准、行业标准、地方标准、企业标准）和第三方质量认证的情况说明				

续表

<table>
<tr><td>争议处理</td><td colspan="4">若投保人/被保险人与保险人发生争执，不能达成协议，被保险人自愿采取的解决方式：
☐诉讼　☐仲裁，仲裁机构</td></tr>
<tr><td rowspan="3">相关保险情况</td><td colspan="4">以下内容请投保人如实填写，此内容将影响我司承保和理赔结果：
投保人是否曾在中国太平洋财产保险股份有限公司投保过类似险种：　☐是　☐否
如是，请注明保险单号________________
被保险人过去三年有无理赔记录：☐有（如有，请填写下表）　☐无</td></tr>
<tr><td>出险时间</td><td>损失金额</td><td>出险原因</td><td>改进措施</td></tr>
<tr><td></td><td></td><td></td><td></td></tr>
</table>

三、投保人、被保险人补充信息

<table>
<tr><td rowspan="3">投保人补充信息</td><td>注册资金</td><td>万元</td><td>注册日期</td><td colspan="2">年　月　日</td></tr>
<tr><td>主营业务行业类型</td><td colspan="4">☐农、林、牧、渔业　☐采矿业　☐制造业　☐电力、燃气及水的生产和供应业　☐建筑业　☐交通运输、仓储和邮政业　☐信息传输、计算机服务和软件业　☐批发和零售业　☐住宿和餐饮业　☐金融业　☐房地产业　☐租赁和商务服务业　☐科学研究、技术服务和地质勘查业　☐水利、环境和公共设施管理业　☐居民服务和其他服务业　☐教育　☐卫生、社会保障和社会福利业　☐文化、体育和娱乐业　☐公共管理与社会组织　☐国际组织</td></tr>
<tr><td>员工总数</td><td>☐1—19 人 ☐ 20—99 人 ☐100—999 人
☐ 1000—9999 人☐ 10000 人以上</td><td>组织层级
（非企业不填）</td><td colspan="2">☐总部　☐分支机构
☐其他</td></tr>
<tr><td colspan="6">☐被保险人信息同上（则您无须填写被保险人信息栏）　☐被保险人与投保人信息不同（请您填写不同项）</td></tr>
<tr><td rowspan="3">被保险人补充信息</td><td>注册资金</td><td>万元</td><td>注册日期</td><td colspan="2">年　月　日</td></tr>
<tr><td>主营业务行业类型</td><td colspan="4">☐农、林、牧、渔业　☐采矿业　☐制造业　☐电力、燃气及水的生产和供应业　☐建筑业　☐交通运输、仓储和邮政业　☐信息传输、计算机服务和软件业　☐批发和零售业　☐住宿和餐饮业　☐金融业　☐房地产业　☐租赁和商务服务业　☐科学研究、技术服务和地质勘查业　☐水利、环境和公共设施管理业　☐居民服务和其他服务业　☐教育　☐卫生、社会保障和社会福利业　☐文化、体育和娱乐业　☐公共管理与社会组织　☐国际组织</td></tr>
<tr><td>员工总数</td><td>☐ 1—19 人 ☐ 20—99 人 ☐100—999 人
☐ 1000—9999 人　☐ 10000 人以上</td><td>组织层级
（非企业不填）</td><td colspan="2">☐总部　☐分支机构
☐其他</td></tr>
</table>

四、保险公司提示

请您仔细阅读保险条款，尤其是黑体字标注部分的条款内容，并听取保险公司业务人员的说明，如对保险公司业务人员的说明不明白或有异议的，请在填写本投保单之前向保险公司业务人员进行询问，如未询问；视同已经对条款内容完全理解并无异议。

五、投保人声明

投保人及被保险人兹声明所填上述内容（包括投保单及投保附件）属实。 本人已经收悉并仔细阅读保险条款，尤其是黑体字部分的条款内容，并对保险公司就保险条款内容的说明和提示完全理解，没有异议，申请投保。 投保人签章：　　　　投保日期：　年　月　日

续表

六、以下内容由保险公司填写

是否续保	□是	上年保单号＿＿＿＿＿＿	□否	
业务来源	□代理业务	名称及代码＿＿＿＿＿＿	（□专业　□兼业　□个人）	
	□经纪业务	名称及代码＿＿＿＿＿＿		
	□直销业务	□电话业务	□网上业务	□其他（＿＿＿＿＿＿）
经办人及代码：＿＿＿＿＿＿			联系电话：＿＿＿＿＿＿	
核保人及代码：＿＿＿＿＿＿			日　期：＿＿＿＿＿＿	

PPT：产品责任险经营

1. 投保人名称

投保人名称指该产品的生产商、销售商、中间商、零售商、修理人等。对于出口产品，特别要注意的是不可将境外（尤其是位于北美地区）的任何机构作为保单的共同被保险人。

2. 投保产品名称

投保产品名称要求有全名和产品型号。从技术上说，仅有名称会产生多义性，如热水器，既有电热又有燃气，但是确定的型号所表示的是特定的一种热水器产品。

3. 销售区域

销售区域主要说明该产品的主要销售市场的地理分布，借以判别使用的司法管辖。

4. 司法管辖

司法管辖是指发生产品责任事故并进入诉讼处理后、保单可以接受的依照哪些国家或者地区的法律所作出的赔偿判决结果。关注这一要素的主要原因是北美地区尤其是美国的法律规定，对产品的提供者实行严格责任原则，往往给予很高的赔偿判决，导致产品责任保险的风险大幅度增加。对销往美国和加拿大的产品的产品责任保险实行相对严格的核保政策，这已经成为大多数保险公司的共识，且这种共识已经存在多年并将继续。

5. 预计销售金额

预计销售金额主要用于了解投保人投保产品的销售量规模，并进行保费初算。

（二）承保

在承保产品责任险时，除了上述投保单审核以外，核保人员还需要清楚地了解产品相关信息及其他核保要素。

1. 审核产品相关信息

（1）产品的固有危险。例如，一台电锯和一个茶杯，直观来看前者比后者显然具有更大的固有危险性，因而有理由认为，确定产品的固有危险是核保当中最为重要的步骤。

（2）销售/产品广告。产品销售资料，诸如使用手册、产品说明书等是评估产品责任险风险的非常实用的核保信息源。

（3）技术手册。这些手册对于那些新开发的高技术产品或结构复杂、使用前需要详细装配的产品（这种产品目前在市场上比比皆是，尤其涉及电器、家具等多个日用领域）的核保具有非常重要的作用。

（4）产品包装。产品包装是产品不可缺少的一部分，因此产品如何包装也是核保过程中应当关注的问题。妥善的包装设计可以保证产品在流通过程中不损坏，到达最终用户手中时可以有一个良好的使用状态。

（5）产品销售渠道。任何产品的销售都有各自的市场渠道，有的有总经销、分经销，有的则是通过批发商到零售商。就产品责任保险而言，核保人员应从产品营销过程中投保人所处的地位来分析其潜在的责任风险。

（6）最终消费者或使用人。投保产品的消费者的类型和有多大范围的消费者最终使用该产品是核保考虑的两个因素。如对特别为儿童设计的产品，核保人有必要给予高度的关注。

2. 审核其他核保要素

（1）了解投保人在所在行业中的地位或影响力。例如，生产企业为行业内龙头企业，其产品市场占比大的比占比小的具有更低的产品责任风险，这在一般家用电器类行业比较明显。

（2）了解产品的声誉和投放市场的历史。某些产品投放市场时间很长，其品牌质量已在消费者当中形成了很明显的信任度，长期投放市场并占一定的市场份额的产品，一般具有较好的风险环境。

（3）了解产品过去近几年的损失记录。这是评价一个产品的最实际的信息源。例如，对上年度发生了十多起爆瓶伤害事故的瓶装啤酒生产商，有理由认为该企业在包装瓶选型、酒瓶供应商选择方面存在问题，因为这些同类事故重复发生，如果新保险年度中被保险人没有在这方面有所改进，则至少应当做出提高免赔额的核保处理。

保险人对核保要素审核无误后，向投保人签发保险单。

文本：产品责任险理赔机制和司法管辖

（三）理赔

（1）发生保险事故后，被保险人尽快向保险人报案。保险人接到报案后，应派人或保险公估人到现场查勘或与被害人接触，以证实事故的发生及损害的后果。如果保险事故发生在国外，应尽快委请当地有专业经验的保险公估人介入参与事故调查；如果案情需要，还应聘请当地律师参与事故处理、积极获取对案件发展所需的相关证据和材料，为出庭应诉做好准备。

（2）要确认肇事产品是否为承保产品。

（3）应了解受害人是否有使用产品不当的情况。例如，是否遵守操作要求去使用该产品，在操作过程中有无过错。

（4）了解产品事故是否发生在产品保质期或安全使用期以内。生产出售的同一批产品或商品，由于同样原因造成多人的人身伤害、疾病或死亡或多人的财产损失，应视为一次事故造成的损失。

（5）若被保险产品或商品中发现的缺陷表明或预示类似缺陷亦存在于其他保险产品或商品时，被保险人应立即自付费用进行调查并纠正该缺陷，否则由于类似缺陷造成的一切损失应由被保险人自行承担。

案例分析

受害方是否有权索赔产品责任险

案情简介：

生产升降机设备的A公司向保险公司投保产品责任险。其间，某粮库工作人员B在使用A公司出产的升降机维修粮库时，由于升降机侧翻，不幸从8米多高处摔下，致使颅骨骨折、脑部损伤，花费治疗费用10万余元。

A公司据此向保险公司索赔，保险公司接到报案后即派人对现场进行了查勘，发现升降机的底部安全止推没有展开，并且事故现场地面有25度的坡度，属于明显的操作不当，应予拒赔。B向A公司索赔，A公司认为在保险公司同意赔偿之前，自己不应赔偿。因此，B向法院直接起诉保险公司，要求赔偿10万元。

原告代理人称，依据我国《保险法》第六十五条之规定，保险公司可以直接向第三者支付保险赔偿金。因此，既然法律规定保险人有直接向第三者赔偿保险金的义务，那么，原告就有权起诉保险公司并享有向保险公司请求直接赔偿的权利。

保险公司则认为，原告混淆了两种不同的法律关系，即损害赔偿关系和保险赔偿关系。原告和A公司之间属民事侵权法律关系，而A公司与保险公司之间则是保险合同法律关系。保险公司既非侵权责任人，原告也非合同当事人，保险公司与原告之间无任何法律关系。因此，将保险公司列为被告没有任何法律依据。

分析说明：

一审法院审理后认为，根据我国《保险法》第六十五条之规定，原告有权向保险公司索赔，保险公司主张事故属于原告违规操作所致证据不足，不予采信。一审法院判决被告（保险人）承担原告（第三人）损失10万元。虽然责任保险第三者不受合同的直接保障，可是间接享受合同约定的利益。

资料来源：蔺振亚．受害方是否有权索赔产品责任险［N］．国际金融报，2004－04－07.

微课：雇主责任保险经营

三、雇主责任保险经营

（一）承保

1. 填写投保单，投保单样本见表9－3。

表 9－3　　雇主责任保险投保单（样本）　　14 位单证流水号

雇主责任保险（2016 版）投保单

尊敬的投保人：在您填写本投保单前请先详细阅读《中国人民财产保险股份有限公司雇主责任保险条款（2015 版）》，阅读条款时请您特别注意条款中的保险责任、责任免除、投保人被保险人义务、赔偿处理等内容并听取保险人就条款（包括前述需特别注意的内容）所作的说明。

<table>
<tr><td colspan="7">一、投保人、被保险人信息</td></tr>
<tr><td colspan="2">投保人名称</td><td colspan="3"></td><td>联系电话</td><td></td></tr>
<tr><td rowspan="6">被保险人信息</td><td>名　　称</td><td colspan="3"></td><td>营业性质</td><td></td></tr>
<tr><td>证件类型</td><td colspan="3">□组织机构代码证 □税务登记证
□工商登记证　　□营业执照</td><td>证件号码</td><td></td></tr>
<tr><td>营业范围</td><td colspan="3"></td><td>行业类别</td><td></td></tr>
<tr><td>雇员人数</td><td></td><td>投保人数</td><td></td><td>联系电话</td><td></td></tr>
<tr><td>联系地址</td><td colspan="3"></td><td>邮　　编</td><td></td></tr>
<tr><td colspan="2">近三年损失情况（时间、原因、损失金额）</td><td colspan="5"></td></tr>
</table>

<table>
<tr><td colspan="5">二、承保信息</td></tr>
<tr><td rowspan="7">主险</td><td colspan="2">限额名称</td><td>责任限额/免赔额</td><td>保险费（元）</td></tr>
<tr><td colspan="2">累计责任限额</td><td></td><td rowspan="6"></td></tr>
<tr><td rowspan="4">每次事故责任限额</td><td>每次事故责任限额</td><td></td></tr>
<tr><td>每人伤亡责任限额</td><td></td></tr>
<tr><td>每人医疗费用责任限额</td><td></td></tr>
<tr><td>法律费用责任限额</td><td></td></tr>
<tr><td colspan="2">每次事故每人医疗费用免赔额</td><td></td></tr>
<tr><td rowspan="4">附加险</td><td colspan="3">□附加职业病责任保险</td><td rowspan="4"></td></tr>
<tr><td colspan="3"></td></tr>
<tr><td colspan="3"></td></tr>
<tr><td colspan="3"></td></tr>
<tr><td>保险费合计（人民币）</td><td colspan="4">（大写）：　　　　　　　　（小写）：¥</td></tr>
<tr><td>保险期间</td><td colspan="4">自　年　月　日零时起，至　年　月　日二十四时止。</td></tr>
<tr><td>保险合同争议处理</td><td colspan="4">□提交　　　　　仲裁委员会仲裁　□诉讼</td></tr>
<tr><td>司法管辖</td><td colspan="4"></td></tr>
<tr><td colspan="5">三、特别约定</td></tr>
<tr><td>特别约定</td><td colspan="4"></td></tr>
<tr><td colspan="5">四、投保人声明</td></tr>
</table>

续表

投保人声明	保险人已向本人提供并详细介绍了《中国人民财产保险雇主责任保险条款（2015 版）》，并对其中免除保险人责任的条款（包括但不限于责任免除、投保人被保险人义务、赔偿处理、其他事项等），以及本保险合同中付费约定和特别约定的内容向本人作了明确说明，本人已充分理解并接受上述内容，同意以此作为订立保险合同的依据，自愿投保本保险。 上述所填写的内容均属实。 投保人签名／签章：　　　____年____月____日

以下内容由保险公司填写
业务来源 □直接业务 □个人代理 □电话业务 □网上投保 □专业代理 □兼业代理 □经纪业务 名称及代码：________ 销售机构： 业务员：　　　代码：　　　联系电话：　　　日期：

2. 核保

核保要素可以通过投保单、风险评估表及公共信息渠道得到，主要审核以下各点。

PPT：雇主责任保险经营

（1）被保险人基本信息。包括被保险人的生产经营地址、是否在国内其他地区设有分支机构并有业务工作、建立时间、经营规模、在行业中的地位、管理水平、股东背景等。

（2）被保险人所属行业情况、行业性质。被保险人所在行业是属于生产加工行业还是第三产业，一般来说，服务性的第三产业风险小于第二产业，生产重型机器设备的风险大于生产电子产品的风险，初级加工业的风险大于服务业。对于诸如采掘业、地下、水下、海上、隧道等工程，高空作业人员、高层建筑外窗清洁工等，雇主责任保险应采取谨慎承保的态度。

（3）保险地点及周边情况。审核被保险人生产、劳动场所的基本条件，包括保险地点的地形条件、地理位置、周围环境；生产经营场所的状况，如房屋建筑结构、采光、电线、整洁程度及污染存在的情况等。

（4）被保险人的雇员情况。包括雇员人数、年龄结构、年工资总额、工种；主要了解是室内作业、露天作业还是野外作业；雇员是否经常到外地出差，这些地区的具体情况；被保险人是否与雇员之间存在书面的劳动合同等。

（5）被保险人的风险防范措施。目的在于审核被保险人是否已履行了其按劳动安全法规的要求配置必要的安全设施以防止事故发生的职责，包括生产经营场所是否配备防火设备、有无应急抢救措施、生产所用材料的安全程度；是否配备必要的防护服和防护设备；生产中可能造成切、夹、压伤的设备情况；是否制定并公布了相关的安全操作规则；是否为员工提供了必要的操作培训，工厂有无专门的安全管理人员等。

(6) 以往承保和损失记录。这一项目非常重要，可以得到实际损失数据，作为制定承保条件的重要依据。对于损失记录，应考察属于哪种性质的事故，在投保该险种时间较长的情况下，应将几年的损失记录对照查看。如果是由于被保险人的行业性质、生产条件缺陷等外部原因所致，由于这些因素不易改变，应相应提高承保条件，并注意总体保费规模不宜过低；如果是由于意外原因所致，可适当放松承保要求。

3. 发放保单

核保通过以后，保险公司给客户发放保单。

（二）理赔

雇主责任保险的理赔，可以参照公众责任保险的理赔实务流程办理。由于雇主责任保险的理赔仅涉及人员伤亡，不涉及财产损失，所以处理理赔工作较公众责任保险相对简单一些，核赔时重点审核以下几点。

1. 审查被保险人聘用的员工身份及范围

当发生承保范围内的保险事故时，保险人根据被保险人所提供的雇员名册，对发生伤残或死亡的雇员首先要核实员工姓名是否与名册一致，员工身份是否属实；其次还应注意员工的工种差别，长期固定工、短期工、临时工、季节工和学徒工等均可以包括在内，但雇主本人、未在本单位工作的雇主的直系亲属、已办离退休手续的职工及在投保当时已患重疾症的患者不得纳入本保险的承保对象。

2. 审查保险责任

(1) 雇主责任保险以雇主为被保险人，保障雇主依雇用合同或劳动法的规定而依法应负的赔偿责任。在核赔过程中，要注意审查所遭受意外事故是由于从事与业务有关的工作而致受伤、死亡还是患有与业务有关的职业性疾病所致伤残或死亡。被保险人根据劳动合同或法律、法规须承担的医药费及经济赔偿责任，其中包括应支出的诉讼费用，但以保险人确认的为准。

(2) 伤害必须在“雇用过程中”发生，即受雇过程中从事与保险单所载明的与被保险人经营业务有关的工作，所以即使是在受雇过程中，如果雇员从事与所雇业务无关的工作也不能得到补偿，如雇员在工作中为其私利目的而工作如办私事。另外，工作中必要的培训或应酬均应理解为与业务有关。如保单中没有规定外勤人员需在保单列明之地点工作的，也应视为与业务有关。

(3) 雇员因工作受到人身伤害甚至致残或致死，不包括财产损失。

雇主责任险理赔纠纷

案例分析

案情：食女士为一家食品加工厂老板，该厂的营业范围主要包括蔬菜腌制、农副产品加工及销售。2018 年 12 月，食女士为自己的雇员在保险公司投保了雇主责任险。合同约定，当被保险人的工作人员在工作时致残或死亡，依法应由被保险人承担经济赔偿责任时，保险人负责赔偿。2019 年 11 月 26 日，食女士的雇员之一黄先生在为某建筑工地进行钢管卸货过程中，被正在作业的挖掘机碾压身亡。该起事故经当地政府鉴定为一起安全生产事故，责任人为建先生（经营范围为建筑安装工程等）。同时，政府相关职能部门给予了建先生 20 万元的行政处罚。事故发生后三天，建先生的法定代表人以食女士的名义与死者家属签订了赔偿协议，约定由食女士向死者家属赔偿各项损失 85 万元，并从食女士账上交易完毕。由此，食女士承担了 85 万元的经济赔偿责任，于是向其购买雇主责任险的保险公司要求理赔责任险额，遭到保险公司的拒赔。食女士不服，向当地人民法院提起诉讼。

分析：

该案的争议焦点在于：食女士作为雇主，依照法律是否应当对死者承担经济赔偿责任？该案经过两次开庭审理，在双方提供证据材料的基础上，法院认定因食女士和建先生的法定代表人为夫妻关系，实质上两公司股东同一，控制主体同一。而食女士生产经营有季节性特点，黄先生及其部分工人长时间同时为建先生提供劳务。事故发生时，黄先生是应建先生的要求进行工作，接受建先生的指挥和管理，为建先生提供劳务，应当由建先生承担赔偿责任。食女士为食品加工企业，投保时经营范围为低风险的食品加工、蔬菜腌制，但部分工人却从事高风险的建筑行业行为，且未告知保险公司，是一种不诚信的投保行为，该行为不利于社会法治诚信体系建设。综上所述，法院驳回食女士的诉求。

3. 确定赔偿限额

（1）雇员死亡的，保险人按照保险单载明的每人伤亡责任限额赔偿。

（2）雇员残疾的，由保险人认可的伤残鉴定机构依据职工工伤与职业病致残等级的现行国家标准鉴定残疾程度，保险人按照本保险合同所附伤残赔偿比例表规定的百分比，乘以每人伤亡责任限额赔偿。

（3）雇员暂时丧失工作能力超过 5 天（不包括五天）的，经二级以上（含）或保险人认可的医疗机构证明，保险人依据所在地的最低工资标准，按照每人/天补助误工费用，医疗期满或确定残疾程度后停发，最长不超过 365 天；如最终鉴定为残疾的，保险人对残疾赔偿金与误工费用的赔偿金额之和，以上述（2）计算的责任限额为限。

（4）被保险人承担的诊疗项目、药品、住院服务及辅助器具配置费用，保险人均按照国家工伤保险待遇规定的标准，扣除每次事故每人医疗费用免赔额，在每人医疗费用责任限额内据实赔偿。除紧急抢救外，雇员均应在二级以上（含）或保险人认可的医疗机构就诊。

（5）在保险期间内，发生一次或多次保险事故时，保险人按照以下方式处理：①保险人针对每名雇员赔偿的伤亡赔偿金、误工费用之和不超过每人伤亡责任限额；针对每名雇员赔偿的医疗费用不超过每人医疗费用责任限额；②对应由被保险人支付的法律费用的累计赔偿金额不超过法律费用责任限额；③发生一次保险事故造成一名及以上雇员伤害的，保险人针对雇员伤亡赔偿金、误工费用、医疗费用以及法律费用的赔偿金额之和不超过每次事故责任限额；④保险人对多次保险事故的累计赔偿金额不超过累计责任限额。

微课：职业责任保险经营

PPT：职业责任保险经营

四、职业责任保险经营

（一）投保

职业责任保险的投保单与不同的职业所投保的不同责任相关联。表9－4是建设工程设计责任保险投保单样本。

表9－4　建设工程设计责任保险投保单（样本）

投保单编号：

投保人名称		投保人地址	
投保人联系人		投保人联系电话	
被保险人名称		营业场所地址	
营业性质		统一信用代码	
设计资质级别　□甲级　□乙级　□丙级　□其他 ____________			
工程项目类型　□公路、铁路（不含高架） □民用住宅、一般工业厂房、宾馆、商业楼宇、仓库、剧院、体育场（馆） □桥梁、高架铁路、隧道、地铁、轻轨、特殊工业厂房 □其他　请说明：____________			
投保类型　□项目型　□年度型			
工程项目预算金额：			
赔偿限额	每次事故赔偿限额		
	每次事故人身伤亡赔偿限额		
	每次事故每人赔偿限额		
	每次事故财产损失赔偿限额		
	累计赔偿限额		
保险期间	个月，自　年　月　日　时起至　年　月　日　时止		
追溯期	个月零　天，自　年　月　日　时起至　年　月　日　时止		

续表

保险费率	
总保险费	
特别约定	
每次事故免赔额/率：　　或　以高者为准	
付费日期	
司法管辖	
争议处理	若投保人/被保险人与保险人发生争执，不能达成协议，被保险人自愿采取的解决方式： □诉讼　□仲裁，仲裁机构__________
相关保险情况	以下内容请投保人如实填写，此内容将影响我司承保和理赔结果： 投保人是否曾在中国太平洋财产保险股份有限公司投保过类似险种：　□是　□否 如是，请注明保险单号： 被保险人过去三年有无理赔记录：□有（如有，请填写下表）　□无

出险时间	损失金额	出险原因	改进措施

保险人（保险公司）提示

请您仔细阅读保险条款，尤其是黑体字标注部分的条款内容，并听取保险公司业务人员的说明。如对保险公司业务人员的说明不明白或有异议的，请在填写本投保单之前向保险公司业务人员进行询问；如未询问，视同已经对条款内容完全理解并无异议。

投保人声明

投保人及被保险人兹声明所填上述内容（包括投保单及投保附件）属实。

本人已经收悉并仔细阅读保险条款，尤其是黑体字部分的条款内容，并对保险公司就保险条款内容的说明和提示完全理解，没有异议，申请投保。

投保人签章：　　　　投保日期：　　年　　月　　日

以下内容由保险公司填写

是否续保：□是　上年保单号__________　□否

业务来源：□直销业务　□电话业务　□网上业务

□经纪业务（名称及代码__________）

□代理业务（□专业　□兼业　□个人　名称及代码__________）

业务经办人及代码：__________联系电话：__________

核保人及代码：__________日　　期：__________

设计人员名单

姓　名	执业资格、取得时间、从业年限	现任职务及任职年限

（二）承保

职业责任保险核保，首先是对作为专业服务提供者的被保险人有关基本情况的了解和审核。主要审核以下内容。

文本：保险经纪人职业责任保险条款

（1）审核被保险人是否具有开业资格，尤其是除了营业执照之外；是否持有政府专门管理机构依法颁发的有效执业许可证照，以证明被保险人为依法成立的执业机构，并了解被保险人的执业范围，从而判断其隐含的风险大小，并作为基本保费确定的基础。

（2）确认被保险人的执业场所和执业范围。

（3）调查被保险人是否刚刚进行过较大的管理结构调整，或是否为执业不到一年的新机构，若是，需从严掌握。

（4）调查被保险人的业务是否扩展至境外。

（5）对执业人员的审核。审核包括：是否所有执业人员都参与投保，原则上不接受选择性投保；承保须采用记名投保方式，一般不接受不记名投保；收集执业人员明细清单，包括姓名、性别、学历、执业资格。从事执业工作年限、现任岗位、过往执业记录。

文本："赤脚"医生投保医责险理赔纠纷

（6）保险历史及索赔记录。一般包括过去三年内被保险人有无因执业事故受到管理机构的任何形式的惩戒；被保险人是否曾投保过本险种或类似险种，赔付记录如何；调查被保险人于过去三年内发生执业事故的情况，对曾经发生重大执业事故，产生恶劣影响或发生较大数额赔偿的，核保时需从严掌握。

核保无误，开出职业责任险保险单。

想一想

医疗机构职业责任保险的核保要素应包括哪些内容？

（三）理赔

与其他责任保险一样，职业责任保险的理赔程序也要经过受理案件、明确责任、核定损失、赔款计算与支付等过程。当保险事故发生且有损害赔偿时，被保险人应立即通知保险人，以便进行调查、核实。申请赔偿时，被保险人需提供索赔申请、法院或有关执行部门的裁决书及有关费用的原始单据等材料。未经保险人或其代表同意对索赔事项不能做承认、提议或付款的表示。下面以律师职业责任险的理赔为例：

（1）出险的律师事务所向所在市律师协会报告，并填写"律师职业责任险出险审批表"的相关内容；经市律师协会审批后，报至省律师协会审核。

（2）审核完毕的，填写出险通知书。

（3）提供必要的理赔材料，包括：保险单正本、证明律师责任的法律文件、索赔报告、损失清单、在册执业律师的“律师执业证”、与委托人签订的委托合同或委托代理合同、必要的其他证明损失性质、原因和程度的单证材料等。

（4）由省律师协会将相关材料送交至保险公司，进入理赔流程。

（5）通知出险单位领取赔款。

模块二
信用保证保险经营

任务描述

根据所给资料，将同学分成客户、代理人、保险公司、经纪人四个角色完成信用、保证保险投保单填制、承保、理赔等业务。

知识准备

信用保证保险属于广义财产保险的范畴。信用与保证保险是由保险人作为保证人为被保证人向权利人提供担保的一类保险业务。当被保证人的作为或不作为致使权利人遭受经济损失时，保险人负经济赔偿责任。

一、信用保险

信用保险是指权利人向保险人投保债务人的信用风险的一种保险。信用保险投保人都是权利人，其合同当事人是权利人（被保险人）和保证人（保险人）。实际上，信用保险就是把债务人的保证责任转移给保险人，当债务人不能履行其义务时，由保险人承担赔偿责任。信用保险主要险别包括一般商业信用保险、投资保险（又称政治保险）和出口信用保险。

文本：金融机构贷款信用保险条款

1. 一般商业信用保险

一般商业信用保险又称国内信用保险，是指在商业活动中，作为当事人一方的权利人要求保险人将另一方当事人作为被保证人，并承担由于被保证人的信用风险而使权利人遭受商业利益损失的保险。它一般承保批发业务，不承保零售业务；承保3—6个月的短期商业信用风险，不承保长期商业信用风险。其险种主要有：赊销信用保险、贷款信用保险和个人货款信用保险。

2. 投资保险

投资保险，又称政治风险保险，是承保被保险人因投资引进国政治局势动荡或政府法令变动所引起的投资损失的保险。其承保对象一般是海外投资者。所谓政治风险是指东道国政府没收或征用外国投资者财产、实行外汇管制、撤销进出口许可证、发生内战或绑架等风险。一国开展投资保险业务的主要目的是为了鼓励资本输出。由于投资保险承担的是特殊的政治风险，责任重大，因此，通常由政府设立的保险机构办理。

3. 出口信用保险

微课：信用保证保险相关知识介绍

PPT：信用保证保险相关知识介绍

出口信用保险是承保出口商在经营出口业务的过程中因进口商的商业风险或进口国的政治风险而遭受的损失的一种信用保险。出口信用保险承担的风险特别巨大，且难以使用统计方法测算损失概率，所以，一般商业性保险公司均不愿经营这种保险，大多数是靠政府支持来经营的。出口信用保险要求出口商必须全额投保，保险人根据对买方风险和买方国家风险的评估，来选择性的承保。

出口信用险按出口合同的信用期分类，分为短期出口信用保险和中长期出口信用保险。短期出口信用保险的信用期，一般是在 180 天以内，经扩展也可延长，但最长不超过两年。这种保险适用于消费性制成品、初级产品及工业用原材料等一般性商品的出口，汽车、农用机械、机床工具等半资本性货物出口也可适用。短期出口信用保险是目前各国出口信用保险机构开办最广泛、承保量最大、运作最规范的出口信用保险。

中长期出口信用保险适用于资本性货物的出口，如电站、大型生产线等成套设备项目以及飞机、船舶等大型运输工具等。信用期为 2—5 年的，一般称为中期出口信用保险；信用期为 5 年以上的，一般称为长期出口信用保险。

短期出口信用险一般采取统保的承保方式，即要求出口商承诺投保其保险适用范围内的全部出口业务。而中长期出口信用保险一般采取逐个出口合同协商承保的办法。

出口信用保险承保和除外风险见表 9－5。

表 9－5　出口信用保险承保和除外风险

<table>
<tr><th colspan="2">保险责任</th><th>除外责任</th></tr>
<tr><td>商业风险（买方风险）</td><td>1. 买方破产或实际已资不抵债而无力偿还货款
2. 买方逾期 6 个月不付款
3. 买方违约拒收货物，致使货物被运回、降价转卖或放弃</td><td rowspan="2">1. 被保险人违约或违法导致买方拒付货款所致的损失
2. 汇率变动的损失
3. 在货物交付时，已经或通常能够由货物运输保险或其他保险承保的损失
4. 发货前，买方未能获得进口许可证或其他有关的许可而导致不能收货付款的损失
5. 买方违约在先情况下被保险人坚持发货所致的损失
6. 买卖合同规定的付款币制违反国家外汇规定的损失</td></tr>
<tr><td>政治风险（国家风险）</td><td>1. 买方所在国实行外汇管制，限制汇兑
2. 买方所在国实行进口管制，禁止该类商品进口
3. 买方的进口许可证被撤销
4. 买方所在国颁布延期付款令
5. 买方所在国发生战争、动乱、骚乱、暴动等
6. 买方所在国或任何有关第三国发生非常事件，如大范围自然灾害等致使买方无法履约</td></tr>
</table>

二、保证保险

保证保险是被保证人（债务人）根据权利人（债权人）的要求，请求保险人担保自己信用的保险。保证保险的保险人代被保证人向权利人提供担保，如果由于被保证人不履行合同义务或者有犯罪行为，致使权利人遭受经济损失，则由保险人负赔偿责任。保证保险主要分为合同保证保险、产品质量保证保险、雇员忠诚保证保险等。

（一）合同保证保险

合同保证保险（又称“契约保证保险”）是指因为被保证人不履行合同义务而造成权利人经济损失时，由保险人代替被保证人进行赔偿的一种保险。合同保证保险主要用于建筑工程的承包合同。根据建筑工程的不同阶段划分，合同保证保险可以分为：供应保证保险、投标保证保险、履约保证保险、预付款保证保险和维修保证保险等。

文本：建设工程项目施工投标保证保险条款

（二）产品质量保证保险

以被保证人因制造或销售的产品丧失或不能达到规定的效能而应对买主承担的经济赔偿责任为保险标的的保险。

产品质量保证保险与产品责任保险在保险责任界定上有本质的区别，前者是保发生保险责任事故后产品本身的损失，而后者承保的是发生保险责任事故后被保险人对自己的产品造成的事故所导致的使用产品者或其他第三者的损害依法应当负的赔偿责任。两个险种的承保责任范围相互没有交叉。在实务中常同时投保。

文本：产品质量保证保险条款

（三）雇员忠诚保证保险

雇员忠诚保证保险，是指因被保证人（雇员）行为不诚实而使权利人（雇主）遭受经济损失时，由保证人（保险人）承担经济赔偿责任的一种保证保险。该保险的保险标的是雇员的诚实信用。雇员的盗窃、贪污、侵占、非法挪用、故意误用、伪造、欺骗等行为均属不诚实行为。国际上的雇员诚实保证保险按照其承保方式不同可划分有三种：指名保证保险、职位保证保险和总括保证保险。

文本：雇员忠诚保证保险条款

拓展阅读

2008—2018 年，中国信用保证险保费规模（剔除中国出口信用保险公司数据后的原保险保费收入）从 2008 年的 8.14 亿元增长至 2018 年的 692.07 亿元。从业务重要性来看，虽然信用保证险在财险公司业务规模中占比较小，但有望成为财险公司未来增长的重要驱动。2018 年，信用保证险保费在财险公司非车险业务中的收入占比为 18.6%，信保保费在财险公司总保费收入的占比为6.0%。近年来，财险公司总体保费增长承压，2018年仅录得11.6%的增长，相较而言，信用保证险业务增长强劲，2018年同比增长高达69%。未来，信用保证险业务有望成为财险公司的重要增长驱动。从市场竞争格局来看，信用保证险行业集中度一直以来维持高位，2017年CR4指数高达83.5%，2013—2017年期间CR4呈现大体下降趋势。

资料来源：凤凰网商业，信用保证保险行业白皮书，2019年06月20日。

微课：短期出口信用保险经营

PPT：短期出口信用保险经营

业务处理

一、短期出口信用保险经营

（一）投保

1. 申请投保

客户提供企业法人营业执照；中华人民共和国进出口企业资格证书；中华人民共和国组织机构代码证；投保买家的相关资料。然后填写“短期出口信用保险综合险投保单”（见表9-6）一式三份，把本出口企业的名称、地址、投保范围、出口情况、适保范围内的买方清单及其他需要说明的情况填写清楚后，企业法人签章，向保险公司申请投保出口信用保险。

表9-6 短期出口信用保险综合保险投保单（样本）

请您仔细阅读保险条款，尤其是黑体字标注部分的条款内容，并听取保险公司业务人员的说明，如对保险公司业务人员的说明不明白或有异议的，请在填写本投保单之前向保险公司业务人员进行询问，如未询问，视同已经对条款的内容完全理解并无异议。

中国出口信用保险公司：

遵照《短期出口信用保险综合保险条款》（3.0修订版）的规定，在提供以下信息、保证和声明的基础上，我公司特向贵公司提出投保短期出口信用保险综合保险的申请。请贵公司对我公司自　年　月　日起投保范围内的出口予以审核承保，并及时通知我公司承保条件及费率。

一、投保人基本情况

公司名称（中文）：________

（英文）：________

注册地址：________

地区：________

营业地址：________

组织机构代码：________

工商注册号：________

电话：________ 传真：________ 邮编：________

电子信箱：________

营业范围：________

出口开始年份：________

法定代表人：

姓名：________ 职务：________ 电话：________

续表

委托代理人：

姓名：________职务：________电话：________

电子信箱：________

主要联系人：

姓名：________职务：________电话：________

电子信箱：________

企业类型（请在适合的框内打“√”）：国有企业 [ ]　民营企业 [ ]　外资企业 [ ]

经营性质（请在适合的框内打“√”）：贸易公司 [ ]　贸易代理 [ ]　生产性企业 [ ]

是否上市公司（请在适合的框内打“√”）：是 [ ]　否 [ ]

二、投保人内部风险管理状况（请在适合空格内打“√”）

1. 风险控制责任人	有专门风险管理部门和专职风险管理的高级经理	公司高级财务经理	专职人员负责，但职位较低	没有专职风险管理人员
	[ ]	[ ]	[ ]	[ ]
2. 风险控制规则	有明文风险管理规则，任何人不能突破	有明文风险管理规则，有时有突破	有明文风险管理规则，仅供业务参考	没有明文的风险管理规则
	[ ]	[ ]	[ ]	[ ]
3. 风险控制激励体系	风险管理规则中明确规定激励体系，全公司员工认同风险控制理念并全员参加	风险管理规则中明确规定激励体系，仅责任人员认同风险控制理念并履行	风险管理规则中未明确规定激励体系，公司量力而行	无风险控制激励体系
	[ ]	[ ]	[ ]	[ ]

三、出口情况

（一）出口商品

商品大类	所占比例（%）

（二）近三年出口情况分析

年份	出口总额（万美元）	税后利润（万人民币）
年		
年		
年		

（三）预计今年出口业务结构

支付方式	LC	OA	DP	DA	预付款	其他
出口总额（万美元）						

（四）近三年逾期未收汇情况

序号	未收汇年份	未收汇金额（万美元）	未收汇原因（请选择下述代码填写）（A＝破产，B＝拖欠，C＝拒绝受领货物，D＝贸易纠纷，E＝政治风险）	备注（请说明结果等进一步情况）
	年			
	年			
	年			

（五）过去三年中超过10万美元逾期未收汇情况的细节

年份	国家	债务人名称/地址	最终损失金额（万美元）	损失原因［请填写上述（四）的未收汇原因代码］
年				
年				
年				

续表

注：1. 如地方不够可另加页。

2. 可以近期向外汇管理局报送的逾期未收汇报表复印件代替此表。

四、投保范围

（一）投保范围（下述选项中，第1、4项只能单选；第2、3项既可单选也相互可组合选择。）

1. 全部非信用证支付方式的出口和全部信用证支付方式的出口 [ ]
2. 全部非信用证支付方式的出口 [ ]
3. 全部信用证支付方式的出口 [ ]
4. 全部非信用证支付方式的出口和部分信用证支付方式的出口 [ ]
5. 其他（请在下面列明） [ ]

（二）投保金额：________________万美元

（三）投保主要买方/开证行清单

序号	开证行名称（英文大写）	买方名称（英文大写）	出口金额（万美元）
1			
2			
3			
…			
10			

五、对争议解决方式的选择（请在下述［ ］内打“√”选一）

仲裁	[ ]	提交北京仲裁委员会仲裁
诉讼	[ ]	在被告所在地诉讼

六、其他需要说明事项（被保险人如有特殊要求，可在此填写）：

七、随本投保单所附资料清单

八、声明与保证事项

（一）我公司郑重声明已经详读《短期出口信用保险综合保险条款》（3.0修订版），对上述保险条款，尤其是涉及免除或限制保险人责任的黑体字部分的条款内容，中国出口信用保险公司已向我公司进行了明确的提示和说明，我公司也已充分理解并无异议，并在此基础上填写本投保单。我公司保证向中国出口信用保险公司提供的一切情况准确无误，并保证按照保险单规定全面履行我们的各项义务。

（二）我公司保证作为贸易的实际当事方上述投保范围内签订的销售合同真实、合法、有效。

（三）我公司保证未经中国出口信用保险公司书面同意，不向除我公司开户银行以外的任何机构、买方或其他人披露本保险关系的存在或其他内容。

（四）我公司保证将按《短期出口信用保险综合保险单》（3.0修订版）的规定，对所有投保范围内的出口按时向中国出口信用保险公司申报并足额缴纳保险费。

（五）我公司保证按照《短期出口信用保险综合保险单》（3.0修订版）的规定全面履行被保险人的义务。

（六）我公司保证本投保单中所填写的内容均是真实的，无隐瞒任何与本保险有关的重要情况，并同意以此作为贵公司承担保险责任的先决条件。

附件：《短期出口信用保险综合保险条款》（3.0修订版）

投保单位盖章

法定代表人：

（请用正楷填写）

签字人职务：

签　　字：________________________

签字日期：　年　月　日

2. 申请限额

出口企业在接到保险公司承保并签发的短期出口信用保险综合险保险单后，应就保单适用范围出口的每一买家，尽早向保险公司书面申请信用限额，并填写短期出口信用综合险买方信用限额申请表（见表9-7），一式两联，按表内的要求，将买家的情况，双方贸易条件以及本企业所需的限额如实填写清楚，为本企业在适保范围内的全部海外新旧买家申请信用限额。

表9-7　　信用限额申请表（样本）

＊适用于信用证支付方式＊

被保险人名称	保险单号	买方名称（英文大写） 买方地址：	买方代码
申请限额 L/C ____ 天 USD ____________ （期限）　　（金额）		开证行名称（英文大写）	SWIFT
信用证号		保兑行（如为保兑信用证，必填）名称（英文大写）：	SWIFT

当前信用证情况	与该买方以往交易情况	买方基本情况
1. 合同总金额 USD ____________ 2. 信用证方式金额 USD ____________ 3. 最迟装船日____年____月____日 4. 如为分批装运，请填写装运间隔在15日内的2批最大装运金额 USD ____________ USD ____________ 5. 出口商品 名称________分类________ 6. 运输方式 海运 □　空运 □ 陆运 □　海陆联运 □ 7. 其他说明 8. 选择项：加保OA风险 □ 不加保OA风险 □	1. 最早成交年份________年 2. 上年交易情况 支付方式______USD ______ 支付方式______USD ______ 支付方式______USD ______ 3. 银行付款表现 及时 □　尚可 □　较慢 □ 4. 买方付款表现 及时 □　尚可 □　较慢 □ 5. 历史上有无拖欠　有 □ 无 □ 如有 支付方式______期限______天 金额 USD ____________ 拖欠时间____________天 （拖欠超过60天或金额超过USD 200000.00的请附相关材料）	1. 成立年份____________年 注册年份____________年 2. 注册号 3. 企业类型 公营 □　上市 □ 股份有限 □　合伙制 □ 个人所有 □　中资机构 □ 4. 经营性质 批发 □　零售 □ 代理 □　生产 □ 5. 负责人 6. 电话

以下由保险人填写	被保险人声明
保险人收到时间____年____月____日	以上内容正确无误，如有虚假，保险人有权拒赔有关损失。
保险人登记号	（盖章）____________年________月________日

续表

填制要求： 1. 本表一式两份（可复印），一份被保险人留存，正本送保险人。 2. 有□的栏目，请在合适的□内打“√”。 3. 如为空运或陆运或提单自寄，为明确投保风险，请明确选择“加保 OA 风险”或“不加保 OA 风险”。 4. “申请限额”请填写信用证金额。 5. 本表经被保险人盖单位章方有效。 6. 此表要求填写全，其中红字部分必填，否则可能延迟审批时间。内容过多请另加附页。

3. 申报出口

保险公司通过“短期出口信用综合险买方信用限额审批单”批复限额，出口企业在每批出货后，15 天内（或每月 10 号前）逐批填写“短期出口信用综合险出口申报单”（见表 9－8）（或“短期出口信用保险综合险出口月申报表及保费计算书”）一式三份，按表格要求，将出口的情况如实清楚填写，供保险公司计收保险费。对于未在规定时间内申报的出口，保险公司有权要求出口企业补报。但若补报的出口已经发生损失或可能引起损失的事件已经发生，本公司有权拒绝接受补报。如出口企业有故意不报或严重漏报或误报情况，本公司对已申报出口所发生的损失，有权拒绝承担责任。

表 9－8　　出口申报单（样本）

＊适用于信用证支付方式＊　　　　第　　页，共　　页

保险单号：　　　　被保险人名称：　　　　申报单编号：

开证行 SWIFT	开证行名称	买方代码	买方名称	L/C 期限（天）	是否加保 OA	出运日期（年/月/日）	运输方式代码	报关单号	商品类别代码	发票号	货币代码	发票总值

填制要求：

1. 如为“被保险人自行掌握信用限额”项下出运，请被保险人先向保险人申请买方代码和查询开证行 SWIFT。
2. 如加保了 OA 风险，请在“是否加保 OA”栏请填写“是”。否则可不填。
3. “运输方式代码”请选择 1—4 间的代码。其中，“1”为海运；“2”为空运；“3”为陆运；“4”为海陆联运。
4. “商品类别代码”请填写进出口关税所列之税号的前 2 位。
5. “货币代码”请填写国家（地区）分类表所列之货币代码。

（被保险人盖章）

保险人签收：收到时间　　年　　月　　日　　　　签收人签署：

4. 缴纳保险费

出口企业在收到保险公司发出的“保险费发票”及有关托收单据的日期起 10 日内应缴付保险费。如未在规定期限内缴付保险费，本公司对申报的有关出口，不负赔偿责任；如超过规定期限 2 个月仍未缴付保险费，本

公司有权终止保单，已收的保险费概不退还。保险公司每个月按出口企业的申报和报单薄明细表列明的费率，计算应交的保险费。保险费率如需调整，保险公司将书面通知，通知发出后第二个月出口的货物，保险费按新费率计算。

（二）短期出口信用保险承保

短期出口信用险的承保工作分为保单的承保、国家的承保、买方的承保和出运的承保。

1. 保单的承保

保单的承保的内容包括：①保单开始生效的时间；②被保险人自行掌握的每一买家的信用限额；③赔偿百分比，通常规定为80%—90%；④保单赔偿限额；⑤保险费率；⑥批注。

2. 国家的承保

签发保单时附带的国家表，代表了信用保险公司对各特定国家的承保态度。国家表的制订是建立在信用保险公司对各个国家进行风险评估的基础之上。

国家表的制订应符合国家的对外贸易政策。国家表由信用保险公司统一制订，但必须定期更新或随着国际形势的变化不定期调整，承保人员不得擅自改动。

对风险等级较低的国家出口，信用保险公司将按较低的保险费率收取保险费；对风险等级较高的国家出口，信用保险公司将按较高的保险费率收取保险费或规定承保限制条件，如只承保信用证方式的出口等；对政治、经济形势极度混乱的国家出口，保险公司将做出暂时不予承保的决定。

3. 买方的承保

买方信用限额是由被保险人申请的。买方信用限额是信用保险公司对被保险人向买方出口货物承担的最高赔偿金额。

4. 出运的承保

对保险范围内的出运，被保险人都须向保险人进行申报，保险人据此计算保险费向被保险人收取。

（三）理赔

1. 填报可损

出口企业出货后，买方已破产或无力偿付债务、买方已提出拒绝收货及付款、买方逾期3个月未付或未付清货款或者发生保险公司承保的政治风险项下的事件，应在10天内向保险公司填报“短期出口信用保险可能损失通知书”（见表9-9）。要清楚简述案情，并在赔偿等待期间，努力催收货款，与保险公司密切联系，及时告之追讨或处理的进程和结果。

表 9－9　　短期出口信用保险可能损失通知书（样本）

立 案 号：　　　　　　　　　　　　　立案日期：　年　月　日

<table>
<tr><td colspan="2">保 单 号</td><td colspan="3"></td><td colspan="2">开证行 SWIFT 码</td><td colspan="2"></td></tr>
<tr><td colspan="2">被保险人名称</td><td colspan="3"></td><td colspan="2">开证行名称</td><td colspan="2"></td></tr>
<tr><td colspan="2" rowspan="2">联系人及方式</td><td colspan="3" rowspan="2"></td><td colspan="2">保兑行 SWIFT 码</td><td colspan="2"></td></tr>
<tr><td colspan="2" rowspan="2">保兑行名称</td><td colspan="2" rowspan="2"></td></tr>
<tr><td colspan="2">关键客户</td><td colspan="3"></td></tr>
<tr><td colspan="5" rowspan="3">是否已向开证行/保兑行催款：　[ ] 是　[ ] 否
是否委托保险人调查追讨：　[ ] 是　[ ] 否
是否已修改信用证：　[ ] 是　[ ] 否
是否已展延信用证到期日：　[ ] 是　[ ] 否</td><td colspan="2">信用证有效期</td><td colspan="2">从　年　月　日
至　年　月　日</td></tr>
<tr><td colspan="2">有效信用限额</td><td colspan="2"></td></tr>
<tr><td colspan="2">限额生效日期</td><td colspan="2">年　月　日</td></tr>
<tr><td colspan="2">致 损 原 因</td><td colspan="7">[ ] 破产　[ ] 拖欠　[ ] 拒绝承兑　[ ] 政治风险</td></tr>
<tr><td>货物名称</td><td>出运日期</td><td>应付款日</td><td>申报日期</td><td>信用证号</td><td>发票号</td><td>发票金额</td><td>信用证金额</td><td>可损金额</td></tr>
<tr><td></td><td></td><td></td><td></td><td></td><td></td><td></td><td></td><td></td></tr>
<tr><td colspan="5">案情说明（可另加附页说明）</td><td>合　计</td><td></td><td></td><td></td></tr>
<tr><td colspan="9">被保险人签字：　　（盖　章）　　年　月　日</td></tr>
<tr><td colspan="9">客户经理审核：　　收到可损通知日期：　年　月　日
[ ] 限额有效　　[ ] 无有效限额（请在处理意见中详细说明）
[ ] 报损项下出运均已及时申报　　[ ] 报损项下出运未及时申报（请在处理意见中详细说明）
[ ] 申报支付条件与实际支付条件不符（请在处理意见中详细说明）</td></tr>
<tr><td colspan="9">财务复核：
[ ] 报损项下出运均已及时缴纳保费
[ ] 报损项下出运缴纳部分保费或未缴纳保费（请在处理意见中详细说明）</td></tr>
<tr><td colspan="9">分支机构处理意见：

客户经理：　　财务经理：　　负责人：　　日期：</td></tr>
</table>

注：①被保险人在获悉损失已经发生或可能引起损失的事件已经发生时，请在保单规定期限内向保险人填报本通知书。
②如被保险人同意委托保险人调查追讨，请填写“委托代理协议书”并提供相关文件。
③请被保险人将相关损失逐票填写清楚，若表格空间不够可另加附页。
④本通知书不作为索赔申请书使用；被保险人索赔时，请按保单条款规定办理。

2. 索赔损失

出口企业收不到货款且追讨无效，保险条款规定的赔偿等待期届满，应尽快以书面的形式向保险公司提出索赔，并填写“短期出口信用保险索赔申请书”（见表 9－10），同时，齐全、真实地提供“申请书”列明的所需单证（包括贸易合同、提单、出口报关单、发票、装箱单、汇票、买卖双方往来函电、信用限额审批单、出口申报表和本公司要求的其他资料）。对因买方无力偿付债务所致损失的索赔，保险公司在证实买方破产或丧失偿付能力后尽快赔付；对其他原因所致损失的索赔，保险公司在规定的赔偿等待期满后，尽快赔付。对买方无力偿付债务引起的损失，如出口企业未在买方被宣告破产或丧失偿付能力后1个月内提出索赔，对其他原因引起的损失，未在赔偿等待期满后两个月内提出索赔，又未提出充分理由，保险公司对出口企业的索赔有权拒绝受理。

文本：定损核赔等待期

表9－10　　短期出口信用保险索赔申请书（样本）

立案号：

险　　种					
被保险人名称			保单号		
买方名称			买方代码		
发票金额		损失金额		索赔金额	
出运日期		应付款日		报可损日	
限额金额	支付方式	支付期限		生效日期	限额类型
是否押汇				押汇金额	
押汇银行					
合同号	发票号	提单号	报关单号	发票金额	损失金额
合　　计					
致损原因					
委托保险人调查追讨状况					

被保险人谨此声明并保证：

1. 上述索赔信息及所附文件均真实无误，如存在故意漏报或误报，保险人可不予承担赔偿责任。
2. 被保险人将履行保险单规定的各项义务。
3. 被保险人获得赔款后，将按照保险人的要求做好追偿工作。

被保险人签字：　　　　（盖　章）

年　月　日

客户经理签收：　　　　年　月　日

注：请被保险人填写本申请书的同时，按保险单规定提供索赔单证明细表所列相关单证。

保险公司对保险责任范围内的损失，分别按保单明细表所列商业信用风险和政治风险所致损失的赔偿百分比赔偿。但赔偿以不超过本公司批准买方信用限额或被保险人自行掌握信用限额的上述百分比为限。

案例分析

出口信用险讲究多

案情介绍：

方先生是一家民营棉制品企业的老板，2018年年末，他与巴西一家小型外贸公司签定了出口合同，为其生产一批价值为40万美元的棉袜。春节前，袜子顺利生产完成，方先生赶着办理了货物出口手续。按照惯例，企业享受了国家鼓励出口而提供的政策性险种出口信用险，投保了该险种后，方先生就放心给员工放假过年了。

由于与巴西的贸易公司此前已经有过几次成功的交易经历，方先生对该公司比较放心。过年期间，方先生打过几次电话询问对方货物收发情况和发收款事宜，对方以货物检验需要时间，以及资金需要周转等原因多次拖延付款时间。由于正处于中国的春节，方先生也就没有多做计较。没想到，春节过完，突然传来了巴西该贸易公司已经破产，无法支付货款的消息，于是方先生带着有关材料向保险公司提出了理赔申请。

然而，经过一番调查后，保险公司拒绝了方先生的理赔申请，理由是：巴西公司破产已经超过1个月，超过了理赔追溯期。

分析说明：

出口信用险是一种对企业出口提供保障的政策性险种，该险种条款比较复杂，操作也有不少细节需要注意，方先生遇到的理赔期问题就是其一。目前，我国的保险公司规定，对于买方无力偿还债务造成的损失，不得晚于买方被宣告破产或丧失偿付能力后的1个月告知保险公司。对于其他原因引起的损失，不得晚于保单规定的赔款等待期满后2个月内提出索赔，否则保险公司视同出口商放弃权益，有权拒赔。

方先生由于对巴西的公司比较信任，没有想到该公司已经破产，再加之春节期间耽误了不少时间，造成了理赔时机的延误。实际上，规范的做法是，发现买方有信誉问题，在应付日后15日内未付，应及时向保险公司上报“可能损失通知书”，并采取一切可能措施减少损失。目前，不少中小企业担心影响与进口商的关系，往往容易造成付款拖延，很难做到上述条款。

除了理赔期，出口信用保险申请限额也是比较容易出问题的环节。合同一旦签订，企业应立即向保险公司申请限额。因为调查资信需要一段时间，包括内部周转时间、委托国外资信机构进行调查时间，有时长达1个月之久。在限额未审批之前，如果合同有变更，及时与保险公司联系。由于保险公司只承担批复的买方信用限额条件内的出口收汇风险，如果出口与保险公司批复的买方信用限额条件不一致，如出运日期早于限额生效日期、合同支付条件与限额支付条件不一致，保险公司将不承担赔偿责任。

资料来源：人民网，2007.08.06。

3. 权益转让

出口企业获悉保险公司的赔偿通知后，须出具“赔款收据及权益转让书”（中英文各一份，见表9－11）和中英文的“追讨委托书”。如果买方逾期3个月未付或未付清货款，出口企业在报“可能损失通知书”时同意委托保险公司先追讨，需提供该案的合同、提单、发票、贸易双方往来函电及中英文“追讨委托书”。

表9－11

出口信用保险赔款收据及权益转让书（样本）

立案号：

致：中国出口信用保险公司

兹证实收到贵公司出口信用保险第____号保险单项下赔款（USD ）。此赔款系____号销售合同项下之买方于____发生破产/拖欠/拒收/其他原因所引起损失的全部的最终赔款。

鉴于已收到上述赔款，立书人同意将该赔款项下的一切权益转让给贵公司，并全权授予贵公司得以立书人或贵公司的名义向责任方追偿或诉讼。为使贵公司实现该项权益，立书人保证根据贵公司的合理要求，提供充分协助，特立书为凭。

立书人签字：

公　章

年　　月　　日　于

Export Credit Insurance Payment Receipt and Subrogation Form

Loss No.　　　　Policy No.

To: China Export & Credit Insurance Corporation

We received from China Export & Credit Insurance Corporation the Sum of USD (　　) partial payment / advance payment / in full and final settlement of the claim under our Sales Contract No. ____ for the buyer, who was insolvent / in default/ on ____________.

In consideration of having received this payment, we hereby agree to assign, transfer and subrogate to you, to the extent of your interest, all our rights and remedies in and in respect of the subject matter insured, and to grant you full power and give you any assistance you may reasonably require of us in the exercise of such rights and remedies in our or your name.

Dated at ________, this ______day of ______, ______.

(place)　　　　(month)　(year)

(Signed) ______________

(Stamp)

案例分析

某出口企业以承兑交单90天（D/A90天）条件出口一批商品到土耳其，该企业投保短期出口信用保险，申报发票总价值为10万美元，申请信用限额为10万美元。保险费率为1.56%，投保后，该出口企业误将单据收货地址打错，致使买方没有及时收货，买方因此拒付货款。最后，经买卖双方协商，货款减按8万美元支付。信用期限到期后，买方以资金周转困难为由拖欠全部货款。等待期满后，保险公司向卖方赔款，赔款限额为90%。后来，向买方追回5万美元。试分析：卖方应交付多少保险费？

等待期应为多长时间？保险公司应支付多少赔款？追回的货款如何在保险公司与卖方之间分配？

分析：

保险费 = 申报发票价值总额 × 费率 = 100 000 × 1.56% = 1 560（美元）

因地址打错导致的货款损失 2 万美元，责任在卖方，属除外责任，应由卖方自己承担。买方以资金周转困难为由拖欠全部货款，属于保险责任范围，出口企业可以得到的赔款额为：

赔款额 =（申报发票价值总额 − 损失由卖方承担部分）× 90%
=（100 000 − 20 000）× 90% = 72 000（美元）

向买方追回 5 万美元，也需按比例在保险公司和被保险人之间分配，即保险公司占 90%（45 000 美元），出口企业占 10%（5 000 美元）。

保险人实际赔付 27 000 美元，被保险人自行承担 23 000 美元。

二、产品质量保证保险经营

微课：产品质量保证保险经营

PPT：产品质量保证保险经营

（一）承保审核

1. 审核被保证人和投保产品

凡经国家质检部门检验，符合国家有关部门规定的质量标准，取得正式合格证而生产的民用产品，均可由生产单位或销售单位（以下简称“投保人”）向保险公司（以下简称“保险人”）投保产品质量保险。

被保险人应是有营业执照的合法企业，对实行生产或经营许可证制度的被保证人，审核其生产或经营许可证，如酒类商品须有酒类专卖许可证、饮料类商品须有食品卫生许可证、燃气具类商品应有煤气公司认证证明。

2. 审核承保条件

产品质量保证保险的保险责任共有三点：使用者更换或修理有质量缺陷的产品之所蒙受的损失和费用；使用者因产品质量不符合使用标准而丧失使用价值的损失和由此引起的额外费用；被保险人根据法院的判决或有关政府当局的命令，收回、更换或修理已投放市场的存有缺陷的产品所承受的损失和费用。

除外责任有：①产品购买者故意行为或过失引起的损失；②不按产品说明书安装、调试和使用引起的损失；③产品在运输途中因外来原因造成的损失或费用等。

费率应根据赔偿限额、免赔额、年销售额、产品风险情况、赔付记录等要素来确定。保费以预计年销售额乘以费率预收，期满后根据实际销售额与预计销售额的比例进行调整，多退少补。一般还需设立一个最低保费。另外还需约定保单累计赔偿限额、每次事故绝对免赔率、每次事故赔偿限额的设定。保险期限为一年，原则上不承保保险期限超过一年的业务。

想一想

用户张某在2019年8月购买了一台N公司价值为2 500元的电热水器。该用户按照说明书的要求使用不到两个月，因热水器漏电造成张某在洗澡中意外身亡，热水器损失2 000元，事后修理热水器花费500元。N公司曾向H保险公司投保了产品质量保证保险，保险期限自2019年1月1日至2019年12月31日止。此外，张某所在单位曾集体向Z人寿保险公司投保了意外伤害保险，保险期限自2019年6月1日至2020年5月31日止，每人的保险金额为100 000元。分析此案例，并回答下列问题：

（1）张某的损失属于上述哪个保险险种的保险责任？

（2）对于修理热水器的损失，张某的家人可以索赔的对象有哪些？

（3）H保险公司负责张某的损失赔偿，保险人应赔偿多少？

（4）承保意外伤害保险的保险公司应承担的赔偿责任是多少？

（5）如该热水器厂家，在向H保险公司投保产品质量保险的同时又投保了产品责任保险，经裁定，人身死亡给付150 000元，则保险人H应承担的赔偿责任是多少？

（6）张某的受益人总共可向H和Z保险公司索赔多少元？

（二）理赔审核

出险后，被保险人应及时通知保险人，并提交下列单证及资料进行审核，主要包括：保单正本；保费收据；出险通知书；索赔申请书；综合报告书；赔款计算书；出险产品的详细描述（名称、型号、规格、批量、制造日期、销售日期、销售渠道、销售过程）；产品质量检验证书（合格证）；损失记录、损失清单（发生时间、地点、原因、程度、金额等）；出险证明材料，包括有关账册、发票等；被保险人营业执照；披保险人生产管理规定。

保险公司及时进行审核，对产品质量难以评定的损失（如农药等）应及时聘请专业公估人调查取证。

三、雇员忠诚保证保险经营

（一）承保审核

1. 对被保险人的审核

（1）按照不同行业被保险人投保该险种的风险情况，将被保险人分为以下两类：高风险类，如银行、证券公司等金融机构、快递公司、押运公司、黄金珠宝店等。普通风险类，不属于上述行业的被保险人。

（2）了解被保险人的经营情况和财务状况，以防止被保险人因经营不善或面临破产而进行骗赔的行为。

（3）要求被保险人提供有效的营业执照及其他证明其为依法成立的企

事业单位、机关、社会团体及其他组织的材料，并确认被保险人营业地址在中国。

2. 对被保险雇员基本情况的审核

审核内容包括以下方面：需采取记名方式投保；了解被保险雇员人数，以及其中多少从事高风险岗位工作，如经手现金、管理账务、销售人员、采办、快递员、押运或直接接触贵重物品人员、银行等金融机构全体员工；被保险雇员中是否有曾发生过类似不忠诚行为的员工，若有，需剔除；了解被保险雇员的收入变动情况，即在过去一段固定的时期内（如半年）雇员收入是否有变动或雇员所从事的工种是否收入波动较大。

3. 审核被保险人风险管理能力

如外部和内部审计情况，投保人销售管理，出纳人员的管理，支票、保险箱管理等。

另外，还需对高风险类被保险人进行特别审核，对承保条件进行审核等。

（二）理赔

雇员忠诚保证保险理赔时需审核的单证及资料主要包括：保单正本；保费收据；出险通知书；索赔申请书；综合报告书；赔款计算书；出险雇员劳动合同；公安机关立案证明；出险雇员收入证明（自起保日到出险日）；出险证明材料，包括有关账册、发票等；出险雇员留存在被保险人处的现金及其他财产明细；被保险人在雇用出险雇员前对该雇员诚信情况的查询材料；被保险人内部财务管理规定。

雇主及其代理人在发现雇员有不诚实行为并造成钱财损失时，应及时通知保险人，自发现之日起，应在3个月内提交完整的索赔单证；雇主对雇员只能提出一次索赔请求，保险保证金额不累计计算；雇主向保险人索赔时，应协助保险人向有不诚实行为的雇员进行追偿；自发现雇员有不诚实行为之日起，若雇主还有应付给雇员的薪金或佣金或其他钱财时，应在保险赔偿金额中扣除；保险人在处理赔偿时，应先扣除保单约定的免赔额（率），然后对超出免赔部分的损失负责赔偿。

案例分析

雇员忠诚保证保险拒赔案

案情介绍：

广州一家合资公司策划在上海某百货商场举办护肤用品专柜特卖活动月。为组织好这次特卖活动，该公司通过某人才市场的招聘，雇用了5名推销员。有一天，该公司急需将20箱护肤用品，价值5万多人民币的货物从公司驻沪办事处运往商场。当时正值下午4时，公司专用送货车辆均已外出未归，活动现场又急等要货。为此，负责这次活动的业务员便安排推销员A叫一辆出租车送货，并再三吩咐其随车押货到指定的商场，同时联系商场专柜售货组派人在商场门口接货。但数小时过后，在商场门口接货的人员却始终未见随车押货的推销员A的踪影。业务员根据公司提供的电话号码与推销员A联系，可是接电话的机主却根本不认识业务员要找的推销员A。由于公司招聘资料只有推销员A的手机号码及一般个人资料，该公司一时无法找到推销员A的下落。发现这批货物已遭不测后，该公司立即向当地派出所报了案。公安刑警人员根据该公司提供的情况和资料，通过查询，结果发现推销员A提供的手机号码与实际机主身份不符，同时，推销员A在人才市场所留下的身份证及姓名、地址也有不少疑点。对于此案，公安部门虽然对所有的线索做了进一步的追查，但终究没有明确的结果。该公司事后根据投保的雇员忠诚保证保险向保险公司提出了索赔申请。

保险公司接到受损公司的索赔申请后，立即向该公司的有关人员进行了调查取证，并根据保险单所列明的条款，要求被保险人提供雇用推销员A对其受雇前情况进行查询所获得的证明资料。但事实表明，该公司在雇用推销员A时，未对其受雇前情况作必要的查询。由于被保险人在使用其雇员前，未通过必要的查询来防范其雇员在忠诚信用方面所潜在的风险，因此，保险公司依据保单条款对此案做出了拒赔的决定。

分析说明：

雇员忠诚保证保险是以被保险人的雇员在受雇期间，因欺骗或不忠诚行为（贪污、挪用款项、伪造账目、偷窃钱财等）而导致其直接经济损失为保障内容的一种保险。雇员的忠诚信用是保障的基础。被保险人转嫁给保险公司的是其雇员在被雇用期间可能发生不忠诚行为的潜在风险。目前，此险种在我国外商投资企业中比较常用。其承保方式分为指名和不指名两种。不论是何种承保方式，参照国际上的习惯做法，我国保险公司现行使用的雇员忠诚保证保险条款都列明，被保险人必须对其雇员受雇前的情况进行查询，并保存查询资料，在索赔时，如有必要应提供给保险公司。通过对其雇员受雇前情况的必要查询来防范被雇用者在忠诚信用方面潜在的风险，这是被保险人的义务之一，也是保险公司提供雇员忠诚保证保障的前提。这一条款的制订，对保险双方都是十分有益的，也体现了权利与义务对等的保险基本原理。

根据以上分析，该公司虽投保了雇员忠诚保证保险，也不应得到赔偿，保险公司的拒赔理由是充分的。

资料来源：根据刘佩华："从一起雇员忠诚保险拒赔案说起"改编。

制度优势：出口信用保险制度在行动

项目小结

责任保险和信用保证保险都属于广义财产保险的范畴。责任保险主要有公众责任险、产品责任险、雇主责任险和职业责任险等险种，其承保基础有期内发生式和期内索赔式两种方式。信用保险主要有一般商业信用保险、投资保险（又称政治保险）和出口信用保险三种。我国出口信用保险主要由中国出口信用保险公司负责经营，赔款有定损核赔等待期。保证保险主要有产品质量保证险和雇员忠诚保证险等险种。产品质量保证险与产品责任保险在保险责任界定上有本质区别。

问题讨论

1. 雇主责任险与团体人身意外伤害险的主要区别。
2. 责任保险与一般财产损失保险的区别。
3. 产品责任险与产品质量保证险的主要区别。

推荐阅读

1. 中国出口信用保险公司网站。
2. 各财产保险公司网站。

习题与实训

1. 思考题

（1）责任保险有哪几种？它们各自的保险责任是什么？

（2）如何确定责任保险中的赔偿限额？

（3）什么是期内索赔式？什么是期内发生式？它们分别适用于哪些责任保险？

（4）什么是定损核赔等待期？试列举信用保险规定的不同原因所致损失的赔偿等待期限。

（5）简述信用保险与保证保险的区别。

2. 综合训练题

将全班同学分成若干小组，每组4—6人，模拟为所在学校投保校方责任保险。

3. 案例分析题

某洗浴中心于开业初期向某保险公司购买了公众责任保险，保险期限为一年，自2011年11月20日至2012年11月19日，每次事故赔偿限额为20万元，累计赔偿限额为200万元。后顾客童某来此消费，在从蒸浴间出来时，未注意到门前的窨井正在维修且未加盖窨井盖，右脚不慎踩入井内，被井中阀门螺杆扎中右脚掌心，深入脚骨，并因身体失衡摔倒在地。后经诊断，童某的右足受外伤并感染，同时因为摔跤导致轻微脑震荡和骨盆破裂，住院治疗 131 天后出院，期间共花费医疗费、交通费、护理费等近 30 万元。出院后，童某与浴池经营者就赔偿问题没有达成协议，童某即向人民法院提出诉讼。请问童某可否直接向保险公司索赔？其损失可否由保险公司赔付？

参 考 文 献

1. 吴定富．保险基础知识［M］．北京：中国财政经济出版社，2010.

2. 吴定富．保险原理与实务［M］．北京：中国财政经济出版社，2010.

3. 陈思凯，吴刚．保险行业最新核保理赔服务标准规范实务全书［M］．北京：中国金融经济管理出版社，2006 年．

4. 池小萍，郑祎华．人身保险［M］．北京：中国金融出版社，2006.

5. 曹晓兰．财产保险［M］．北京：中国金融出版社，2007.

6. 邓华丽．保险营销［M］．北京：中国人民大学出版社，2012.

7. 朱丽莎．保险实务［M］．北京：北京大学出版社，2012.

8. 周灿，常伟．保险营销实务技能训练［M］．北京：电子工业出版社，2011.

9. 曾鸣．财产保险及案例分析［M］．北京：清华大学出版社，2007.

10. 后东升．保险代理业务员培训手册［M］．北京：中华工商联合出版社，2006.

11. 李玉菲，蒋菲．保险实务综合技能训练［M］．北京：电子工业出版社，2011.